服务营销

Service Marketing

徐岚 编著

北京大学出版社
PEKING UNIVERSITY PRESS

图书在版编目(CIP)数据

服务营销/徐岚编著.—北京:北京大学出版社,2018.2
(21世纪经济与管理规划教材·市场营销学系列)
ISBN 978-7-301-29181-8

Ⅰ.①服… Ⅱ.①徐… Ⅲ.①服务营销—高等学校—教材 Ⅳ.①F713.50

中国版本图书馆 CIP 数据核字(2018)第 019007 号

书　　　　名	服务营销
	FUWU YINGXIAO
著作责任者	徐　岚　编著
责 任 编 辑	任京雪　叶　楠
标 准 书 号	ISBN 978-7-301-29181-8
出 版 发 行	北京大学出版社
地　　　　址	北京市海淀区成府路 205 号　　100871
网　　　　址	http://www.pup.cn
新 浪 微 博	@北京大学出版社　　@北京大学出版社经管图书
电 子 信 箱	em@pup.cn　　QQ:552063295
电　　　　话	邮购部 62752015　发行部 62750672　编辑部 62752926
印 刷 者	三河市博文印刷有限公司
经 销 者	新华书店
	787 毫米×1092 毫米　　16 开本　　22 印张　　455 千字
	2018 年 2 月第 1 版　　2018 年 2 月第 1 次印刷
印　　　　数	0001—3000 册
定　　　　价	45.00 元

丛书出版前言

作为一家综合性的大学出版社,北京大学出版社始终坚持为教学科研服务,为人才培养服务。呈现在您面前的这套"21世纪经济与管理规划教材"是由我国经济与管理领域颇具影响力和潜力的专家学者编写而成,力求结合中国实际,反映当前学科发展的前沿水平。

"21世纪经济与管理规划教材"面向各高等院校经济与管理专业的本科生,不仅涵盖了经济与管理类传统课程的教材,还包括根据学科发展不断开发的新兴课程教材;在注重系统性和综合性的同时,注重与研究生教育接轨、与国际接轨,培养学生的综合素质,帮助学生打下扎实的专业基础和掌握最新的学科前沿知识,以满足高等院校培养精英人才的需要。

针对目前国内本科层次教材质量参差不齐、国外教材适用性不强的问题,本系列教材在保持相对一致的风格和体例的基础上,力求吸收国内外同类教材的优点,增加支持先进教学手段和多元化教学方法的内容,如增加课堂讨论素材以适应启发式教学,增加本土化案例及相关知识链接,在增强教材可读性的同时给学生进一步学习提供指引。

为帮助教师取得更好的教学效果,本系列教材以精品课程建设标准严格要求各教材的编写,努力配备丰富、多元的教辅材料,如电子课件、习题答案、案例分析要点等。

为了使本系列教材具有持续的生命力,我们将积极与作者沟通,争取三年左右对教材不断进行修订。无论您是教师还是学生,您在使用本系列教材的过程中,如果发现任何问题或者有任何意见或者建议,欢迎及时与我们联系(发送邮件至 em@ pup.cn)。我们会将您的宝贵意见或者建议及时反馈给作者,以便修订再版时进一步完善教材内容,更好地满足教师教学和学生学习的需要。

最后,感谢所有参与编写和为我们出谋划策提供帮助的专家学者,以及广大使用本系列教材的师生,希望本系列教材能够为我国高等院校经管专业教育贡献绵薄之力。

北京大学出版社

经济与管理图书事业部

2012年1月

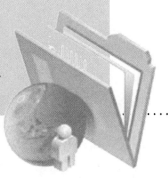

丛书序言

产生于美国，随后在西方发达国家风靡的营销学，大规模地引进到我国只有不到三十年的历史。然而这一学科的传播和发展速度，远远超出了人们当初的预料。现在，在我国，几乎每一所大学都开设有营销学的课程，或设有营销学专业，培养市场营销方面的专门人才。伴随社会对营销人才需求的增长和营销学科在我国的兴旺发展，有关市场营销的教材与教学参考资料不断涌现。最初的教材基本是侧重营销学的基本原理，而且以介绍、翻译为主。稍后，一些更富专业性的教材如《消费者行为学》《市场营销渠道》《广告学》《销售管理》《品牌管理》《服务营销》等被逐步引进到我国，并在内容上部分融入了我国的实例与案例。

应当说，目前我国的营销教材品种繁多、令人目不暇接。这一方面反映了需求的繁荣，另一方面很多教材在内容与结构上大同小异，也是一个不争的事实。造成这种状况的原因，固然和营销学科介绍到我国的时间比较短，需要一个消化、吸收的过程有关，另一个重要的原因，是我国营销研究的学术水平与欧美国家相比，仍然有不小的距离。没有众多的研究支持，没有大量的学者在各自研究领域的长期积累，要写出既有深厚理论基础、又有浓郁本土特色的营销教材，确实是不容易的。

在这种背景下，北京大学出版社提出由我物色一些国内的优秀营销学者，编写一套兼具时代气息和本土特点的营销学系列教材，我也颇感犹豫、彷徨。但考虑到我国众多营销专业的学子既无法细读原汁原味的英文教材，又对中国的营销实践知之甚少，我个人觉得组织一批长期活跃在我国营销教学科研第一线，对西方营销理论有深入理解同时又谙熟我国市场特点的营销学者，编写一套适合本科生使用的教材，是一件很有意义的事情。

即将陆续出齐的这套教材涉及营销专业的主要课程，既有《营销学原理》《市场调研》与《消费者行为》等专业基础课教材,也有《广告学》《营销渠道》《销售管理》《品牌管理》《服务营销》等专业课教材。总的指导思想是:每一本教材既要反映各自领域的最新研究成果,融入我国企业的营销实践,又要自成一体、形成富有逻辑性和连贯性的知识体系。从已经出版的几本教材来看,这一思想应当说得到了较充分的体现。我要感谢这些作者,感谢他们的辛勤和努力,也期待后面即将出版的其他几本教材,同样体现这种思想。

教材质量的高低,最终需要经受读者的评判。我希望这套教材能受到采用单位的教师和同学的欢迎,能为我国营销专业的教材建设树立标杆、能对我国营销教材质量的提升产生推动作用。每一本教材,都有一个不断完善和改进的过程,读者的反馈,尤其是中肯而尖锐的批评,更是使教材质量更上一层楼的促动力。我们衷心期待广大读者毫无保留地提出意见和建议,共同打造我们心目中的精品教材!

符国群
2006 年 7 月于北京大学

前　言

2016年，我国服务业占GDP的比重已上升为51.6%，比第二产业高出11.8个百分点，成为我国国民经济第一大产业。服务业对国民经济增长的贡献率为58.2%，比第二产业高出20.8个百分点，服务业成为国民经济发展的"稳定器"和"助推器"，在经济"稳中有进、稳中向好"中发挥了重要作用。我国服务经济近年来的快速发展，意味着我国开始从"制造大国"向"服务大国"转变。这标志着我国产业经济积极转型，正在逐渐步入"服务经济"良性发展轨道。

从产业演进规律来看，"服务经济"是国家现代化和经济高级化的标志。根据国家发展和改革委员会发布的《服务经济创新发展大纲（2016—2025年）》，预计到2025年，我国服务业增加值占GDP的比重将达到60%，服务业就业人口占全社会就业人口的比重将达到55%。我国目前已经处于从工业经济向服务经济过渡的转型时期，尽管服务经济发展空间与潜力巨大，但也面临诸多问题与挑战。众所周知，服务往往是无形的，难以储存也易于消逝。尤其是在市场营销领域，企业该如何看待有形产品与无形服务之间的关系，如何通过向消费者传递无形的服务来满足消费者的需求，是每一家处于服务经济中的企业都需要思考和面对的难题。

2007年，我开始了在武汉大学的任教生涯，所教授的第一门本科生课程就是"服务营销"，至今已经整整十年了。十年中，我使用过中外许多学者编写的《服务营销》教材，这些经典教材帮助我梳理了在服务营销领域的系统化知识，辅助我连接了该领域中的核心概念以整合不同学派的理论体系。十年中，我不仅教授"服务营销"课程，也力图将自己的科研兴趣与教学相结合，以做到教研相长。围绕服务营销中新近出现的顾客资产、顾客与企业价值共创、顾客社会化等理论问题，我先后申请和主持了三项国家自然科学基金项目，也参与了一些企业的咨询活动,这些研究活动使我可以持续追踪服务营销领域的前沿理论发展趋势,也使我每年的教案和讲义得以不断地更新和丰富。十年中,我看到我教授过的很多学生在我国乃至世界上最领先的公司(如腾讯、百度、华为)里运用服务营销领域的前沿理念和知识来处理工作,也听到很多学生向我反馈他们在服务营销领域中的创业经历和遇到的难题。

回顾这十年在服务营销领域的教学和科研经历,让我萌生了编写《服务营销》教材的念头。一方面,我希望能够将该领域的知识点与最新的市场现象或问题相结合,以帮助学生们更好地学习和使用该领域的知识和工具;另一方面,我也希望能够将自己在教学和科研中所做的一些思考以及研究成果融入本书,使本书不只是用来教授知识,还能营造一种教者与被教者之间探讨问题的氛围。服务营销本身就是一个快速发展且不断创新的研究领域,需要老师与学生在课堂上进行价值共创。

本书并没有按照市场营销学常见的4P(即产品、价格、渠道和分销)逻辑来展开写作,在我看来,市场营销中的基本原理和工具(如环境分析、STP及4Ps等),既适用于产品营销活动,也适用于服务营销活动。然而,这些基本原理和工具是更为通用的营销学知识,它们并不能反映服务营销的独有的特征和特有的理念。由于"服务营销"课程是面向那些学习过"市场营销学"课程的高年级市场营销专业的学生开设的,所以,为了让本书更加简洁,也更有重点,本书并未涵盖那些和市场营销学通用知识相关的内容。

本书的写作逻辑主要围绕服务的独特特点及其所带来的几个核心问题而展开,主要试图解决以下问题:第一,服务相对于产品而言有哪些特点,由此给营销活动带来的挑战和启示是什么;第二,顾客为什么要购买和消费无形的服务,他们从服务中能够获得哪些可能从产品中无法获得的价值;第三,服务需要员工与顾客的合作生产和共同创造,这些服务员工和顾客之间的互动活动对员工、顾客以及互动过程三者提出了哪些不同的要求?第四,如何对无形的服务进行质量评估和管理? 第五,如何设计和传播无形的服务?

围绕上述问题,本书的内容共分为五篇。第一篇为总论,对服务营销的基本特点和基础理论框架进行了梳理和介绍;第二篇为服务中的顾客价值管理,分别对消费者的服务购买决策过程及影响因素、顾客在服务中所获得的体验价值和关系价值进行了介绍;第三篇为服务中的员工—顾客互动管理,分别对顾客、服务员工以及服务过程和场景在服务过程中的作用及营销策略进行了介绍;第四篇为服务中的质量管理,分别对有关服务质量的主要评价方法、服务期望与需求的管理方法、服务补救的营销和管理策略进行了介绍;第五篇为服务开发与品牌管理,对新服务的设计和创新理念以及服务品牌化营销思路进行了介绍。

本书的主要目标顾客是:

第一,大专院校市场营销、企业管理、电子商务、创业管理、公共管理等专业的本科生和研究生;

第二,企业的服务管理人员以及中高层营销管理人员;

第三,对服务营销理论研究和实践有兴趣的人员。

在本书编写的过程中,我的博士研究生张磊、蒋怡然,以及硕士研究生陈梦洁、赵爽爽、张留霞、陆凯丽、李振全、贺靖婷承担了大量的文献收集、整理与撰写等相关工作,在此向他们的倾力付出表示感谢。本书参阅了国内外大量的文献与相关资料,在此我亦向这些文献的作者表示深深的谢意。北京大学出版社和武汉大学经济与管理学院各位同事在本书的编写过程中给予了大力的支持和帮助,在此一并致谢。

本书是我十年来从事服务营销教学和研究的一些总结和思考,不足之处在所难免,恳请广大读者批评指正。

徐 岚

2017 年 6 月于武汉珞珈山

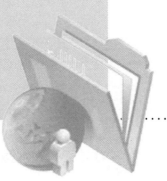

21世纪经济与管理规划教材

市场营销学系列

目　录

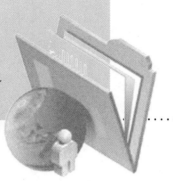

第一篇

总　　论

第一章　服务营销概述

各种各样的美国企业——不仅是纯服务企业,都面临着一个挑战,即将服务作为最后的战略使命。

——亨科夫

第一节　服务与服务营销

一、什么是服务

在西方经济学的发展过程中,对服务的认识存在着相当大的差异。作为古典经济学中劳动价值论的代表,亚当·斯密把服务看做是非生产性的。他以家仆服务为例,认为其劳动不能加在物上,增加物的价值,因而是非生产性劳动。作为效用价值论的代表,让·巴蒂斯特·萨伊则把服务看做是生产性的。他认为"所谓生产,不是创造物质,而是创造效用",服务因其能够创造效用,因而是生产性劳动。

美国经济学家 T. P. 希尔(T. P. Hill)从服务生产的角度对服务进行了定义,他指出:"一项服务生产活动是这样一项生产活动,即生产者的活动会改善其他一些经济单位的状况。这种改善方面,可以采取消费单位所拥有的一种商品或一些商品的物质变化形式;另一方面,改善的也可以是某个人或一批人的肉体或精神状态。不论是在哪一种情形下,服务生产活动的显著特点是生产者增加了对其他经济单位的商品或个人的价值。"这一定义对后来学界对服务的理解产生了广泛影响。

简单而言,服务是由服务商向顾客提供或与顾客合作生产的一种行动、过程和表现。IBM 为顾客提供或与顾客合作生产的服务并不是能够接触得到、看得到或者感觉得到的有形产品,而是一种无形的行为和绩效。比如,IBM 为设备提供维修和维护服务,为信息技术和电子商务应用提供咨询服务、培训服务、网页设计和其他服务。这些服务通过问题分析活动、与顾客会见、进一步的电话联系和报告等一系列行动、过程和行为,把整个服务展示给顾客。

正如瓦拉瑞尔·A.泽丝曼尔、玛丽·乔·比特纳和德韦恩·D.格兰姆勒对服务的定义:"服务是包括所有产出为非有形产品的全部经济活动,通常在生产时被消费,并以便捷、愉悦、省时、舒适或健康的形式提供附加价值,这正是其第一购买者必要的关注所在。"

二、服务与产品的差异

1. 市场实体等级

服务与产品之间的区分并不一定是清晰的。事实上,许多服务都至少含有一些产品元素,比如银行服务中的结算单、4S店修理服务中的汽车零件、餐饮服务中的菜品等。

产品和服务之间的区别可以用市场实体等级来描述。市场实体等级依据产品有形性的多少来划分。从完全有形到完全无形变化的这一连续的区间中,产品更多地表现为有形占优,而服务更多地表现为无形占优。有形占优的产品,其典型的核心利益往往是一项有形可见的实体物品,如钻石项链。相反,无形占优的产品并不包括实体的物品,只能通过体验来感受。比如航空旅行中,乘客体验了整个飞行过程,获得了从一个地点快速到达另一个地点的便利性。市场中还存在一些有形和无形元素均衡的行业,比如快餐店,它既提供可见的食品,也提供用餐的环境和体验,兼有产品和服务元素。它落在这个连续区间的中间部位(如图1-1所示)。

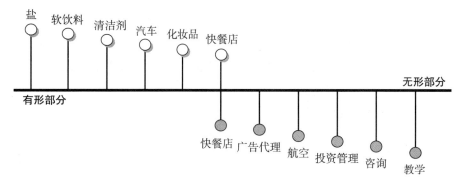

图1-1　市场实体等级

市场实体等级展现了两个重要的观点:第一,市场上极少有纯产品和纯服务。大多数商品都是一系列有形元素和无形元素混搭配置和交替变换的结果。第二,企业可以通过增加无形服务中的有形元素,或增加有形产品中的无形元素来创造商品的差异性。对于任何一家企业而言,过窄地将自己的经营领域限定在有形产品或无形服务,将会导致典型的营销近视症。事实上,将服务元素添加到产品中可以使商品从一种产品升华为一种体验,而将产品元素增加到无形服务中也可以使人感到服务的传递更加可靠。这些都将极大地增加企业生产的利润收入。事实上,对于那些兼营产品和服务的厂商来说,产品与服务之间的界限更加模糊了。通用汽车公司是"产品制造业"的巨人,但是其收入的20%却来自金融和保险业务。

2. 服务的特性

尽管产品与服务的区别并不是严格的泾渭分明,但人们普遍认为产品与服务之间存在一些内在的区别。

（1）无形性：看不见也摸不着

和有形产品不同,服务往往是不可见、不可感知、不可品尝或触摸的,因为它是一种行为,而不是具体的实物。比如,教育服务帮助被教育者获得知识和信息,在整个过程中,尽管可以看到或接触到某些有形部分(如教室、书本),但被教育者理解、吸收和转化知识与信息的过程往往是无形的。

无形性为营销服务提出的挑战表现在:第一,服务不容易进行展示和沟通。向消费者展示一台有形的计算机相对容易,而向消费者展示无形的信息服务则很困难。第二,服务难以定价。有形的产品让人们较容易估算产品的原材料和制作工艺,容易与竞争者进行比较,但无形服务则让人较难评估整体服务过程的投入成本,不易与竞争者进行比较,因此服务的定价更多地采用顾客感知价值而非传统的成本或竞争导向定价方法。第三,服务质量不容易评估。有形产品的实体性使其易于比较和评估质量,而无形服务是一种过程和表现,其感受程度因人而异,往往难以评估。第四,服务创新难以申请专利。除非和有形的硬件产品或标准化的技术方法进行捆绑,服务一般很难单独申请专利,其主要原因在于专利管理机构往往认为服务是一种行为、流程或规则,而非技术产品。

（2）异质性：服务因人而异

服务的异质性主要是由人们之间的相互作用(员工和顾客之间)以及伴随这一过程的所有变化因素导致的。首先,由于多数服务是由人表现出来的一系列行为,所以没有两种服务会完全一致。这不仅表现为同一企业的不同服务人员在服务传递中的表现可能不一致,即使对同一位服务人员而言,在不同的疲劳程度与心理状态下,其服务表现也可能有显著差异。其次,服务通常是与顾客合作生产和创造的,由于没有两位顾客会完全一样,每位顾客都会有独特的需求,或者以一种独特的方式体验服务,所以会使他们对同一项服务的感知存在差异性。

异质性为服务营销提出的挑战表现在:第一,服务的提供与顾客的满意取决于许多不可控因素。除企业可以管理和控制的因素之外,服务提供者和顾客在现场的情绪、交通状况,甚至天气因素等,都有可能影响到服务的提供,从而增大了服务意外失败出现的可能性。第二,无法确知提供的服务是否与计划或宣传相符。由于对服务的感知因人而异,使有关服务表现和绩效的宣传难度加大,在某些顾客眼中,满意的服务可能被另一些顾客认为是虚假宣传。第三,服务需求弹性大。服务需求因人而异,不同收入水平、不同社会地位、不同教育背景的消费者对服务的需求可能相差很大。第四,难以提供质量一致的服务。和有形产品不同,服务的提供难以达到完全一致的标准化程度,这使得对服务的管理和评价的难度增加。

（3）不可分离性：生产与消费的同步性

大多数商品是先由工人生产出来,然后再销售给顾客,由顾客进行消费;而大部分服务却是先销售,然后同时进行生产和消费。例如,一辆汽车可以在某家汽车制造厂先生产,然后再被运到某个城市销售,在数年内被其购买者消费。而对于汽车修理服务而言,在受损汽车开到修理厂之前,修理人员是无法提前修理的,修理的过程既是服务的生产过程,也是服务的消费过程。服务生产与消费的同步性反映了服务提供者、享受服务的顾客和共享顾客体验的其他顾客之间的相互关系。与产品生产不同,在服务生产的过程中,服务提供者与顾客密切接触和互动,除此之外,还受到其他在场顾客的影响。

不可分离性为服务营销提出的营销挑战表现在:第一,顾客参与并影响交易结果。服务生产需要顾客的配合和参与。例如,课堂教学需要学生的积极参与才能取得良好的教学效果。第二,顾客之间相互影响。顾客的体验会受到在服务过程中所涉及的其他顾客的影响,从而影响感知服务质量。比如观影中突然响起的电话铃声、长途卧铺车厢中的鼾声、航空旅行中邻座的大胖子等。第三,员工影响服务的结果。员工的情绪、处事方式、工作能力都将影响服务表现。第四,服务难以进行大规模生产。服务生产和消费同时进行意味着不太可能通过集中化来获得显著的规模经济效益,多数服务产品的提供受到供需双方的时间、空间以及容量的限制。

（4）易逝性:服务不能储存

易逝性指服务不能被储存、转售或退回。当天未售完的产品可以留待以后再销售,而对于服务而言,譬如电影院里当天的一个座位、会计当天的一个小时的工作时间,如果未被使用或购买,也无法被重新收回以重新出售。

易逝性对服务营销提出的营销挑战表现在:第一,服务不能储存。由于服务的生产与消费是同步进行的,因此,产品可以提前生产并储存在仓库中,而服务人员无法提前生产出服务并进行储存。第二,服务的供应和需求难以同步进行。服务的易逝性使服务人员难以根据波动的不规则需求进行适应性调整。对于产品而言,企业可以通过提前安排生产来应对旺季需求的大幅增加,而服务则因为无法提前生产和储存导致供给瓶颈。用餐高峰时段的排队等座、上下班高峰时的打车难、春节时期车票的一票难求都是该现象的例证。第三,服务不能退货或转售。无法售完的服务不能储存,因而无法退货或转售。未售完的酒店房间、航班座位、演出门票都无法隔日再售。而且,服务一旦消费,也难以退货。已打开但未经使用或未被损坏的产品往往可以退货,但顾客一旦开始消费服务,比如走进电影院、坐在餐厅点完餐、迈进游乐场,就意味着服务已经开始,也无法再退货。

（5）缺乏所有权:只可使用不可所有

有形产品具有完整的权利结构,它可以清楚地界定与"占有"相关的所有权利,当顾客购买了产品后,其所有权就发生了转移;服务不具有完整的权利结构,顾客在对它进行消费后,不能获得对它的所有权,或者说只拥有使用权。比如,对于服务营销课程而言,其服务内容(课程知识)的所有权实质上属于教授者,而学生上课获得的是使用这些知识的权利。

缺乏所有权对服务营销提出的营销挑战表现在:第一,服务产出的弹性很大。服务需要由服务人员提供脑力和体力,由于服务真正的所有权在于提供服务的人员,因此,服务产出的质量取决于服务人员的能动性。积极主动的服务人员与消极被动的服务人员所提供的服务产出相差很大。第二,服务人员的流失意味着核心资产的流失。与制造业生产所需的大量机器、设备、原材料不同,服务主要依赖于服务人员通过用心投入建立起与顾客之间的关系,在此过程中,有关顾客的知识、信息和服务技能以及与顾客建立起来的良好关系全部都依附于服务人员而存在,因此,服务人员的流失对于服务企业而言,意味着核心资产的流失。

三、服务特性对服务营销的启示

了解服务不同于产品的独特特性,有助于更有针对性地开展服务营销。

1. 无形性的解决方案

（1）利用有形线索

一般情况下,顾客会利用围绕服务的有形展示或有形线索来辅助他们作出服务评价。这些有形展示或有形线索包括一些证据、场景和设施、外在展示,甚至是企业使用的服务代理形象。比如保险公司最主要的难题是如何在30秒的电视短片中向顾客说明,其公司提供何种服务内容,又与其他公司有何不同之处。大部分公司使用的策略是在广告中使用某些服务代理形象。英国保诚集团使用"巨石"作为它们的形象并承诺提供"坚如磐石的保护"。美国好事达保险公司使用的是"援助之手",并保证"有好事达您尽可放心"。

（2）利用口碑信息来源

由于服务在购买前难以触摸和观察评价,人们经常依赖朋友、家人和其他意见领袖等个人口碑信息作为主观评价的标准。服务企业经常利用大众传媒诱导个人传播行为。以消费者现身说法为特色的大众广告能刺激个人的口碑宣传。在互联网营销时代,越来越多的服务企业鼓励其顾客在朋友圈中分享其服务消费信息。

（3）建立强大的组织形象

由于无形性和缺少评价服务的客观信息来源,购买服务的可感知风险要比购买产品大得多。一个知名而广受尊重的公司形象可以降低潜在消费者面对的可感知风险,而且在某些情况下,也可以降低他们对口碑信息的依赖。比如旅行在外的消费者更有可能选择那些全国连锁的酒店进行消费,以降低因酒店服务信息缺乏所带来的决策风险。

2. 异质性的解决方案

（1）顾客定制化

顾客定制化在于利用服务接触过程中内在的多样性来开发满足顾客特定要求的服务。比如,按摩服务人员根据顾客体质的差异不同为其提供轻重不一的按摩体验。然而,顾客定制化也存在一些不利之处:第一,顾客可能不愿为定制的服务支付较高的价格。第二,服务交付的速度难以控制。定制服务可能需要更长的时间来生产和交付,顾客也可能没有多余的时间来等待最终产品。第三,顾客可能不愿意面对定制服务的不确定性。每种定制服务都是不同的,因此顾客在消费服务前永远不确定最终产品到底是什么样子。所以,直觉上,大部分人认为顾客更青睐定制服务;然而,如果考虑到交付价格和速度,或者服务行为的一致性难以保证,那么顾客还是倾向于标准服务。

（2）服务标准化

服务标准化的目标是使服务人员在不同的交易中能够持续创造服务产品。服务企业可以通过对服务提供者进行密集型培训,以及（或）以机器代替人力来降低服务生产过程中的多样性,以最终实现服务的标准化。由于人的行为是很难达到绝对标准化的,将服务标准化做到极端的方式就是以机器代替人。金融机构的 ATM 机和汽车全自动清洗机就是典型的服务标准化的例子。

标准化服务保证了较低的价格、一致的服务行为和更快的服务交付。但是,有些顾客群体认为,标准化传达的信息是,企业不关心顾客的个性化需求,并导致其逐渐与顾客疏远。这种疏远在企业不断使用机器来取代员工时感觉更加明显,比如自动电话应答服务。在很多情况下,顾客被迫在电话信息菜单中作出选择,这使他们大为不快。

企业需要在服务标准化和服务定制化之间寻求一种平衡。一些企业,尤其是交通和旅游业,提供了一种标准化的核心产品,同时允许顾客在最终产品中添加半定制化的选项。

3. 不可分离性的解决方案

（1）甄选和培训服务接触人员

甄选和培训是通过招聘和教育员工来降低不可分离性影响的一种战略,它使员工得到合理配置以服务顾客并满足其需求,并且使员工能够在服务过程中提供积极的服务体验。联合包裹速递服务公司（VPS）就是典型的例子。该公司每年要处理 30 多亿件包裹,总值大约占美国国民生产总值的 5.5%。顾客如何得到更好的礼遇与员工的招聘、培训和奖励等幕后工作是分不开的。公司将建立信任和团队合作以保持员工忠诚列为公司的一项使命,每年花在员工培训上的费用超过 3 亿美元,每年支付给全职司机的薪水要比平均水平高出 5 万美元,并且经常通过调查征求员工的建议。

（2）顾客管理

企业实施顾客管理战略有助于减少不可分离性的消极影响。比如,在饭店中通过设置吸烟专区将吸烟者和非吸烟者分离开来就是减少顾客之间相互不良影响的一个有效范例。在银行客户排队等待过程中,请他们提前填写需要的表格以及提供有关办理程序的信息有助于缩短柜台服务的接触时间。餐厅的网上预约订餐系统可以减少因点餐时间集中带来的需求与供给不匹配问题。最后,在保证顾客参与的情况下将业务的技术内核分离出来,这就限制了顾客对企业经营的直接影响。比如干洗店的设计就是让顾客可以在前台等候,而其核心操作被安排在干洗店的某个区域,顾客不得入内。

（3）提供多点服务

为了弥补不可分离性对集中大量生产的影响,服务企业通过设立多个生产点来实现大量生产。多点服务基于以下两个目的:首先,由于服务生产中的顾客参与,多点服务缩短了顾客必须赶到服务购买点的路程。其次,每个服务点都配有不同的服务提供者,每个员工可以向当地市场提供自己的服务产品。

当然,多点服务也存在问题。每个服务点的服务提供者都有着各自的个性特质和一套服务技巧,使得服务的异质性增加。

4. 易逝性的解决方案

（1）开发非高峰需求

易逝性的影响可以通过开发非高峰需求来调节。这种战略可以通过以下方式来产生作用:

第一,企业可以通过差异化定价来开发非高峰需求。如"早场特价"和"日间音乐会"等服务通过降价形式将需求由高峰期转移到非高峰期。这种做法通过吸引价格敏感性顾客对服务消费时间进行调整。

第二,企业可以通过向与原细分市场需求类型完全不同的新细分市场进行营销以带来额外的收入。比如,高尔夫球场可以向家庭主妇、老年人和其他一些不太受时间约束的消费者(如教师或自由职业者)进行营销以补充非高峰需求。传统的高尔夫球爱好者一般在午后晚些时候、傍晚和周末使用球场,而通过营销,企业使新细分市场习惯在早晨使用球场,从而增加了球场的利用率。

第三,企业可以利用非高峰期为高峰期作前期准备来增加服务需求高峰期的供给。比如可以对员工进行交叉培训,使他们获得多岗位工作技能,可以在高峰期兼做其他工作来帮助其同事(比如超市理货员通过受训可以在忙时兼做收纳员)满足顾客需求。虽然服务不能存储,但是与服务有关的有形线索能够在服务接触前准备好。比如,员工可以在空闲时提供一些其他类型的服务来做好服务的前期准备活动。

（2）开发补充服务

服务提供者可以通过开发一种旨在减少顾客感知到的等待时间的补充服务来缓解因供给不足所带来的问题。如餐馆中的休息室就是补充服务的典型例子,它不仅为顾客提供了等待的空间,而且减少了顾客感知到的等待时间。同样,高尔夫球场经常为顾客提供练习场作为一种补充服务的形式。虽然练习场是免费的,但它消磨了时间,减少了顾客感知到的等待时间,使顾客更加满意。

（3）能力共享

企业可以借助能力共享战略来增加服务供给以匹配高峰期的顾客需求。企业可以与其他服务企业形成一种服务合作关系,这种合作允许将其服务扩展为一个整体。比如,许多服务提供商合作共同分摊那些昂贵的诊断设备的使用及存储成本。企业也可以利用雇用兼职员工来辅助满足高峰期需求。共享经济的流行，使企业可以建立网络平台，利用闲散的社会资源来匹配高峰期的需求。滴滴打车软件就利用了闲散的私家车资源来为高峰时段的乘客需求服务。此外，企业也可以利用与第三方共享能力来扩展其服务供给。比如航空公司将一部分订票和送票服务职能外包给旅行社或其他专业订票机构（如携程网），从而使其在固有时间内服务顾客的能力大大增强。

（4）增加顾客参与

顾客参与指企业通过鼓励顾客自己完成一部分服务过程以增加服务供给的一种战略。比如在快餐店，顾客吃完快餐后自己收拾盘子。自助服务系统的开发，为顾客参与提供了方便，既增加了顾客参与和控制服务过程的活动，也减少了服务企业的供给压力。

5. 缺乏所有权的解决方案

（1）员工授权

许多组织已经发现，要真正做到对顾客需求及时反应，就必须授权给一线员工，使其对顾客需求作出灵活反应并在出现差错时及时补救。授权意味着把为顾客服务的意愿、技能、工具和权利交给员工。尽管授权的关键是把决定顾客利益的权利交给员工，但是给予的权利还不够。员工需要掌握相应的知识和工具才能作出这些决定，而且还要有激励措施鼓励员工作出正确的决定。

（2）员工保留

一个组织必须着手留住那些最好的人员。保留员工的一种策略是让员工理解和分享组织的愿景，以激励并使员工对组织目标保持兴趣。另一种策略是将员工当做顾客对待。组织要定期进行内部营销调查，评估员工的满意度和需求。比如美国运通公司相关服务中的旅行支票团队，就有这样一个目标："成为最好的工作场所"。基于内部营销调查，该团队发起了许多行动，包括提供扩展的员工辅助计划（如儿童看护、家庭休假、家人生病看护日），提供灵活的报酬、弹性工资和工作场所弹性，改进兼职员工的利益等，这些行动显著提高了员工满意度。

四、从产品向服务的战略转型

很多企业经历了从以产品为中心向以提供服务导向的综合解决方案为中心的商业模式转型的过程。比如劳斯莱斯从提供航空发动机到提供有保证的飞行时间；富士施乐从提供影印机到提供"文件管理"。这些以提供服务为导向的综合解决方案是"产品和服务的综合，它们是企业为了去创造顾客想要的结果而为其量身定制的组合"。有研究者通过对企业实例进行研究得出，货物的供应商正从在价值链上下端寻找不同定位转向提供综合的解决方案，譬如阿尔斯通的运输解决方案、爱立信的移动网络和 Thales 培训解决方案等都很好地证明了这种转型趋势。从产品向服务转型的路径如图 1-2 所示。

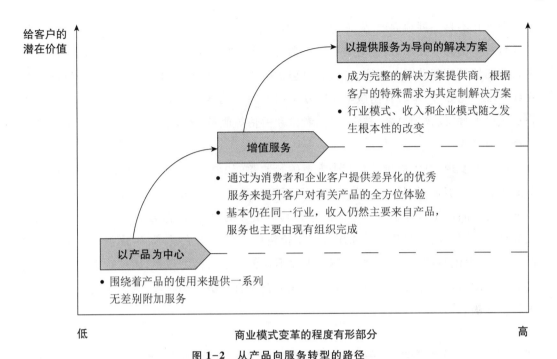

图 1-2　从产品向服务转型的路径

资料来源：郑豪杰，"从产品到服务：教育出版商业模式创新"，《中国出版》，2011 年第 13 期，第 32—35 页。

以教育出版行业为例。一直以来，教育出版行业把自身定义为"出版商"，认为自己是产品的提供者，因此营销模式以提供单一的教育图书产品为中心。事实上，"图书"并不是出版企业提供给客户的"价值"，"图书"只是一种知识和信息的获取载体。客户需要的不是有形的图书，而是从图书中获取的能够帮助解决问题的方案。客户通过对图书中知识或信息的获取，满足其解决问题的需要，这才是出版企业需要努力去实现的真正的客户价值。从客户价值的角度而言，图书内容与其形式可以分离，任何载体，包括书、刊、报、电子音像或网络产品以及知识和信息获取的便捷渠道和服务等，都可以成为出版企业用来满足客户需求的"价值载体"。在这个过程中，围绕客户教与学的需求，为客户提供全面的解决方案，要比单一提供"产品"更为重要，也更具有挑战。从服务的视角看待传统的出版行业，将会对出版企业更深刻地理解什么是客户价值以及怎样满足客户价值产生深远的影响。

因此，过去的教育出版企业只是一味地以产品为中心，将所有的营销工作放在了对图书主题和内容等与产品相关的内容上，而现在的教育出版企业更多地将以产品为中心的商业模式转向了提供增值服务，在教材发行后还要通过配套服务提供支持，包括培训、信息服务等许多后期服务工作。更具前瞻性的出版企业，已经开始在战略层面向"教育服务商"转型，通过整合内容、技术、市场资源，逐步打造为客户提供定制产品和服务的能力，在商业模式层面，逐渐转向个性化定制、一站式解决方案等服务模式。在新的服务系统中，电子教材并不是一种独立产品,而是作为教育资源服务系统的一部分。电子教材以及相关教育数字资源的使用,通常需要有平台服务系统,主要包括教学平台和学习平台,教学平台包括教学管理和网上授课,学习平台包括电子教材、辅导授课、作业习题、考试评价等在线系统。比如,培生教育出版集团建立了网上网下相结合的个性化教学服务平台,向用户提供电子教材、教辅更新、教学支持、考试和评估等服务,逐步使出版服务延续至用户的整个学习过程。

研究者发现,对于提供整合解决方案的制造商(如航空航天、铁道机车和汽车)而言,其服务收益可能是新产品销售收益的一到两倍。并且,很多复杂产品(比如飞机)的制造商通过将产品使用过程中的服务支持作为其最重要的收益来源,延长了其产品的市场生命周期。这些产品—服务组合往往对基于价格的竞争不那么敏感,相较于只提供有形物品而言,以提供服务为导向的整合解决方案不仅创造了更高的盈利,而且对影响投资和购买的经济萧条期也更有抵御性,这有助于保证企业获得稳定的收入,减少成熟市场和不利的经济周期的影响。

第二节 以服务为主导的营销逻辑

服务营销是市场营销学领域中的前沿研究方向。2004 年,营销学权威期刊《市场营销杂志》(*Journal of Marketing*)刊发专文指出,当代营销必须从以产品为主导的营销逻辑向以服务为主导的营销逻辑进行转变。自此,学者们对服务营销理论的关注度逐年上升。

一、对资源的理解

Constantin 和 Lusch 区分了两种类型的资源,即操作数资源(operand resource)和操作性资源(operant resource)。操作数资源是被用来执行以产生某种绩效的资源类型,如矿产、土地、森林等。而操作性资源是对操作数资源(或其他操作性资源)进行处理以产生绩效的资源类型,如技术、知识等。

当一个社会的财富积累主要依靠操作数资源来获取时,就形成了以产品为主导的营销逻辑。此时,那些拥有自然资源禀赋的国家或地区比其他区域要更加富裕,而操作性资源只是用来使操作数资源转化成更大的产出。

然而,到了 20 世纪末,核心竞争能力理论的出现和广泛接受,使操作性资源的相对重要性开始转移。操作性资源可能表现为企业的核心能力或者组织流程,它们往往是无形的、动态的和无限发展的,而操作数资源却是有形的、静态的和有限的。以服务为主导的营销逻辑把操作性资源看成是首要的,因为它们是绩效的生产者和创造者,它们既可以增加自然资源的价值和使用效率,又可以创造新的操作性资源。

在营销领域,以服务为主导的营销逻辑和以产品为主导的营销逻辑的区分,还体现在对顾客资源的不同理解上。顾客究竟是一种操作数资源还是操作性资源？以产品为主导的营销逻辑认为,顾客是一种操作数资源,是用来被"细分"、被"渗透"、被"促销"的操作对象。因此,顾客资源被认为是有限的、静止的,它们的多少(即市场份额)是企业成功的关键。

对以服务为主导的营销逻辑而言,顾客是一种操作性资源。这意味着企业应该高度重视顾客的能动性和影响力,并学习如何与顾客合作创造市场价值。顾客的能力和价值并不是固定的,而是不断变化和发展的。因此,顾客终身价值的多少是企业成功的关键。

二、以服务为主导的营销逻辑的主要观点

以服务为主导的营销逻辑表明营销是一个持续的社会和经济过程,企业主要依靠操作性资源来与竞争者竞争,以向顾客提供更好的价值主张。

以服务为主导的营销逻辑的主要观点可以陈述如下：

第一,确定和开发核心能力。即一个经济实体中可以代表潜在竞争优势的基本知识和技能。

第二,确定可能从这些能力中受益的其他实体(潜在顾客)。

第三,培养关系。这需要使顾客参与到开发定制化的、有竞争性的、令人信服的价值主张中来,以满足具体的要求。

第四,判断市场反馈。通过分析来源于动态交换的财务绩效,来学习如何改进企业产品或服务,并改善企业绩效。

上述观点以资源优势理论和核心能力理论为理论基础。核心能力不是有形资产,而是无形流程；它们是"一些技能和技术",常常是内隐的、模糊的和独有的惯例、行动或操作。Teece 和 Pisano 认为,"企业的竞争优势来源于动态的能力,这些能力植根于企业内部运转的高绩效惯例中,嵌入在企业的流程中,受企业的发展历史调节。"

以服务为主导的营销逻辑表现为以顾客为中心和市场驱动。这不仅仅是顾客导向,还意味着与顾客协作、向顾客学习、适应他们个性化的和动态的需求。以服务为主导的营销逻辑表明,价值不是镶嵌于产出物上,而是被消费者解释以及与消费者共同创造的。

三、以服务为主导的营销逻辑的基本命题

为更好地理解以服务为主导的营销逻辑,Vargo and Lusch 提出了与该逻辑相关的八个基本命题。

命题1：专业化的技能和知识的应用是基本的交换单元。

技能的专业化分工和交换有利于人们更迅速地积累操作性资源,并且提高社会中的资源利用效率。对专业化的交换有两种理解：一种是指交换专业化活动的产出,即"授之以鱼"的交换方式；另一种是指交换专业化活动的能力,即"授之以渔"的交换方式。前一

种专业化的交换是以有形产品为中心的交换,而后一种专业化的交换则是以具有生产性的技术和服务为中心的交换。两种不同的对专业化交换的理解模式体现了人们对有用性和价值的理解。

命题2:间接的交换掩盖了基本的交换单元。

随着时间的推移,在垂直的营销系统或者组织中的交换从专业化技能的一对一交易转移到了技能的间接交易。组织进一步掩盖了技能换技能(服务换服务)的交换本质。随着组织规模的持续增长,尤其是当组织自身变得专业化(如成为供应链上的某一单元)时,组织中所有的员工失去了进行专业化技能交换的直接感受。因为生产链上的工人并不彼此付费(彼此进行互惠交换),他们也通常并不与外部顾客直接打交道,所以可能会忽视质量以及内部顾客和外部顾客。但事实上,不管组织的类型怎样,其基本的流程没有改变;在垂直化的营销系统或者组织中,人们仍然用他们个人的或者集体的专业化技能来交换他人的个体的或者集体的专业化技能。工资、产品、组织以及垂直营销系统仅仅是交换的工具。

命题3:产品是服务的一种分配机制。

在现有经济中,产品已经不再是交换的共同特点,取而代之的是对专业化的知识、智力技能的应用。知识和技能可以通过三种方式转移:①被直接地转移;②通过教育或培训转移;③通过内嵌于产品的形式中被间接转移。因此,有形的产品可以被看做是对无形的知识或活动的有形展示。人们需要产品是因为产品提供服务。人们经常购物是因为拥有物品、展示物品和体验物品提供的满意超出了与产品基本功能相关的满意。应当注意,包含知识内嵌的产品实质上是服务的一种表现"工具"。

命题4:知识是竞争优势的基本来源。

知识是一种操作性资源,它是竞争优势和经济增长的基础,是财富的关键来源。知识由命题知识(通常指抽象和概括的知识)和规范知识(指技能)构成。回顾科学和技术的发展历史可以发现,工业革命在本质上是有关命题知识和规范知识的创造和传播活动。

知识和技术是实体用来获得竞争优势的技能和能力。在企业实践活动中,技术包括三个组成部分:①产品技术(如体现在产品中的知识);②流程技术(在制造流程中涉及的知识点);③管理技术(与商业管理和销售相关的管理程序和知识)。

在竞争过程中,知识是内生的。竞争的过程导致了它本身就是一个知识发掘的过程。智力技能不仅是竞争优势的基本来源,并且竞争也促进了社会中的智力技能和学习活动。

作为竞争优势基础的知识的使用可以拓展到整个"供应"链或服务提供链。每一笔业务都可以看做是信息业务。通过对信息或者知识的差异化使用,或者通过与服务链上其他成员共同运用知识,公司才能够更好地为消费者提供价值主张并获得竞争优势。Srivstava et al.(1999)认为,决定企业竞争优势的操作性资源包括三种核心业务流程:①产品开发管理流程;②供应链管理流程;③顾客关系管理流程。他们认为,营销是所有这些核心业务流程的一个关键部分,企业通过营销活动来创造和维持顾客价值和股东价值。

命题5:所有的经济都是服务经济。

服务在过去被阐释为除农业和制造业之外的产出物。然而,随着专业化分工的增强,专业化开始向更细微的专业化发展。过去发生在一个经济实体中的内在执行的活动和流程变成了独立的专业化部门,而且往往被外包。如果服务被理解为是一种以操作性资源为基础的生产和交换活动,那么每一种宏观经济类型中的专业化活动都体现着服务的特征。比如农业的专业化是以耕种的知识和技能为特征;工业的专业化是以大规模、大生产和组织管理的知识和技能的改良为特征;信息经济的专业化是以与信息和纯粹知识交换有关的知识和技能的改良和使用为特征。因此,服务及其代表的操作性资源一直都体现了经济活动的本质。

命题6:顾客永远是合作生产者。

在传统的以产品为主导的营销逻辑中,生产者和消费者通常被认为是相互独立的主体,企业的目标是要促进最大化的制造效率。然而,分离生产者和消费者以提高制造过程效率的思想可能会以营销效果的削弱(即未能很好地满足顾客需要)为代价。

事实上,在一个产品的使用中,消费者经历了从营销、消费到价值创造和传递的连续过程。因此,即使对有形产品而言,生产也并不随着制造过程而结束。从以服务为主导的营销逻辑来看,"创造价值的关键是要动员顾客共同生产产品或服务"。当顾客成为一种操作性资源(合作生产者),而不是一种操作数资源(营销对象)时,顾客会参与到整个价值和服务链中。

命题7:企业只是提供价值主张。

传统的营销学者认为,价值在创造过程中就内嵌于产品中,而产品的附加值在营销过程中被创造。然而,产品的内在价值的观点并不能说明为何不同消费者对产品价值有不同的主观认知。服务营销学者认为,内嵌的产品价值最终需要被消费者识别和接受才能成为有用的价值。

因此,企业只是提供价值主张,在协同生产的过程中,消费者必须决定价值和参与创造价值。营销活动的中心是为价值创造过程提供方便和支持,以帮助顾客更好地通过合作生产将制造过程中的潜在价值转化为具体的需要满足,而不是仅仅向顾客分配已经创造好的价值。

命题8:以服务为主导的观点在于顾客导向和关系导向。

互动、整合、定制和共同生产是以服务为主导的观点的基本特征,其本质是以顾客和关系为主导。不论服务是通过互动方式提供,还是由一个有形产品来间接提供,价值都是共同创造的。服务过程中的价值创造暗示了以服务为主导的交换是关系导向型的。当一个企业与顾客建立起关系(短期或长期)时,交易之前和之后的内容可能比交易本身更为重要。以服务为主导的观点强调顾客参与性和动态性特征,服务通过持续的学习过程来创造最大化的价值。

第三节　服务营销理论的发展

近十五年来,在服务营销领域涌现了大量的研究文献,形成了关于服务中的顾客参与、服务中的员工管理、顾客满意、服务补救与服务质量等多个新的理论框架。服务营销研究领域发展日新月异,服务营销新理论不断涌现。在本节中,我们首先对服务营销思想在市场营销学科中的出现和发展进行回顾,进而在此基础上,对新近出现的服务科学以及服务科学的研究重点进行介绍。

一、服务营销思想在营销学科中的出现和发展

Vargo and Lusch(2004)提出的将营销逻辑从产品为主导向以服务为主导进行转变的思想,成为服务营销理论发展史上的一个里程碑。Vargo 和 Lusch 的观点很快得到了学界众多学者的响应,服务在企业经营中的位置被重新定义。

根据 Vargo and Lusch(2004)对营销思想流派发展的回顾(如表 1-1 所示),营销学在20 世纪初逐渐从古典经济学和新古典经济学中脱离出来,发展成为一门独立的学科。早期的营销学关注的是产品的商品属性、营销机构和营销职能,并在此基础上形成了以商品学派、机构学派和职能学派为主的三大营销学派。

20 世纪 50 年代初,职能学派开始转变成营销管理学派。相对于早期的三大学派而言,营销管理学派将营销描绘成了一个决策活动,强调通过选择和瞄准一个目标市场,对营销组合或 4Ps 作出最佳决策,使得企业满足顾客需求的同时也实现盈利。

20 世纪 80 年代后,一些新的理论框架开始出现,这些框架试图挑战传统营销理论的交换范式。一些学者认为,4Ps 仅仅是一种方便的框架,因为人们对 4Ps 概念的有效性或有用性持有越来越多的保留意见,并且 4Ps 框架无法使营销成为一种创新的力量。随着关系营销、质量管理、市场导向和社会网络等理论的出现,以 4Ps 为主要框架的营销管理学派已经无法统一这些新兴的理论思想。

21 世纪之后,以服务为主导的营销逻辑逐渐形成。该逻辑跳出了营销管理学派所持有的以产品为主导的理论范式,而是将营销看作一个持续的社会和经济过程。正如 Vargo and Lusch 所认为的,新的营销逻辑把其主导逻辑学的很多部分从有形物品的交换(制造品)转移到了无形产品、专业化的技能、知识和过程的交换,从而把营销指向了一个更加全面和综合的主导逻辑学。这种整合了产品和服务的营销逻辑为营销思想和实践的发展提供了更为殷实的基础。

表 1-1　思想流派及其对营销理论和营销实践的影响

文献流	基本观点或主张
1800—1920 年：古典和新古典经济学 Marshall（1890）；Say（1821）；Shaw（1912）；Smith（1776）	经济学变成了第一个到达自然科学定量精密性的社会科学。价值通过制造嵌于物质中（附加值、有用性和交换中的价值）；商品开始被看做是标准化的产出（产品）。社会中的财富通过获得有形"原料"被创造。
1900—1950 年：早期/初步营销 商品（Copel，1923） 机构（Nystrom，1915；Weld，1916） 职能（Cherington，1920；Weld，1917）	早期的营销思想聚焦于三大思想流派：商品流派（强调产品的特征），机构流派（强调营销机构在价值嵌入过程中的作用），职能流派（强调营销者执行的职能）。主要关注的是交易或者产出，以及执行营销职能的机构是如何把价值增加到商品中的。营销主要提供时间和地点效用，主要目标是占有效用（创造所有权的转移或销售）。但是，对营销职能的关注标志了对操作性资源的关注。
1950—1980 年：营销管理 商业应该以顾客为中心（Drucker，1954；Mckitterick，1957） 价值在市场中被决定（Levitt，1960） 营销是一个决策和解决问题的职能（Kotler，1967；McCarthy，1960）	企业可以利用分析技术（主要来源于微观经济学），试着去定义营销组合以实现最优的企业绩效。价值在市场中"被决定"；内嵌的价值必须具有效用。顾客不是购买产品，而是需要或者想要满足感。企业中的每个人必须关注顾客，因为企业的唯一目的就是要创造满意的顾客。营销职能要对变化的环境作出反应，通过差异化提供竞争优势。对这种反应的认同开始转向使用中的价值。
1980—2000 年及以后：营销作为一个社会和经济过程 市场导向（Kohli and Jaworski，1990；Narver and Slater，1990）服务营销（Gronroos，1994；Zeithaml et al.，1985）	一个主导的逻辑学开始形成，其把营销看成是一个持续的社会和经济过程，在这个过程中，操作性资源是最重要的。这种逻辑学并未把财务结果看成是一个最终的结果，而是将其看成是对一个价值主张的营销假设的检验。市场能够证明营销假设是否成立，这使得参与者可以学习他们的行为，找到更好地服务顾客和改善财务绩效的路径。
关系营销（Berry，1983；Duncan and Moriaty，1998；Gummesson，1994，2002；Sheth and Parvatiyar，2000）	这种范式开始统一这些领域中的不同文献，比如顾客和市场导向、服务营销、关系营销、质量管理、价值链和供应链管理、资源管理和网络分析。这种新兴范式的八个基本前提是：①专业化的技能和知识的应用是基本的交换单元；②间接的交换掩盖了基本的交换单元；③产品是服务的一种分配机制；④知识是竞争优势的基本来源；⑤所有的经济都是服务经济；⑥顾客永远是合作生产者；⑦企业只是提供价值主张；⑧以服务为主导的观点在于顾客导向和关系导向。

资料来源：Vargo, Stephen L., and Robert F. Lusch, "Evolving to a New Dominant Logic for Marketing", *Journal of Marketing*, January 2004, 68, Issue 1。

二、服务科学的兴起及研究重点

1. 服务科学的出现与兴起

20 世纪 60 年代初,IBM 率先从学科建设角度提出了"计算机科学"的理念。随着现代服务业的飞速发展,在大量的发达国家,服务业占 GDP 的比重已超过 70%,服务经济成为国民经济运行的主力军。伴随着服务经济社会出现的新挑战和新机遇,IBM 又提出了一个创新理念——"服务科学"。

"服务科学"的创新理念旨在应用计算机科学技术,应用科学、管理、工程学科的知识,研究以服务为主导的全球经济环境下所必需的相关技术、专业技能和商业模式。"服务科学"是一门新兴的复合交叉型学科,它将计算机科学、运筹学、产业工程、商务战略、管理科学、社会认知行为学和法学等学科综合在一起,以发展现代服务业所必需的相应知识和技能。

来自亚利桑那州大学的服务领导力研究中心(CSL)率先探索了在服务科学和服务创新方面的许多全球的、跨学科的研究重点。他们认为,服务科学是一个新兴的跨学科的探索领域,它侧重于基础科学、模型、理论和说明,通过共同创造价值来推动服务创新、促进竞争和提高福利。

在一项由亚利桑那州大学服务领导力研究中心主持的服务科学研究中,研究者通过对来自 32 个国家和 15 个学科的研究机构中的 200 多名学者,以及来自 11 个国家和 25 个行业的企业的 95 名商界人士进行深度访谈和在线调查,识别和确定了 10 个服务科学研究领域中十分重要的研究重点。10 个服务科学的研究重点涵盖了服务领域的全部知识。这些研究重点分为三大类:战略、发展和执行(如表 1-2 所示)。

表 1-2　服务科学的研究重点

普遍的力量:利用技术改进服务		
战略重点——发展重点——执行重点		
培养服务意识并促进服务增长	刺激服务创新	高效服务品牌化和出售服务
通过转化性的服务提高福利	提高服务设计	通过共同创建服务来提升服务体验
创造和维持服务文化	优化服务网络和价值链	优化服务价值

资料来源:Ostrom, A. L., M. I. Bitner, S. W. Brown, K. A. Burkhard, M. Goul, V. L. Smithdaniels, and E. Rabinovich, "Moving Forward and Making a Difference: Research Priorities for the Science of Service", *Journal of Service Research*, 2010, 13(1), 4-36。

2. 服务科学的研究重点

服务战略的 3 个研究重点是培养服务意识并促进服务增长、通过转化性的服务提高福利以及创造和维持服务文化。服务发展的 3 个研究重点是刺激服务创新、提高服务设计以及最优化服务网络和价值链。服务执行的 3 个研究重点是高效服务品牌化和出售服务、通过共同创建服务来提升服务经验以及优化服务价值。服务科学的第 10 个研究重点是利用技术改进服务,它是一个普遍的力量,覆盖其他 9 个研究重点。

在服务战略的研究重点中,培养服务意识并促进服务增长这一研究领域侧重于增加和提升一个组织成功提供服务的能力。根据对学界和商界的调查,4 个研究主题领域十分重要:①确定基于服务的商业增长和扩张模型;②使基于实体产品的组织向服务导向的企业转化;③整合和联合实体产品、服务和对策;④发展和保持服务实体产品组合。

服务战略的第二个研究重点侧重于福利和服务的关系,以使以下 7 个更加具体的主题领域被确定:①通过服务提高顾客和社会福利;②在医疗和教育上,改善方法,提高质量和生产力;③以一种可持续发展的方式(一种保护健康、社会和环境的方式)传递服务;④促进绿色技术和相关服务的发展和采用;⑤为主要城市的地区、区域和国家规划、修建和管理服务基础设施;⑥为了消费者和社会的利益,使公共服务民主化;⑦促进在金字塔底层的服务创新。

服务战略的第三个研究重点侧重于如何去发展和维持对服务文化的理解,包括 5 个研究主题领域:①为一种持续的服务文化,招聘、培训、奖励人才;②在以产品为导向的组织中发展服务思维方式;③利用员工和顾客的知识来创建学习型组织;④一个组织在成长、成熟和改变时都要关注服务;⑤通过不同的国家使一个服务组织的文化全球化。

服务发展的第一个研究重点侧重于服务创新,它意味着通过新的或者改进过的服务提供、服务过程和服务商业模式为顾客、员工、联盟者和社会创造价值。以下 7 个主题领域被看做是尤为重要的:①确定持续的、新的服务成功的驱动因素;②为渐进的和激进的服务进行创新,设计新兴的、有计划的流程;③确认和管理顾客在整个服务创新过程中的角色;④把创造力和艺术注入服务创新过程中;⑤把组织结构、顾客和供应商关系与服务创新联合起来;⑥产生服务创新想法,排列优先顺序,进行管理;⑦使用模型方法和服务刺激来促进服务创新。

服务发展的第二个研究重点侧重于对服务设计的理解,即如何把“设计思维”融入服务准则、服务流程和服务系统中。它包括以下研究主题领域:①把表演艺术和视觉艺术融入服务设计中;②通过经济周期、成熟期和市场细分来设计动态的和灵活的服务;③把服务设计方法与现存的结构联合起来;④系统地学习怎样才能使顾客和员工参与到共同的服务设计中;⑤使用服务设计来影响服务系统中人们的行为。

服务发展的第三个重点侧重于最优化服务网络和价值链,强调公司内部的合作对服务绩效的影响,涉及以下主题领域:①围绕顾客体验来最优化组织内部的服务网络和合作;②在全球范围内创造和提高服务网络分布;③研究高效的价格机制,通过服务系统来共担损益;④在服务价值链上管理好上游和下游迁移;⑤使用外包来提高服务生产率和获得成功。

服务执行的第一个研究重点是高效服务品牌化和服务出售,包括以下值得研究的主题领域:①使服务和解决方案品牌化和确定品牌价值评估的高效方法;②通过接触点培养一致的品牌体验;③利用社会媒体对服务品牌的影响;④达成高效的销售解决方案和定义销售力量的新角色;⑤在员工与品牌间建立更加亲密的关系。

服务执行的第二个研究重点是通过共同创造来提升服务体验,这对为顾客创造价值和为组织获得价值较为关键,以下主题领域尤为重要:①通过复杂多样的服务提供、接触点和顾客来管理顾客体验;②确定顾客的角色以及开发有助于激励顾客为提高服务成功率和忠诚作出贡献的方法;③通过技术(如 Web3.0)来促进顾客或服务合作;④创造、管理和衡量顾客社区的影响和回报;⑤确定合作创造的知识产权和定价。

服务执行的第三个研究重点是最优化服务价值,包括以下主题领域:①衡量价值和服务投资回报;②创造和增强用以获得服务的使用价值,并向顾客和整个企业传播价值的方法和手段;③把服务价值和服务传递的成本融入共同的最优化模型中;④创造和提升与公司财务产出相关的服务标准和服务参数;⑤管理销售和服务渠道组合来获得最大化价值;⑥整合顾客、员工和技术的角色以形成最优价值(如采用自助服务技术)。

第十个研究重点,也是一个渗透在前 9 个领域中的服务重点,与利用技术和服务的关系相关。它涉及以下 7 个亟待研究的问题:①为新服务技术(如智能服务、云计算)建立商业模型;②加快服务导向型新技术的采纳和应用;③获得和传递服务导向的信息以便于实时决策;④加快移动商务的建立和发展,并提高顾客和员工的生产率;⑤提高在线信息和资产的安全,保护服务顾客、员工、企业和社会;⑥使用服务系统范式来促进创新;⑦通过服务导向的结构和服务平台来促进灵活性和达成整合。

■ 本章小结

服务是包括所有产出为非有形产品的全部经济活动,通常在生产时被消费,并以便捷、愉悦、省时、舒适或健康的形式提供附加价值。

产品和服务之间的区别可以用市场实体等级来描述。市场实体的等级展现了两个重要的观点:第一,大多数商品都是一系列有形元素和无形元素混搭配置和交替变换的结果。第二,企业可以通过增加无形服务中的有形元素,或增加有形产品中的无形元素来创造商品的差异性。

服务的特性表现在五个方面:无形性、异质性、不可分离性、易逝性和缺乏所有权。服务不同于产品的特殊性质为服务营销带来了诸多挑战。服务营销需要针对服务特性来设计解决方案:针对无形性的解决方案包括利用有形线索、利用口碑信息来源、建立强大的组织形象;针对异质性的解决方案包括顾客定制化、服务标准化;针对不可分离性的解决方案包括甄选和培训服务接触人员、顾客管理、提供多点服务;针对易逝性的解决方案包括开发非高峰需求、开发补充服务、能力共享、增加顾客参与;针对缺乏所有权的解决方案包括员工授权、员工保留。

以服务为主导的营销逻辑强调营销是一个持续的社会和经济过程,企业主要依靠操作性资源来与竞争者竞争,以向顾客提供更好的价值主张。该营销逻辑提出了八个基本的理论命题:第一,专业化的技能和知识的应用是基本的交换单元。第二,间接的交换掩盖了基本的交换单元。第三,产品是服务的一种分配机制。第四,知识是竞争优势的基本来源。第五,所有的经济都是服务经济。第六,顾客永远是合作生产者。第七,企业只是提供价值主张。第八,以服务为主导的观点在于顾客导向和关系导向。

"服务科学"旨在应用计算机科学技术,应用科学、管理、工程学科的知识,研究以服务为主导的全球经济环境下所必需的相关技术、专业技能和商业模式。

复习思考题

1. 结合服务的定义谈谈你对服务的理解。
2. 服务与产品的差异表现在哪些方面?服务特性对企业营销提出了哪些挑战?
3. 如何针对服务特性来提供相应的解决方案?
4. 结合实例说明你对以服务为主导的营销逻辑的理解。
5. 服务科学有哪些研究重点?选择其中一项结合实际谈一谈你的理解。

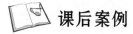

课后案例

苹果公司的"i"系列

2010 年 4 月,苹果公司在公布 2010 年第一季度财报时,总裁史蒂夫·乔布斯宣布,苹果公司已经卖出了超过 5 000 万部的 iPhone,App Store 的应用程序下载次数已经超过 40 亿。此时距离 iPhone3G 和 App Store 的发布,仅有不到 2 年的时间。与此同时,包括谷歌的 Android Market、诺基亚的 OVI 商店、摩托罗拉的智件园、三星的 Samsung Apps 以及 RIM (加拿大移动研究公司)的 App World 等,都开始模仿 App Store。甚至还有运营商前来凑热闹,比如中国移动的 Mobile Market、中国电信的天翼空间等。苹果公司的成功不仅给了所有竞争对手压力,也把所有竞争对手拉上了这辆"战车"。为什么苹果公司能够取得如此大的成功?很多消费者都认为苹果"i"系列产品靠外观取胜,也有很多人认为这应归因于苹果公司在系统和软件开发上的强大实力,还有人认为是苹果公司的品牌魅力吸引了大量热情、高端的用户,等等。不过,更多业内人士对其成功的一致总结是:"不卖硬件卖服务"。虽然,苹果公司表面上都以硬件产品为主。但是在电子产业高速发展的今天,卖硬件永远是最低端而薄利润的,硬件只能卖一次,内容和服务却可以无限延伸。苹果公司将硬件、软件和服务三位一体地整合在一起,被视为以服务为主导的营销逻辑的成功典范。

早在个人电脑刚刚诞生的年代,当 IBM 公司将电脑视作工业组装品、微软将 Windows 视作能装各种东西的"大邮包"的时候,苹果公司创始人乔布斯坚信个人电脑应该是"艺术品"——产品艺术般的设计和简单易用,例如"视窗"就是苹果公司率先推出的。无论是艺术般的设计还是简单易用都来自使用者的体验;因此与同类企业相比,创始人对工业设计和艺术的情有独钟,使苹果公司天生就拥有优质的"服务"基因,也使其辉煌一时,风光无限。由于苹果公司坚持独自开发硬件和软件的封闭业务模式,使其难以抵御 Wintel 联盟的价格进攻,进而逐渐沦为对图形、设计方面有专业需求的利基品牌。20 世纪 80 年代中期,因为经营问题(苹果公司严重赤字),以及内部管理的分歧,乔布斯不得不离开苹果公司。90 年代末期乔布斯重返苹果公司之后,通过重塑商业战略,推出"i"系列产品,使公司重新走上了辉煌。首先是 1998 年,有着水果颜色、水滴形状塑料外壳的 iMac 问世,苹果公司硬件业务得以重振。从技术上看 iMac 并没有突破性的创新,但良好的工业设计使人们感觉到电脑不再是冷冰的工业机器,而可以作为艺术品来拥有。这一创新的意义可用著名工业设计师加迪·阿米特的话来概括:"苹果公司伟大的贡献在于它证明你能够通过贩卖情感而成为亿万富翁,证明设计也是一种有效的商业模式。"

不过真正将苹果公司带出低谷走向成功的却是 2001 年 11 月推出的 iPod——地位低微的个人电脑周边产品。iPod 延续了 iMac 的时尚设计理念,塑造了一种文化:在所有细节方面,苹果公司做的是最好的。但仅有此是不够的,苹果公司不是第一个将数字音乐播放器带到市场的公司。早在 1998 年,一个叫钻石的多媒体公司就推出了 Rio,另一家叫 BestData 的公司也在 2000 年推出了 Cabo 6。这两个产品的播放效果都非常棒,也很时尚和容易携带。但为何是 iPod 而不是这两个产品取得了成功?关键在于苹果公司的另一个产品 iTunes。苹果公司在 2001 年 1 月就推出了 iTunes,但是只是内嵌于 iMac 电脑中的音乐播放软件,还不是销售音乐的网络商店。在网上销售音乐的想法并不新颖,只需要一个正确的软件、能上网的个人电脑和光碟刻录机即可,即基于专有格式的订阅服务模式(subscription service model)。由于唱片行业积极致力于版权保护计划,一般公众是不能购买而只能租用音乐;换言之,订阅服务模式不允许消费者刻录他们下载的音乐,而且每月还需要为保留他们下载的音乐而支付租金。而苹果公司是第一个认识到消费者真正希望的是从互联网上购买而不是租用他们喜欢的音乐,就如同在商店购买的 CD 一样。为此,当 iTunes 还只能在 iMac 电脑上使用的时候,苹果公司就巧妙地同各大唱片公司签订了协议,使用户可以通过互联网以 99 美分的价格购买一首歌曲。2003 年,苹果公司在推出第三代 iPod 的同时,也正式发布了可用于音乐销售的 iTunes,使得 iPod 的销量迅速飙升。可以说,没有 iTunes 的 iPod 也仅仅是千万个音乐播放器中的一种。

苹果公司将 iPod 和 iTunes 完美整合,开创出了一种全新的商业模式——将硬件、软件和服务整合在一起,使公司从以产品为主导的营销逻辑向以服务为主导的营销逻辑转变。通过上述分析不难发现,造就苹果 iPod 产品成功的既不是 iPod 也不是 iTunes 本身,就技术而言它们都不算什么创新。iPod 成功的关键在于它提供了一个非常有吸引力的价值主张:为顾客提供了一种崭新的在线音乐解决方案。消费者可以通过 iPod(硬件)和 iTunes(软件),随时随地轻松地找到想要的音乐,以便宜的价格、便捷的付费方式拥有并下载它,并得到几近完美的视听享受,这一切都被无缝整合(seamless integration)在一起。这不再是像销售硬件那样的一次性交易,而是与顾客的持久性交互,通过交互共同创造价值。乔布斯发现,如今 IT 公司应该主攻的战场是在消费者的右脑与左心房:科技产品应该参与到消费者的生活之中,与他们一起激动、幻想和创作。2001 年 iPod 发售时,苹果公司开设了一个 iPodLounge 网站,iPod 用户可以建立自己的用户信息,制造自己的 iPod 附件,给改进 iPod 提出建议和点子。这个论坛由苹果公司的员工维护,整理建议,并把最好的点子推荐给苹果公司。同年 5 月,首家苹果零售店问世,到 2010 年全球已开设近 300 家。为了实现产品与顾客生活体验的契合,店里没有晃眼的灯光、嘈杂的音乐或者推销产品的售货员,顾客可以摆弄各种机器。店里设有一对一的零售店咨询,通过面对面地私人培训 iMac 使用的基础知识,实现从旧电脑到苹果电脑的转换,或者其他高级别的项目。天才吧是苹果零售店的另一个创新,让顾客可以与维修人员面对面地进行问题检修。另外,消费者还可以参加零售店举办的讲座(从 iMac 入门到数码摄影、音乐和影片制作),以及每年夏天针对儿童人群举行的夏令营。这些无不体现了苹果公司的顾客导向和承认顾客在价值创造中的关键作用。在以服务为主导的营销逻辑下,iPod 和 iTunes 不仅成为苹果公司提供服务的重要载体,更成为基础平台,将用户、苹果公司和第三方连接起来,构建起价值网络。在这个价值网络中,苹果公司提供“硬件加软件平台”的集成,而软件上的内容和硬件设备的附件产品则由参与服务生态系统的第三方提供,苹果公司承担看护者的角色。iTunes 集成了 EMI、Sony 等主要版权音乐发行方,同时因为支持用户购买单曲,在很大程度上降低了购买版权音乐的门槛,将付费数字音乐推向了主流。iPod 和 iTunes 的集成使用户音乐资源与播放器之间的传输实现了“即插即用”,操作便洁,优化了数字音乐播放器的用户体验;而内容提供商和附件产品的厂商通过 iPod、iTunes 的用户吸着力分享到了这块由苹果公司做大的“蛋糕”。

在“iPod + iTunes”模式的成功中,苹果公司看到了基于终端的内容服务市场的巨大潜力,萌生了从电子产品生产商向数字生活解决方案提供商转变的意愿。2007 年 1 月,苹果电脑公司更名为苹果公司,融合消费电子产品成为苹果公司新战略中的重点。苹果公司这样描述它的新战略:“公司聚焦于为顾客(包括消费者、中小企业、教育界、企业、政府和创意顾客)提供创新产品和解决方案,从而很好地提高他们不断演进的数字生活方式和工作环境”。显然,数字生活不会停留在音乐上,2007 年苹果公司进军移动通信行业,再次成就了一款明星级便携数码产品——iPhone。沿用“iPod + iTunes”的模式,苹果公司在推出 iPhone 不久,新的应用软件平台 App Store 诞生。App Store 是专门针对 iPhone 用户推出的手机应用软件下载商店;与 iTunes 不同的是,App Store 不再是由苹果公司完全控制的全封闭式平台,而是典型的"C2C"模式。任何对手机软件开发有兴趣的个人和公司都可以将自己的产品发布到平台上供用户下载,App Store 只为软件开发商提供技术、营销支持,而不会对其进行任何门槛限制,也不参与价格制定;而对用户而言,通过 iPhone 内嵌的下载平台(App Store + iTunes Store),不仅可以充分享受音乐、影视娱乐和软件服务,而且延续了 iTunes 时代的方便与廉价的体验。2010 年 1 月,苹果公司进军出版产业,推出了"iPad + iBooks";如同过去的 iPod 一样,iPad 的最终目的在于改变公众的阅读方式,培养全新的用户体验和消费习惯,使数字出版和阅读成为未来主流。同年 6 月,乔布斯更是亲自上阵,推出了新一代手机——iPhone 4,同前面几代只是配置上的小规模升级和细微的外观改动不同,业界将其亮点归为 8 项,包括 A4 处理器、940 × 640 像素、IPS/FFS 液晶屏、300 小时待机时间、3 轴陀螺仪、iOS4、500 万像素支持 720P 视频拍摄,以及 iMovie、iBooks 和 iAd 等新软件平台。通过这些亮点,不难发现苹果公司正试图将数字生活继续深入到视频、游戏、在线出版和在线广告等产业领域。

纵观 10 年"i"系列产品的发展,不难看出苹果公司始终坚持提供出众的、很好整合的数字生活解决方案的基本定位。数字生活的核心是使个人能够通过一个终端设备,便利地获取和管理被联网的、个性化的资源。为此,苹果公司首先控制着数字中枢终端设备的设计和开发,包括 iMac、iPod、iPhone、iPad、Apple TV 等;每一次的终端创新和升级都使苹果公司的数字业务得以拓展。为配合不断升级和业务拓展的需要,苹果公司不断地设计和开发出了应用功能集成度很强的软件平台,包括 iTunes、App Store、iBooks、iMove、iAd 等,这些平台同时还扮演着数字商店的功能。无论是终端设备还是软件平台,苹果公司都坚持利用它独特的能力达到卓越的容易使用(ease-of-use)、无缝整合、创新工业设计(innovative industrial design)的效果,以给予顾客与众不同的体验。不仅如此,为了强化顾客体验和充分发挥其在价值创造中的作用,苹果公司还不断地拓展和提升它的自营零售店,以保持与顾客的亲密接触。与过去的战略不同,苹果公司在坚持整合数字生活解决方案提供商定位的同时,也在积极构建硬件和软件平台,将第三方机构连接起来共同构建价值网络,包括提供存储硬件的三星、提供电子产品代工的富士康、提供附件(如 iCase)的生产商、应用软件开发群体、书籍出版商、通信服务提供商、广告提供商等。随着顾客和第三方机构的不断加入,苹果公司构建的数字生活价值网络的网络效应将会越发显现。

资料来源:刘林青、雷昊、谭力文,"从商品主导逻辑到服务主导逻辑——以苹果公司为例",《中国工业经济》,2010 年第 9 期,第 57—66 页。

案例讨论题

1. 描述苹果公司的产品开发路线图,分析其盈利模式。
2. 苹果公司是如何理解产品与服务的关系的?
3. 在苹果公司产品开发演进的过程中,有何规律? 它能为其他行业带来怎样的启示?

第二章 服务营销的基础框架

在一个产品泛滥而顾客短缺的世界里，以顾客为中心是成功的关键。

——菲利普·科特勒

第一节 服务营销基础理论

一、7Ps 服务营销组合理论

1. 传统的 4Ps 营销组合理论

第二次世界大战以前，物资还十分匮乏，在产品数量供不应求的情况下，企业只要增加产量、降低成本即可获得丰厚的利润。基于此，在 20 世纪 60 年代，美国营销学学者杰瑞·麦卡锡教授从生产者的角度出发，提出了 4Ps 营销组合策略，分别是产品（product）、价格（price）、分销（place）和促销（promotion）。

（1）产品

产品是指企业提供给目标市场的商品和劳务的集合体。对于有形产品，企业更多地需要关注产品线、产品组合、包装、品牌、质量和售后服务等。

而在服务营销的策略中，企业还必须特别考虑提供服务的范围、服务的质量、服务的水准以及服务的品牌、包装、保证等因素。例如很多软件产品都会在软件安装之前弹出一个协议窗口，其中包含一条保证不泄露顾客个人信息的条款。

（2）价格

价格要素强调企业应该为能够满足顾客需求的产品与服务制定具有竞争力的价格。在有形产品中，企业对价格的关注点主要集中在产品的折扣、付款条件、价格变动和贸易折扣等。

而在服务的具体定价过程中，企业应该考虑到顾客的支付能力、服务期望等因素，因而应该更注重定价的灵活性、价格与服务定位的匹配性以及服务产品的区别定价等因素。

（3）分销

分销是企业使产品可进入和达到目标市场的各种渠道。在产品分销的过程中，企业更多的是关注于渠道选择、渠道设计、运输、仓储和递送服务等。

而在服务行业中，服务场所的店面位置、仓储及运输的可达性及其覆盖的地理范围等因素在服务营销的渠道策略中至关重要。随着互联网的发展，网络销售也成为服务营销的重要渠道。

（4）促销

促销指企业利用各种信息载体与目标市场进行沟通的多元活动。在有形产品中,促销包括广告、人员推销、媒体选择、公共关系和营业推广等。

而在服务营销中,促销更注重向不同顾客传递不同信息,即为他们提供个性化的服务和信息。比如,有形餐厅会根据之前的消费记录为即将到来的 VIP 客户或将要在餐厅举办特殊聚餐活动的客人提供特别的菜单,如"本餐厅专为×××先生/女士及其同仁准备"。

2. 拓展的 7Ps 服务营销组合理论

与产品时代不同,在服务时代,人员对服务质量有着不可避免的影响,员工的服务质量以及员工与顾客之间的互动是服务生产过程中不可缺少的一环。此外,相较于产品可以通过不同感官进行判断,服务的无形性增加了消费者的不确定性,他们更倾向于借助有形线索来理解服务体验。因此,人员（personnel）、有形展示（physical evidence）、过程（process）与传统的 4Ps 营销策略一起构成了新的服务营销组合理论,即 7Ps。

（1）人员

一提起人员,大家想到的通常是服务人员。的确,一线服务人员通过管理关键事件影响着服务接触的效果,决定了顾客对整体服务的满意程度。但人员的概念却不局限于一线服务人员。确切地说,人员要素应该是参与者,即参与到服务过程中并对服务结果产生影响的所有人员,包括企业的员工、顾客和处于服务环境中的其他人员。

其中,一线服务人员的着装、仪表、态度和行为会对消费者的服务感知产生影响。例如,我们更愿意光顾那些服务态度热情的餐厅,而不愿意去那些服务态度冷漠的地方消费。

跨边界扩展（boundary spanning）认为,一线服务人员作为连接服务组织与其顾客的桥梁和纽带,使得服务组织的边界从组织扩展到了顾客。

由于服务的过程性,顾客自身也会参与到服务的过程中,对服务质量和服务感知产生重要影响,他们的态度也会影响到其他顾客对服务质量和服务过程的感知。比如,那些不配合服务人员,在车厢内吸烟的人,不仅会严重影响服务质量,也会影响其他顾客对服务的感知。

此外,处于服务环境外的其他人员也会影响到服务生产和消费的过程。例如,其他人对消费者发型的称赞,会促进消费者对美发店的再次消费。

（2）有形展示

在无形物的消费中,有形展示的呈现是多方面的,可分为外部设施、内部设施和其他有形物。外部设施包括外部设计、标牌、停车场、风景和周围的环境;内部设施包括内部设计、直接用于服务顾客的或用于企业经营的设备、标牌、设计图、空气质量和温度;其他有形物包括名片、信纸、账单结算表、报告、员工外表等。

作为刺激物,有形展示的这些不同要素会对消费者的情绪产生重要影响,进而影响消费者的体验和满意度,刺激消费者表现出接近行为或逃避行为。例如醒目的招牌方便了顾客对服务提供商的识别,可以降低消费者在寻找服务提供商过程中的成本,提高消费者服务体验过程的流畅性,增加顾客满意度。同样,便利的交通、令人舒适的外部环境,以及场所内部的设备、光亮程度都会对顾客满意度产生影响。

在对有形展示进行管理的过程中,管理人员应该明确有形展示的目的在于使服务变得更加便利,提高服务质量和服务生产率,或弥补服务的无形性缺陷,从而作出合理的布局安排。比如,一些咖啡馆为了给顾客带来阅读的便利,会在咖啡馆内设置一个小书架,提供各种类型的书籍供顾客阅读。再比如京港地铁有限公司在欧洲杯打响时,将24支球队的铭牌分别贴到了地铁4号线的24座车站上(如西单站对应西班牙)。这样一旦车站上的铭牌消失,乘客就能清楚地知道哪支队伍被淘汰。相较于其他布满商业广告的地铁线,京港地铁的这种有形展示方法反而更能引起消费者的共鸣,调动消费者的积极情绪,提高消费者的满意度。

(3)过程

过程是用来实际传递服务的操作系统或者方法。由于服务具有不可分离性,顾客在服务过程中或多或少地会参与其中。因此,服务过程是顾客感知服务质量的关键所在,也是顾客评估服务质量的重要过程。

在服务过程中,服务任务流程、服务时间进度、标准化和定制化都会影响到消费者的服务质量感知。因此,在服务设计过程中,企业应该注意考虑以下五种因素:

第一,对一种方法保持承诺,不要经常更换。服务具有无形性,它不像产品那样可以通过视觉等感官获得初步的判断,而只能在服务的过程中感受。这就意味着相较于产品,消费者在服务消费中会面临更大的风险。为了降低这种风险,在服务消费过程中,消费者往往更倾向于选择那些尝试过且比较满意的服务,而不愿冒险去尝试新的服务。

如果企业一味地变换服务方法,只会让消费者感到陌生,甚至无所适从,这无疑增加了消费者的感知风险。因此,在服务设计过程中,企业更要注重对一种方法保持承诺,不要经常更换。

第二,区分标准化服务和定制化服务。标准化服务指那些在规范化的管理制度、统一的技术标准下,由员工向顾客提供的统一的重复性服务。而定制化服务则是指那些企业按照消费者自身要求,为其提供的适合他们需求并让他们满意的服务。

在服务设计过程中,企业需要考虑哪种服务是适合自己的,才能更好地管理服务。对于快餐店来说,为了提高生产和服务效率,一般会提供标准化服务,比如肯德基、麦当劳。而对于美发店来说,定制化服务更受欢迎。因此,在服务设计中是选择标准化还是定制化的服务设计,需要企业根据自己的需求加以区分。

第三,创建灵活生产能力。服务企业设计过程中的灵活生产能力主要涉及企业短时间内执行任务的能力,包括短时间内新产品开发、生产、服务客户的能力等。为了满足顾客需求、提升顾客满意度,企业有必要在服务设计过程中考虑创建灵活生产能力。

第四,增加顾客参与量。服务的不可分离性意味着服务发生时,顾客必须在场。但服务情况不同,顾客在服务过程中的参与程度也有所不同。

按照顾客参与程度的高低,可将服务分为三种类型:①顾客必须在场的服务,也就是本章第三节中将会提到的作用于人体的服务,例如健康护理、客运、美容等;②需要顾客开始和结束时在场的服务,包括本章第三节中将会提到的作用于物品的服务和作用于无形资产的服务,例如干洗等;③仅要求顾客精神参与的服务,也就是本章第三节中将会提到的作用于思想的服务,例如网络教育等。

服务类型不同,所要求的顾客参与量就不同。但不管是哪种服务,增加顾客的参与量都是至关重要的。因为服务的核心在于以顾客为中心,如果不能有效地调动顾客参与,就很难得到顾客积极或消极的反馈意见,难以保持顾客的忠诚度。因此,企业在服务设计过程中应考虑增加顾客参与量。比如烤肉自助餐厅,就是通过顾客根据自己需要拿取食材、自助烤肉的方式调动顾客的参与量。

第五,平滑需求的峰谷差异。服务具有易逝性,这就意味着服务是不可储存的,一旦生产出来不能及时消费就会造成浪费,不能像产品那样可以放入库存。因此,在服务过程中,需求的峰谷差异往往表现得十分明显。

当需求旺盛,企业的生产能力不足时,消费者就不得不为享受该服务而等待。等待时间一旦过长,消费者就会感到厌烦,从而转向服务提供商的竞争者。例如,晚上到餐厅用餐的人往往比早上多,如果消费者在一家餐厅等待的时间过长,就会考虑换家餐厅用餐。而当需求不足,企业的生产能力不变时,则会导致企业资源的浪费。因此,在服务设计过程中,企业需要考虑平滑需求的峰谷差异,以适应供需的变化。

在对服务过程的描述中,蓝图起到了很好的作用。蓝图(blueprinting)通常以活动流程图的形式来展现,将服务过程分解为独立的步骤,并根据时间和成本要素来对其进行评估。关于服务蓝图的详细内容,可参见本书第八章。

二、4Cs 营销理论

第二次世界大战后,工业得到了迅猛的发展,世界开始由短缺经济时代过渡到过剩经济时代。供过于求的市场状况要求企业开始更多地关注顾客而非产品。基于此,1990年,美国市场营销专家罗伯特·劳特朋从顾客角度出发,提出了与传统 4Ps 营销理论相对应的 4Cs 营销理论,分别是消费者(consumer)、成本(cost)、便利(convenience)、沟通(communication)。

1. 消费者

消费者强调企业在实施产品策略时应更多地从消费者的需求和利益出发,生产满足消费者需要的产品,并由此产生相应的顾客价值,获得良好的顾客满意度和忠诚度,而不是简单地从自身角度考虑生产何种产品。

2. 成本

成本强调企业在定价时应从传统的利润目标和竞争目标导向转而考虑与满足消费者需求有关的成本。一是企业的生产成本；二是消费者为满足自身需求愿意承担或支付的成本，包括购物的货币支出，购物与使用中的时间耗费、体力耗费和精力耗费，以及购买风险（因信息不对称导致的消费者所购与所需之间存在差异而带来的损失）。

3. 便利

便利在很大程度上与消费者购物的总成本相关，即企业必须在考虑满足消费者需求的同时，尽最大努力从销售渠道、信息沟通和售后服务等方面降低消费者在消费时的货币成本、时间成本、精神成本和体力成本。

4. 沟通

沟通的本质内涵是要求企业从单向的营销刺激（促销）转变为与顾客之间双向互动的信息交流，并以积极的方式去适应顾客的各种需求（功能需求、情感需求与社会需求等），以便建立起基于共同利益的新型企业—顾客关系。相较于单向沟通，双向沟通更有利于协调矛盾和融洽感情，并培养忠诚的顾客。

4Cs营销理论的核心是以消费者为中心，这与服务营销中的顾客导向概念不谋而合。通过在服务营销中使用4Cs策略，服务提供者可以更好地满足顾客需求、赢得顾客的满意和忠诚，实现营销成功并获得持久的竞争优势。

三、4Rs 营销理论

进入21世纪，企业间的竞争日益激烈。为了在激烈的竞争中脱颖而出，企业在营销过程中会更加注重顾客导向，通过比竞争者更有效率地传递顾客所期望的产品和服务，实现企业的经营目标。在此营销背景下，美国学者唐·舒尔茨提出了4Rs营销理论，分别是关联（relevancy）、反应（response）、关系（relationship）和回报（reward）。

1. 关联

关联指企业为顾客和用户提供的产品和服务不是单一独立的，而是形成一揽子的、集成化的整套解决方案。从顾客实际需求、个性心理需求及潜在需求等多方面满足顾客需求或者产生某种利益回馈机制吸纳顾客，在用户和企业之间建立长期合作的契约式关系。

2. 反应

反应指企业对瞬息万变的顾客需求迅速作出反应，并能及时提供相应的产品和服务，快速满足顾客需求的营销策略。

3. 关系

关系指关系营销，它是以系统论为基本思想，将企业置身于社会经济大环境中来考虑企业的营销活动，认为企业营销是一个与消费者、竞争者、供应者、分销商、政府机构和社会组织发生互动作用的过程。通过识别、建立、维护和巩固企业与顾客及其他利益群体的关系的活动,以诚实的交换及履行承诺的方式,使活动涉及的各方面目标在关系营销中得以实现。

4. 回报

回报指企业通过贯彻上述营销思想,以满足顾客需求为前提,在充分实现顾客满意、社会满意和员工满意的基础上,达到企业满意。

4Rs 营销理论追求的是共赢,即通过适应顾客需求,为顾客提供满意的服务,与顾客建立良好的关系,充分实现顾客满意、社会满意、员工满意,最大范围地实现各方互惠关系最大化。这为服务提供者培养顾客忠诚度的同时实现利润最大化提供了良好的营销策略。

四、4Vs 营销理论

20 世纪 80 年代之后,随着高科技产业的迅速崛起,高科技企业、高科技产品与服务不断涌现,营销观念和方式也发生了变化,出现了 4Vs 营销理论。4Vs 营销理论是指差异化(variation)、功能化(versatility)、附加价值(value)和共鸣(vibration)。

1. 差异化

差异化策略指企业凭借自身的技术优势和管理优势,生产出性能上、质量上优于市场上现有水平的产品;或是在销售方面,通过有特色的宣传活动、灵活的推销手段、周到的售后服务,在消费者心目中树立起不同一般的良好形象。

2. 功能化

功能化指企业根据消费者消费需求的不同,提供不同功能的系列化产品供给,消费者可根据自己的习惯与承受能力选择具有相应功能的产品。

3. 附加价值

附加价值主要由技术附加、营销或服务附加和企业文化与品牌附加三部分构成。服务企业的附加价值指除产品本身外,营销、文化、品牌等其他因素所形成的价值。

4. 共鸣

共鸣是通过企业持续占领市场并保持竞争力的价值创新给顾客带来的"价值最大化"的心理感受,从而使企业也能够实现"利润最大化"的回报。当企业持续为客户提供最大价值创新的产品和服务时,消费者才能最大化地体验到企业服务和产品的实际价值效用,也就意味着企业和顾客之间产生了利益和情感的共鸣。

4Vs 营销理论的核心观点在于创新,即通过品牌、产品等方面的创新提高企业的核心竞争力,最大化满足顾客的价值需求,引起顾客和企业之间的利益和情感的共鸣。而服务营销的核心在于以顾客为中心,满足顾客需求,赢得顾客满意,保持顾客忠诚度。4Vs 营销理论的运用,为企业最大化满足顾客重视的价值提供了新的策略方向,即创新导向策略。

7Ps、4Cs、4Rs、4Vs 营销理论的比较分析

　　7Ps、4Cs、4Rs、4Vs 营销理论产生的经济时代和营销环境不同,其特点也各有不同。在营销理念方面,7Ps 偏重于生产者导向,4Cs 更注重顾客导向,4Rs 偏重于竞争者导向,4Vs 更注重创新导向。

　　不同的营销理念下,各个营销理论下的营销模式、满足需求的类别、营销方式、服务重点、与顾客的沟通方式也有显著差异,具体差异如表 2-1 所示。

表 2-1　7Ps、4Cs、4Rs、4Vs 营销组合比较分析表

类别＼项目	7Ps	4Cs	4Rs	4Vs
营销理念	生产者导向	顾客导向	竞争者导向	创新导向
营销模式	推动型	拉动型	供应链	推动型
满足需求	相同或相近需求	个性化需求	感觉需求	个性化需求
营销方式	规模营销或差异化营销	差异化营销	整合营销	营销组合
服务重点	顾客忠诚、顾客份额和顾客盈利性	满足现实和潜在的个性化需求,培养顾客忠诚度	适应需求,创造需求,追求各方互惠关系最大化	提高企业核心竞争力,最大化满足顾客价值需求
顾客沟通	一对多单向沟通	一对一双向沟通	一对一双向或多向沟通或合作	一对多单向沟通
对服务营销的贡献	增加了人员、有形展示和过程	以顾客为中心	更加强调关系营销	以创新为中心,通过创新来吸引顾客
与服务的关系	从服务提供者内部角度出发,为公司提供了适应外部市场的可行策略	为服务提供者满足顾客需求、追求顾客满意度提供了良好的策略	为服务提供者培养顾客忠诚度提供了良好的策略	为服务营销最大化满足顾客重视的价值提供了新的策略,即创新导向策略

　　资料来源:余晓钟、冯杉,"4P、4C、4R 营销理论比较分析",《生产力研究》,2002 年第 3 期,第 248—249 页。

　　在服务营销中,7Ps 在 4Ps 的基础上增加了人员、有形展示和过程三个策略,从服务提供者内部角度出发,为公司提供了适应外部市场的可行策略。4Cs 以顾客为中心,为服务提供者满足顾客需求、追求顾客满意度提供了良好的策略。4Rs 更加强调关系营销,有利于服务提供者培养顾客忠诚度。4Vs 以创新为中心,通过创新策略吸引消费者,为服务营销最大化满足顾客重视的价值提供了新的策略,即创新导向策略。

案例 2-1

Shake Shack 的快餐之道

它在麦当劳遭遇 10 年最差销量的时候上市,却在上市首日股价大涨 119%;它让顾客排队 16 年,却依旧门庭若市,它就是发家纽约的 Shake Shack——一个营销策略独特的快餐品牌。

一个选用上好牛肉做成的汉堡,一杯用上好冰淇淋手工打制的奶昔,Shake Shack 用味道第一的特色产品牢牢地抓住了顾客的胃。

价格方面,Shake Shack 将自己定位于高档、新型的快餐品牌,它的平均售价是麦当劳的 2 倍。

分销方面,Shake Shack 品牌旗下的 70 多家餐厅的连锁店分布在纽约、伦敦、莫斯科、东京、迪拜等地。

促销方面,Shake Shack 采用的是与某个领域的小众杰出代表(比如地下摇滚乐团或者小众话剧先锋演员)进行合作的方式。通过邀请他们到店里表演或聚会,引爆社交网络搜索量,以吸引更多的人气。

有形展示方面,Shake Shack 也是独具匠心,绿色和白色营造出的休闲氛围,60% 的露天座位。Shake Shack 在餐厅的场景布置上有时候还会根据地域文化设计,如坐落在纽约老富尔顿街的 Shake Shack 布鲁克林店有可再生的环保家具,还有独特的小屋,舒适的壁炉……

服务过程方面,Shake Shack 提出了"慢快餐"的理念,强调消费体验,而非就餐速度。在 Shake Shack,队伍长度和上餐速度总是刚刚好。Shake Shack 的"慢快餐"理念,让顾客排队等待许久后才能吃到美味,但又设置了震动提醒器提醒顾客领取食物,让顾客对等待不至于反感。

有人说,没去吃过 Shake Shack 家的汉堡,没去看过自由女神像,就不算去过纽约。凭借着独特的营销策略,如今,Shake Shack 早已成为"高大上"汉堡的代名词,年轻消费者青睐的潮流品牌。

资料来源:孙明,"这个小吃摊让顾客排队 16 年,如今年入 10 亿,力压麦当劳,疯狂增长 37.2%!",营销报,2016 年 8 月 13 日,http://www.sohu.com/a/111354305469996。

第二节　服务剧场理论

一、对服务剧场理论的理解

1. 服务剧场理论

1959 年,美国社会学家欧文・戈夫曼(Erving Goffman)观察到整个社会就是一个大舞台,每个人都是这个舞台上的一个角色,日常生活中的社会情景就是剧场,互动过程就是表演。在表演过程中,通过有意识地控制身体的言行、举止、仪表等,向他人展示一个良好的自我形象,这就是印象管理。具体情景不同,在前台、后台等不同的生活舞台上,在理想化表演、神秘化表演和补救表演中,演员的表现也不同。戈夫曼认为,人际传播的过程就是人们表演"自我"的过程,但这个"自我"并非真实的自我,而是经符号乔装打扮了的"自我"。1992 年,在戈夫曼的基础上,斯蒂芬·J. 格罗夫(Stephen J. Grove)、雷蒙德·P. 菲斯克(Raymond P. Fisk)将服务接触描述为戏剧,初步提出了服务剧场由四个戏剧要素组成,即演员、观众、场景或实体环境、表演。

2. 服务剧场的四要素

根据服务剧场理论,服务剧场主要由演员、观众、场景、表演四个要素构成。

(1)演员

服务人员是服务一开始运作的时候与消费者接触的第一线人员,他们的行为和表现决定了服务的质量。

(2)观众

观众即接受服务的消费者。他们是服务接触过程中的接受者,似乎是一个被动等待的角色,但是由于服务的不可分离性,消费者始终无法置身事外,而是在生产服务的工厂中。因此消费者的角色不仅重要,而且他们的行为也会对服务结果产生影响。

(3)场景(设施、前台、后台)

场景也叫做服务的实体环境,一般而言,消费者直接接触的实体环境大多属于前场部分。

(4)表演

表演也叫做服务实施本身,它是消费者与服务人员在服务过程中的人际互动,是服务递送的核心。

相关资料 2-2

观众?主角?

传统的服务剧场理论认为,在服务的大舞台上,主演是服务人员,顾客是观众。作为观众,顾客更多的是看演员的表演,而不能左右生产。但随着时代的变化,顾客参与程度的提高,舞台的角色正发生着巨大的转变。顾客不再只是观众,他们更渴望表演,比如他们在观看电视剧的时候,会时常发弹幕,强调自己的观点、自己的立场。节目组也更加注重与观众的互动,比如开演唱会的时候会请歌迷上去互动,录综艺节目的时候也会请观众一起完成游戏。

而在服务剧场里面,剧场角色的相对重要性也在随着服务内容和基于顾客角色的不断变化而变化。根据戏剧艺术模型,剧场角色可细化为编剧、导演、主角、配角演员组、布景设计者、观众等众多角色。

如表2-2所示,随着学生(顾客)角色参与的变化,教授(服务人员)在剧场中的角色也在发生变化。即随着教学规模的不断缩小,教授在服务剧场中的主角地位逐渐演变为导演,而学生的角色逐渐从配角演变为主角。

表2-2　学校课堂作为服务剧场

剧场角色	课堂规模和类型		
	大课堂	中等讨论	小型学术会
编剧	内容和教学大纲	教学大纲	不适用
导演	不适用	内容	教授
主角	教授	教授和活跃的学生	学生
配角演员组	其他学生	学生	内容
布景设计者	大教室/设备	中等规模的教室/设备	小教室/设备
观众	学生	不发言的学生	不适用

资料来源:Williams, Jacqueline A., and Helen H. Anderson, "Engaging Customers in Service Creation: A Theater Perspective", *Journal of Services Marketing*, 2005, 19(1), 13-23。

二、基于服务剧场四要素的管理

1. 最大化员工产出

在服务接触过程中,将服务传递给顾客的前台服务人员十分重要。一方面,前台服务人员的沟通方式、表情都会影响顾客对服务的感知。比如,看房时,有两个房屋中介人员,一个你不问他不说,态度高冷;另一个则十分热情,恨不得把他所知道的关于这个房子的一切都告诉你,那么对于这两个人,你会选择哪一个为你介绍?大多数情况下,大家都会选择热情的那位,因为服务人员热情的情绪会带动顾客的积极情绪,而顾客也会从热情的服务人员那里得到更多的信息。另一方面,前台的服务人员是顾客在不确定服务情况下的重要信息来源,有助于顾客形成对服务接触的认知框架。此外,后台的服务人员也很重要。比如餐厅厨房里的那些工作人员,他们的服务质量也会对顾客满意度产生影响。

因此,在管理过程中,服务企业管理者应该将前台服务人员和后台服务人员相结合,促进他们的优化配合,提高他们的服务质量,从而提高顾客满意度。例如,为了提高服务效率,鼎泰丰不仅将后台的服务标准化,如小笼包的重量都限制在21克,打褶也要求有18次;对于前台服务人员,管理人员更是从衣着、态度等小处着手严格要求。也正因为如此,鼎泰丰才会有那么多的座上宾,包括苏菲·玛索、成龙、巩俐等。

2. 管理顾客参与

顾客在服务生产中扮演着越来越重要的角色。服务具有不可分离性,这就要求顾客在接受服务的时候必须在场,比如理发店、航空运输。而顾客在场会对服务传递的质量或结果产生影响。比如,顾客不愿意在服务生产过程中合作,或者是其他顾客不适当的破坏性行为(例如分享不愉快的服务经验),都会对服务效果产生影响。因此,在服务过程中,管理人员应该加强对顾客的重视。尤其是随着企业模式的不断发展,越来越多的顾客参与到企业中来。有时候,顾客不仅是观众,也是一个表演者,企业管理者更应该注重对顾客参与的管理。

顾客参与是顾客通过参与服务确定他们自己在服务过程中所充当的角色和他们对服务所怀有的期望的行为。这就意味着服务人员要与顾客保持紧密的联系和更多的互动。因此,在顾客参与管理的过程中,有两点需要注意。一方面,服务企业在顾客自我服务的操作方面应该做到简单明了,比如 ATM 机的界面,除了用文字说明介绍操作流程,还会有语音提示,这不仅有助于避免顾客因不会使用而造成的不满情绪和时间上的浪费,还有助于企业节省人力资源,提高服务效率;另一方面,要注重与顾客的沟通,这不仅有利于企业了解顾客在自我服务中存在的问题,进一步完善服务,还有利于企业得到顾客有价值的想法和建议,从而促进新产品或服务的开发,同时也能保持顾客的忠诚度。例如小米在开展手机业务的时候,依靠在论坛、微博上的宣传积累了大量的"米粉"。在随后的管理过程中,小米也尤其注重顾客的参与。不仅每一场发布会,都会有粉丝的参与,甚至在小米手机 MIUI 的改进中,也会有粉丝的参与。

3. 构建技术平台

就像剧场中布景、灯光、小道具等对观众认知的影响,服务的场景也对顾客的服务印象产生着重要作用。服务场景的重要作用主要体现在服务组织的定位和特定顾客的吸引上。比如同样一瓶矿泉水,放在金碧辉煌的高级酒店里,远比放在普通的小卖店里更让人觉得高端。

在实际管理过程中,管理者也可以通过构建技术平台,让顾客感受到更好的服务。淘宝的技术平台就是一个优秀的案例,其不仅界面简单明了,还为卖家提供了免费的基础服务,淘宝旺旺和社区论坛的建立更是为消费者和商家提供了良好的沟通平台。

4. 管理互动过程

服务剧场中的表演,既需要演员和观众的互动,也离不开那些背后的服务人员以及前区场景的设置。也就是说,服务剧场中的表演需要所有不同参与者的协同努力。

在对服务表演进行管理的过程中,最重要的是对互动过程的管理。因为一线服务人员与顾客直接接触,所以他们的情绪、行为、沟通方式都会对企业形象甚至是顾客的服务感知产生很重要的影响。例如,航空公司会要求空姐在与顾客接触的过程中多保持微笑,即使是在航班延误顾客大发脾气的情况下。

包子之王的服务秘诀

台北的信义路上，有一家享誉世界的小笼包专卖店，它叫鼎泰丰。作为 1993 年《纽约时报》评选出的"世界十大美食餐厅"之一，在台湾，鼎泰丰早已成为中华传统美食的代表。良好的声誉自然吸引了很多慕名而来的客人，苏菲·玛索、成龙、巩俐、宫泽理惠、张曼玉、周星驰等名人都曾是它的座上客。

标准化的流程往往会带来更高的效率，鼎泰丰也不例外。首先，为了最大化员工产出，它们会将每个细节都控制好，包括包子的形状和重量。鼎泰丰的规则是每个小笼包必须重 21 克，只容许 ±0.2 克的误差。皮 5 克，馅 16 克，每个小笼包必须打 18 次褶，入笼到上桌需要经历 4 分钟。好奇的食客专门数过包子上的褶，不多不少，永远 18 道。

其次，为了让顾客满意，鼎泰丰对员工的要求也十分严格。第一，服务人员要懂得察言观色，顾客的每一个动作、每一个眼神，对于鼎泰丰的员工来说都很重要，因为管理人员对他们的要求是必须在顾客开口之前满足顾客的需求。第二，服务人员的仪表仪容也要十分注意，毕竟谁也不想自己咬一口的包子里出现多余的东西。因此，鼎泰丰有一个不成文的规定，外场员工每隔两个小时会轮流回到工作间，用刷子刷掉身上的毛发和头皮屑。

最后，就服务设施而言，鼎泰丰对细节也是超出想象的严格。比如新购进的筷子会找专人进行后期打磨，以期筷子的手感是柔和的；给顾客找零的钱也是店里的员工特意到银行换回的崭新零钞。

标准化的管理、顾客满意最大化的追求、贴心到极致的服务设施，"细节控"的鼎泰丰用心上演了一个完美的服务剧场。

资料来源：环环，"日本有寿司之神，我们也有包子之王"，《环球人物》，2016 年 8 月 23 日。

第三节　服务分类管理

一、一般服务的分类方法

1. 基于管理过程的分类

（1）基于服务对象和性质的服务分类

根据克里斯托夫·H. 洛夫洛克（Christopher H. LoveLock）的研究，按照服务对象和性质的不同，服务可分为四类（如图 2-1 所示）：

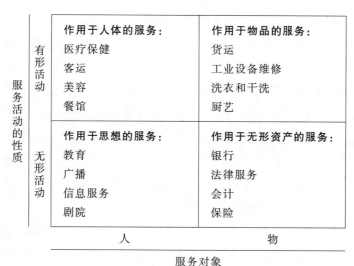

图 2-1 基于服务对象和性质的服务分类

一是针对人的身体的有形行为,即人体处理,如客运、医疗保健、住宿等。在这类服务的传递过程中,顾客需要在场以接受这样的服务所带来的预期效益。虽然也有部分服务商会提供上门服务,尤其是随着移动互联网的发展,上门美甲、护理等屡见不鲜,但在大多数情况下,顾客不得不亲自参与到服务中去,比如打车或做手术。

在这类服务的管理过程中,管理者对服务过程本身的考虑有助于确认一些非财务成本(如时间、脑力和体力,甚至恐惧和痛苦),这些是顾客在享受服务的过程中所承受的。

二是针对物品或其他事物的有形行为,也称物体处理,如货运、工业设备维修等。关于物体处理的工作大多是半制造性的,要在非常有限的时间内将顾客的物品恢复到良好的使用状态,这种工作可能包括清洗、维护、储存、改进、修理或照看顾客的财物(包括有生命的和无生命的)。这些在所针对的物品的寿命期内发生的完整的活动链,其目的在于延长物品的使用寿命。而在这类服务中,要求被处理的物体对象必须在场,而顾客本人则无须在场。顾客的参与往往被局限于提出服务要求、解释问题和支付费用。此外,顾客也可以选择以何种方式维修,可以返厂,也可以选择服务人员上门维修,这取决于企业的服务策略,以及物品的大小、品类等。比如电梯这类公共设施如果发生故障,大多数情况下都是服务人员上门维修。

在这类服务的管理过程中,管理人员应确保服务结果都应该是对所提问题作出的令人满意的解答,或是对存在问题的物品作出的实质性的改善。

三是针对人的思想的无形行为,如广播和教育(脑刺激处理)。这类服务要求顾客的意识必须在场,但是顾客本人可以在某个服务设施内,或者是在一个通过广播信号或电子通信方式相连的遥远的地方。对于顾客而言,接受这样的服务需要时间投入。与人体处理的服务相比,脑刺激处理的不同之处在于服务过程中顾客的注意力对最终服务效果会产生影响。而在大多数人体处理的服务中,顾客服务过程中的注意力则不会对最终服务效果产生影响。比如在打车的过程中,即使顾客中途睡着也不会影响到他最后成功地到达目的地,但如果顾客在观看影视节目时睡觉,则往往会在节目结束时对服务内容一无所知。

在这类服务的管理过程中,首先,当顾客处于依附状态或存在控制他们的可能性时,就需要强有力的道德标准和密切的关注。因为任何触动人们思想的东西都有能力改变人们的态度,影响人们的行为。其次,对于脑刺激处理类服务的营销也可以同实体产品一样,因为脑刺激服务的核心内容是以信息为基础,这种服务可以很容易转化为数字字节或模拟的数据信号,并记录下来传给他人或制造成产品,如一张袖珍磁盘、一盘录像带或磁带。比如,四级单词本里常附的语音版单词CD。

四是针对无形资产的无形行为,如会计、银行、保险等(信息处理)。在互联网时代,信息呈爆炸式状态增长,但并非所有的信息都是由机器处理的,很多领域的专业人士还在使用他们的头脑为顾客提供服务。信息是服务产出最无形的形式,但它通常会转化为物理形式,使得纪录保持得更持久,如信件、报告、书本等。

对于这种服务,一旦要求的服务开始实施,可能就不再需要顾客的直接参与(至少理论上如此)。就该类服务的渠道而言,以往的邮递方式增加了完成交易所需要的实耗时间。而如今的电子分销渠道却能够使以信息为基础的服务同时传递到许多不同的地点。电信技术和便利的终端设计的进步对加快电子分销渠道的发展发挥了重要作用,如网易公开课等。

(2)基于顾客同企业关系的服务分类

在服务业中,顾客同企业的关系有可能是长期的会员关系,如银行;也有可能没有正式关系,如政府提供的灯塔。在接受服务的过程中,顾客既有可能需要持续不断地接受服务,如保险、有线电视用户等;也有可能每次交易都是单独记录和单独收费的,如商品保修期内的修理。因此,这为我们提供了另一种对服务进行分类的方式,即根据顾客同企业之间的关系和服务传递的性质对服务进行分类,具体内容如图2-2所示。

服务传递的性质	持续传递	保险 家庭电话 大学 银行业	广播电台 治安 高速公路 灯塔
	间断交易	长途电话 剧场套票预定 月票 航空公司常客	汽车租赁 邮递服务 电话卡 电影院
		会员关系	非正式关系
		服务组织与顾客之间关系的类型	

图 2-2　基于顾客同企业关系的服务分类

"会员"关系通常会使顾客对一个特定的服务提供商建立忠诚,它有利于企业更好地掌握顾客信息。通过对顾客相关信息做好记录,并以适用于电脑分析的方式随时存取,企业可以更有效地进行市场细分。此外,顾客的个人信息,如电话、邮箱等,有利于企业有针对性地对顾客进行营销沟通。更重要的是,通过与顾客保持持久的关系,企业能够获得重复的业务和持续的资金支持。

当顾客同企业之间不存在正式的关系时,一般只会在那些被经济学家称为"公共产品"的服务中,才能够找到产品的连续传递,如灯塔、警察治安等。

就服务传递的性质而言,只要服务是持续地提供给顾客的,对所有合约上的服务通常只在一个时期内收取费用,如学校的住宿费和学费。然而,一些会员制要求顾客与服务企业之间发生一系列分散的、可以确认的交易。这些交易的价格与交易的数量和种类直接挂钩的方法虽然使得管理人员的工作更为复杂,但是对于顾客而言更加公平,同时也可以防止对那些被认为是"免费"服务的浪费性使用。在这种情况下,"会员"可以得到非固定顾客享受不到的好处,如折扣率。

（3）基于服务传递方式的服务分类

不同的分销策略决定了不同的服务性质,不同的服务性质也会导致不同的分销策略。基于服务传递方式的服务分类方法,最重要的就是清楚地界定两个不同的维度。一个是服务传递的方式,是顾客去服务场所进行面对面服务,还是服务人员上门服务,又或者是由服务提供商提供远程服务,比如钟点工、家教服务;另一个是服务点的数目,即服务商店的数目是一个还是多个。具体分类如图2-3所示。

图2-3　基于服务传递方式的服务分类

服务企业选择的服务分销策略,包括选择服务传递的方式和服务点的数目,这不仅会影响到顾客服务经历的性质,还会影响到他们为获得服务所要承担的成本。

如果享受服务的前提是必须在场的话,那么顾客更多的是考虑服务场所的便利性和生产进度。因此,服务企业管理人员在管理时应该将顾客的便利性(包括时间和地点的便利、流程的便利)、顾客的时间成本(获取服务所需的时间、享受服务的时间等)以及顾客的货币成本考虑在内。但是当服务提供商必须上门为顾客提供服务时,企业就应该考虑服务人员和设备的货币成本、时间成本、定价策略,以及顾客是否愿意为节省时间和享受上门服务的便利而付费。例如美团外卖在为顾客提供便利、节省顾客时间成本的同时,也应注意自身为吸引顾客而进行价格竞争的资金成本。此外,如果服务是远程进行的,这就意味着顾客对服务设施和服务人员是完全不可视的,即顾客既看不到服务设施,也看不到服务人员,接受服务大多通过电话、邮寄、传真等方式进行。在这类服务的管理过程中,要注意防止顾客的流失,比如信用卡和保险公司。顾客提出服务要求时,不是必须在场,也可以通过邮寄和电信的方式提出。

（4）基于服务需求性质的服务分类

与制造业不同,服务业最大的一个特点在于它的易逝性。由于服务传递的时限性,服务企业一般不能把它们的产出储存起来。例如,飞机一旦起飞,空座位可能产生的潜在收益就会永远失去;美容店里的顾客如果不来,那么店里的设施、人员等投入就会被浪费。但是当顾客对服务的需求超过了供给,超出的业务也是一种损失。如一家餐馆满座时,顾客就会寻求另一家餐馆;一个律师事务所的顾客达到上限时,顾客就会选择到另一个律师事务所寻求帮助。

但这并不意味着所有的服务状况中都存在着供求之间的不平衡。正如基于服务需求性质的服务分类(如图 2-4 所示),相较于服务过程以信息为基础的组织而言,那些具有有形服务过程的组织更有可能出现生产能力方面的问题。

供求受限制的程度	需求能被满足	电力 天然气 电话 火警	保险 法律服务 银行业 洗衣和干洗业
	需求超过能力	客运 宾馆 餐馆 剧院	企业基础能力不足
		大	小
		需求随时间波动的程度	

图 2-4　基于服务需求性质的服务分类

对于不同类型的服务,企业的管理也大不相同。对高峰期的需求能够及时得到满足的不同时间内需求波动较大的企业(如电力、天然气等)而言,企业可以利用高峰期以外需求的增长;对高峰期的需求能够及时得到满足的不同时间内需求波动较小的企业(如保险、法律服务等)而言,企业必须决定是要寻求需求和生产能力的继续增长还是保持现状;对高峰期的需求常常会超过生产能力的不同时间内需求波动较大的企业(如餐馆、剧院)而言,企业可能需要暂时停止营销活动,直到它们的生产能力达到或超过目前的需求水平;对高峰期的需求常常会超过生产能力的不同时间内需求波动较小的企业而言,企业要努力平缓需求来适应生产能力,既包括刺激需求也包括抑制需求。

（5）基于服务传递中的定制与判断的服务分类

服务具有不可分割性,也就意味着服务是在消费的同时被创造出来的。因此,与其他行业相比,服务行业更容易使服务适应和满足于个别顾客的需要。如图 2-5 所示,服务传递中的定制可以着眼于两个方面:一是顾客需要服务特征根据个人的要求进行灵活修改的程度,二是同顾客发生接触的人员在确定个别顾客接受的服务的性质时,能够作出多大程度的判断。

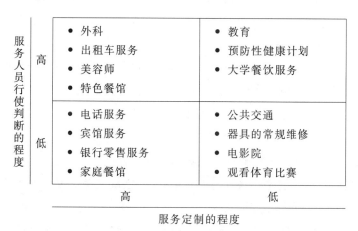

图 2-5　基于服务传递中的定制与判断的服务分类

对于一些服务而言,服务人员的作用是非常有限的。就像是接线员或接受订货的工作人员,他们除了对不同的顾客采取不同的态度,直接回答顾客提出的问题,几乎没有权利改变他们传递给顾客的服务特征。判断和处理顾客交易通常是经理人员或领班的权利。然而,后者一般不参与服务传递的过程,除非出现一些问题。但在这类服务中,顾客对服务特征的灵活性要求的程度不同,服务的类型也就不同。公共交通、快餐店这类总是根据事先确定好的规则运营的服务企业,属于顾客对服务特征灵活性的要求较低的服务类型;而电话服务、酒店服务这些灵活性比较高、选择也比较多元化的服务,对服务的要求就比较高。

此外,有些服务不但要求很高的顾客定制程度,也要求服务人员作出有关服务特征和如何把服务传递给每个顾客的判断。例如医院、法律服务等,往往要求服务人员有很高的专业性,根据每个顾客的不同需求,服务人员提供的解决方案也大不相同。有些服务则给予了同顾客接触的服务人员很大的自由,来决定其如何传递服务,但是他们不能真正地区分提供给不同顾客的服务特征之间的差异。例如老师在授课时,虽然在教学方法上有别于其他老师,但接受教育的学生却几乎完全相同。

在消费者个性需求越来越突出的时代,重视顾客定制固然重要,但也要考虑成本。在这类服务的管理过程中,管理人员需要对顾客选择的标准有深刻的了解,尤其是那些关系到价格与价值的权衡和竞争者定位策略的标准。但顾客定制并不是成功所必不可少的。

对一些客户而言,速度、统一性和价格低廉会比定制服务更为重要。比如在打车时,一些人会选择拼车,与他人共享服务。一般来说,顾客希望预先知道他们要买的产品、产品的特色以及服务的过程。出乎意料和不确定性通常是不受欢迎的。在这种情况下,同顾客接触的服务人员就不仅是产品的一部分,他们还要决定产品应当如何呈现。解决这个问题的一个方案是将产品分为两个独立的部分——诊断问题和推行解决方案,并将两者分开实施,各自收费。这样做的好处在于,顾客不需要立即采用提出的解决方案,有寻求第二种意见的选择。而解决方案却可以让顾客了解到预计要发生的事情,从而降低不确定性。

2. 基于服务传递过程的分类

罗杰·W. 施米诺(Roger W. Schmenner)认为,服务行业之间不是分离的,它们也可能存在着相同的操作方法和相同的挑战。通过服务过程矩阵,施米诺阐明了某一服务行业是如何将它们的业务关系拓展到那些与它们有着相同操作方法和面临相同挑战的服务行业中的。根据施米诺的观点,服务过程矩阵由两个维度组成,纵向是劳动力密集度,即劳动力成本与资本的比率;横向是服务的交互和定制化程度。根据这两个维度,服务矩阵将服务分为了四个部分,分别是服务工厂、服务商店、批量服务和专业化服务,如图2-6所示。服务矩阵的引入有利于企业找准在服务过程中的战略位置,即找准其生存和繁荣的经济立足点。例如,对于服务工厂如航空公司而言,它们对所有顾客提供的服务都是一样的,而且设备投资较高,劳动密集度比较低,因此它们在管理中更多地关注于设备问题,如设备的升级,或者是平衡需求高峰和需求低谷。

劳动密集程度			
低	**服务工厂** 航空公司 卡车运输	**服务商店** 医院 餐厅	
高	**批量服务** 零售 商业银行	**专业服务** 法律服务机构 会计公司	
	低	高	

服务的交互和定制化程度

图2-6　服务过程矩阵(86)

施米诺认为,未来服务工厂将是服务发展的趋势,因为生产效率是服务企业成功的秘诀。因此,2004年,他对原有服务过程矩阵进行了改进,提出了新的服务矩阵。虽然二者的服务分类相同,都是服务工厂、服务商店、批量服务和专业服务,但相较于原有服务过程矩阵,新服务矩阵的横坐标被重新命名为服务的标准化程度,即服务的交互和定制化程度;新服务矩阵的纵坐标变为了相关产出时间,即相较于行业中的其他服务企业,该企业的服务转换测量。新服务矩阵的内容如图2-7所示。

| 相关产出时间（相较于行业中的其他服务企业，该企业的服务转换测量） | 低 | 服务工厂 | 服务商店 |
| 高 | 批量服务 | 专业服务 |

图 2-7　改进的服务过程矩阵

新服务矩阵的运用，有利于服务企业管理人员更好地提高生产率，在竞争激烈的服务市场上基业长青。

3. 基于服务过程和服务包架构的分类

为了进一步说明服务场景中的复杂战略问题，黛博拉·L. 凯洛洛（Deborah L. Kellogg）等人在 1995 年引入了服务过程（service process）/服务程序包（service package）矩阵，即 SP/SP 矩阵。

在 SP/SP 矩阵中，纵向为服务过程，即顾客在服务生产和服务过程中的影响。影响程度不同，分类也不同。顾客影响程度高的为专业服务，如会计、咨询；顾客影响程度一般的为服务商店，如教育、医疗诊所；顾客影响程度低的为服务工厂，如快餐店。

矩阵横向为服务程序包的定制化程度，分为独特的服务包、可选择的服务包、有限的服务包和一般服务包。独特的服务包指服务包是全定制化的，消费者需要谨慎考虑对服务方式、服务内容、服务地点的选择；可选择的服务包指服务包是标准化的，消费者需要考虑从一个很宽泛的选择集里作出选择；有限的服务包指大多数的服务包是标准化的，可供消费者选择的选项少；一般的服务包指消费者对服务包的定制化很少或几乎没有定制化。SP/SP 矩阵如表 2-3 所示。

表 2-3　SP/SP 矩阵

服务过程架构 ＼ 服务包架构	独特的服务包	可选择的服务包	有限的服务包	一般服务包
专业服务	咨询			
服务商店		高级教育		
服务工厂			数据包传递	

SP/SP 矩阵对服务管理的意义在于它有利于服务企业找准它们在矩阵中的位置，从而在组织灵活性、高管技能、员工激励、培训、雇佣、技术等方面作出更好的战略选择。比如，对于会计、咨询行业来说，顾客的定制化程度较高，企业在管理时就要从组织职能、员工、政策、生产者、结构、技术等几个角度协同出发，达到顾客要求的灵活性，其中包括任用管理经验丰富、专业技能较高的高管人员，注重员工跨学科任务和人际技能的培训，注重

潜在优秀员工的培养,以及注重运用有效提高效率的技术等。

4. 基于服务创新的分类

伦纳德·L. 贝瑞(Leonard L. Berry)认为,服务中的创新可以归结为两个方面,一方面为是否提供新的核心利益或者传递核心利益的方式,另一方面为服务的生产和消费是否可分离。根据这种观点,服务可以被分为灵活性解决方案、可控的便利性服务、舒适性服务和友好通路服务,具体内容如图 2-8 所示。

图 2-8　基于服务创新的服务分类

贝瑞的服务分类方法有利于企业理解不同类型的服务创新,进而进行服务创新或者重新塑造已有服务,而不是在原有服务的基础上进行增量改进。

二、跨国服务的分类方法

1. 基于服务本身及其营销战略视角的跨国服务分类

市场和竞争的全球化为跨国服务市场带来了无限的机遇。对于服务企业而言,如何面对这些竞争,更好地服务于国际顾客,是它们走向国际需要面对的重大问题。基于此,保罗·G. 帕特森(Paul G. Patterson)等人在对跨国服务的分类进行理论回顾的基础上,提出了新的跨国服务分类方法,即以有形化程度和在服务传递过程中与顾客面对面交流的程度为两个不同的维度,将跨国服务分为地点自由的专业化服务、地点受限的定制化项目、标准化服务包(standardized service packagds,即与商品捆绑在一起的标准化服务,比如光盘、标准化的远程教育课程)和提升价值的定制化服务,如图 2-9 所示。

图 2.9　基于服务本身及营销战略视角的跨国服务分类

对于不同类型的跨国服务而言,服务企业的管理也各不相同。由于提升价值的定制化服务需要高度定制,服务人员和顾客之间需要面对面交流,所以为了更好地进入市场,他们往往需要直接代理和地方代理。而对于地点自由的专业服务和标准化服务而言,他们对跨国服务市场的依赖性较小。地点自由的专业服务对客户端具有很大的依赖性,此外,为了未来利润流的稳定性,他们通常很少选择潜在风险较高的国外订单。对于这些管理人员而言,更重要的是意识到技术创新带来的国际流动性,以及对未来服务传递方式的改变。对于地点受限的定制化项目而言,服务企业必须更经常地与客户面对面的交流,才能提供更高的定制化服务。

2. 基于国际贸易视角的跨国服务分类

特里·克拉克根据交易内容方面的不同,将跨国服务分为了四类。第一类是基于接触的服务,这类服务涉及人员的跨境交易,如咨询服务和临时劳动;第二类是基于媒介的服务,这类服务涉及沟通内容直接以视频、电视、卫星传输、电信或其他促进交通的媒介进行跨边界的输入或输出;第三类是基于资产的服务,指商业服务伴随着国外直接投资进入一个国家,从而建立一个操作平台,如商业银行;第四类是基于商品的服务,指实际商品伴随着服务进入一个国家,如电脑软件和录影带、机器设备维修。

特里·克拉克对跨境服务的分类,有利于企业管理者在竞争激烈的市场上找准企业的战略位置,了解企业在跨国运营中可能遇到的问题、阻碍、比较优势和比较劣势,从而更好地融入当地的文化环境。例如,对于基于接触的服务来说,它最大的问题在于人员,包括移民/签证政策、流动性问题、文化沟通问题;它的比较优势在于点对点的交流,反应及时;而它的比较劣势在于相较于商品,人们很难因为经济原因跨境。

■ 本章小结

7Ps 服务组合营销理论:7Ps 服务组合策略包含七个要素,除传统的 4Ps 营销组合策略中的产品、价格、分销、促销四个要素外,还包括人员、有形展示和过程三个要素。随着社会的发展和市场的变化,在不同的角度下,与服务相关的营销组合理论的内容也有所不同,除了 7Ps,在服务营销基础理论中,还有 4Cs 理论(消费者、成本、便利、沟通)、4Rs 营销理论(关联、反应、关系、回报)以及 4Vs 营销理论(差异化、功能化、附加价值、共鸣)。

服务剧场理论由四个要素组成,即演员、观众、场景(设施、前台、后台)和表演。因此,在基于服务剧场模型的管理中,管理人员应该注意最大化员工产出、管理顾客参与、构建技术平台和管理互动过程。

在服务分类管理中,各学者从不同角度出发,对服务进行了不同的分类。一般服务分类方法中,第一种是基于管理过程的分类,根据洛夫洛克的分类方法,从服务对象和性质、顾客同企业关系、服务传递方式、服务需求性质、服务传递中的定制与判断这五个角度对服务进行了分类;第二种是基于服务传递过程的分类,根据施米诺的分类方法,通过服务过程矩阵将服务分为了服务工厂、服务商店、批量服务和专业服务;第三种是基于服务过程和服务包架构的分类,根据凯洛洛等人的分类方法,通过 SP/SP 矩阵从服务包架构、服务过程架构两个维度出发对服务进行了分类;第四种是基于服务创新的分类,根据贝瑞的分类方法,将服务分为了灵活性解决方案、可控的便利性服务、舒适性服务、友好通路服务。在跨国服务的分类方法中,有基于服务本身及营销战略视角的跨国服务分类,将国际服务分为了地点自由的专业化服务、地点受限的定制化项目、标准化服务和提升价值的定制化服务;也有基于国际贸易视角的跨国服务分类,将服务分为了基于接触型的服务、基于媒介的服务、基于资产的服务和基于商品的服务。

❓ 复习思考题

1. 简述 7Ps 服务营销组合理论。
2. 简述 4Rs 营销理论。
3. 简述 4Vs 营销理论。
4. 理解 7Ps、4Cs、4Rs、4Vs 营销理论之间的不同。
5. 简述服务剧场四要素。
6. 基于服务剧场理论的管理方法有哪些?
7. 简述一般服务分类方法中的基于管理过程的分类。

 课后案例

大鱼头,不容易吃到的美味

十几年前,在现在的鸟巢附近出现了一家特色餐饮店,它的名字叫做旺顺阁。

起初,旺顺阁卖的是侉炖鱼,但是生意并不好。因此,旺顺阁的老板和厨师一起研究了一道新菜品,叫做炖鱼泡饼。顾名思义,就是把炖鱼和泡饼结合起来。炖鱼泡饼一经推出,就受到了顾客的青睐。

自然,市场的强烈反响在带来更多顾客的同时,也带来了其他饭店的跟风模仿、本店骨干出走等问题。再加上之后的北京申奥成功,旺顺阁面临拆迁,炖鱼泡饼的生意就此画上了一个休止符。

直到 2001 年,在顾客的建议下,旺顺阁的炖鱼泡饼才重新走入大众的视野。

新生后的旺顺阁为了摆脱被模仿的桎梏,在选材、调料、火候、烧制等方面都下了很多功夫。在鱼头和饼这两大原材料方面,旺顺阁都是精挑细选过的。鱼头选用的是来自各大饮用水库、野生放养、不喂饲料、无污染的鱼,而且,为了保证胶质充足,旺顺阁选择的鱼头最低标准也要达到四斤。饼则选用的是上好的面粉,制作过程也极为讲究。在配方方面,一方面旺顺阁很注重专利的保护,秘料的配方属于餐厅的顶级机密,只有老板和研发厨师两个人知道;另一方面旺顺阁会根据顾客的口味、鱼头的季节,甚至是水库的不同不断调整配方,以满足顾客的需求。在品质追求方面,旺顺阁不仅严格管理前厅、后厨、员工宿舍等,使用有机食用油,还与"香港源全5S管理"(5S是指整理、存放、清洁、标准、修养五个方面)合作,确保食品的高品质。

此外,重整旗鼓后的旺顺阁将鱼头统一价按照重量调整为三级价位,其他菜品价格则下调。

在促销方面,旺顺阁借助爆红的央视纪录片《舌尖上的中国》(以下简称《舌尖》),介绍了旺顺阁鱼头是来自千岛湖的有机鱼头,还展现了旺顺阁制作鱼头的过程和顾客享用鱼头的场景。除此之外,赠送总导演陈晓卿签名的《舌尖》书籍,店内氛围的打造,北京三环、四环的双层车身广告等更是吸引了不少顾客的目光。据悉,这些营销措施过后,旺顺阁的客流量和营业额比2015年同期上涨了近20%。除了《舌尖》,旺顺阁鱼头泡饼的20位当家大厨于2015年5月25日联手烹制了世界上最大的鱼头泡饼,饼的直径达到了1.78米。旺顺阁也因此获得了由世界纪录协会的认证官大卫·威廉·普洛考特颁发的世界纪录认证证书,成为一大焦点。

为了优化服务过程,旺顺阁采用的是标准化服务方法。早在2006年,旺顺阁就建立了自己的中央厨房和加工厂,最终由旺顺阁物流车队完成配送。为保证各门店菜品的标准统一,旺顺阁还会对相应员工进行严格培训。

为了更好地提高顾客体验,旺顺阁还提出了"顾客旅程"的概念。所谓"顾客旅程",是指顾客从进店到排队等位,再到就餐的整个过程。为了使顾客在整个服务过程中都能够获得愉快的体验,旺顺阁会设置一些有趣的细节。比如在等位区放置"鱼头王"魔方;顾客点了8斤以上的鱼头,会附赠一个隆重的"鱼头王"上鱼仪式;吃鱼前,服务员会教大家旺顺阁独创的鱼头六步吃法;如果用餐的是5位成人,服务员会建议顾客点一个5斤的鱼头;但如果5位成人中有两位女士,服务员会建议顾客点一个4斤的鱼头。

资料来源:李东阳,"就一道菜,一年卖了2亿多,还破了世界纪录!",北大纵横,2016年7月18日。

案例讨论题

1. 分析旺顺阁的服务营销策略。
2. 以旺顺阁为例,分析其服务的类型和特征,并提出相关的营销建议。

服务中的顾客价值管理

第三章　服务购买的决策模型与影响因素

　　消费者依然对我们紧闭头脑,这是一个未开启的"黑箱"。我们可以观察黑箱的输入以及作为结果的决策,但是我们永远也不会知道输入(信息)处理过程的真正内幕。

——约翰·E. G. 贝特森(John E. G. Bateson)

第一节　服务的消费过程

　　对消费者行为的研究发现,消费者的购买决策过程主要经历了三个阶段:购买前的需要认知、信息搜索和服务提供商评价,服务接触过程中的服务传递,以及购买后的服务评价、评价分享和未来购买意愿。通过了解消费者的购买决策过程,我们不仅能更好地构建营销思路,也能更深入地开展消费者行为的营销研究。

一、购买前阶段

1. 对需要的认知

　　消费者对自身需要的认知往往来源于个体自身受到的某种刺激(stimulus),这种刺激可能是商业暗示、社会暗示或身体暗示。商业暗示(commercial cue)指向消费者提供刺激和部分作为公司促销努力的事件或动机,例如一名在商场购物的顾客可能并没有看电影的打算,但是当他看到电影院某个电影在打折的时候,则有可能考虑购票观看。社会暗示(social cue)指向消费者提供刺激、从同侪团体或其他有显著作用的个人获取的事件或动机,比如当看到周围的同学都去了附近新开的餐厅时,个人也会考虑找时间到该餐厅就餐。身体暗示(physical cue)指向消费者提供刺激的动机,包括饥渴、饥饿或其他生理暗示,例如冬天的时候,消费者会更偏爱桑拿。

　　一旦受到刺激,消费者便会决定是否存在对某种服务的需要或欲望。这种需求既可能是消费者没有购买某种服务而导致的,也可能是消费者对当前服务不满而导致的。比如便所欢乐主题餐厅刚开业的时候,很多消费者会因为之前没体验过,内心好奇而更愿意前往消费。

2. 信息搜索

　　需求的确定,需要消费者寻求相应的解决方法,这就意味着服务的购买会随之发生。

但是在购买之前,消费者还需要通过信息搜索对不同的服务提供商进行识别。首先,消费者会对服务提供商进行内部搜索(internal search),即消费者通过大脑记忆或过往经验来搜寻信息。其次,消费者可能进行外部搜索(external search),即从自身经验以外的信息源搜寻信息。例如,消费者可以通过社交工具、服务网站、周边朋友等途径搜索服务提供商的相关信息。

3. 对不同服务提供商的评价

在对不同的服务提供商进行评价时,消费者既可以通过回顾服务预览,如广告、服务指南、网页等对不同的服务提供商进行评价,也可以通过咨询他人或访问、沟通等方式对不同的服务提供商进行评价。而在具体的评价过程中,消费者的评价方法有两种:一种是按照随机模式或"本能感觉"在可选项中进行非系统性评价(nonsystematic evaluation),另一种是利用一系列格式化的步骤在可选项中进行系统性评价。例如,消费者在选择到哪家餐厅消费之前,可以利用多属性模型作出多属性选择矩阵,对附近餐厅的地理位置、价格、交通、服务人员态度等因素进行评价排序,进而选出权重较高的餐厅进行消费。

二、服务接触阶段

购买前阶段决定了消费者购买哪个服务提供商的服务,而服务接触阶段则是消费者接触服务的过程。服务接触依照接触时间与接触的互动深度可分为低接触服务与高接触服务,低接触服务的接触时间很短,例如取快递;而高接触服务的接触时间很长,步骤也较多,例如学生在学校接受教育。

在服务接触阶段,消费者一般经历两个步骤:

1. 选择接受服务的方式

当消费者打算接触某个服务时,一般可以通过两种途径实现,一种是要求服务提供商提供服务,另一种是自助服务。消费者选择接受哪种服务方式,不仅与消费者自身的能力有关,还与消费者对服务的熟悉程度有很大的关系。在自身主观能力和客观能力(见本章第三节)都较高的情况下,或者是对该服务十分熟稔时,消费者更偏向于选择自助服务,因为这不但可以节约消费者等候的时间,还可以提高消费者的控制感,例如为了避免在餐厅门前排队等号,有些消费者更愿意下载 App 提前预约。但是当消费者能力不足时,他们更倾向于选择由服务提供商提供服务。

2. 服务传递

服务传递的过程是消费者与服务人员或设备互动的过程,也是消费者获得服务体验的过程。服务的不可分离性要求在服务过程中,消费者必须在场,这就意味着消费者在服务体验中离不开与服务人员或设施之间的互动,即使这项服务是作用于物品的服务(例如,当消费者把衣物放进干洗店时,并不意味着消费者与服务人员之间的互动就此结束,而是需要在干洗后与服务人员沟通过再把衣物取走)。由于服务交付过程很长,曾有学者提出,相较于仅在服务消费之后才对服务作出评价,选择后的评价工作更应在事中和事后进行。消费者在与服务人员或设备互动的过程中,对服务的评价也相应产生,也就是说,顾客与服务人员或设备之间的交互作用会影响到顾客对最终服务绩效的评估。

案例 3-1

试衣间里的自助服务——Rebecca Minkoff

“可能我的消费者是一个明星,她不希望被认出来,不想与人接触;也有可能另一位消费者喜欢众星捧月般的很多人为她提供服务的感觉。”正如 Rebecca Minkoff 品牌联合创始人尤里·明科夫(Uri Minkoff)所说,不同的消费者在服务传递过程中有着不同的需求。对于有些消费者来说,可能更喜欢自助服务。

随着 RFID 射频识别、iBeacon、移动、云计算、虚拟现实等技术的发展,越来越多的实体店开始通过“智能试衣间”为消费者提供自助服务。所谓“智能试衣间”,是指在试衣间里安装一面智能镜,通过这面镜子,再结合 RFID 跟踪技术,让消费者在试衣间里既可以获取商品的信息和搭配信息,也可以与店里的销售人员进行对话。

早在 2014 年,eBay 就和轻奢品牌 Rebecca Minkoff 联手,在纽约帮 Rebecca Minkoff 打造了第一个店内“智能试衣间”。现在 Rebecca Minkoff 的“智能试衣间”已经拓展到洛杉矶、旧金山和东京的店内。

在 Rebecca Minkoff,消费者进店后可以在连接墙上进行商品选择或穿衣搭配,同时,也可以通过触屏给自己点一杯免费的饮料,如图 3-1 所示。

图 3-1 连接墙

挑选好商品后,消费者会进入智能试衣间。在智能试衣间里,消费者可以借助智能镜,通过衣服上的 RFID 标签,让镜子主动识别出其挑选的具体商品,随后在镜子上为消费者提供商品信息,以及一些搭配建议。而且,消费者还可以通过镜子调节试衣间里的灯光,如自然光、黄昏或者夜晚,来搭配衣服使用的不同场合,如图 3-2 所示。

图 3-2　智能镜

通过智能镜,消费者无须隔着门咨询店内的导购,就可以获取更多的商品信息。当然,消费者如果觉得商品尺码不合适,或者想尝试其他颜色,也可以直接通过镜子的触屏进行咨询。这样,销售导购便可以在相应的 Pad 或者手机的相应 App 上收到消费者的问题,并根据消费者的需求帮助消费者查询库存、找到合适的商品,或者进行各种解答。

资料来源:周瑞华,"打起试衣间的主意",成功营销,2016 年 8 月。http://v.youku.com/v_show/id_XODM5MjEyOTMy.html。

三、购买后阶段

消费过后,购买后评价阶段随之开始。在服务接触后的阶段,顾客主要针对他们所体验到的服务表现来进行评估,同时也和自身的经验和期望来进行比较。消费者的购买后评价是消费者满意的重要衡量指标,会对消费者的购买后行为产生重要影响。这个影响主要体现在以下两个方面:

1. 评价分享

消费者满意是企业追求的重要目标之一,而且还是形成企业口碑的源泉。对于消费者来说,因为服务是无形的,消费者很难像选择有形产品那样调动视觉等感官对服务进行一个表面的判断。这也就意味着消费者对服务的购买要承担更多的风险。在这种情况下,消费者之间相互的口碑推荐就非常具有价值。当消费者对服务感到满意时,他们会对服务提供商给予很高的评价,也乐意将该服务产品分享给他人。

2. 未来购买意愿

期望不一致模型(详情见本章第二节)认为,消费者通过比较期望和感知来进行评价。如果感知服务超过或与期望服务一致,消费者就会感到满意;如果不一致,消费者就会感到不满意。通过了解消费者的满意度情况,服务企业可以对人际交往或人与环境交往进行控制和改善,将顾客满意转化为顾客忠诚,提高顾客的未来购买意愿。此外,对于消费者来说,购买服务往往要比消费商品承担更大的风险。因此,大多数消费者会更依赖那些他们体验过或者熟悉的服务,而不是选择新的服务提供商。也就是说,当顾客对感知的服务满意或超过他们的期望值时,就会刺激他们进一步的购买,增加他们未来的购买意愿。

学术智库 3-1

决策舒适性

根据 Dewey 的观点,基本的决策过程可以分为五个步骤:决策前,决策,决策后/结果前,结果(体验)和结果后。

在基本决策过程的研究中,已有研究表明,决策自信(即人们对他们所坚持的决策最优性和适当性的确定性程度)在消费者决策评价中起重要作用。

与以往的研究不同,Jeffrey R. 等人认为,人们在购买后除了会涉及决策自信、预期失望和满意等情感反应,还会经历不同程度的决策舒适性。而且相比其他变量(特别是决策自信),决策舒适性对消费者体验后的影响更重要。

不同于其他决策后评价,决策舒适性是指与特定决策相关的个人心理舒适、满意以及个人福利感知程度。Jeffrey R. 等人认为,尽管对最优化决策或对决策的期望结果仍然处于不确定状态,消费者也可能会对决策感到舒适。

如图 3-3 所示,因为决策舒适性是消费者的情感反应,所以,会对决策前与情感或情绪相关的因素更敏感,如选择集的吸引力(指可供选择的选项对消费者的吸引力)、任务特征(指消费者参与的决策过程,是选择还是放弃)和选择情境(指可能影响选择情感效价的周围情况,比如为心爱的人选择一份礼物时,是否超出预算就是一个很重要的周围情况);而对决策前更客观的因素如决策困难程度(指消费者从可供选择的选项中选择的难易程度)更不敏感。相反,决策自信对涉及认知的决策困难程度反应较敏感。

在决策后阶段,因为决策舒适性涉及情感相关的线索,所以它很少依赖被选项和过去选项之间的对比,即很少涉及比较评价。除此之外,相较于决策自信,决策舒适性在更大程度上减少了消费者的转换意愿,增加了消费者的保留意向。

对于结果后(体验后)而言,相较于决策自信,决策舒适性缓冲了结果对消费者未来意向的消极影响,如再定制(即重复购买)和推荐(向他人推荐)。

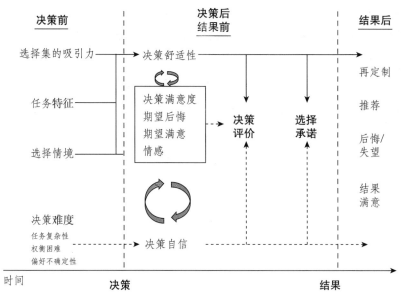

图 3-3　决策过程

资料来源：Parker, Jeffrey R., Donald R. Lehmann, and Yi Xie, "Decision Comfort", *Journal of Consumer Research*, 2016, 43。

第二节　服务购买的决策模型

在消费者购买过程中，往往会借助各种各样的工具来判断决策的合理性。了解消费者的服务购买决策模型，有助于管理人员更有效地进行市场营销决策。消费者的服务购买决策模型有很多，包括与消费者购买前选择过程相关的风险承担观点模型和多属性模型，以及与消费者满意度相关的控制模型。

一、服务消费前模型

1. 感知风险模型

（1）感知风险定义

风险承担观点是用感知风险的概念来解释消费者的购买行为。感知风险指在产品或服务的购买过程中，顾客因无法预料其购买结果的优劣以及由此导致的后果而产生的一种不确定性感觉。感知风险的概念由雷蒙德·A. 鲍尔（Raymond A. Bauer）在 1960 年引入营销学，它由两个要素组成：一是不确定性，即主观上认为结果出现的可能性；二是结果，即消费者决策结果的危险性或重要性程度。

（2）风险的类型

根据雅各·雅各比（Jacob Jacoby）和莱昂·B. 卡普兰（Leon B. Kaplan）的研究，作为风险的承担者,消费者可能会面对的风险有六种,分别是功能风险、财务风险、履行风险、身体风险、心理风险和社会风险。

第一,功能风险指服务不能使用或功能不能达到预期效果的风险。例如消费者在安装完 WIFI 后,发现并没有网络信号,因而产生无法上网的风险。

第二,财务风险指服务无法正常运作所导致的金钱损失,或更换产品所必须的可能支出风险。对于航空公司的乘客而言,如果不能按时乘坐飞机,需要改签,那就意味着他们要为此承担额外的财务损失,即改签费用。

第三,履行风险指消费者在参与生产的过程中可能产生的伤害或支出风险。例如为了提前划清履行风险发生时消费者与服务提供商之间的责任界限,很多消费者在高空蹦极之前,都需要签一份协议书。

第四,身体风险指消费者在使用产品或服务时,对身体所造成伤害的风险。例如按摩店里服务人员不当的操作手法会对消费者的身体造成伤害,带来身体风险。

第五,心理风险指服务可能无法与消费者自我形象相匹配或者因为服务不能达到预期水准时,对心理或自我感知造成伤害的风险。例如理发时,如果理发师打理的发型与消费者期望的不一致,就会对消费者的心理或自我感知造成伤害,带来心理风险。

第六,社会风险指消费者所购买的产品不被别人所认同的风险。爱美之心人皆有之,整容或许能让人变得更加漂亮,但也有整容后的效果不被大家认可的社会风险。

（3）降险策略

① 普通消费者的降险策略

为了降低风险,消费者往往会在购买之前采取行动。在选择服务提供商这一购买环节中,消费者会因为对服务的不确定性而更多地通过品牌形象、商店形象、购前参观、免费体验、品牌忠诚、口碑、意见权威及价格等因素来判断服务的质量。

第一,品牌形象与商店形象。潜意识里,消费者认为拥有良好品牌形象和商店形象的企业,其服务也不会太差。在这里,品牌形象与商店形象起到了符号的作用,为消费者的服务判断提供了有形的外在线索。

第二,购前参观与免费体验。购前参观与免费体验为消费者感受服务提供了更直观的方式方法。通过购前参观与免费体验,消费者可以对服务产生大致的了解和评估,从而降低在接受服务中可能产生的一系列风险。

第三,品牌忠诚。相较于尝试其他品牌的服务,消费者更愿意光顾那些曾经在高风险购买中获得过满意服务的特定品牌或商家。尽管在消费者曾经体验过的服务中仍然有可能存在不确定性,但其固有风险与消费者尝试新的服务可能存在的更大风险相比,消费者反而更容易接受。

第四,口碑。在具有较高风险的购买服务中,来自朋友的口头推荐远比公司的自我宣传更容易让消费者感到安心。比如,当消费者第一次进入一家美容店时,她可能会感到紧张,因为她不确定这家美容店的服务如何,使用的产品是否会产生副作用。但是如果她提前在信任的人那里获得了关于这家美容店的详细介绍或好评,那么她的紧张感就会降低,反而对服务的结果充满信心。

第五,意见权威。意见权威指在一个社会圈子里,大家在寻求意见时马首是瞻的那个人。风险感知理论认为,意见权威是降低社会风险的一个源泉。当消费者对于一个有风险的服务缺乏把握时,该服务领域专家的意见会让消费者对该服务有一个全面可靠的认识,从而打消之前的种种顾虑。

第六,价格。由于服务的无形性,当消费者对服务的优劣难以判断时,价格就成了商品价值大小和质量高低的重要信号。潜意识里,大家都有"一分价钱一分货""好货不便宜,便宜没好货"的心态,认为价格越高,服务的可靠性越高。尤其是在经济飞速发展,产品不断更新的新经济时代,作为价值的重要衡量标准,价格成为越来越多无法判断服务质量的消费者降低风险的重要依据。

② 专业服务的降险策略

对于工业服务而言,通过降低不确定性和结果,可以有效地降低风险。但不管是降低不确定性还是结果,其策略都可分为内部途径和外部途径两种。

对于大客户而言,通过收集大量的信息资料,可以降低不确定性。这些信息资料可以源于组织内部,如过去的经验;也可以源于组织外部,如名誉评价、广告、消费指导。

通过结果降低风险的外部途径包括示范计划和调查研究,如可以通过减少采购量达到财务结果最小化。内部途径可以解释为建立购买委员会或决策小组。决策小组通常由组织机构内部与采购商品或服务相关的一个正式的或非正式的委员会组成。通过购买委员会或决策小组,可以集合各利益部门的相关信息和专家意见。

专业服务的降险策略如表3-1所示。

表3-1　专业服务的降险策略

	不确定性	结果
外部途径	名誉　消费指导 广告　服务条款	示范计划 调查研究
内部途径	过去的经验	购买委员会

2. 多属性模型

在购买前,消费者常用的模型还有多属性模型。通过对服务提供商相关属性的评估,消费者可以很容易地对服务提供商的选择作出清晰的判断。例如为了减重以获得更好的健美身材,理智的消费者会针对不同健身场所的不同属性列表,在列表的过程中,根据每个属性的期望值,对不同属性、不同健身场所进行排名(如表3-2所示)。

表 3-2　不同健身场所的多属性评估

属性	品牌诱发集				重要性权重
	北河健身会所	乐明私人健身	名尚健身会所	麦克私人健身	
地理位置	10	10	10	8	10
教练	10	10	9	10	9
健身设施	10	10	10	10	8
计划课程	10	10	9	10	7
价格	8	10	8	9	6
环境氛围	10	7	10	8	5

表 3-2 由两种类型的变量组成：一种是待评价的品牌诱发集，包括北河健身会所、乐明私人健身、名尚健身会所、麦克私人健身；另一种是构成该表纵坐标各项属性重要性的排序，包括地理位置、教练、健身设施、计划课程、价格和环境氛围。

通过该表，消费者可以通过两种途径进行多属性模型决策。不同的决策途径得出的最终结果也可能不同。

一种多属性方法是线性补偿法，指消费者用每个品牌在每个属性上的得分乘以该属性的权重得出一个综合分数。本例中，北河健身会所的综合得分为 10 × 10（地理位置）＋ 10 × 10（教练）＋ 10 × 10（健身设施）＋ 10 × 10（计划课程）＋ 10 × 8（价格）＋ 10 × 10（环境氛围），即 580 分。以此类推其他健身房可知，本例中得分最高被选中的为北河健身会所。

另一种多属性方法是词典编纂法，描述的是一种付出最少努力的所谓懒惰决策制定法，即消费者通过从最重要的属性开始，检查每个属性，排除不合格项，最终作出决策。如表 3-2 所示，消费者会首先根据地理位置排除麦克私人健身，然后按教练剔除名尚健身会所，最后基于价格排除北河健身会所，最终乐明私人健身被选中。

通过多属性模型，消费者可以很容易地得到包含在诱发集中的备选服务清单、消费者在作出购买决策时所考虑的标准清单和每一项标准的权重等。

但多属性模型也存在着一些缺陷。首先，服务体验是由一系列动态的互动反应组成的，而它采纳的却是静态的观点，这样很容易导致消费者在决策中以偏概全。其次，该模型在服务企业提高其业务水平的努力和消费者对其服务属性的评价之间缺少一致性。

二、服务消费中模型

1. 感知控制模型

消费者购买后阶段的决策模型，还有感知控制模型，指消费者通过对可感知情景的控制来对服务进行评价的一种模型。该模型认为，感知投入的时间、对服务工作的可选择性、服务过程工作效率、与服务人员接触程度、需要投入的精力、购买风险、依赖他人的程度都会对消费者感知控制产生影响。

除此之外,服务提供商和员工也会对消费者的感知控制产生影响。

如图 3-4 所示,服务提供商会对服务体验产生控制。但如果服务提供商控制得过多,会产生业务规则化、程序化和"填表式"特征,虽然有助于提高企业效率,但却会使消费者感到厌烦,也会使服务人员感到压抑。

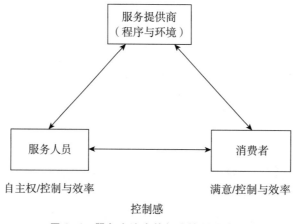

图 3-4　服务交流中的行为控制感冲突

此外,服务人员也需要控制感,但服务人员在服务过程中过多的控制,会使服务交流仅符合他们的意愿,而导致顾客不满。

消费者也是如此,如果一味地按照自己的偏好,不但会降低服务提供商的经营效率,也会给服务提供商的经济效益带来负面影响。

因此,在对消费者感知控制的管理过程中,管理者应该注重对消费者、服务提供商、服务人员三方的服务交流管理。理想的服务交流应该是最高限度地使三方当事人的目标协调一致,即使消费者和服务人员的控制需求与运营效率的需求达到平衡。尽管这种平衡难以实现,但通过感知控制,让消费者感到自己处于支配地位,或者所发生的事情对他们来说是可预计的,也可以取得和行为控制同样的效果。简而言之,服务交流最重要的一点在于控制的感觉而不是真实的控制。例如,当航班延误时,提前通知旅客非常重要,因为这会让消费者感到服务仍在他的控制范围之内,从而避免产生服务不满意。

案例 3-2

"四无"餐厅人人湘

人人湘是一家位于酒仙桥恒通商务园的米粉店。说它"四无",不是指它无生产日期、无使用期限、无质量合格证以及无生产厂家,而是指它奇特的经营模式。在人人湘,没有收银员、没有服务员、没有采购员,也没有厨师,是名副其实的"四无"餐厅。

无收银员,意味着顾客需要通过人人湘自主研发的微信点餐系统付款选餐。通过移动端点餐、点餐机点餐和移动支付,不再需要收银员,顾客完全实现自主服务。

无服务员,意味着顾客不再需要通过服务员拿菜单点餐,而是通过线上完成。互联网菜单、语音叫号、电视屏显示、移动端推送,让顾客在整个过程中完全自主掌控,不需要与服务人员接触即可自行完成服务。

无采购员,是指人人湘采用供应链管理系统替代采购员的模式,将互联网技术与运营相结合,通过大数据分析,最大限度地降低了采购成本。

凭借移动互联网的发展成果,人人湘成功地吸引了络绎不绝的顾客群,获得了 2 700 万元的融资。人人湘在解放自身生产力、提高生产效率的同时,也大大地提高了顾客的感知控制。

资料来源:李东阳,"一家'四无'餐厅!却卖出 150 000 碗米粉,获得 2 700 万融资",首席营销官,2016 年 8 月 28 日。

2. 剧本理论模型

剧本理论认为,在很大程度上由社会和文化变量决定的规则方便了日常重复事件中互动的进行,包括大量的服务体验。如果这些规则被打破,就会产生不满意。

服务剧本为角色在服务过程中的行为方式(包括服务活动参与者预期的自己的行为方式和他人的互补性行为方式)提供了范本,也为消费者理解各种可能的服务结果、确定服务评估标准提供了基础。比如在对豪华餐厅的价格或服务速度进行评估时,消费者的评估标准不会受快餐店服务经历的影响。

但在对服务剧本的理解中,需要注意以下四点:

(1)剧本差异

消费者不同,对餐厅服务剧本的理解和记忆也大不相同。比如,对于从未光顾过豪华酒店的消费者来说,他们会因缺乏此类酒店的住宿经验而在期望方面深受一般酒店服务剧本的影响。而对于那些有着丰富酒店住宿经历的人来说,他们可能会有许多不同的酒店服务剧本。面对不同的酒店类型时,采用的酒店服务剧本也不同。

(2)剧本选择

在服务开始之前,消费者会根据服务的类型从记忆中抽取几个适用的剧本,并最终选择一个形成自己的服务期望。究竟哪个剧本会最终形成消费者的期望,由服务开始时的各种暗示和线索决定。比如,初次到餐厅预订团体座位时,消费者可能不太清楚自己应该使用何种剧本,也不知道自己是否应该与餐厅预订人员讨价还价。这时服务人员的指导,对消费者选取何种剧本评估当前服务就显得尤为重要。

（3）剧本变化

虽然剧本的组成成分没有太大差异，但剧本的内容却可能大相径庭。比如，豪华酒店与普通酒店相比，前台登记、入住等基本步骤没有什么不同，只是地理位置、基本设施等服务内容会更好一些。因此，有着普通酒店经验的消费者即使到豪华酒店入住，也会有剧本可依，只是由于服务内容不同，消费者可能需要根据服务内容的变化重新编写剧本，形成新的期望。

除此之外，当服务提供商推出新的服务内容时，消费者也需要根据服务内容的变化重新编写剧本，形成期望。将新旧剧本相结合，消费者就比较容易接受剧本的变化。

（4）剧本对消费者的挑战

一般而言，对于熟悉的服务来说，消费者只需按照习以为常的剧本进行即可，不需要介入多少认知活动。但是当外界刺激产生时，消费者会自动结束无意识状态，进而花费精力进行评估。这种外界刺激包括陌生的环境和偏离服务剧本的服务经历。当消费者感受到这些外界刺激带来的角色行为与预期中的角色行为不一致时，消费者便会终止惯性的行为，转而开动脑筋，积极地处理信息，从而对服务作出评估。

剧本化虽然能为消费者和服务提供商明确相互之间的角色和期望，但也存在着一些潜在的风险。由于剧本过多地强调标准化和效率会失去消费者参与，进而导致控制感降低，产生消费者不满意，尤其是参与度要求高的服务，往往需要更多的个性化空间。而剧本化太少又会导致效率的低下和角色定义的模糊化。因此，服务提供商应在消费者角色定义和消费者角色接受之间寻找一个平衡点。

三、服务消费后模型

消费者接受服务后是否满意，一个简单有效的测量模型就是期望不一致模型。所谓期望不一致模型，是指消费者通过比较期望和感知来进行评价。如果感知服务超过期望，或与期望服务相一致，消费者就会感到满意；如果不一致，消费者就会感到不满意。而感知服务和期望服务的比较过程完全发生在顾客的头脑中，因此，起决定性作用的是感知服务，而不是实际服务。

对此类问题最好的解决方法，一个是试图缓解消费者的不满情绪，比如为了解决太多顾客在门外等待所导致的情绪不满，甚至离去的问题，海底捞在消费者等待的过程中免费提供美甲、擦鞋等服务，还为消费者准备棋牌游戏，提供免费的饮料、零食，减少消费者在等待过程中的焦虑感。另一个是在不改变实际交付服务质量的情况下通过管理期望来实现满意。比如很多旅馆会在携程旅行网的展示页面上标明其具体包括哪些服务内容，明确哪些服务不在提供范围内，这样就会降低消费者对其服务的期望值，进而从另一角度实现消费者满意。

第三节　服务的影响因素

一、情绪与服务消费

1. 情绪的定义和分类

情绪是人对待认知内容的特殊态度,它包含情绪体验、情绪行为、情绪唤醒和情绪刺激的认知等。情绪与情感的区别在于情绪具有情境性,情感具有稳定性。对于不同的情境,消费者的情绪反应也会不同。所谓情绪反应通常是无法解释、突然发生的,并不涉及思考。例如某种独特的香水可能会唤起某个人对往事或故人的怀念。在情绪反应的过程中,有形展示具有重要作用。

根据不同的角度,可以将情绪分成不同的类型。从情绪的性质角度来看,情绪可分为积极情绪和消极情绪;积极情绪包括快乐、兴奋、满意、自豪、感激等,消极情绪包括悲伤、愤怒、羞愧、焦虑和恐惧等。按照情绪的确定性程度,可分为确定性情绪和不确定性情绪;确定性情绪包括快乐、厌恶、生气、满意等,不确定性情绪包括焦虑、惊讶、恐惧、希望、担忧等。按照情绪的唤起水平程度,可分为高唤起水平情绪(如愤怒、激动、焦虑、恐惧、被逗乐)和低唤起水平情绪(如悲伤、满足)。研究表明,处于积极情绪或确定性情绪下的个体更倾向于采用启发式加工,而处于消极情绪或不确定性情绪下的个体更倾向于采用分析加工;高唤起水平情绪下的个体则更倾向于与人分享。

2. 文化与情绪表达的关系

文化对情绪具有重要作用,不同文化背景下,人们理解和表达情绪的方式也不同。个人主义文化影响下的人们认为情绪是由事件引起的,情绪不仅能够影响人的行为,还能够指导人的行为。而且,行为的社会意义与个人情绪体验相联系,他们倾向于以两极方式体验和表达情绪。而集体主义文化影响下的人们则认为持久的社会规范的存在并不需要确定的内在情绪反应,仅需要确定的行为展示自己的情绪。集体主义文化影响下的人们对待情绪时,主要表达对特定社会道德观和价值观的一种认同,而不是体现自己此时此刻的内心真实感受,他们倾向于以辨证方式体验和表达情绪。

3. 性别与情绪表达的关系

情绪表达会因性别的不同而不同,对于女性来说,往往比男性拥有更多的情绪知识和更敏锐的情绪调节技巧。比如有研究发现,人们普遍认为女性比男性更容易情绪化,一个重要的原因在于角色社会化过程进一步扩大了情绪表达上的性别差异。

很久以前

很久以前,准确地说它是一家串吧。它在 2008 年成立,成立的时候只有 6 万元原始资金,却在 2016 年发展到年业绩 4 亿元,估值 6 亿元,暴涨万倍,谱写了烤串业的传奇。

很久以前的场景不同于餐吧(餐吧是将厨房搬进餐厅,使厨师与顾客面对面,顾客可以欣赏厨师精湛的烹技表演,亦可与厨师聊天交流,给顾客一种全新的美食体验),也不同于普通餐饮。它的整个楼梯的装潢,就像远古时代的洞穴,楼梯两边是猿人的壁画,满满的都是复古的味道。但又不只是复古,还有个性混搭的成分。比如在郑州的一家三层楼的直营店里,每一层都有不同的装饰风格,一楼复古,给人以 20 世纪七八十年代的感觉;二楼现代,设计充满了机械风格;三楼体现未来时代,每一个包间就是一个太空舱。

除了独具个性的场景,很久以前也很重视感觉二字。从视觉到听觉,每个细节都离不开员工对氛围的渲染。比如 2 个小时更换一次音乐,又比如服务员会跟 DJ 沟通,在必要的时候点播一曲点燃现场气氛的歌……

在无烟自助烧烤机的选用方面,很久以前也是别具匠心。与其他烤串店不同,它的烧烤架采用的是下排烟的方式,避免了烟熏对整个就餐环境的破坏。除了无烟,很久以前的烧烤架还能自动翻转,让每一串食物均匀受热,保证了肉质的鲜嫩。

在这样独具个性、舒适而又惬意的环境下,吃着很久以前严格把控下的美味食材烧烤,消费者的情绪自然是愉悦的,这也是很久以前在众多烤串餐饮中脱颖而出的秘诀之一。

资料来源:于建民,"卖烤串,6 年卖到 6 个亿!他是如何把小买卖做成大生意的?",北大纵横,2016 年 8 月 29 日。

4. 消费者情绪与服务消费

(1)服务场景对情绪的影响

消费者的情绪主要受服务场景和营销刺激物这两个因素的影响。服务场景包括周围的灯光、温度、背景音乐和气味等环境因素,色彩、装修、装饰、陈设、拥挤程度等设计因素,服务人员的行为反应等社会因素。营销刺激物包括广告、现场陈列和包装等。

(2)情绪对消费者满意度的影响

研究表明,情绪对服务满意有直接影响,正面情绪对服务满意有正面影响,负面情绪对服务满意有负面影响。

当消费者的积极情绪(惊喜)启动时,容易唤起消费者的兴奋情绪,从而使得消费者的总体满意度显著提高。在企业服务营销实践中,使消费者惊喜已经成为越来越多成功企业的重要战略之一。对于实施这一战略的企业来说,将消费者的满意度提高到惊喜,有着明显的竞争优势。例如,在施乐公司的调查中"完全满意"的消费者在接下来18个月中的回购率是"基本满意"的消费者的6倍。

当消费者的负面情绪启动时,就会对消费者的满意度造成负面影响。情绪—认知因果模型认为,消费者唤起情绪会对服务评价产生影响。依据卡罗尔·E.伊扎德(Carroll E. Izard)的动机—分化理论,情绪是行为的驱动力。在外来信息与认知活动中,情绪起中介作用。也就是说,情绪影响信息的选择性加工,进而影响消费者对事情的认知性评价。比如,在餐厅外等候了一个小时的消费者突然被人插了队,当服务人员依旧微笑着请那位插队的消费者先进入餐厅就餐时,排队的消费者就会感到不满和生气。尽管这家餐厅的菜品和服务都不错,但是消费者在最终评价时还是会把等待时间和企业管理问题放在最重要的位置,从而降低对这家餐厅的认知性评价,引起消费者的不满意。

(3)情绪对口碑传播的影响

情绪与口碑的关联和情绪心理学中的"情绪社会共享"现象相联系,即日常生活中经历了情绪的人,在与亲朋好友共享个人经历时,都会传播一些情绪经历,只有10%的情绪经历被作为秘密保存,不被传播。情绪的社会共享与感受情绪强度成正相关。情绪事件的强度越强,情绪的社会共享就越广。

在情绪对口碑传播的影响研究中发现,显著的积极情绪或消极情绪都能刺激口碑的传播。当积极的惊喜情绪启动时,消费者的积极口碑意愿会显著提高。而当消极的情绪启动时,消费者的消极口碑意愿也会显著提高。值得注意的是,消极情绪对消极口碑的影响往往要远大于积极情绪对积极口碑的影响。所谓"好事不出门,坏事传千里"就是这个道理。

学术智库 3-2

情绪在消费者态度矛盾性对其态度—行为一致性影响中的作用

消费者情绪(emotion)和精细化管理(elaboration)都会在消费者态度矛盾性和态度—行为一致性的作用中起调节作用。

消费者态度矛盾性指消费者对一个态度客体(attitude object)同时存在积极和消极两种不同的评价或感觉。消费者态度矛盾性一般来源于不一致的信息。

HongYan Jiang等人认为,当消费者能够精细化管理相关信息时,消费者态度矛盾性会下降,态度—行为一致性会加强。当消费者不能精细化管理这些不一致的信息时,消费者态度矛盾性不会发生变化,态度—行为一致性会下降。

其中,在高精细化管理条件下,因为消费者态度矛盾性下降,导致消费者态度——行为一致性增加,消费者的情绪不会对其产生影响。但在低精细化管理下,消费者的情绪不同,产生的影响也不同。

消费者的积极情绪直接影响消费者的态度——行为一致性,而消极情绪则通过精细化管理对消费者的态度——行为一致性产生影响。这是因为消费者的积极情绪会产生与认知无关的反应。而消费者的消极情绪会产生与认知相关的反应,需要通过认知起作用,所以会导致更高的精细化管理,从而导致更高的态度——行为一致性。

资料来源:Jiang,HongYan,JianPing Liang,HaiZhong Wang,and PeiZhen Sun," The Interplay of Emotions, Elaboration, and Ambivalence on Attitude-behavior Consistency", *Journal of Consumer Behaviour*, 2016,15(2),126-135。

二、能力与服务消费

1. 对能力的理解

消费者的能力分为主观能力和客观能力,主观能力包括自我效能和产品知识。所谓自我效能,是指人们对自己实现特定领域行为目标所需能力的信心或信念。大多数情况下,人们不会做自己认为自己做不到的事情。而成功经验的累积和社会支持以及积极反馈,则有利于消费者自我效能感的培养。

产品知识可分为主观知识和客观知识。主观知识(subjective knowledge)指消费者认为自己了解的产品知识,而客观知识(objective knowledge)指消费者实际了解的产品知识。主观知识影响消费者的认知动机和满意度,客观知识影响消费者的认知处理。相较于主观知识低的消费者,主观知识高的消费者有更多的口碑传播行为,而且更愿意接受创新。但一般来说,消费者的主观知识高,并不意味着他们的客观知识也高。

消费者的客观能力包括消费者专长、消费者知识和消费经验。其中,消费者专长指消费者具有的知识和能力。消费者知识包含属性(attribute)、原型(prototype)和样例(exemplar)。而消费者经验指消费者过去体验服务的经验和消费经历,一般而言,消费经验比客观知识更容易被提取。

2. 消费者能力与服务消费

随着市场的不断变化,消费者在市场中的作用越来越突出。其主要作用体现在以下四个方面:

(1)消费者能力对服务类型的影响

消费者能力催生了新的服务类型,比如众包服务。众包服务指企业可以把待解决的任务放在众包平台上,由感兴趣的个人接受任务。这样既解决了企业内部复杂的招聘和工作季节性问题,又节省了企业的员工成本。简单地说,众包服务就是通过众包平台调动全世界的人参与完成企业的任务。优步(Uber)就是一种典型的众包服务模式,它为社会上任何一个有车且有时间的人通过接单获得报酬提供了可能性,并节省了企业租车和招聘司机员工的费用。

(2)消费者能力对服务质量的影响

消费者能力对服务质量的影响主要体现在三个方面。首先,消费者能力影响服务过程的服务质量。服务具有不可分离性,服务生产的同时也是服务消费的过程,这就意味着服务要求消费者和员工共同完成。消费者能力较强时,对服务人员的依赖性就会降低,与服务人员的沟通也比较顺畅,因此对服务质量的感知会随之增加。

其次,消费者能力影响自助式服务的服务质量。当消费者具备对自助式服务驾轻就熟的能力时,可以避免与服务人员接触过程中的等待时间,提升消费者的感知服务质量。而且,消费者自助服务的同时能够增强消费者对服务的控制感,提高消费者对服务的感知质量。

最后,消费者能力影响其他顾客的感知服务质量。当消费者具备较高的能力时,在服务自身的同时,也会对其他顾客提供服务支持,提高其他顾客对服务的感知质量。比如当乘客不知道如何使用地铁自助购票机时,会产生焦虑感,但是当其他乘客伸出援助之手时,能够帮助其解决购票难题,缓解焦虑感,提高他们的感知服务质量。

(3)消费者能力对顾客参与的影响

一方面,所谓能者多劳,有能力的消费者在服务过程中不仅是顾客,也是服务人员。随着网络社会的发展,越来越多的顾客参与成为可能。比如卡当网推出的个性化礼物定制,就需要顾客最大化地参与服务。另一方面,有能力的消费者更有可能提出服务中的不足,为企业建言献策。消费者能力有利于增强消费者对服务的信心,提高他们参与服务的动机。在服务中遇到问题时,这些消费者会及时反馈,提出建议,有利于企业改进服务,提高服务质量。

(4)消费者能力对服务评价的影响

有能力的消费者在接受服务的过程中,在体力、情绪上投入的努力较高。因此,对于自助式服务,他们能够驾轻就熟,同时对服务人员不友善的互动容忍度也较高。此外,他们更愿意承担责任行为和进行自我归因,更愿意对服务作出良好评价,也更愿意对服务进行传播。

三、社会规范与服务消费

1. 社会比较理论

社会比较是公平感的重要来源之一,因此,在了解社会规范与服务消费的关系之前,我们首先需要了解社会比较理论。所谓社会比较理论,是指当一个人作出了成绩并取得了报酬以后,他不仅关心自己所获得报酬的绝对量,而且关心自己所获得报酬的相对量。

因此,他要进行比较以确定自己所获得的报酬是否合理,比较的结果将直接影响其今后工作的积极性。

2. 公平分类

有比较就会有差距,有差距就会出现公平问题。关于公平,可分为结果公平、程序公平、互动公平和信息公平。结果公平指消费者评估和判断企业对待他们的利益是否公平。程序公平指对导致分配结果的规则和程序的公平性的判断,它具有一致性、无偏向性、精确性、纠错性、代表性和道德性。互动公平指在决策和交换过程中服务人员对顾客的服务态度和行为的公平程度。例如,交往过程中的诚实、礼貌、尽力、移情和解释等。信息公平指是否提供了对称的信息,不隐瞒负面的信息,包括信息的及时、详细和完整。

3. 公平对服务消费的影响

(1) 感知公平对信任的影响

信任是一种稀缺资源,当消费者感知到不公平时,就很难再对服务提供商产生信任。比如,不公平的价格或者是对信息的隐瞒,都会让消费者的感知公平下降,会让消费者怀疑服务提供商下次是否也是如此,从而降低对服务提供商的信任值。例如证券行业,每一次信息的披露都牵动着股民的神经,一旦有误,造成的损失就会加剧。因此,感知公平会对消费者的信任产生重大影响。

(2) 感知公平对感知服务质量的影响

消费者的感知公平会对消费者的感知服务质量产生影响。服务的过程,也是消费的过程,当消费者在服务过程中受到不公平的待遇时,比如排队超时却没有得到服务人员的及时处理,就会影响消费者对整个服务过程的评价,降低消费者对服务的感知质量。

(3) 感知公平对消费者满意的影响

消费者的感知公平会对消费者满意产生重要影响。当消费者感知到服务提供商的不公平待遇时,比如欺瞒或者价格不公平,就会产生不满情绪,降低对服务的满意度。

当消费者感知到服务提供商的诚信和服务人员的良好态度时,就会激发消费者的积极情绪,提高对服务的满意度。

四、感知便利性与服务消费

1. 服务便利模型

Berry et al.(2002)提出了服务便利模型,如图 3-5 所示。在服务模型中,服务便利在服务特征对服务评估的影响中起中介作用。其中,服务特征指服务的高度重要性、不可分离性、供给受限、劳动密集和享乐价值;服务便利包含决策便利、获得便利、交易便利、受益便利、受益后便利五种类型。而服务评估则是从满意、服务质量、公平三个角度来测评。在服务便利的影响因素中,除了服务特征,与企业相关的因素(包括服务环境、顾客信息、公司品牌、服务系统设计)、与消费者相关的因素(包括时间导向、时间压力、移情性、经验)也会对服务便利产生影响。

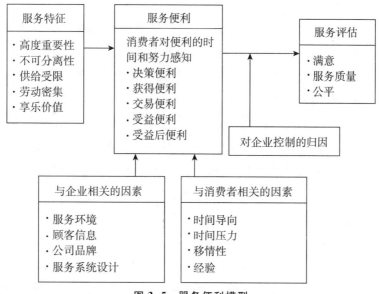

图 3-5　服务便利模型

资料来源:Berry et al.(2002)。

服务便利模型的中心是服务便利,根据 Berry et al.(2002)的观点,服务便利可分为决策便利、获得便利、交易便利、受益便利和受益后便利这五种类型。消费者对这些服务便利类型的相关时间成本和努力成本的感知会影响顾客对总体服务便利的评价。

其中,决策便利指消费者需要决定选择哪个服务提供商和购买哪种具体的服务。与产品决策不同,在大多数服务决策中,消费者除了买与不买,还有一个选择余地是消费者亲自动手,比如家务劳动、洗车。获得便利指为开始服务传递,消费者感知到的时间和努力的花费,包括订购服务或接受服务。

对于消费者而言,获得服务可以通过三种方式进行:亲自去接受服务、远程订购以及提前预约。但在不可分离性服务中,由于要求消费者必须在场,获得便利就显得尤其重要,因为这意味着消费者可能存在更多的成本。比如一般而言,人们更倾向于就近用餐,而不愿花费更多的精力和时间等成本去更远的地方用餐。

交易便利指为进行一项交易消费者感知到的时间和努力的花费。比如结账,因为会存在排队等待的问题,所以很多餐厅提供网上支付的方法,为消费者提供更多的便利。

受益便利指为体验到服务核心利益,消费者感知到的时间和努力的花费。消费者对服务便利的感知会影响他们对利益的感知,收益不便利会减少服务的核心利益。

受益后便利指在服务受益阶段后,消费者与企业再联系时消费者感知到的时间和努力的花费。一些受益后便利的相关活动则由企业要求,比如海尔的上门维修服务,而一些受益后便利的相关活动则由消费者在服务过程中未意识到或服务失败引起。

2. 感知便利性对服务消费的影响

（1）感知便利性对顾客满意的影响

一般来说，消费者在消费服务之前都会有一个心理预期，如果服务效果高于或达到了消费者预期，消费者就会满意，否则就会造成消费者不满意。现有研究表明，服务便利会节约消费者的时间和精力，进而影响其情绪及行为。这是因为便利性的服务会唤起消费者的积极情绪，从而使消费者感到满意。

（2）感知便利性对感知质量的影响

研究表明，等待时间会对整体服务质量产生影响。当等待时间超出了消费者的预期时，消费者感知到的服务质量就会下降，即使这个等待成本对消费者来说根本不算什么。因此，当消费者感知到服务便利性较低时，他们的感知服务质量很容易受到负面影响，也有可能出现更换服务提供商的行为。

（3）感知便利性对公平的影响

感知便利性很容易对消费者感知服务公平产生影响，尤其是分配公平。当消费者感知到服务便利性较低时，很容易拿他们在时间和努力上的投入与交易伙伴的输出进行对比，因此感到不公平。尤其是当等待时间较长会严重影响消费者的感知公平和态度。

案例 3-4

全自营外卖的便利性

玉子屋是日本的一家快餐企业。它是传统的，因为它不靠任何外卖平台，仅靠自营推出外卖；它又是独特的，因为它一天只卖一道菜，但每天的菜式又不重样。

因为只提供一道菜，所以玉子屋在很大程度上节省了浪费的成本，而且在生产上也方便了不少。全自动煮饭系统可以在一个小时内煮好 15 000 份米饭，单一化的菜单也大大提高了员工的制作效率，玉子屋的经营模式对于采取规模经济来说再合适不过。这也是玉子屋在拥有 700 个员工的条件下，日均订单达 13 万份，年销售额达 180 亿日元的重要原因。

不仅如此，在外卖配送上，玉子屋采用分组配送的方法，将客户分为远、近、中三组分别配送，并且各组之间互相补位。如表 3-3 所示，对于远距离配送来说，送货车往往要率先出发，而且它要装上远比预估订单略多的便当，配送完成后还要同后发组取得联系，以对便当不足的区域进行补足。

表 3-3 玉子屋分组配送方法

	总公司	工厂	配送			
前一天 17:00	预估次日数量					
		定次日原料				
0:00		收到原料				
6:30		制作五六万份便当				
8:30						
9:00	收到订单		开始远距离配送			
9:30		制作追加部分				
10:00	收到订单					
10:30			开始中距离配送			
11:00						
11:20			开始近距离配送			
11:30					调整配送	
12:00	试吃便当					
14:00			菜单会议(每两周一次)			
15:00		清扫、调整机器等	容器回收			

玉子屋的这种经营模式不仅为自己赢得了丰厚的利润,也为消费者提供了极大的便利,一方面因为菜单是单一的,所以顾客不必纠结于点菜的问题;另一方面,不管顾客的住处离工厂有多远,也能及时收到玉子屋美味的外卖。

资料来源:李东阳,"万亿级外卖市场,不搭上美团饿了么的车,就真的做不下去了吗?",首席营销官,2016 年 8 月 24 日。

五、服务分离与服务消费

1. 服务分离的概念

不可分离性是主导服务领域 20 多年的 IHIP 范式[①]特征之一,它意味着服务的生产和消费同时发生,顾客可以参与到服务生产的过程中来。然而,这并不意味着所有的服务都具有不可分离性,比如干洗、快递,这些服务并不需要消费者亲自参与,也就是说服务的生产和消费可以是不同步进行的。Keh 和 Pang 认为,只有作用于人体的服务是不可分离

———————————

① IHIP 范式特征,即指服务具有无形性、异质性、生产与消费的不可分离性以及不可储存性四大特征。

的;作用于物品的服务是可以分离的;而作用于思想的服务和作用于无形资产的服务,其生产和消费既可以分离,也可以不分离。

2. 服务分离的优缺点

服务分离的优点在于:首先,消费者可以花费更少的时间、努力来接近服务提供商和完成服务过程。其次,消费者可以随时随地使用分离服务,具有灵活性。再次,消费者可以因分离服务而享受折扣,降低开支。最后,分离服务并不意味着服务质量的下降,相反,通过分离服务,消费者能够获得某些从不可分离的服务中享受不到的便利。

服务分离的缺点包括五个方面:第一,消费者不确定分离服务是否可以按照承诺的那样来被实施,这意味着服务失败的可能性很高。第二,选择和使用分离服务时,消费者会感觉到焦虑和不自信。第三,消费者与服务提供商和其他消费者的互动减少。第四,在服务失败后,消费者不能够获得及时的服务补救,可能需要在服务完成后很长一段时间才能获得补救或补偿。第五,消费者不能获得某些不适合分离传递的服务。

3. 服务分离对服务消费的影响

(1) 服务分离对服务便利的影响

可分离性使得消费者可以灵活决定在方便的时候购买和消费服务,这样一来可以节约时间和努力。消费者不需要在服务提供商营业的时间里亲临"服务工厂",有利于消费者更高效地分配时间和努力。

此外,可分离性使得消费者可以减少与服务提供商和其他消费者的互动。节约下来的时间和努力意味着消费者可以更高效地体验服务。比如网上银行和网上购物都可以让消费者不必拘于营业时间和地点的限制,可以节约消费者的时间和努力,并且不会影响最终的服务结果。因此,比起不可分离的服务,消费者可以从可分离的服务中感知到更多的获得便利与受益便利。

另外,研究发现,服务分离对消费者受益便利的积极影响,在信任服务中比在体验服务中较弱一些;而服务分离对消费者获得便利的积极影响对于这两种类型的服务来说是相同的。由于消费者在购买之前甚至是购买之后都难以对信任服务给出一个确切的评价,如果分离传递信任服务,消费者还要花费更多的时间和努力来搜集信息,以弥补因不参与生产而带来的信息损失,因此服务分离增加的受益便利可能在一定程度上被信息搜寻的负担所抵消。而对于获得便利,无须参与生产带来的时间和努力上的节约对两种类型的服务来说是相同的。

(2) 服务分离对感知风险的影响

服务的无形性意味着服务在购买之前不能被看见、感觉、品尝和触摸,这导致了消费者在购买前有很多不确定性。因此,服务生产中有形的特征就显得颇为重要,因为它能释放出服务的质量信号,并减少消费者的感知风险。所谓感知风险,是指在产品或服务的购买过程中,消费者因无法预料其购买结果的优劣以及由此导致的后果而产生的一种不确定性感觉。

对于分离的服务来说,消费者不参与生产意味着他们感知到的服务接触过程中的有形特征就更少,也意味着他们不能身临其境到服务场景中去。在这种情况下,消费者对服务的感知控制减少了,因为他们既难以影响服务过程,又难以预测服务结果。这也就意味着相较于不可分离服务,消费者承担了更大的感知风险。

研究表明,相较于体验服务,服务分离对履行风险和心理风险产生的影响在信任服务中更为深远。这是因为在信任服务中,消费者不参与服务生产,从而感觉到了更少的有形线索和更少的控制,进而降低了对服务感知和评估的信心。此外,消费者—服务提供商关系的强度能够降低服务分离对消费者履行风险和心理风险的影响。

(3)服务分离对购买决策的影响

消费者进行购买决策的过程,也是成本与收益权衡的过程,这种权衡被认为是消费者对"感知价值"作出的评估。研究发现,感知价值与服务便利成正相关,与感知风险成负相关。也就是说,在信任服务中,服务分离对受益便利的积极影响减少了,对感知风险的消极影响增加了。而在体验服务中,消费者可以在承担较低风险的同时享受到服务便利的好处。相比之下,比起分离模式的信任服务,消费者消费分离模式的体验服务的意愿更高。但对于已经与服务提供商建立了关系的消费者而言,他们以前的经验可以降低服务分离带来的感知风险,因此相对于新消费者而言,他们的感知价值更高,更有可能去购买分离模式的体验服务和信任服务。

本章小结

消费者的服务消费过程:消费者的服务消费过程涉及购买前阶段、服务接触阶段和购买后阶段。其中,购买前阶段包括对需要的认知、信息搜索(包括确定需要、寻找解决方法、识别不同的服务提供商)和对不同服务提供商的评价(包括回顾服务预览、咨询他人、访问和沟通);服务接触阶段包括要求提供服务或者开始自助服务、服务传递、服务绩效评价;购买后阶段包括评价分享和未来购买意愿。

服务决策模型:服务决策模型可分为感知风险模型、多属性模型、感知控制模型和剧本理论模型。不同模型中消费者的消费决策过程也有所不同。

服务的影响因素:服务的影响因素包括情绪、能力、社会规范、感知便利性和服务分离。情绪对服务消费的影响体现在顾客满意度和口碑传播方面;能力对服务消费的影响体现在服务类型、服务质量、顾客参与和服务评价方面;社会规范对服务消费的影响体现在感知公平对信任、感知服务质量、消费者满意方面;感知便利性对服务消费的影响体现在顾客满意度、感知质量、感知公平方面;服务分离对服务消费的影响体现在服务便利、感知风险、购买决策方面。

❓ 复习思考题

1. 简述消费者的服务消费过程。
2. 理解感知风险模型,简述消费者可能面对的风险和降险策略有哪些。
3. 理解多属性模型的两种评估方法——线性补偿法和词典编纂法。
4. 理解期望不一致模型。
5. 简述感知控制模型。
6. 理解剧本理论模型。
7. 简述服务的影响因素。

 课后案例

闲鱼号

2016 年,国内最大的闲置品交易平台"闲鱼"宣布正式推出其信用新产品"闲鱼号"。通过对用户进行"史上最严格的实人认证",闲鱼号可以让用户展现自己的淘宝等级、芝麻信用、微博认证、动态信息等多维"信用记录",以便用户之间建立更好的互动信任。

此外,为了把用户还原成维度更清晰、更真实可信的个人,让用户更容易找到与自己兴趣相投的伙伴,方便、放心地交流和交易,闲鱼号还推出了实人认证措施。

据了解,闲鱼号推出的实人认证是一项个人身份真实性认证服务,是实名认证的升级版。而之所以被外界视为史上最严格,是因为认证通过与公安网数据校验,并结合阿里巴巴的生物识别及无线安全技术,以确保个人身份真实可信,从而能够更好地保障用户的交易安全。

据闲鱼的工作人员介绍,用户在升级到闲鱼最新版后,系统会提示"是否开通闲鱼号"。在此前实名认证的基础上,用户对着摄像头,按照系统随机提示进行"左右摇头"等动作完成摄录,就可以通过实人认证。

在闲鱼业务负责人谌伟业看来,闲鱼能够用两年的时间成长为国内最大的闲置品交易市场,达到亿级用户规模,秘诀正是在于建立"信任体系",而信任是未来分享经济市场的基石。"分享经济涉及大量非标准化的商品与服务,非标准化的东西让用户与用户之间产生交易和互动,对信任的要求比实物交易更高。"

除了让闲置交易更可信赖,建立自己的"闲鱼号"后,闲鱼用户还能够像微博那样相互"关注"并看到对方的动态信息,如新增宝贝、互动评价、个人分享等,许多活跃用户如

"鱼塘"塘主①，都可以用分享内容、攒粉丝的方式，走上网红之路。

闲鱼工作人员表示，闲鱼在向部分用户推送了闲鱼号测试包之后，发现用户接纳实人认证的比例非常高，据悉，截至 2016 年 8 月，已经有近百万闲鱼活跃用户开通了闲鱼号，包括一大批"鱼塘"塘主，数量已从 2016 年 3 月的 12.5 万个增加到了 8 月的 27 万个。

业内人士表示，闲鱼号的推出或将帮助孕育全新的行业意见领袖群体，一批闲鱼造的网红也许正在赶来的路上。

闲鱼号的推出，自上线一周以来，已有近百万闲鱼活跃用户。这表明闲鱼号一方面再度迈出了分享经济信任体系建设的重要一步，另一方面完善的信任体系也有利于降低平台用户的感知风险。谌伟业表示，"信用体系像分享经济发展的水、电、煤一样，如果信任的基础环境没有做好，就不会有好的用户体验，平台的运转效率也会大打折扣。"

资料来源："'闲鱼号'来了，分享经济的网红还会远么？"，互联网最前沿，2016 年 8 月 29 日，http://mp.weixin. qq.com/s? _ _ biz = MzAwNjM5OTc2OA = = &mid = 2653826445&idx = 1&sn = b037af54d05f88c6b312bb80 dd36fe6b&scene = 1&srcid = 0830PKkdv0ItonmM1vihVztz#wechat_redirect.

案例讨论题

1. 以闲鱼号为例，分析平台上的用户风险有哪些？

2. 分析闲鱼号的降险策略。

3. 对于降低用户风险，提高用户体验，您还有哪些建议？

---

① "鱼塘"是一款基于地理位置、兴趣和互动交易建立的社区产品，而鱼塘的管理者"塘主"则是粉丝动辄上万甚至几十万的牛人。

第四章　顾客体验管理

我们正在进入一个经济的新纪元:体验经济已经逐渐成为继服务经济之后的又一个经济发展阶段。

——约瑟夫·派恩、詹姆斯·吉尔摩

第一节　顾客体验概述

顾客体验是商品经济发展到一定阶段后必然产生的"经济提供物",也是适应顾客消费水平提高和消费结构优化而产生的"经济消费物"。它同产品、商品和服务一样,其功能都是满足顾客消费的有效需求,也具有一般商品的功能性、价值性、交换性等基本特征,但更加强调消费前的殷切期待、消费中的美妙享受和消费后的难以忘怀。

一、顾客体验的定义

在英文中,"experience"兼具动词和名词的词性,主要指那些能够使个人印象深刻或者对个人产生深刻影响的互动事件或过程;在中文语义中,体验就是"以身体之,以心验之",强调个体在亲历亲为的事件或过程中所获得的感受。

1. 企业视角的顾客体验

体验最早被认为是商品和服务心理化的可交换物。体验经济创始人 Pine II and Gilmore(1988)将顾客体验定义为企业有意识提供的、能使消费者以个性化方式参与其中的事件,是一种独特的经济提供物。他们进一步提出,"当一个人达到情绪、体力、智力甚至精神的某一特定水平时,他的意识中所产生的美好感觉,是其自身心智状态与那些策划事件之间互动作用的结果"。同时还提出了经济价值递进的四个阶段——提取产品、制造商品、提交服务、展示体验,说明企业要想获得持续的竞争优势就必须向顾客展示具有吸引力的、令人信服的体验产品和独特的体验环境。

2. 顾客视角的顾客体验

Schmitt(1999)认为,"体验是对某些刺激产生的内在反应"。他将体验定义为顾客的一种感受,顾客在商业活动中的体验是由消费过程中所获得的产品和服务构成的。Crabone(1994)认为,顾客体验是指顾客在学习、拥有、使用和维护甚至是抛弃一件产品或一项服务时所产生的累积的顾客感知。Meryer(2007)认为,顾客体验是顾客从与企业直接或间接的接触中产生的内部和个人的反应,其中,直接接触包括购买过程、使用过程和服务过程,主要是由顾客引发的;间接接触主要涉及一些与企业的产品代表、服务或品牌代表没有计划的接触,主要源自口头推荐或批评、广告、新闻报道、周刊等。

从企业视角出发,顾客体验被理解为一种经济提供物,但若缺少了顾客的主动参与,体验将无从谈起;从顾客视角出发,顾客体验被理解为顾客对企业相关活动所产生的反应,突出了顾客的主体地位。结合以上观点,顾客体验是顾客对某些刺激产生的内在反应,同时也是一种能够满足顾客情感需求的产品、服务和氛围的综合体。

二、顾客体验的维度

1. Pine Ⅱ和 Gilmore 的体验分类

Pine Ⅱ and Gilmore(1998)按照顾客的参与程度(主动参与还是被动参与)以及环境的相关性(顾客融入情景还是接受信息),将顾客体验划分为娱乐体验、教育体验、逃避体验和审美体验,如图 4-1 所示。

图 4-1　顾客体验的四个维度(Pine Ⅱ和 Gilmore)

第一,娱乐体验指人们被动参与并身心投入的体验,它主要通过感觉来实现,比如观赏电影、文艺演出等;

第二,教育体验指包含了更多主动参与的体验,它能够增进个人的知识或技能;

第三,逃避体验指人们主动参与并融入某种环境的体验,不仅使人们完全沉浸在体验中,还使人们主动参与进去,比如网络游戏、旅游等;

第四,审美体验指人们被动地融入某种环境的体验,并且对环境没有产生任何影响,比如参观博物馆等。

2. Schmitt 的战略体验模块(strategic experiential modules, SEMs)

体验是复杂且多样的,可以分成不同的形式,每一种形式都包含自己固有而又独特的结构和过程。这些体验形式是经由特定的体验媒介所创造出来的,能够达到有效的营销目的。Schmitt 将这些不同的体验形式称为战略体验模块。

第一,感官体验:创造知觉体验的感觉,主要由视觉、听觉、触觉、味觉与嗅觉构成。

第二,情感体验:诱发顾客内在的感情与情绪,目标是创造情感体验,其范围可以从一个积极的温和情绪到一个欢乐自豪甚至是激情的强烈情绪。

第三,思考体验:对顾客进行智力启迪及创造认知,以创意的方式引起顾客的惊奇、兴趣,以及对问题集中或分散的思考,为顾客创造认知和解决问题的体验。

第四,行动体验:影响身体的有形体验、生活形态与互动。行动营销通过增加顾客的身体体验,指出替代的生活形态与互动,丰富顾客的生活。

第五,关联体验:包含感官、情感、思维与行动等层面。通过个人与其理想自我、他人、或文化之间的关联,来满足自我改进的个人渴望,使他人对自己产生好感。

3. Schmitt 的顾客体验世界层次

从最外层体验到品牌体验可以将顾客的体验世界分为四层,分别是社会文化或商务环境、使用和消费环境、产品品类体验、产品或品牌体验,如图 4-2 所示。

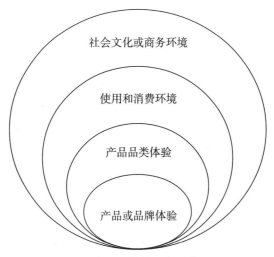

图 4-2　顾客体验世界的四个层次（Schmitt）

第一,社会文化或商务环境:广义的体验与顾客的社会文化环境(在消费品市场)或与生意所处的大环境相关联;

第二,使用和消费环境:品牌的使用和消费环境提供的体验;

第三,产品品类体验:产品的品类提供的体验;

第四,产品或品牌体验:产品或者品牌提供的体验。

从体验世界的最外层开始,审视生活方式和商业趋势。在这一阶段的分析和研究中强调三个关键的问题:潮流的本质是什么,潮流的引导者是谁,潮流如何与使用环境相关联。在使用环境方面,要强调五个问题:使用环境的本质是什么,使用者是谁,品牌在使用中起到了何种作用,产品品类和品牌的本质是什么,产品品类和品牌的使用者是谁。通过这种对体验世界分层的分析之后,就可以在企业和顾客之间现有的接触点上追踪并丰富体验了。

第二节　顾客体验

顾客体验是"消费者对与企业直接或间接接触的内在和主观的反应"。它具有以下几个特征：第一，顾客体验是一种主观的感知，它更多的是一种心理学上的概念；第二，顾客体验来自顾客与企业、产品、人员、品牌等的接触，是营销活动中的重要变量；第三，顾客体验是对刺激物有意识或者无意识的内在反应，这种体验严格来讲是个人的，表明顾客以不同水平或方式参与到接触过程中。尽管顾客体验在早期被看做是包含多种涉入方式的主观感知，但在进一步的探索中，对顾客体验的研究视角开始发生分化，这些分化的视角来源于对"什么是顾客体验"的具体理解，从而形成了不同的顾客体验研究脉络。

一、质量视角的顾客体验

质量视角认为，体验可以看做是产品（服务）质量的载体，质量通过价值感知来影响最终的购买结果。价值不是嵌入在交易点中的产品，而是在使用过程中获得的。而顾客体验能更好地理解价值合作创造，因此它比传统的对产品或服务质量的测量能更好地与顾客满意、顾客忠诚等关系质量的变量相联系。

根据服务营销学者们的观点，人们在经济交换中看似在购买产品或服务，其真实目的是要获得一种满足，而消费者体验则是这种质量满足感的反映。因此，从质量视角来研究消费者体验，更多地将消费者体验与顾客在产品（服务）消费过程中所获得的满足感进行关联，从而将过去的产品（服务）质量测量延展到顾客体验测量上来。

1. 消费体验四因子

Stan and Philipp（2011）借助深度访谈发展了消费者体验量表，他们认为，消费者体验包括四个因子，分别是产品体验、结果关注、真实时间和内心宁静。产品体验指顾客对自己能够进行选择和比较的感知。当顾客感觉到能够自主选择一件商品时，将获得更好的产品体验。结果关注与降低顾客的交易成本有关，当顾客感知到现有产品能够帮助其降低交易成本时，将获得更好的结果体验。真实时间强调服务补救的重要性，以及面对不可预期的抱怨时的灵活性。它反映了顾客对员工人际交往能力的评价，当员工能够快速处理顾客的抱怨时，将获得较高的真实时间体验。内心宁静则基于对服务人员的能力以及在服务过程中的引导能力的感知，当顾客感觉在员工的安排和引导下消费过程更容易、更可信时，将获得较高的内心宁静体验。

2. 价值聚群体验

Teixeira（2012）提出的价值聚群体验认为，顾客体验来自从组织获得的各种类型的价值聚合。这些体验价值包括：

第一，可支付性：价格被认为是可接受的；

第二,参与性:感觉能愉快地参与其中;

第三,内容性:可以获得大量的、最新的多渠道信息和资料;

第四,便利性:可以很容易地得到想要的东西;

第五,可靠性:以一种可靠的方式来完成,并且获得可预测的结果;

第六,回报性:值得花时间做;

第七,快速性:迅速获得想要的东西。

二、情感视角的顾客体验

基于情感视角的顾客体验假设消费者体验更多的是一种与情感、感觉、感受相关的情绪体验。该视角更多地从情感和情绪的角度来探究体验的形成及作用机制。这一视角并非否定消费者体验只包含情感成分而不包含认知成分。因为认知和情感往往同时存在,且是相互影响的。只是相对于认知而言,情感成分在顾客体验中比重较大,影响更加显著。有研究表明,服务体验的感知来源于两种感知:算计性感知和情感性感知。算计性感知只能通过功能线索来获得,而服务体验的情感性感知则来自更加丰富的商品线索和人员线索,包括对实际对象和环境线索的加工,如视觉、味道、声音和材质纹理等线索以及服务人员的外形、行为、声音、用词、热情程度、身体语言、整洁、合适的着装等线索。

1. 流体验

流体验研究也是情感视角下消费者体验研究的一个分支。流体验反映了认知与情感相互作用、互相促进的结果。流产生了高水平的享乐、参与和注意力集中,使活动变得更有趣、令人愉悦、自我吸收,因此不断地激发出新的情感和认知兴趣。

案例 4-1

本·高登感受到的流体验

芝加哥公牛队的篮球运动员本·高登曾描述了他在打篮球时的感觉:你感觉不到时间,不知道现在打到了哪一节。你听不到观众的呼声,也不知道自己得了多少分。你不会去思考,你只是在打球。所有的进攻都是源自本能。当这种感觉开始消失,就会变得很恐怖。我对自己说,加油,你可以打得更好。这个时候你知道它真的不存在了,不再是直觉和本能的了。

资料来源:"关于心流体验(酣畅感)的研究",壹心理,2016 年 1 月 9 日,http://www.xinli001.com/info/100307676。

---

(1) 流体验的概念

Csikszentmihalyi(1975)在研究人的创造力时发现,人们在从事自己喜爱的工作时可能会经历一种独特的体验,它常使人废寝忘食,不计回报地全身心投入,并且乐在其中,而人在具有这种体验的活动中常常会爆发出惊人的创造力,这种独特的体验即为流体验。当个体处于流体验状态时,似乎有一种内在的逻辑指引着身体的各种动作,而无需主体有意识地控制,他们完全被所做的事深深吸引,心情非常愉快并且感觉时间过得很快。

流体验由九个维度构成:清晰的目标、明确的反馈、挑战与技能的平衡、专注于所从事的事情、潜在控制感、行为与知觉的融合、丧失自我意识、时间扭曲感、以自身为目的的体验。这九个维度根据时间关系可分成前因、体验及效果三个阶段。

前因阶段。这一阶段由清晰的目标、明确的反馈以及挑战与技能的平衡构成。清晰的目标是流体验产生的前提条件,它使个体不会对所做的事产生怀疑,从而能够将所有注意力集中在所从事的任务上,避免分神,进而进入流体验状态;明确的反馈是任务成功的关键,因为它包含着有关个体越来越接近目标的信息;挑战与技能的平衡是达到流体验状态的前提条件,如果任务的挑战性超出了个体技能,个体会产生警惕甚至焦虑感,反之,个体会感到过于轻松甚至乏味。

体验阶段。这一阶段由专注于所从事的活动、潜在控制感以及行为与知觉的融合构成。专注于所从事的活动会使个体无暇顾及不相关的想法、疑虑或干扰,更容易进入流体验状态;流体验的产生经常会伴随着对所从事活动的潜在控制感,即个体感到能够处理所遇到的任何问题,丝毫不会去考虑是否会失败;流体验状态的一个独有的特征就是行为与知觉的有效融合,在流体验状态下,人们不会因为怀疑自身能力或对所从事的活动有疑虑而使自己的行为被扰乱。

效果阶段。这一阶段由丧失自我意识、时间扭曲感和以自身为目的的体验构成。处于流体验状态时,个体的自我意识会丧失,流体验会把个体从自我忧虑和自我怀疑的状态中解放出来;流体验的一个重要特征就是使个体对时间的感知发生变化,个体会感到时间比平时过得快;以自身为目的的体验是指体验本身对个体来说就是一种奖励,个体选择从事相关任务是因为任务本身能给个体带来愉悦、满足甚至幸福感。流体验能够使个体产生完美的感觉,因此个体会有重复进行相关活动的强烈愿望。

（2）流体验的产生条件

① 三区间模型

Csikszentmihalyi(1975)通过经验抽样法(experience sampling method)表明,当人们参与某项活动面临的挑战和所掌握的技能相匹配时,就有可能产生流体验;当面临的挑战小于所掌握的技能时便会产生厌倦;当面临的挑战大于所掌握的技能时便会产生焦虑。由此提出了三区间模型,只要面临的挑战与所掌握的技能相匹配时,个体都会体验到愉悦,不论面临的挑战与所掌握的技能是处于低水平还是高水平。

② 四区间模型

在三区间模型的基础上进一步深入研究后发现,当个体面临的挑战和所掌握的技能均高于个体面临的平均挑战和平均技能时才有可能产生流体验,而当二者均处于相对比较低的水平时则不一定产生流体验。四区间模型在三区间模型的基础上，将技能和挑战按照高低水平分成四个区间，交点坐标为个体面临的挑战和所掌握的技能的平均水平，高挑战和低技能会产生焦虑(anxiety)，低挑战和低技能会产生冷漠(apathy)，低挑战和高技能会产生厌倦(bored)，高挑战和高技能才最容易产生流体验(flow)，如图4-3所示。

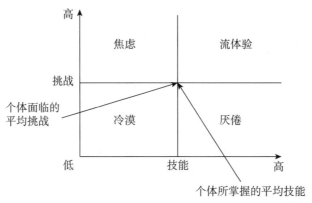

图4-3　四区间模型

③ 八区间模型

根据挑战和技能之间不同水平的关系，有学者提出了八区间模型，如图4-4所示。根据纵坐标上的挑战和横坐标上的技能的标准值将整个平面分成了八个区间。最佳体验为流体验时，技能和挑战的点应落在2区，此区域中挑战和技能处于平衡，均高于均值。八区间模型的机制与四区间模型一样，都是基于任务挑战和个人能力之间的关系构建出来的。

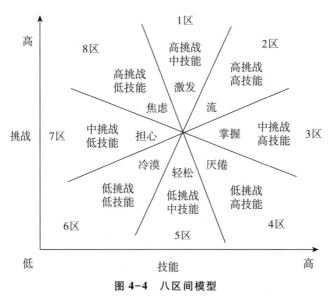

图4-4　八区间模型

虽然八区间模型比四区间模型更详细，但这一模型并没有被广泛地应用。这可能是由于八区间模型注重的是人的各种感受体验，反而使流体验的比重减小，不利于对流体验的研究。所以,在文献中研究流体验的理论基础还是四区间模型更为多见。

（3）流体验的应用

随着网络购物的不断发展,培育消费者忠诚已成为一个越来越需要重视的问题。消费者是否忠诚在很大程度上取决于其在进行网络购物时能否获得强烈的愉悦体验,而流体验理论可以为商家创造这种体验提供指导。Hoffman 和 Novak 将网络环境下的流体验定义为网络导航过程中产生的一种具有以下特征的状态:由人机交互支持的一系列无缝反应;发自内心的愉悦感;自我意识的丧失;自我增强,即消费者自身学习能力、探索行为、参与活动以及主观体验的提升。

Webster et al.(1993)也曾对网络环境下的流体验进行过研究,提出了网络环境下流体验的四个维度:对人机交互的控制感;完全集中的注意力;交互过程中被唤起的好奇心;对人机交互发自内心的兴趣。

案例 4-2

Oculus Rift 中的流体验

现在比较火的虚拟现实技术(Visual Reality, VR),致力于通过满足用户的视觉、听觉等系统,让用户产生明显高于其他体验的临场感,虚拟现实设备生产商 Oculus 开发了一款为电子游戏设计的头戴式显示器,名为 Oculus Rift。它将虚拟现实接入游戏中,使得玩家们能够身临其境,对游戏的沉浸感大幅提升,通过流体验的产生给玩家带去普通界面游戏无法企及的愉悦的主观体验。虽然最初是为游戏打造,但是 Oculus 已经决心将 Rift 应用到更为广泛的领域,包括观光、电影、医药、建筑、空间探索以及战场上。

资料来源:根据 https://zhuanlan.zhihu.com/p/21247288? refer = brainresearch; https://www.oculus-china.com.cn 整理。

Hoffman and Novak(1996)将网络环境下的流体验分为目标导向流与体验流。他们认为,体验型行为(如浏览与网上冲浪)对网络消费者早期的流体验起支配性作用,随着时间的推移,消费者通过网络消费体验积累了很多相关的知识,在这种情况下,目标导向型行为也会使顾客产生流体验。目标导向流与体验流的区别如表 4-1 所示。

Novak 等人发现,令人愉悦的网上用户体验与"有趣的、休闲的、有经验"的体验呈正相关,而与工作导向的活动呈负相关。这表明网络在线的流体验更多地与游戏和娱乐活动相联系,而不是与工作或以任务为导向的活动相联系。

表 4-1　目标导向流与体验流的区别

目标导向流	体验流
外在动机	内在动机
工具性导向	仪式性导向
实用性价值	享乐性价值
直接搜索	间接搜索（浏览）
以目的为导向的选择	导航型选择
认知性	情感性
工作	娱乐
计划购买	强迫性购买

资料来源：Hoffman, D. L., and Novak, T. P., "Marketing in Hypermedia Computer-mediated Environments: Conceptual Foundations", *Journal of Marketing*, 1996, 60(3), 50-68。

① 在线购物

调整影响在线消费者流体验的各类因素可以增强消费者的流体验。PAT（person-artifact-task）模型提出，工具应当和任务保持一致性，即用户认为完成某项任务或功能只有使用某种工具才是恰当的，在这种情况下，更容易产生流体验。因此，感知有用性对在线消费者的流体验有正向作用。

较慢的网络响应会降低用户的购物体验，阻碍流体验的产生。相反，提高反馈速度则会提升参与者的注意力，使用户更容易进入流体验。因此，网站的互动性可以促进浏览者的流体验。

在线用户在购物中产生流体验的主要原因之一是消费者把购物本身当成了一种乐趣，这种乐趣源于购物过程所带来的好奇心和享受。例如，网站环境为在线消费者带来的愉悦感受、网站服务器速度的提升、导航系统的易用性等都会影响消费者的流体验，从而影响最终的购买行为。此外，如何设计购物网站的内容或购物流程，让在线消费者具有与网络使用技能相匹配的挑战性，并激发其兴趣继续购物或浏览，也是网站设计要重点考虑的问题。在网络环境下，流体验不仅与消费者的信息检索行为有关，也与消费者与网站之间的交互行为有关，让消费者能够自如地驾驭网站，增强其感知控制力，也会促进网上商品的销售。

② 在线游戏

网络游戏是否能够唤起玩家的流体验由玩家感知到的挑战水平与其本身具有的游戏技能共同决定，如果挑战和技能达到平衡的话，游戏就能够唤起玩家的流体验。

享乐型动机在促进用户参与行为方面扮演着重要的角色。知觉有趣（perceived play）可以使用户享受游戏带来的愉悦，逃避烦恼，进而产生良好的流体验。

较高的涉入度意味着较高的自我相关性,会提升用户的参与程度和注意力感知,进而促进流体验的产生。

案例 4-3

在线游戏中的流体验

我们可以很轻松地将《俄罗斯方块》的游戏过程与流体验联系起来。《俄罗斯方块》要求我们通过摆放和消除方块来获取更高的分数,这就是清晰的目标;与此同时,通过摆放方块所产生的消除和得分效果,则是游戏提供的必要的即时反馈;至于技能和挑战的匹配,则是我们在游戏中所获得的技巧成长与游戏难度(即方块落下的速度等要素)的匹配。在游戏过程中产生的行为与知觉的融合、注意力高度集中、忘我和忘记时间等都是体验的结果。

同样,2013 年年初横空出世的《Flappy Bird》的游戏目标是飞过更多的水管以求更高的分数,飞过水管后增加的分数以及失败后产生的声音等则是游戏提供的即时反馈,而在度过了最初强烈的挫败感之后,玩家渐渐提升的技巧则与游戏的难度开始形成匹配(即所谓的上手),由此,《Flappy Bird》的流体验开始形成,也就造成了玩家在其中的"沉迷"。

资料来源:http://www.18touch.com/post1196586929.html。

---

③ 社交移动客户端

用户使用手机等智能移动设备时,经常表现出"忘记时间"和"沉浸其中"的状态以及较高的用户黏性。用户黏性指用户具有不断重复返回并延长其停留时间的意愿和行为。

研究表明,互动能够促进用户的流体验。相较于传统的网络,微信等移动软件与用户之间的互动具有即时性、个性化、多媒体等特点,通过互动促进了使用者的流体验。

微信用户之间的互动、朋友圈的信息以及公众账号的推送信息时常充满趣味性和娱乐性,给用户带来了愉悦的体验。感知有趣性可以激发用户良好的流体验。

产品涉入度是影响网络用户购物过程中流体验的重要因素。由于微信用户的好友大都来自手机通讯录和 QQ 好友,囊括了用户大部分的人际关系网络。随着好友中微信使用者的数量逐渐增加,用户对微信感知到的自我相关性也逐渐提高,所以会表现出较高的涉入度。同时,微信属于强关系的社交平台,用户与熟人之间的互动及沟通的私密性更容易产生愉快的体验。

流体验能够促进网络社交用户产生忠诚。时间感弱化是流体验的外在表现,与此对应的是,延长停留时间是用户黏性的一大特征。同时,用户处于流体验时,将获得愉悦感和满足感,而用户黏性的另一大特征就是用户具有重复返回的意愿。这也是人们往往容易沉浸在微博等社交移动客户端中的原因之一。

2. 高峰体验

(1) 高峰体验的概念

高峰体验(peak experience)最早由亚伯拉罕·马斯洛(Maslow, 1971)提出,他指出高峰体验是人类最高的一个需求,是人类在超越自我实现后的超然经验,强调人们心理上的主观感觉。马斯洛提出的需求层次理论认为,人的需求有一个从低到高的发展层次,在较低层次的需求被满足之后,就会往高处发展。最低层次需求是生理需求,往上依次是安全、爱与归属、被尊重和自我实现的需求。自我实现指创造潜能的充分发挥,追求自我实现是人的最高动机。当人们实现了自我之后则容易产生高峰体验。

马斯洛认为高峰体验有如下六点特征:

第一,产生的突然性。高峰体验是不可预测、突如其来的。

第二,程度的深刻性、强烈性。高峰体验压倒一切,令人欣喜若狂、如醉如痴、欢乐至极。

第三,感受的完美性。产生这种体验的人像突然步入了天堂,实现了奇迹,达到了尽善尽美。

第四,存在的普遍性。几乎每一个人都会有高峰体验。

第五,结构的同一性。这种体验产生的刺激因素各不相同,但主观体验却是相似的。

第六,保持的短时性。所有的高峰体验都是转眼即逝,并不是一直存在的,虽然这种体验的影响和作用可能长期存在,但是体验的一刹那却是短暂的。

(2) 流体验与高峰体验的比较

① 流体验与高峰体验的相同点

第一,两者都属于积极正面的体验。流体验属于积极心理学的范畴,高峰体验是人类最高的需求。

第二,两者都普遍存在,几乎每一个人都曾经历过这两种体验。

② 流体验与高峰体验的区别

第一,来源不同。流体验出现在人们进行自己喜爱的活动时,而高峰体验产生于人们的自我实现之后。

第二,程度不同。流体验有强度上的差别,会产生从中等水平到高等水平程度不同的愉悦感。而高峰体验没有强度上的差别,一旦出现高峰体验,其程度就非常强烈,远远高于流体验带来的愉悦感。

第三,持续时间不同。流体验持续的时间因人而异,而高峰体验转眼即逝,极其短暂。

学术智库 4-1

服务系统设计对流体验的影响

Ding 和 Hu 提出,在服务系统设计中的产品多样性(product variety)、服务质量(service quality)以及过程特征(process feature)可能会激发流体验,从而提升消费者满意来保持可持续的竞争优势(Chase and Dasu, 2001; Frei, 2006)。Ding 和 Hu 还认为,是感知控制(perceived control)、技能(skill)、集中注意力(focused attention)、互动性(interactivity)以及挑战(challenge)这些认知状态导致消费者产生了流体验(Novak et al., 2000)。

Ding 和 Hu 提出了一个由流体验的构念和服务系统设计中的总体体验构建而成的结构模型,并以大量的线上投资者为样本来检验该模型。

具体模型如图 4-5 所示。

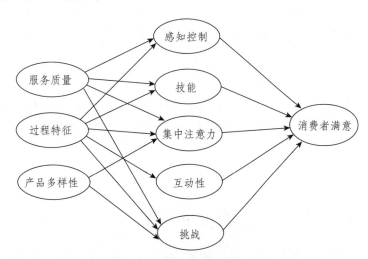

图 4-5　服务系统设计对流体验的影响

结果发现,五个流体验认知状态中的感知控制、集中注意力和互动性与消费者满意呈正相关,而挑战与消费者满意呈负相关,这是由于消费者在进行投资时更倾向于回避风险,所以挑战会对消费者满意产生负面影响。而在服务系统对流体验的影响中,产品多样性对集中注意和挑战有积极的影响;服务质量对感知控制和技能有积极的影响,对挑战有负面的影响;过程特征对感知控制、技能、集中注意力以及互动性有积极的影响,对挑战有负面的影响。

资料来源:Ding, X. D., P. J. Hu, R. Verma, and D. G. Wardell,"The Impact of Service System Design and Flow Experience Satisfaction in Online Financial Services", *Journal of Service Research*, 2010, 13(13), 96-110。

三、社会互动视角的顾客体验

社会互动视角认为顾客体验是对服务过程中的社会互动的感知。这种观点指出顾客体验并不是由服务组织单方面创造和影响的,而是由顾客与服务提供商合作创造的。企业为顾客提供的是一种"使用中的价值",该价值不仅依靠具体的产品或者服务来传递利益点,也与服务中的各种社会互动,如顾客—服务人员互动、顾客—组织互动、顾客—同伴互动等体验有关。

零售商和服务人员用不同类型的语言来促进顾客在社会互动中的仪式体验。这些不同类型的语言(礼仪语言、生活语言、职业语言)产生了相应的顾客体验。合作体验网络(co-experiencing network)描述了人们通过在与同伴的社会互动中分享自己在特定情境中的顾客体验,进而共同创造出新的顾客体验的过程。

除了有形的社会互动,探索建立在符号互动上的顾客体验,也是该社会互动视角的重要分支之一。与产品或服务体验不同,品牌体验更多地关注于品牌符号的象征意义与其外在表现的结合所形成的整体体验感知。比如 Fitzsimons et al. (2008)发现,消费者在思考苹果电脑时会比他们思考 IBM 电脑时表现出更多的具有创造性的行为,由此为不同品牌体验在符号表征上存在的差异提供了证据。品牌体验可以被理解为消费者在参与品牌互动过程中所单独形成或者与他人共同形成的感觉、思想和行为。通过对哈雷戴维森摩托车的消费者进行调查,可以发现消费者的个人体验嵌入在品牌社区的集体社会活动中,并通过集体活动来共同建构该品牌的一种后现代主义自由观的符号意义。

案例 4-4

哈雷车主会

最初的哈雷是在 1903 年由 21 岁的威廉·哈雷和 20 岁的阿瑟·戴维森在一间小木屋里"攒"出来的,并以两个人的姓氏命名为"哈雷戴维森"。如今哈雷摩托车已经行销到 200 多个国家。哈雷摩托车金属的质感、优美的线条和令人迷惑的颜色搭配以及电镀和黑漆的对比,甚至那烫人的排气管、震耳欲聋却"如音乐般"的轰鸣声,都是力量与自由的绝对象征。除了哈雷本身传递的个性、自由的理念,哈雷车主会(Harley Owners Group, HOG)的成立让哈雷在当时竞争激烈的市场中激流勇进。1983 年,哈雷戴维森成立了 HOG,以满足骑手们分享激情和展示自豪的渴望。1985 年,49 家地方分会在全美生根发芽,总会员达到了 60 000 人;1991 年,第一次欧洲 HOG 集会在英格兰切尔滕纳姆举办,HOG 正式成为国际性的组织,拥有 685 家地方分会和 151 600 名全球会员。随后,HOG 发展到亚洲,新加坡和马来西亚都成立了新的分会。1999 年,全球会员数量突破 50 万大关,地方分会近 1 160 个。2013 年,超过 1 100 000 名的会员人数和 1 400 家分会让 HOG

成为世界上最大的由生产厂商赞助的摩托车组织,而且还在不断地成长中。

资料来源:http://www.harley-davidson.com/content/h-d/zh_CN/home/owners/hog.html。

四、时间视角的顾客体验

时间视角认为顾客体验可以看做是顾客对其在消费过程中特定的一段时间,以及在这一段特定的时间中发生的活动或者事件的感知。正如 Pine and Gilmore(2011)在《体验经济》一书中的定义,体验指人们用一种从本质上个人化的方式来度过一段时间,以及从过程中呈现出的一系列可记忆事件。因此,顾客体验可以看做是一种与伴随时间发展、转变和消逝而产生的与时间不可分离的存在感。因为任何特定时点的时间都是唯一的,如果从该视角来理解微观层级上的顾客体验,则任何与某一时点相伴而生的个人体验也是唯一的。将体验与时间相结合,使顾客体验具有了其他视角所难以观察到的、更特别的意义。

现有的关于时间视角的顾客体验研究大多集中在顾客等候体验管理领域。顾客对服务体验的第一印象是非常重要的,而顾客对等候的感知往往会决定其对服务第一印象的好坏。当顾客为了一份制作时间为半个小时的牛排而等候了一个小时的时候,顾客很有可能会忽视餐厅的服务有多周到,也不会在意这份需要经历漫长等待的牛排有多好吃。

戴维·梅斯特就如何分析管理顾客等候满意度提出了一个初步框架,确定了影响满意度的诸多因素。这些因素可以分为三类:企业相关因素;顾客相关因素;与企业和顾客都相关的因素。

这种分类方式有助于我们区分这些影响顾客等候满意度的因素的可控程度,从而高效地管理顾客等候时间。

1. 企业相关因素

(1)公平等候与不公平等候

为了保证公平,通常的做法是让所有的顾客排成一条队伍。当多个员工同时服务时,一旦有员工空闲,下一个顾客就可以上前。许多银行与航空公司的登记柜台都采用了这种方法。排成队伍不仅可以使等候的顾客感到公平,而且会极大地减少平均等候时间。为了让顾客感觉到公平,企业的实际营业时间应比规定的时间稍长。例如,如果门店的营业时间是9:00—17:00,那么最好在8:50就开门,而关门时间应当延长到17:10。

(2)舒适等候与不舒适等候

当顾客感受到不舒适的时候就会觉得时间过得非常慢。企业可以通过多种方式来改变顾客的舒适感,如温度、亮度、座位以及音量等都应在考虑的范围之内。而当使用叫号系统时,会让顾客产生既公平又舒适的感觉。提供全面服务的餐厅可以在顾客等候时提供休息大厅。这就形成了一个双赢的局面,一方面餐厅可以获得等候时的饮料消费收入,

另一方面又为顾客创造了一个愉快、舒适的等候环境。

（3）解释原因的等候和莫名其妙的等候

如果等候显得不公平而又没有任何解释时，顾客的不满意度就会提高。例如，当飞机晚点时，如果航空公司能向顾客说明原因，顾客的不满意度会远低于什么也不解释的情况。但如果一直重复同样的说辞，再合理的理由也会抵消解释的效果。

如果不知道要等候多久，时间会显得漫长得多，这是因为顾客等候时往往内心焦虑。因此，明确地告知顾客大约需要等候多久是很重要的。如果无法估计确切的时间，则应随时向顾客通报最新情况。例如，联邦快递在处理丢失的包裹时，每天下班前都会向顾客通报最新的搜寻情况。

（4）初始等候和后续等候

顾客在进入服务交付系统之前的等候要比进入系统后的等候更容易引起不满。例如，在向呼叫中心打电话进行预约时，电话接通前的等候时间要比等待下一个接线员服务的时间显得更长。这是因为在进入服务交付系统之前，顾客感觉自己处于系统之外，这时的等候属于初始等候；而在接受初始服务后，顾客感觉已经进入服务系统，他们知道自己将会得到服务，这时的等候属于后续等候。同等等候时间下，进入系统后的后续等候时间显得更短。因此，企业在设计服务交付系统时，应该尽量减少顾客进入服务交付系统之前的初始等候时间。

2. 顾客相关因素

（1）单独等候和团体等候

人们在单独等候时往往会比团体一起等候时显得更加缺乏耐性。尽管这不是服务组织能够改变的事情，但重视这一因素对于调整服务方案显得尤为重要。例如，滑雪场中通常有专为单独的滑雪者提供的单人滑道，而这种单人滑道的设计一般会比团体滑道短。一方面单独滑雪者的等候时间可以大大减少，另一方面可以最大限度地利用滑雪场缆车的运载能力，在一定程度上节省滑雪场的运营成本。

（2）高价值服务等候和低价值服务等候

顾客往往愿意在其感知的高价值服务上等候更多的时间。也就是说，当顾客认为服务产品价值很高时，等候一段时间也是值得的。但如今市场中产品或服务的同质化现象较为严重，如果让顾客等候过久，则很有可能会导致顾客的流失。

（3）顾客价值体系

时间对顾客而言是稀缺的，他们不愿意将时间浪费在诸如自助服务、选项服务等目前许多企业都采用的服务系统上，只要能得到及时快捷的服务，顾客可能并不介意多支付一些费用。从顾客的角度来看，为了确保服务质量的一贯性，企业必须突出市场重点，并与等候管理的运营战略进行整合。

案例 4-5

迪士尼主题公园 VIP 门票

在迪士尼主题公园排队等候是现实生活中的常事,但只要购买 VIP 门票即可享受不用排队的绝妙体验。上海迪士尼的 VIP 门票价格是 12 500 元(1—6 人均可),这些顾客能够获得一些特殊服务,比如在看表演时有视野开阔的位置,在景点有专人陪同。虽然价格昂贵,但对于迪士尼来说,VIP 门票的消费人群往往是社会名流以及商务高层人士,这样做既能够保证他们的体验,又能从名人效应中获得好处。

资料来源:〔美〕马克·戴维斯、贾内尔·海内克著,王成慧、郑红译,《服务管理——利用技术创造价值》,人民邮电出版社,2006 年。

---

(4)顾客当前态度

顾客刚接受服务时的态度对其满意度有着显著的影响。如果顾客在接受服务前怒气冲冲,则无论等候时间的长短,都有可能对等候产生不满。当顾客对服务提供者形成正面或负面的印象后,顾客倾向于根据这种印象来推论服务提供者其他方面的特征,产生以偏概全的认知偏误。这种光环效应(halo effect)将进一步影响到顾客对所接受服务感知的各个方面。

3. 与企业和顾客都相关的因素

(1)有所消遣的等候和无所事事的等候

等候中有事可做的顾客比无所事事的顾客能够接受更长时间的等候。因此在顾客排队时,可以提供可供消遣的服务,比如杂志、橱窗展示、音乐播放等都可以分散顾客的注意力。有些餐厅在等候区会提供美甲服务、抓娃娃机等,既消磨了顾客的等候时间又"消磨"了顾客的钱包。

(2)焦虑等候与平静等候

因服务性质不确定而导致的顾客焦虑也会影响到满意度。当在医院等候一项重要的检查结果时,不管实际时间的长短,人们都会觉得十分漫长。服务组织无法消除人们内心中这种类型的焦虑,但可以通过适当分散注意力的方法来减轻焦虑感。

第三节　顾客体验管理

一、顾客体验管理

1. 顾客体验管理的概念

在体验经济中,随着顾客面对的企业所提供产品服务的规模化、同质化,顾客需求会随之变得越来越挑剔。面对不断提高的顾客需求,如何通过满足顾客需求实现企业价值的提升成为企业关注的重点,顾客体验管理应运而生。

伯德·施密特认为,顾客体验管理指对顾客整体产品体验的战略性管理过程——从如何得知、如何消费到如何联系厂商。他认为,顾客关系的本质是由一系列的情感交互组成的,企业可以通过跟踪检测顾客与其交互过程中各个接触点的动态变化对组织结构进行相应的调整。

顾客体验管理的基本思想可以概括为:以提高顾客整体体验为出发点,注重顾客的每一次接触,通过协调整合售前、售中、售后各个阶段以及各个接触渠道,有目的、无缝隙地为顾客传递良性信息,创造匹配品牌承诺的正面感觉,以实现良性互动,从而创造差异化的顾客体验,强化顾客感知价值,最终达到吸引顾客并不断提高顾客保持率,进而达到增加企业收入与资产价值的目的。

案例 4-6

宜家的体验式营销

作为一家全球化的家居企业,宜家在家居行业以及消费者心目中享有盛誉,这在很大程度上得益于其独特的体验营销模式,即通过营销生活方式和突出的功能性产品设计,为原本简单的家具产品烙上文化印记。实际上,宜家所提供的不仅是设计简约的产品,还有独特的展示方法和轻松的购物环境。一般的家居店不允许消费者随便触摸或试用产品,宜家则恰恰相反:你可以走进厨房,拉开抽屉,甚至走进卧室躺在床上体验一番"家"的感觉;同时,宜家店内还提供了多样美味的餐饮服务,顾客在逛宜家的同时还能够便捷地在店内用餐,增添了一份"家"的味道与温馨。可以说,独特的产品设计、人性化的居家式店铺陈设和多样美味的餐饮服务构成了宜家独特的体验式营销载体,这也是其营销战略的撒手锏。

资料来源:姜晓庆、田圣炳,"宜家体验营销实证研究",《销售与市场:管理版》,2010年第8期,第28—31页。

2. 顾客体验管理的实施路径

顾客体验是以顾客的自身情况为基础,由企业的行为所激发的情绪和感受。因此顾客体验的产生首先源于顾客的需求。顾客体验包括了售前、售中、售后各个阶段,企业应当能够识别出顾客需求,并了解顾客体验的实现情况。因此,识别顾客体验是顾客体验管理的先决条件;企业的努力如何实现是顾客体验管理的核心内容;建立企业与顾客牢固的情感联系是顾客体验管理的目标。由此建立了如图4-6所示的实施顾客体验管理的路径。

图 4-6　顾客体验管理的实施路径

资料来源：郭红丽、袁道唯，《客户体验管理——体验经济时代客户管理的新规则》，清华大学出版社，2010 年。

具体来说，企业要站在顾客的角度来看待问题才能够准确地识别出顾客的需求；通过换位思考重新审视企业与顾客在交互过程中的所有接触点，思考在这些接触点上顾客的期望是什么；通过访谈或市场调查等方式来了解企业是否满足了顾客的需求，企业所获得的这些信息都可以用来指导下一步对顾客接触点的整合管理，以及顾客体验的创造和传递；通过观察顾客的重复购买行为和分析其他反馈信息来验证企业的努力是否获得了预期的回报；如果并没有获得预期的回报，这就表明企业需要通过增强与顾客之间的情感联系来获得更加忠诚的顾客群体。遵循上述路径，企业有望在长期经营战略的框架内实现对顾客体验的管理，并使之为经营战略目标的实现而服务。

3. 顾客体验管理的框架

在实践中，从战略定位到产品的设计开发与服务流程的制定、从顾客接触点的布置到服务的提供，无不蕴含着提升顾客体验的思想。企业要实施顾客体验管理，必然要掌握与此相关的策略，并构建实施顾客体验管理的完整框架。

顾客体验管理是一个涉及企业全面变革的系统工程，既要保证顾客体验的识别能够站在一定的高度，对顾客的需求有一个准确的把握，同时还要考虑创造和完善体验的现实要求。基于以上考虑，以顾客生命周期理论为基础，以吸引顾客、发展顾客和保留顾客三个不同阶段顾客体验的识别、创造和完善为核心，建立了企业实施顾客体验管理的框架。具体结构如图 4-7 所示。

该框架主要包括以下几个部分：①分析顾客的体验世界，对顾客生命周期各个阶段顾客体验需求的识别；②顾客体验影响因素的分析；③顾客体验的设计与传递；④对顾客体验管理实施效果的测评。

对顾客生命周期的划分是整个顾客体验管理的切入点。与企业交互的深度不同，对企业的了解和接纳的程度也就不同，为此付出的精力和情感的多少也会有所差异，导致顾客对企业的要求处于不断升级的状态。只有明确了顾客在生命周期管理中所处的阶段，才能准确识别出顾客的需求。顾客体验需求的识别搭建了洞察顾客内心世界与传递最佳顾客体验之间的桥梁，为设计和传递顾客体验奠定了基础。顾客体验的设计

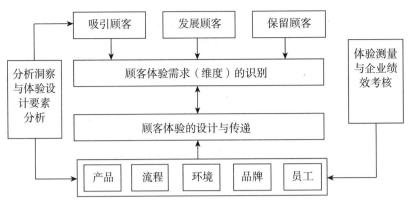

图 4-7　顾客体验管理框架

资料来源：郭红丽、袁道唯，《客户体验管理——体验经济时代客户管理的新规则》，清华大学出版社，2010 年。

与传递是顾客体验管理的核心内容。通过控制产品、流程、环境、品牌、员工等影响顾客体验的因素，区分企业与顾客交互的不同阶段，企业可以为顾客创造和传递符合其需求的特定体验。

该框架从吸引顾客、发展顾客和保留顾客等阶段分别考虑了顾客的体验需求，从而确保了对顾客需求的准确识别；考虑创造体验的相关因素使得框架的可操作性更强；对体验创造后绩效评估的考虑使得顾客体验管理体系更为完善。顾客体验是一个多元化的需求体系，企业运营及顾客关系的维持也是动态的，因此顾客体验管理框架的建立将为我们展示企业管理顾客体验、提升与顾客情感联系的整体蓝图。

本章小结

顾客体验既是顾客对某些刺激产生的内在反应，也是一种能够满足顾客情感需求的产品、服务和氛围的综合体。本章从质量视角、情感视角、社会互动视角以及时间视角对消费者体验进行了更深入的理解。流体验作为在从事个人喜爱的任务时可能会经历的一种独特的体验，在网购、网游以及社交软件等方面有着较高的应用价值。本章从企业和顾客的角度区分了这些影响顾客等候满意度的因素，强调了要高效地管理顾客等候时间。越来越多的行业和企业意识到核心竞争优势的来源开始逐渐从产品、技术走向顾客端。顾客体验管理正在成为一种主流管理方式和竞争能力，顾客体验管理将成为保留顾客的关键因素，还能够使顾客关系最优化、顾客价值最大化，更好地向企业最有价值的顾客提供个性化和差异化的购买体验。

 课后思考题

1. 顾客体验有哪些分类？

2. 顾客体验的产生条件有哪些？

3. 简述顾客体验的四个视角。

4. 简述流体验在实际生活中的应用。

5. 简述顾客等候体验的影响因素。

6. 怎样进行顾客体验管理？

课后案例

万达乐园离迪士尼还有多远？

丰富的电影 IP 版权、雄厚的资金支撑、成熟的游乐园运作机制——万达之于世界最牛的主题乐园迪士尼还差什么？

在接受鲁豫采访的时候，王健林曾有"好虎架不住群狼""上海只有一个迪士尼，而万达将在全国和海外建设 15—20 个全新的'万达城'，且每个都具有不尽相同的业态""万达会让迪士尼在中国 10—20 年都无法盈利"等言论。他的逻辑是，分布在全国及世界各地的万达大型文旅商综合体等项目将截流迪士尼的客源。而迪士尼的建造成本是万达城的 9—10 倍、管理成本是万达城的 5 倍，迪士尼乐园的高昂运营成本将难以维持财务平衡，提高价格势必会导致客源流失，最终迪士尼将在万达"群狼"的攻击中败阵。

事实并不如王健林董事长所想。迪士尼 2016 年财报显示，截至 2016 年 10 月 1 日的完整财务年度，总营收为 556.32 亿美元，净利润为 93.91 亿美元，同比上涨 12%，折算人民币分别约为 3 715 亿元和 627 亿元。华特迪士尼公司董事长兼首席执行官罗伯特·艾格称，这一财年公司业绩连续第 6 年创纪录，在营收、净利润和每股收益上都达到了迪士尼历史最高水平。

在宣传简介上，能看到南昌万达想做的是打造一个世界特大型文化旅游商业综合体项目，即可体验吃、喝、玩、乐、购于一体的世界级休闲娱乐。反观上海迪士尼的宣传简介，上面清晰地写着"创造值得珍藏一生的回忆"。

没有什么高下立判，只关乎双方在意的点不同。

"南昌游乐园的设备数达 46 个，比上海迪士尼多近一倍。"这是王健林此前在接受媒体采访时说过的话。的确，南昌万达城是江西省近三十年来最大的投资项目。园内建有我国最高、最快、最长的三大过山车，以及大量世界顶级游乐设施，可以让游客在风驰电掣中感受激情，在巨大落差中体现勇敢。

上海迪士尼乐园里的游乐设施同样配有很多尖端技术,但它想带给人们的,并不单是刺激,而是没有年龄之分的快乐和欢笑——乐园里无处不在的新奇、刺激和冒险,都在等着他们去开启梦想。

同样是速度型过山车。对于万达乐园的古道飞骑而言,体验过的人们提起时只是速度、快感,这些过山车的自有属性。可迪士尼的创世纪光轮不一样,你会把重点放在我们团队拿下了那场关键的比赛,过山车的属性、所有科技的运用,只是辅助。

除了设备,国内的主题乐园还多愿意把钱花在体面上。

万达斥巨资打造了具有世界水准的国际顶级现代科技剧院"傣秀剧场",并由太阳马戏团主创、拉斯维加斯的"O"秀和澳门"水舞间"的设计者弗兰克·德贡先生导演了傣秀,试图将观众逐步带入高科技的傣族文化中,让观众跟着场景变化和极限表演沉醉在奇幻的热带雨林中。

然而现实是,在惊叹完科技感的舞台、华丽的舞美外,观众只看到了极度扭曲的软体人、秀高跷、耍杂技、高台跳水,却难有情感共鸣。

反观迪士尼。仅以上海园区内"人猿泰山:丛林的呼唤"为例。同样是杂技为主的表演,表演者来自武汉杂技团,虽然杂技的难度比傣秀低很多个系数,但却能完完全全地打动观众,让人们融入其中。

为什么会这样?在于对细节的把控以及对观众情感的带入,迪士尼强调给观众营造一个欢乐的氛围,而不是单一强调技巧。"人猿泰山的故事发生在丛林里,我们的道具也根据场景有很多调整。比如转碟,之前观众看到的都是一个盘子,但在这场演出中大家看到演员们转的是一朵朵鲜花。每一朵花的大小、形状、颜色和重量,都经过了反复的调试,既要美观,也不能影响演员表演时的手感。"武汉杂技团团长梅月洲介绍,剧团专门请了戏剧、舞蹈老师和杂技编导一起为演员们上课,以帮助演员更靠近角色,传达出内心的情感。

迪士尼的花费很大,但相比万达城9—10倍的建造成本与5倍的管理成本不是白花的。园区厕所永远干净如新,工作人员永远友善热情,设备和场景永远形象精致……连园区里面的冰激凌,都是米奇和米妮。

此外,为了给观众带来新的体验,在经营上迪士尼一直采用"三三制"原则,即每年都要淘汰1/3的硬件设备,新建1/3的新概念项目,所以诞生了"永远建不完的迪士尼"。高品质的动画片不断被创造出来,新的主题、新的IP也应运而生。

从万达乐园到国内的各种游乐园,想要弥补与迪士尼之间的差距,它们还有很长的路要走。

资料来源:李颐晖,"万达乐园和迪士尼之间,差了多少家欢乐谷?",36氪,2017年5月23日。

案例讨论题

1. 消费者期待在主题乐园中获得怎样的体验?

2. 迪士尼是如何对顾客体验进行管理的?

3. 请为万达如何管理顾客体验提供建议。

第五章　顾客关系管理

如果我们要对自己的未来下一个大赌注的话——此时此刻——我会说建立顾客关系是绝对精明的投资。

——宝洁公司前全球营销总监詹姆斯·斯登格尔

第一节　关系营销概述

服务营销的理论基础是关系营销。一方面,关系营销的产生是服务业发展的结果,关系营销是在服务业发展和顾客地位不断提高的背景下产生的。另一方面,关系营销也使服务营销的特殊性更为显著。如今,市场营销的焦点已经从如何将产品卖给顾客转向了更有效地为顾客服务。对于服务市场而言,服务应当遵从顾客导向和关系导向,从而建立起顾客与服务组织及员工之间的长期关系,并在长期关系中与服务人员共同创造价值。

一、什么是关系

企业在营销活动中可能涉及的关系包括四个层面:企业与内部员工、部门的关系;企业与价值链上的供应商、经销商、合作者或竞争对手等的关系;企业与宏观环境中的政府、公众的关系;企业与顾客的关系。

而在服务行业,关系被分为三种类型,也是现有研究中主流的三种研究方向。在组织层面,服务的提供者多被定义为服务企业或者部门,根据建立关系的对象不同,一种关系是指服务企业或部门与组织顾客之间的关系,另一种则是服务企业或部门与个体顾客之间的关系。此外,由于在众多以人际接触为主导的服务部门中,一线服务和营销人员与顾客的个人关系也显著地影响着企业的服务绩效,因此,第三种关系则是强调服务人员与顾客之间的关系,这种关系更多地体现为一种私人的社会交往行为而非正式的契约关系。尽管服务人员代表组织的身份和形象,但他们与顾客的交往又带有浓厚的个人特征。然而,由于企业在营销过程中,服务结果主要是指服务提供者与服务接受者(即顾客)之间建立起的某种合作关系,所以,我们主要探讨服务企业或部门与个体顾客之间的关系。

有效的关系具备某些显著的特征。第一,关系暗含"共同性",即涉及关系的参与双方都应该考虑到,并且注意到关系的现存形式,既是一种双向关系,也是一种双方的共同认识。第二,关系是由互动行为来驱动的,双方进行互动时,产生的信息交换是建立关系的核心动机,同时双方的共同努力也有助于促进关系的建立和维持。第三,关系具有"重复"的自然属性,如果只有单次的互动,则并不能建立关系。第四,关系受到双方持续利益的驱使,关系的建立和维持需要花费成本,如果不能通过持续利益弥补成本,则关系不会长久。第五,关系具有一定的独一无二性,即每一种关系都是不一样的。第六,对于成功的、持续的关系而言,最重要的要求和成果就是信任。信任、影响和满足是顾客与企业建立关系后所感知到的积极感觉,并促使顾客采取更多的努力来发展关系。由此可见,并不是所有的顾客与企业之间的互动都能够被称为关系。

二、什么是关系营销

关系营销是以建立、维护、经营、改善、调整各种关系为核心,对传统的交易营销概念进行改革的新理论。关系营销指所有旨在建立、发展和维持成功的关系交换的活动。其核心是关系管理,而不是交易管理。与以实物为基础的交易营销不同,关系营销以无形的感情、承诺和信任等为交换的基础,是一个持续而长期的过程,也强调双方长期的互惠互利,具有非即时回报的特点。

关系营销的研究始于 20 世纪 80 年代初,最早由西方学者提出,他们认为,保持与老顾客的关系与发展新顾客是同样重要的,在以关系营销为导向的企业里不仅要吸引新顾客,还要注意保持老顾客。在这之后,关系营销被定义为关于吸引、发展并保留与顾客关系的营销导向,并且关系营销是交易营销的对立面。到了 20 世纪 90 年代,关系营销的定义是为实现各方的经济目标及其他目标而识别、建立、维持、加强以及在必要时结束与顾客及其他利益相关者关系的过程。关系营销的概念在西方学术界、企业界获得了持续发展,并被广泛应用。

三、关系营销与交易营销

通过以上对关系营销概念的界定,我们可以看出,关系营销与传统的交易营销相比,存在着很多的差异,如表 5-1 所示。

(1)理论基础

传统的交易营销是以 4Ps 理论为基础,强调以生产者为中心的交易行为;而关系营销是以 4Cs 理论为基础,强调以顾客为中心,关注顾客的需求和欲望,是以整合营销传播为手段开展的全面市场营销活动。

(2)营销理念

传统的交易营销是以产品为导向,认为产品质量才是关键;而关系营销是以服务为导向,注重对顾客的服务、承诺与信任,努力与顾客建立长期良好的关系是关系营销的核心。

(3)营销模式

在关系营销中,企业的营销模式是拉动型,即通过与顾客建立长期关系,使顾客主动向企业寻求服务,并且,关系营销关注于价值链整体,追求网络成员利益关系最大化,而不是只注重某个环节;而对于交易营销,其营销模式属于推动型,即企业需要向顾客主动营销,推动顾客需求的增长,并且交易营销关注于单一交易点,看重在每一笔交易中都实现利润最大化。

（4）营销目标

关系营销的目标是培养顾客忠诚并实现利益相关者利益最大化,包括顾客、竞争者、供应商、分销商、政府、银行、社会团体及股东、内部员工等;而交易营销的目标则是实现市场份额最大化,实现自身利益的最大化。

（5）营销沟通

交易营销的沟通主要存在于企业向顾客的单项沟通中;而关系营销是企业与顾客之间的双向沟通,甚至是与其他利益相关者的多向沟通。

（6）投资成本和投资时间

对于传统的交易营销,着眼点集中于现在,强调短期利益的最大化,然而由于这种营销理念下,不重视长期关系的维护,因此短期成本较低而长期成本较高。关系营销关注的是长期关系的维护,虽然初期建立、维护关系的成本是巨大的,但是这种关系能为企业带来长久的利益,因此,短期成本较高但长期成本较低。

（7）组织和顾客的目标

交易营销下是企业与顾客的一种博弈,认为利益是一定的,双方只有竞争才能争取更多的利益;而对于关系营销,组织与顾客、其他利益相关者之间更多地以合作为目标。

表5-1　关系营销和交易营销的差异

	关系营销	交易营销
理论基础	4Cs	4Ps
营销理念	服务导向	产品导向
营销模式	拉动型,关注价值链整体	推动型,关注单一交易点
营销目标	培养顾客忠诚并实现利益相关者利益最大化	实现市场份额最大化
营销沟通	双向或多向沟通	主要为单向沟通
投资成本和时间	短期高,长期低	短期低,长期高
组织和顾客的目标	合作	竞争

案例 5-1

丽思·卡尔顿酒店：建立紧密的顾客关系,创造终身顾客

丽思·卡尔顿（Ritz-Carlton）酒店自成立以来,已经获得了酒店行业授予的所有重要奖项,并且曾两次赢得美国马尔科姆·波多里奇国家质量奖。尽管房价昂贵,但丽思·卡尔顿酒店的入住率却高达70%,更重要的是,该连锁酒店的顾客再入住率超过了90%。

酒店非常重视挑选合适的员工,竭尽全力,甚至是疯狂地培训员工迎合顾客的艺术。丽思·卡尔顿酒店的员工秉承 12 条服务价值,第一条就是:"我要建立紧密的顾客关系并创造丽思·卡尔顿酒店的终身顾客"。

所有员工都被教导尽一切可能避免失去顾客。"在丽思·卡尔顿酒店,当谈到解决顾客问题时,没有任何商量的余地。"酒店的员工被授权当场解决问题,并可以向上级请示支配 2 000 美元以内的费用用以解决顾客抱怨。员工们需要为顾客抱怨负责到底,直到抱怨被解决。此外,除了及时解决问题,丽思·卡尔顿酒店所有级别的员工都被赋予为顾客创造独特、难忘并个性体验的权利。企业期望员工运用自己正确的判断,而不是等待别人来告诉他们应该做什么。

当谈到创造与顾客亲密的关系时,丽思·卡尔顿酒店设置了一个黄金标准。其核心是不能使顾客走进酒店时感觉自己像一个不受重视的陌生人。酒店为顾客提供独特、个性、难忘的体验,每个员工都在自己的环境中尽己所能以保证给顾客完美的体验。

资料来源:〔美〕菲利普·科特勒著,何志毅译,《市场营销原理》,北京:中国人民大学出版社,2011 年。

四、我国背景下的"关系"

虽然国内大多数学者对关系营销的现有研究,沿用了西方学者的思路和范畴,但由于我国的文化背景、社会背景与西方存在很大的差异,如国民更倾向于互依型自我和关系导向,所以,我国的关系营销与西方所研究的关系营销相比有许多特色之处,越来越多的学者注意到了这一点,并对我国背景下的关系营销进行了研究。值得注意的是,与西方理论中关系(relationship)所用词汇不同,我国背景下的关系多用"guanxi"这一名词来表示。

"关系"作为我国文化内涵中的传统概念,通常被定义为包含信任、互惠、依赖和适应的特殊人际关系。与西方相比,我国的顾客建立关系有三方面特征:第一,构建路径方面,我国背景下是先有关系,再有交易,而西方的关系建立则相反。第二,关系规范方面,我国的关系规范是建立在混合关系基础上的人情法则,具有"滴水之恩当涌泉相报"的独特要求,而西方的关系规范是建立在亲密关系基础上的需要法则。第三,关系的子维度方面,虽然西方关系的信任、承诺、情感也是我国顾客关系的维度,但有着本质的不同,信任、承诺—企业真情和承诺—社会人情是我国顾客关系的维度。除此之外,我国的顾客关系是由企业互动和社会互动共同驱动的,并且就我国的文化环境而言,领导魅力的作用居于首位,其次是权变报酬,最后是愿景激励等。

我国社会中有几个特有术语值得注意,除了"关系",还有与之相关的"面子""人情"等。具体而言,人情有三个不同的含义:个人遭遇到各种不同的生活环境时,可能产生的情绪反应;人与人进行社会交易时,可以用来馈赠对方的一种资源;我国社会中人与人之间相处的社会规范。而面子代表了我国社会中广泛重视的社会声誉,是个人在人生历程中由个人成就和夸耀所获得的名声,也是个人借由努力和个人经营所积累起来的声誉。这几个术语都与我国背景下的关系营销相关,可以帮助我们更好地认清中国式关系。

我国背景下的关系营销是人际关系活动向市场活动或经济活动渗透的一种自然取向,我国的市场营销一开始就是关系营销。而关于中国式的关系营销理论,"五缘文化营销"是现有的少数几个理论之一,其中"五缘"是指国民日常生活中必须面对和重视的五种社会关系,包括亲缘(血姻亲情之缘)、地缘(邻里乡党之缘)、神缘(共同的宗教信仰之缘)、业缘(同行、同学之缘)和物缘(共同的喜好和兴趣之缘),利用这五种社会关系所从事的营销活动就是"五缘文化营销"。

第二节　关系质量

一、关系质量的概念

关系质量是企业与顾客双方对关系属性的一种感知状态,是在互动过程中通过信息、服务和其他有价值的东西进行交换而形成的,反映了总体的关系属性及其满足关系各方需求和期望的程度,是影响顾客价值感知的重要因素之一。

关系质量有两个核心的心理构念,即信任和承诺。信任指顾客对品牌或企业有信心,尽管可能有风险但仍愿意依靠它。承诺指顾客对品牌或企业有心理归属感,愿意持久地维持这种关系。在企业为顾客提供满意服务并逐渐建立双方良好关系的同时,顾客会逐渐形成并提升这两个心理构念。

二、关系层次及真实性关系质量的特点

有理论证明,信任、承诺、关系收益决定了顾客对关系质量的感知是虚假性的还是真实性的,如图5-1所示。其中,情感承诺来源于与其他可替代的服务提供者相比所产生的服务优越性和对服务提供者的强烈偏好。关系收益是顾客收到的超出核心服务的感知优势,也就是个人作为普通顾客逐渐获得的奖励。信任则被定义为对交易伙伴的可靠性和诚实性所具有的自信。信任可以被划分为三种类型:一是基于计算的信任。指顾客通过衡量过程,认为与企业的关系不会使自己的利益或声誉受损。二是基于知识的信任。指顾客充分了解企业,并愿意参与到与企业的关系中。这种信任建立在信息充分沟通的基础上。三是基于识别的信任。指顾客对企业非常有信心,相信与企业的关系可以使自己的收益达到最大化。这种信任建立在企业完全了解顾客需求与渴望,并使顾客相信企业具有满足其需求能力的基础之上。可见,真实性关系只存在于图5-1中的(2)、(3)部分。

顾客关系是基于承诺、信任和感知关系收益这三方面来描述的一个从虚假到真实的连续体。处于真实关系中的顾客会体验到更多的将其与企业以积极方式联系在一起的关

系收益。真实性关系质量有三种主要特点：第一，在行为特征方面，真实性关系质量应该具有重复购买、良好口碑和信息共享三种特征；第二，真实性关系质量能够持续相当一段时间；第三，顾客对某一企业有选择偏好。

信任

	基于计算	基于知识	基于识别	
高	（1）虚假	（2）真实	（3）真实	多/重要
情感承诺程度	（4）虚假	（5）虚假/真实	（6）虚假/真实	关系收益
低	（7）虚假	（8）虚假	（9）虚假	少/不重要

图 5-1　顾客关系层次

资料来源：Veronica Liljander, Inger, "Customer-relationship Levels-from Spurious to True Relationships", *Journal of Services Marketing*, 2002, 16(7), 593-614。

第三节　顾客价值与顾客资产

一、顾客价值

企业与顾客之所以能够保持长期关系，重要的原因是关系的建立与维持能够为双方带来价值。具体而言，在关系发展过程中，顾客购买产品或服务可以为企业带来价值，同时，顾客在消费过程中也可以获得某种价值。因此，顾客价值可以从两方面入手，一种是关系能够带给顾客的顾客感知价值，另一种是关系能够带给企业的顾客终身价值（customer lifetime value，CLV）。

一方面，顾客感知价值是指在关系发展过程中，顾客在消费产品或服务时，对服务、产品、信息、接触、服务补救和其他要素的一种评估过程，它是在顾客使用或消费过程中产生的。顾客感知价值是顾客维系与企业关系的必要条件。企业应该使用服务资源，与顾客发生互动，支撑顾客价值的产生。

另一方面，顾客终身价值是顾客在与企业保持业务关系期间，企业可以从顾客处获得的未来利润的贴现。在早期研究中，顾客终身价值是指在维持顾客的条件下，企业从该顾客持续购买中所获得的利润流的现值，取决于顾客购买所带来的边际贡献、顾客保留的时间长度、贴现率这三个方面。后来，顾客终身价值逐渐用顾客份额代替市场份额，即考虑提高企业提供的产品或服务占顾客总消费支出的比重而不是只追求吸引和保留的顾客数量和时间。随后，顾客终身价值的拓展中加入了顾客的间接贡献，即顾客通过影响他人而为企业间接创造的价值,主要来自口碑效应。

在顾客关系管理中,强调企业不能仅追求单次交易所产生的顾客价值,而是要通过建立、维持和发展与顾客的长期关系来获得最大利益。对于企业来说,要想与顾客保持良好关系、有效地进行顾客关系管理,一个重要的步骤就是根据顾客终身价值对顾客进行识别,帮助企业将资源和能力集中在最具价值的顾客身上,提供高质量的产品或服务。因此,我们将重点放在顾客终身价值上。

二、顾客价值的分类

对顾客终身价值的全面认识还需要对顾客为企业提供的价值类型进行全面分析。顾客价值可以分为以下几种:

（1）顾客购买价值（customer purchasing value，CPV）

顾客购买价值指顾客在其生命周期中消费产品（服务）为企业带来的价值,它受顾客消费能力、顾客份额、单位边际利润的影响。

（2）顾客口碑价值（public praise value，PPV）

顾客口碑价值指由顾客评价和推荐产生的价值,通常借助顾客评价体系和顾客社区来实现。顾客口碑价值的大小与顾客自身的影响力相关:顾客影响力越大,在信息传递过程中的“可信性”越强,信息接受者学习和采取行动的倾向性越明显。需要注意的是,顾客影响力有正有负,正向的顾客影响力对企业有利,而负向的影响力来自顾客对企业的抱怨,若不即时处理,危害巨大。此外,顾客口碑价值还与顾客的影响范围有关,并最终体现在受影响人群为企业带来的直接收入上。

（3）顾客信息价值（customer information value，CIV）

顾客信息价值指顾客个体作为信息来源,为企业提供的基本信息的价值,通常借助数据收集和挖掘程序得以实现。顾客提供的基本信息包括企业在建立顾客档案时由顾客无偿提供的部分信息,以及在企业与顾客进行双向互动的沟通过程中,由顾客以各种方式提供的信息。这些信息不仅为企业节省了信息搜集费用,而且为企业制定营销策略提供了一手资料。

（4）顾客知识价值（customer knowledge value，CKV）

顾客知识价值指顾客贡献的知识和创意,通常借助顾客参与程序来实现。顾客知识价值可以看做是顾客信息价值的特殊化。不是每个顾客都具有顾客知识价值,而不同顾客的知识价值也有高低。企业对顾客知识的处理是有选择性的,取决于顾客知识价值的可转化程度、转化成本、知识贡献率以及企业对顾客知识价值的发掘能力。

（5）顾客交换价值（customer transaction value，CTV）

顾客交换价值指通过与其他企业交换顾客资源,为现有顾客提供低成本的增值服务或者为企业赢得新的顾客,通常是借助资源整合和异业联盟实现的。顾客交换价值受产品关联度、品牌联想度、顾客忠诚度、顾客购买力以及双方讨价还价能力等因素的影响。

顾客终身价值是以上五种价值的总和，不同的顾客有着不同的价值。对于企业来说，识别顾客价值，找到最有价值的顾客提供更优质的服务是很有必要的。然而，在实际情况中，由于顾客终身价值各不相同，有些潜在价值也难以衡量，因此，企业会用一些替代变量来代替顾客终身价值的数据，尽管不甚精确，但方便操作。

RFM 模型是其中一个经典的工具，即把顾客在购买过程中的时间（recency）、频率（frequency）、货币价值（monetary）三方面作为指标来大致衡量顾客的价值。其中，时间指顾客同企业最近一次交易的日子，通常时间越近，顾客价值越大；频率指顾客购买的间隔期有多长，频率越高，顾客价值越大；货币价值指在最近的特定时间内，顾客在与企业的交易中花了多少钱。在界定时间范围后，企业可以根据以前的销售数据，对每位顾客的这三项指标进行赋值，最后计算出顾客的终身价值。当然，由于不同行业情况不同，RFM 模型也得到了多种形式的拓展。

案例 5-2

共享顾客价值：东航携手喜达屋推出"悦享东方计划"

2016 年 5 月 27 日，喜达屋酒店及度假村集团携手东方航空联合推出了"悦享东方计划"，即从 2016 年第四季度起，将在全球范围内为喜达屋 SPG 俱乐部和东航"东方万里行"精英会员提供航班及入住的额外福利。

在此之前，喜达屋 SPG 俱乐部与阿联酋航空和达美航空也达成了类似的合作，而这一项目是在亚太地区推出的航空公司与国际酒店集团顾客忠诚度计划跨界合作的首例。

"悦享东方计划"包含了很多内容。顾客在免费注册加入"悦享东方计划"后，喜达屋 SPG 俱乐部和东航"东方万里行"精英会员将同时享受到两个计划的丰厚待遇和专属服务，为双方顾客提供更全面、优质且便利的服务。具体而言，东航"东方万里行"金卡精英会员在参与喜达屋 SPG 俱乐部计划的酒店入住时可享受到额外的 SPG 俱乐部礼遇，如优先办理入住、至下午四点的延迟退房及免费无线上网等。同时，喜达屋 SPG 俱乐部白金会员在乘坐东航航班时，可享受到额外的"东方万里行"精英会员礼遇，如优先值机、优先登机、优先行李托运和商务舱贵宾候机等。此外，喜达屋 SPG 俱乐部金卡或白金会员在乘坐东航航班时，除可获得原有的东航"东方万里行"会员里程积分外，还可额外获得 Starpoints 积分。东航"东方万里行"金银卡会员在入住参与喜达屋 SPG 俱乐部计划的酒店时，除可获得原有的 Starpoints 积分外，还可额外获得东航"东方万里行"会员里程积分。

资料来源：赵晓兵，"喜达屋携手东航推出'悦享东方计划'"，《空运商务》，2016 年第 6 期，第 7 页。

三、顾客价值与顾客资产

企业与顾客之间的关系可以被看做是企业的一项可经营的资产。而顾客资产就是企业所有顾客终身价值的现值的总和。不同的顾客为企业带来的价值不同,即顾客资产不是均质的。要想测量和研究顾客资产,必须对顾客资产中存在的顾客类型进行研究,了解顾客资产价值的影响。

顾客资产中关于顾客类型的划分有多种方式。其中一种是以顾客与企业建立关系的忠诚程度为划分标准,将顾客分为忠诚顾客和一般顾客。然而,由于忠诚程度难以衡量且处于不断的变化之中,所以这种划分方式不易操作。再者,忠诚顾客有时并不是企业最能获取价值的那部分顾客,这种分类方法存在一定的缺陷。

而另一种划分方式是根据顾客终身价值的大小进行划分,也是最受认可、应用最为广泛的划分标准。在以这种标准进行划分时,结合顾客价值的不同形式,顾客类型可分为四类:

（1）灯塔顾客

这类顾客对新生事物和新技术非常敏感,喜欢新的尝试,对价格不敏感,是潮流的领先者。事实上,这类顾客往往有着较高的收入和较高的受教育程度,学习能力也较强,在所属群体中处于舆论领导者地位或希望成为舆论领导者。灯塔顾客是企业愿意投资的目标,因为他们不仅自己率先购买,而且也会积极鼓动他人购买,并能为企业提供可借鉴的建议。他们通常具有五种类型的顾客价值,即顾客购买价值、顾客信息价值、顾客口碑价值、顾客交换价值和顾客知识价值。

（2）跟随顾客

这类顾客的最大特点是跟随潮流。即使他们不一定真正了解和完全接受新产品和新技术,但跟随顾客将灯塔顾客作为自己的参照群体,跟随灯塔顾客的行动。他们是真正的感性顾客,在意产品带给自己的心理满足和情感特征,对价格不敏感,但注重品牌形象。跟随顾客一般不会为企业贡献知识和创意,不能为企业提供顾客知识价值,然而能提供其余的四种价值,即顾客购买价值、顾客信息价值、顾客口碑价值和顾客交换价值。

（3）理性顾客

这类顾客最在意产品或服务的效用价格比,即对质量、承诺、价格等都较为敏感。理性顾客听取他人的建议但不会盲从,因为他们相信自己的判断,在每一次购买决策中都精密计算。这部分顾客,不会积极为企业贡献知识和创意,企业一般也不能与其他企业交换顾客资源,因此不具备知识价值和交换价值,只能为企业提供顾客购买价值、顾客信息价值、顾客口碑价值三种。

（4）逐利顾客

这类顾客对价格十分敏感。他们会选择在价格竞争中有明显优势的企业,而不一定会固定选择本企业的服务。逐利顾客的这种行为,可能是他们的收入水平及社会地位较低所致,从而他们对他人的影响力也较低,且传达的信息也集中于价格方面,口碑价值很小。因此,逐利顾客只能为企业提供购买价值和信息价值两种。

以上四种类型的所有顾客终身价值总和构成了企业的顾客资产。可见,顾客资产的质量不仅与顾客提供的每一类价值大小相关,还与顾客资产的结构和数量(即顾客群中不同类型顾客的比例和数量)相关。除此之外,顾客的平均预留时间也是衡量顾客资产质量的重要维度。也就是说,顾客的数量和结构、各类顾客的价值、各类顾客的平均保留时间这三个维度构成了企业的顾客资产。顾客群中高价值顾客的比例越高、数量越大,顾客提供的每一类价值越高,每一类顾客的平均保留时间越长,顾客资产的总量就越大。

顾客资产的衡量标准可以清楚地解释为什么有些拥有庞大市场份额的企业却在竞争中没有优势,为什么一些看似份额很少的小企业会获得巨大收益。由于不同的顾客类型的终身价值不同,同样数量的顾客群体、不同的顾客结构,可能会导致顾客资产的巨大差异。此外,顾客的平均保留时间也成为影响因素之一。假设两家企业在市场规模上不相上下,但第一家企业顾客资产中的灯塔顾客和跟随顾客的比例较高、顾客的平均保留时间较长,而另一家企业顾客资产中多数为逐利顾客,且大部分顾客的保留时间较短,如此导致两个企业的收入、利润、未来销售增长率以及在市场中的竞争地位完全不一样。

四、顾客资产管理

从以上对衡量顾客资产的三个维度可以看出,要使顾客资产总值增加,企业有三个努力的方向:第一,延长每一类顾客的平均保留时间;第二,增加顾客数量,特别是高价值顾客,提高高价值顾客在企业中的比例;第三,增加顾客不同方面的价值。这是企业制定顾客资产管理策略,即顾客资产获得和保留策略的出发点。

1. 顾客资产的获得

顾客资产的获得应该包括两方面内容:一是增加顾客的绝对数量;二是尽量将有限的营销费用用来吸引灯塔顾客、跟随顾客这样的高价值顾客,提高高价值顾客的比重。

因此,顾客资产的获得有三个策略原则:一是增加顾客的绝对数量,但是由于顾客特性的不同会稀释营销工具的效果,所以绝不可针对所有顾客采取同样的营销策略,应该针对不同的顾客类型制定差异化的营销组合策略。二是为了提高高价值顾客的构成比例,企业在资源分配时要向高价值顾客倾斜。三是企业的营销组合策略必须根据市场变化的趋势以及产品生命周期阶段的变更来实施动态的营销策略管理。图5-2表示了企业对不同类型的顾客可采取的不同营销组合策略,以及根据市场和产品生命周期变化确定的动态顾客获得策略路线。

（1）不同顾客类型采取不同的获得策略

第一，灯塔顾客的获得策略。主要包括定价、渠道和促销三个方面的策略。首先，对于定价策略，应该对灯塔顾客采取高价格、高营销费用的"双高"策略。因为灯塔顾客对价格不敏感，并且较高的价格反而会提高他们对产品价值的感知；而高营销费用有利于企业重视灯塔顾客，创造和引导顾客需求。其次，对于渠道策略，应该选择迎合灯塔顾客特点的专业渠道进行营销推广。最后，对于促销策略，可采用知识营销，即通过向灯塔顾客展示产品的创新点，传播产品或服务的价值，消除顾客认知障碍和消费障碍，重点在促销过程中与顾客交流产品的感受。此外，灯塔顾客的营销诉求应定位在"专家间的交流"。

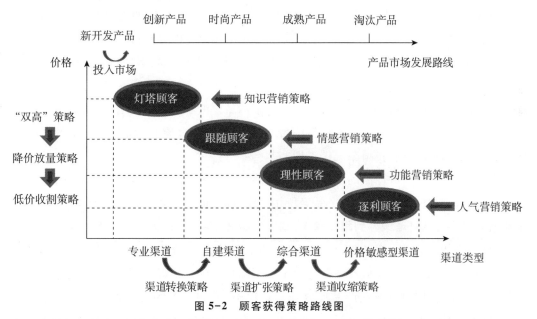

图 5-2　顾客获得策略路线图

资料来源：徐岚，"顾客资产的获得与保留"，《经济管理》，2004 年第 2 卷第 4 期，第 67—73 页。

第二，跟随顾客的获得策略。首先，对于定价策略，应根据跟随顾客对价格的敏感程度和市场竞争状况确定应该使用"双高"策略还是"降价放量"策略，其中"降价放量"策略指通过适度降价，刺激销售来扩大市场占有率，达到阻止竞争者进入的目的。具体而言，"双高"策略适用于对价格不敏感，竞争对手不多的市场；"降价放量"策略适用于对价格较为敏感，已有众多竞争者开始进入的市场。其次，对于渠道策略，应该选择自建渠道。自建渠道是指带有企业形象或品牌形象标志的、可以按照企业的规范实施管理和监控的"形象店"。最后，对于促销策略，应采取情感营销。情感营销包括设计和发布以顾客情感特征为诉求点的大众媒体广告、设计渠道的统一形象、策划卖场的现场展示、加强人员的促销力度、强调灯塔顾客的消费体验等。以"真情关爱"或"时尚流行"为营销诉求定位。

第三，理性顾客的获得策略。首先，对于定价策略，如果市场上价格竞争不激烈且产品具有明显的"服务价值"和"形象价值"，企业应采用"降价放量"策略；反之，如果价格竞争激烈且产品不适合"价值战"，则应采用"低价收割"策略，即以低价参与竞争，并适当考虑业务收缩。其次,对于渠道策略,应该选择综合渠道,即在原有自建渠道的基础上增加其他分销渠道。最后,对于促销策略,应采用功能营销,以宣传产品的质量和功能为主,以"物超所值"为营销诉求定位。

第四,逐利顾客的获得策略。首先,对于定价策略,应采用"低价收割"策略,对逐利顾客不花费或很少花费营销费用。其次,对于渠道策略,应选择价格敏感型渠道进行产品分销,即价格选择性较强的平价或廉价市场。最后,对于促销策略,除非为了解决淘汰产品的积压问题,或为了淡季里拉升人气,否则不应特意吸引逐利顾客。

（2）不同顾客获得策略的动态路线

因为针对不同顾客所制定的不同获得策略在具体运作过程中,可能会相互冲突、难以同时存在,所以企业必须结合产品市场发展路线来动态制定顾客获得策略。

产品市场发展路线是指根据产品的生命周期,市场上的产品都是逐渐从创新产品到时尚产品,再到成熟产品,最后变为淘汰产品的。在创新产品发展为时尚产品时,企业研发的新产品又投入市场形成创新产品,第一代新产品逐渐步入生命周期后期,而第二代新产品则逐渐占据市场,并导入第三代新产品。如此,产品在市场上就形成了一个发展循环路线,为动态制定顾客获得策略提供了现实基础。

在现实生活中,一种产品的生命周期不可能同时获得不同类型的顾客。因此,企业获得的顾客应该始终与市场赋予的产品定位相对应,即在创新产品变为淘汰产品的过程中,企业的新顾客也从灯塔顾客到跟随顾客,到理性顾客,再到逐利顾客。具体而言:

第一,当新产品投入市场时,企业应实行获得灯塔顾客的营销策略。第二,当创新产品发展为时尚产品时,企业应逐渐调整为争取跟随顾客的营销策略,即将产品从专业渠道转移到自建渠道,同时将换代产品投放到专业渠道,并制定新的灯塔顾客获得策略。第三,当时尚产品发展为成熟产品时,企业一方面可以将自建渠道扩张为综合渠道,实行争取理性顾客的营销策略;另一方面视换代产品的市场发展状况和下一代新产品的研发情况,将换代产品转移到自建渠道,用新一代产品填补专业渠道。第四,当成熟产品发展为淘汰产品时,企业则应采取渠道收缩策略,将综合渠道收缩为价格敏感型渠道,同时在综合渠道填补上换代产品。

2. 顾客资产的保留

顾客资产的保留应该包括三方面内容:如何使所有顾客的保留时间延长;如何增加顾客的持续购买和附加购买;如何将有限的营销费用投向更有价值的顾客,使有价值顾客的忠诚度和顾客价值更高。顾客资产保留的关键仍在于对不同的顾客采取不同的保留策略。而顾客保留策略就是决定应该与顾客保持何种关系,以及如何保持关系。

企业与顾客根据双方的需求可以形成五个层次的关系:①基本型。销售人员把产品销售出去后就不再与顾客接触。②被动型。销售人员鼓动顾客在遇到问题或有意见时与企业联系。③负责型。销售人员在产品售出后,主动征求顾客意见。④能动型。

销售人员或企业其他人员定期拜访顾客,向他们提供更先进的产品使用方法或新产品信息。⑤伙伴型。企业一直与顾客共同寻求获得更好价值的途径。

企业应该与顾客保持怎样的关系呢?对于企业来说,顾客与企业的关系应取决于顾客的不同类型。具体而言,对于灯塔顾客,应保持伙伴—能动型关系,即在与灯塔型顾客建立能动型关系的基础上,尽量向伙伴型关系延伸;对于跟随顾客,应保持能动—负责型策略,即在负责型关系的基础上,向能动型关系延伸;对于理性顾客,则保持负责—被动型策略,即在被动型关系的基础上,向负责型关系延伸;而对于逐利顾客,则采取被动—基本型策略,即在基本型关系的基础上,向服务型关系延伸。

关于企业与顾客建立关系的营销手段,主要有三种:①一级关系营销,即频繁市场营销或频率市场营销,是最低层次的关系营销,主要是利用价格刺激来增加目标顾客的财务利益。②二级关系营销,即在增加目标顾客财务利益的同时也增加他们的社会利益。这种手段在建立关系方面优于价格刺激,企业可以通过了解单个顾客的需求和期望,提供个性化服务,增强社会联系。③三级关系营销,即增加结构性联系,同时附加财务利益和社会利益,其中,结构性联系指企业为顾客提供其他地方无法获得的服务,通过设置高昂的转移成本来留住顾客。

因此,对于灯塔顾客应采用三级关系营销,对于跟随顾客应采用二级关系营销,对于理性顾客应采取一级关系营销,而对于逐利顾客,企业则可以忽略。顾客资产的保留策略图如图5-3所示。

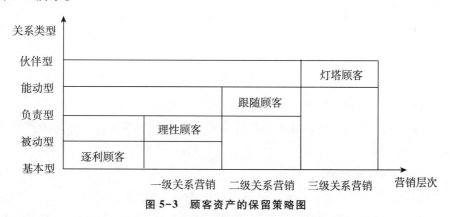

图5-3　顾客资产的保留策略图

资料来源:徐岚,"顾客资产的获得与保留",《经济管理》,2004年第2卷第4期,第67—73页。

学术智库 5-1

免费试用获得的顾客与常规顾客

很多服务企业都通过免费试用这种促销方式来获得新顾客。然而,一个关键的挑战是企业如何在免费试用活动结束之后将这部分顾客保留下来。

免费试用允许顾客在不用履行任何财务责任的时候就可以使用服务,并且如果他们对服务不满意,可以随时改变他们最初的使用决定;免费试用使顾客与企业处在一种低承诺的关系下。

企业通过免费试用获得的顾客与常规顾客存在着一定的差异。首先,免费试用获得的顾客相较于常规顾客,在免费试用结束后,通常有着更低的顾客保留率。其次,相较于常规顾客,企业使用统一价格服务(a flat-rate service)策略或按使用量付费(pay-per-use service)策略更容易将免费试用的顾客保留下来。最后,相较于常规顾客,企业使用直复营销(direct marketing)这种方式更容易将免费试用的顾客保留下来;同时,广告对免费试用获得的顾客也有着更好的保留效果。也就是说,相较于常规顾客,免费试用获得的顾客对直复营销、广告、统一价格服务和按使用量付费的方式都更为敏感。

因此,企业应该更多地将广告、直复营销等活动的对象锁定于免费试用顾客而不是常规顾客。在这些营销沟通中,企业应该致力于提醒免费试用顾客对服务的使用率,尤其是在其使用率较高的时候来提醒,以使这些顾客继续使用服务。此外,企业还应该将使用强度作为判断顾客价值和决策营销资源分配的依据。

资料来源:Datta, Hannes, Bram Foubert, and Harald J. Van Heerde, "The Challenge of Retaining Customers Acquired With Free Trials", *Journal of Marketing Research*, 2015, 53(2), 217-234。

---

(1)理性顾客保留策略

企业应该运用一级关系营销策略,与理性顾客建立负责—被动型关系,具体有两种策略:

第一,建立顾客关系数据库。这样既可以对销售中获得的顾客基本资料进行自动收集和简单分析,又可以建立快速高效的顾客投诉和意见处理体系。

第二,开展顾客忠诚计划。即对频繁购买与按稳定数量购买的顾客给予财务奖励的营销计划。

(2)跟随顾客保留策略

对理性顾客实行的保留策略对跟随顾客同样适用,同时还应采取以下几种其他策略:

第一,拓展顾客关系数据库结构。即不仅要对顾客基本资料进行整理,还要尽量拓展顾客资料收集渠道,获取顾客的个性化资料,对顾客资料进行系统分析。

第二,顾客主动接触计划。通过电话、短信、网络等形式与顾客进行双向沟通和情感联系,企业从主动接触中获取顾客信息,再将这些信息扩充到数据库中。

第三,俱乐部营销。即建立顾客俱乐部,一方面可以增强企业与顾客的情感交流,为顾客之间的口碑传播提供平台。另一方面可以在俱乐部中对顾客做进一步细分,通过对高价值顾客提供更高的心理满足,激励顾客为企业创造更高的价值。

第四,顾客流失管理。包括分析流失原因、针对原因制定挽留方案、对无法挽留的顾客进行关注并及时反馈这三个方面。

（3）灯塔顾客保留策略

对跟随顾客实行的保留策略也适用于灯塔顾客，同时还应做到：

第一，定制营销。根据灯塔顾客的需要向他们提供个性化服务。

第二，共同发展计划。将企业的发展与顾客的个人发展联系起来，确定企业与顾客之间共享的价值观和利益点，或建立合作联盟，以达到共同发展的目的。

第三，邀请灯塔顾客充当企业顾问或行业监督人。对影响力较大或知识价值较高的顾客，企业通过这一方法可以表现出对顾客特殊价值的尊重和认可，加强与他们之间的关系。

第四节　顾客关系管理

一、顾客关系管理（CRM）

顾客关系管理（customer relationship management，CRM）指企业通过与顾客建立良好的关系来达到不断增加顾客价值的最终目的。通常顾客关系管理建立在与单个顾客建立和发展关系的基础之上。顾客关系管理是企业总体战略的一种，它采用先进的数据库和其他信息技术来获取顾客数据，分析顾客行为和偏好，积累和共享顾客知识，有针对性地为顾客提供个性化的产品或服务，发展和管理顾客关系，培养顾客的长期忠诚，以实现顾客价值最大化和企业收益最大化之间的平衡。企业有效地进行顾客关系管理有助于提高顾客的忠诚度、满意度，最大化地保留顾客，并且能够提高企业的利润率。

案例 5-3

淘宝网的会员特权

淘宝网的会员成长体系包含 V0—V6 共 7 个会员等级，会员等级由"成长值"决定。其中，成长值是淘宝网会员通过购物所获得的经验值，由顾客在淘宝网消费的累计金额计算而得，它标志着会员在淘宝网累计的网购经验值。成长值越高，会员等级越高，也就能享受更多的会员服务。现有的 7 个等级的淘宝网会员基本上都可以享受生日特权、会员日、节日特权、会员升级、百笔有礼、百天好礼等服务，而不同等级会员所能享受特权的差异主要体现在 VIP 阶梯价和急速退款这两个方面。其中，急速退款方面，V0 会员享受授信额度 300 元的特权，V1、V2 会员享受 600 元，V3、V4 会员享受 900 元，而 V5、V6 会员享受 1 200 元。可见，淘宝网不同等级的会员所享受的特权并没有非常大的差异。

对于淘宝网的商家，它们也可以制定不同的会员等级和会员特权。如有些商家会根据顾客在本店的消费金额将顾客划分到不同的等级中,等级较高的顾客除能够享受更多的折扣外,还可以享受生日祝福、优惠提醒等服务。

资料来源:https://vip.taobao.com/vip_growth.htm? spm=a1z1d.7617393.a31dn.2.fqikqd#j_vip_growth_area。

1. 顾客关系管理的发展历程

顾客关系管理思想的出现及其在企业的应用可以分为四个阶段。

第一阶段:顾客关系管理作为价值分析方法。顾客生命周期理论的出现及其在企业的应用可视为顾客关系管理的萌芽阶段。顾客生命周期是以顾客开始了解企业或企业想要开发顾客为开始,直至顾客与企业完全终止业务及相关事项的时间跨度。该理论提出,企业在管理顾客关系过程中,必须遵循"随时间的延续顾客关系会发生变化"这一普遍规律,与产品生命周期相似,顾客关系也具有产生、发展、成熟、衰退等阶段。因此,企业在实践中,应评估顾客所处的不同生命周期阶段,用不同的衡量指标计算顾客价值,运用于企业的决策。

第二阶段:顾客关系管理作为销售工具。20 世纪 90 年代初期,随着销售自动化(sales force automation, SFA)与顾客服务系统(client service systems, CSS)思想的兴起,顾客关系管理作为一个职能"部门"开始去独立解决售前或售后相关问题,这也成为之后顾客关系管理的两个业务模块。但此时顾客关系管理活动仍未能从整体、全局出发去思考顾客与企业间的"关系"。

第三阶段:顾客关系管理作为互动管理工具。20 世纪 90 年代中期,在美国出现的"接触管理"(contact management)充实了顾客关系管理中与顾客互动模块的理论发展。接触管理是探索"3W"问题,即明确要在什么时候(when)、什么地点(where)以及如何(how)去接触顾客,并对与顾客接触结果进行管理的行为。企业追求的目标是对合适的顾客以合适的方式进行正确的接触,推销正确的产品和服务,得到企业预期的效果。

第四阶段:顾客关系管理作为与顾客建立和维系关系的整体平台。1997 年,高德纳咨询公司正式提出了 CRM 的概念。20 世纪 90 年代末期,电子商务日益普及,CRM 的应用逐步被重视,进入了电子商务 CRM(ECCRM)阶段,主要是利用 internet 平台来管理顾客关系。

2. 顾客关系管理模型(IDIC 工具)

企业可以通过管理顾客关系来增加顾客价值,而 IDIC 是顾客关系管理的一种工具,即识别顾客(identify)、区别对待顾客(differentiate)、同顾客进行互动(interact)并推行以顾客为中心的管理战略(customize),也就是"识别—区分—互动—顾客化"的发展战略。这四个阶段建立在关系的唯一性、顾客专门化和重复性特征的基础之上。

(1) 识别顾客

识别顾客的目标,最主要的不是了解哪些顾客是我们所需要的(这是后面步骤的任务），而是在于当我们每次为顾客提供服务的时候，能够识别出每一位顾客，然后把相关的数据、特征联系起来，构成对每一位顾客的完整印象。也就是企业在为顾客提供服务的时候，应该能够准确地识别出顾客的偏好、购买记录，甚至是长相、名字等。识别顾客，具体可以分为两步：对企业目前掌握的顾客识别信息进行评估；通过一次性联系或促销活动以及经常性营销活动使顾客与其特别的服务交易行为联系起来。

对于识别活动，企业应该采取更多的行动，如定义识别标志、收集信息、联系所有服务接触点、整合信息、认识顾客、存储信息、更新、分析、做到随时可用、保证信息安全等。对于企业来说，收集顾客信息最终的、核心的目的，是让企业能够与单个顾客之间建立起一种更为接近、更加有利可图的关系，而这种关系使企业更方便利用信息，在下次提供服务时能够做到更简洁、更迅速、更便宜。随着技术的发展，企业用于识别顾客的方法变得更加多样，也更为有效。

（2）区别对待顾客

对于企业来说，了解最有价值的顾客以及相对有价值的顾客，有利于企业优先安排资源，在竞争的市场中处于主动地位。对于能够给企业带来高回报率的顾客，企业应该分配更多的时间、资源和努力。著名的"二八法则"认为，在顶端的 20% 的顾客创造了企业 80% 以上的利润。在某些情况下，这 20% 的最有价值的顾客甚至创造了 150%—300% 的利润，10%—20% 的最没有价值的顾客会把利润降低 50%—200%，而中间的 60%—70% 的顾客所创造的价值与损失的价值持平。

顾客价值是对顾客进行分类的重要依据，值得注意的是，顾客价值包括两个方面：真实价值（actual value）和潜在价值（potential value）。其中，真实价值是指在给定条件下，处于现在状态对顾客的所知，或假设在竞争环境没有发生重大改变的情况下，预测顾客未来的行为，而得出的顾客作为一种资产对企业的价值；而潜在价值是指通过某种方式改变顾客今后的行为，顾客所能为企业带来的全部价值。

企业在对顾客进行区分时，通常根据顾客终身价值进行。正如我们以前提到过的，根据顾客终身价值以及他们所能提供的价值类型，可以将顾客大致分为四类：灯塔顾客、跟随顾客、理性顾客、逐利顾客。这四类顾客的价值是逐渐减少的。

在企业知道哪些顾客更具价值后，就应该根据排序分配资源和关系建设力量，把主要资源集中在能够为企业带来最高回报率的顾客身上。这是因为在现实生活中，往往是小比例的最有价值的顾客在企业的总盈利中占据着很大的比例，而大部分顾客对企业赢利没有多大作用。

（3）同顾客进行互动

为了更好地对顾客与服务提供者之间的关系进行管理，顾客和企业双方都要深入地参与进来，并相互了解对方，最为可行的方法就是与顾客进行互动。

一个注重与顾客保持关系的企业，需要获得单个顾客的反馈意见并利用这种反馈。

企业与顾客之间最好的双向交流方式是对话,从而形成与顾客的良好关系。同顾客进行一次对话就是进行一次思想的交流,它是企业与顾客在思想上进行合作的一种形式。同每一位顾客都能够创造活跃对话气氛的企业可以更多地了解顾客,并找到增加价值的途径,创造出顾客有兴趣购买或体验的服务。此外,顾客与企业之间的互动是可变、多方位的。在互动过程中,顾客为企业提供偏好、挑战、预警、反馈等,通过告诉企业他的需要,能够在购买过程中获得更大的便利性;而对于企业而言,通过与顾客进行互动,能够获得更多了解顾客的机会,有助于顾客关系的管理。

(4)推行以顾客为中心的管理战略

为了在长期关系中抓住顾客,企业需要改变自己的行为来满足顾客的需求,并且是以每一位顾客的需求和价值为基础去做这种改变,即为顾客提供定制化的个性服务。然而,如果每个互动和交易必须作为对单个顾客的定制供应而单独设计,则企业的成本将会格外高昂。由此,产生了规模定制技术,即在规模基础上交付定制产品。当然,在服务行业,规模定制的原理仍然适用。在服务中,企业既可以为某些顾客提供具有批量性质的个性化服务,也可以对某些极具价值的顾客提供量身定做的某种服务。

以顾客为中心的管理战略不是希望顾客根据自己对企业的了解来确定自己应该买什么,而是企业以其对顾客的了解来确定顾客需要什么。在顾客化的过程中,实行这种服务的企业会提高顾客的重复消费次数,提高顾客忠诚度,同时增加每次交易的利润。

案例 5-4

7 天连锁酒店集团的会员管理

7 天连锁酒店集团(以下简称"7 天")注册成立于 2005 年,其经营目标是让顾客"天天睡好觉",十分重视会员制,实行直销低价模式,提倡快乐自主的服务理念,针对顾客的核心住宿需求,致力于为顾客提供干净、舒适、快乐的住宿环境和氛围。

7 天作为经济型酒店,面向的主要人群是中小企业的商务人士、大企业的中下层职员,以及学生群体和热爱自驾游的人们。7 天始终贯彻"顾客感受第一"的理念,锁定核心消费者,并提供优质的服务。7 天所具有的优势是注重顾客关系管理的结果,即注重双赢,针对顾客住宿的核心需求,强调服务质量,使顾客获得利益,维持并发展双方关系。

1. 加强核心需求的满足

7 天高度关注顾客住宿的核心需求,提出了"天天睡好觉"的口号,并以此为出发点力求为顾客打造一个舒适、宜居的住宿环境。在保持原有价格优势的前提下,配置高质量淋浴设备、五星级标准大床。同时,开发出 7 天的营养早餐,提供睡前牛奶;实现毛巾洁净封包;升级隔音设施、配备室内拖鞋等,全面提高各项产品的品质及舒适度。

7 天分店的选址大都位于交通便利的地区,如公交车站、地铁站、主要景点等的附近,满足了顾客出行方便的要求。同时,为顾客提供了高效的预定方式,7天连锁酒店成功建造了我国酒店业第一电子商务平台,顾客可以通过网络、电话等多种形式足不出户地预订客房。最后,7天将连锁分店的详细信息全面提供给顾客,方便了顾客的有效选择并提前熟悉酒店周围环境。

2. 剔除和降低顾客的不必要需求

7天将顾客的非核心需求减弱,以最大限度地控制顾客成本。比如,一次性酒店用品从房价中剥离、简化房间内的家具布置、斟酌硬件设施的配置等。

7天拥有我国经济型酒店行业最庞大的会员群体,拥有的会员达7 000万。7天的会员制是免费会员制,它以直销模式为主,节省了大部分的分销成本,还有助于培养会员的忠诚度。会员等级划分为注册会员、银卡会员、金卡会员和白金会员。各级会员只升不降,等级越高积分越快。在成为7天的会员之后,就可以获得比门店价便宜许多的优惠价,而且入住之后有睡前会员牛奶、免费抽奖、满2 000积分换免费房一晚等多种专享活动。借助于7天完善的网络预订渠道,其入住顾客当中80%以上都是通过网络预订的,这其中有98%都是会员,由此可见,会员给7天带来了巨大的贡献。

在大量的顾客成为7天的会员之后,7天采取了很多措施来维系与顾客的长期关系。

第一,为使顾客在7天网站上获得与具体出行相关的信息与服务,使顾客出行更加方便,7天推出了机票、租车、保险等出行配套服务和地图、天气预报等会员增值服务。

第二,7天鼓励会员在公司官网上分享其经验及反馈意见,而公司对一些投诉与建议会及时予以处理并给予反馈意见。同时,将一些代表性的投诉作为培训项目的例子予以研究,以期在未来提高公司的服务质量。

第三,通过会员制逐渐摆脱在线旅游服务商、旅行社等中间商的控制,直接面向客户,从而降低了市场推广成本或佣金折扣成本,同时也提高了顾客的忠诚度。

第四,7天鼓励与会员的沟通,并通过会员积分奖励形式来鼓励顾客与企业之间的互动,充分开发会员的价值。7天制定了详细的积分活动,顾客可以凭积分获取对应的优惠和服务。

资料来源:吴太强,"7天连锁酒店关系营销研究",《厦门大学》,2013年。

---

3. 顾客关系管理的影响因素

企业的顾客关系管理过程通常经历四个阶段:评估、设计、执行和评价,这四个阶段从企业对顾客需求的评估开始,依次执行。然而,有很多企业在实施顾客关系管理的过程中存在很多问题,并没有发挥顾客关系管理应有的作用。

在组织层面,顾客关系管理不能发挥应有的作用可能是因为企业缺乏适应变化并根据变化改善自我的能力,企业员工缺乏训练或缺乏与顾客交流的经验,以及现在的关系管理过程不适应企业现有的或渴望达到的关系水平。相应地,企业战略与顾客关系管理战略的不匹配,或是企业缺乏明确的顾客关系管理战略都是造成顾客关系管理失败的原因。

在行业层面,如果行业和消费者都不适合封闭关系和获利关系的长期发展,那么顾客关系管理的执行也是不会成功的。也就是说,如果这一行业内消费者从内心中对企业就是不信任的,或者认为自己所能产生的影响较低,那么这种关系管理也是不易获得成功的。在某些行业内,竞争性的行业状况也与顾客关系管理的应用程度有关。此外,商业部门的类型也是造成企业目标与其所选顾客关系管理方式之间不相符的原因。

而在消费者层面,有观点认为,顾客关系管理接受和应用程度的不同取决于组织将精力投入了企业—消费者(B2C)、企业—企业(B2B)还是非营利组织。此外,消费者的类型、消费者与企业之间的关系特征也影响着顾客关系管理的执行效果。

以上是从宏观视角来看影响顾客关系管理的一些因素。还有一些可能会影响 CRM 成功的内部因素,此处不再详述,如图 5-4 所示。

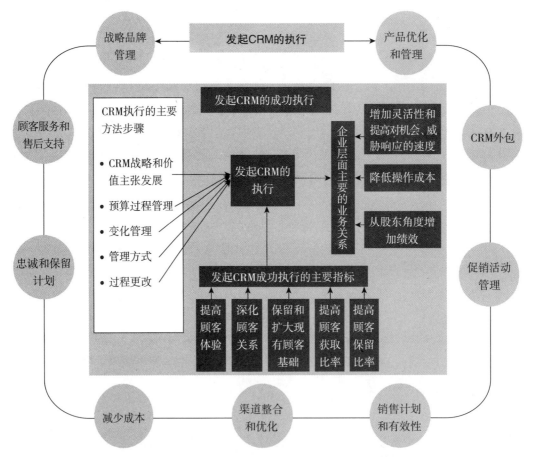

图 5-4　顾客关系管理(CRM)有效执行的关键因素

资料来源:Bohling, Timothy, Douglas Bowman, and Steve Lavalle et al., "CRM Implementation Effectiveness Issues and Insights", *Journal of Service Research*, 2006, 9(2), 184-194。

二、顾客保留

对于服务行业来说,企业一般可以通过两种方式来获取利润。一种是吸引新顾客,即增加购买服务的顾客数量,也就是顾客获取策略;另一种是提高现有顾客的收益率,激励现有顾客长期使用更多的服务,也就是顾客保留策略。这两种方式反映了不同的企业营销理念,分别是基于交易导向的传统营销理念和基于关系导向的现代营销理念。

基于交易导向的传统营销理念强调吸引更多的顾客,通过市场份额来判断企业的竞争优势。在这种营销理念下,企业虽然能占据较大的市场份额,但不代表这些市场都是有利可图的,另外,这种市场是极不稳定的,可能导致企业盲目投资和扩张。相反,基于关系导向的现代营销理论更侧重于长期保留或维系现有顾客,强调保留更多的、有价值的顾客,应该通过顾客占有率或顾客保留率的高低来决定企业的竞争优势,顾客关系保留能给企业带来长期的利益。

对于服务提供者来说,老顾客常常有较低的维持成本,因为老顾客在与企业的接触过程中,已经对企业有了一定的认识,在服务提供过程中也形成了一定的默契,不用再花费力气去寻找顾客的喜好等;此外,老顾客在接受服务之后,如果对服务感到满意,则更有可能为企业做正面的口头宣传,有利于企业形象的提升,获得来自推荐的利润。

当今企业,尤其是服务企业已经逐渐认识到顾客关系的重要性,因此它们多采用基于关系导向的现代营销理论,强调顾客保留策略。顾客保留(customer retention)是指顾客与服务提供者之间交易关系的长期维持,包括顾客购买行为和对未来保持的态度倾向,主要针对现有顾客基础。关系营销理论认为,以关系为导向的顾客关系保留策略不仅能够将顾客与企业长期地联系起来,还能够为企业提供超出单一销售交易价值的利益。

1. 主要内容

关系是通过频繁、高质量的沟通逐渐建立起来的。在所有的营销关系中,相关者都在一定程度上体验和参与了经济、资源和社会的交换。这三方面的内容是顾客关系保留策略的主要内容,也是影响企业与顾客关系质量的三个重要因素。具体来说:

(1)经济内容

关系的经济内容包括参与关系的经济收益和成本。良好的关系能够为关系双方带来长期的互惠利益,这对关系双方来说是非常重要的。只有双方预期关系的维持能为其带来经济回报,合作才更有吸引力。并且,关系双方也会在重复的交易中不断寻求降低成本的方法以追求更大的经济利益。优质的经济关系内容鼓励了关系质量的提升。

顾客忠诚计划(customer loyalty program)是指企业对消费相对频繁的顾客提供一系列的购买优惠、增值服务或其他奖励方式,是顾客关系保留策略中操纵经济内容的一种重要方式。顾客忠诚计划常以积分、会员卡、俱乐部等形式出现,其中以积分奖励最为普及。顾客忠诚计划作为一个改变顾客重复购买类型的营销手段,随着顾客对企业投入的增加,顾客的转换成本将随之增加,从而提高了企业对顾客的保留效果。

值得注意的是,尽管经济内容的保留策略是很重要的,但是这还不足以维持优质的顾客关系。因为顾客在关系中除了想要获取经济利益,关系的资源内容、社会内容也很重要。对于现在的很多服务企业来说,它们有时过分注重用经济利益来留住顾客,这是得不偿失的。

(2) 资源内容

关系各方参与长期关系是为了保证得到他们在别处无法获得的更有效率的宝贵资源。例如,顾客希望在企业处获得其他企业无法提供的宝贵的品牌、稀有的产品、感觉最合适或最便利的服务、符号象征意义等。而企业则希望寻求宝贵的分销机会、反馈和信息等。关系各方都在寻求其伙伴所能提供的独特资源。在企业与顾客的关系中,虽然企业与顾客能为对方提供的资源内容不同,但重要性是一样的。具体而言,企业希望顾客有很强的购买力并付出行动,而顾客则想要在关系中得到可靠性、地位、安全感以及有形价值等。

对于服务企业来说,其在顾客关系保留策略中可以从为顾客提供的资源内容下手。首先,企业应该识别出哪些是最有可能为企业带来价值的顾客;其次,企业应该为这些有价值的顾客提供在别处难以得到的宝贵资源,从而促进顾客与企业保持长期关系。举例而言,企业为老顾客或有价值的顾客提供 VIP 服务,为他们提供比普通顾客更加优质、人性化的服务,如果这位顾客在其他企业无法享受到 VIP 服务,那么该顾客在未来的服务中仍然选择这家企业的可能性就会提高。

值得注意的是,关系中独特资源的交换会导致资源依赖。资源依赖能在一定程度上加强双方关系,但也可能因关系锁定导致负面效应,比如,企业过分依赖于某些顾客,一旦顾客转移到了其他企业,企业将会陷入困境。因此,企业应注意资源内容的适度投入。

(3) 社会内容

顾客关系保留策略的社会内容是指为关系提供社会性回报。只有关系各方处于一个培养沟通、诚实、公平交易的社会环境,才有可能达成优质的关系。关系的各方应该注重在长期的交易行为中培养出商业友谊,互相尊重和理解对方,相互认同对方的身份、努力和价值,培养关系各方伙伴间更根本的默契。此外,关系管理者应该为参与组织的成员创造交流机会,尤其是非正式场合下的交流机会,这更有助于友谊的养成,因为良好的人际关系是组织间关系的基础。

案例 5-5

数据展示:维系顾客关系

● 获取一个新顾客的成本是让顾客满意与保留顾客所花费成本的 5 倍。要使已经满意的顾客产生转换行为,需要花费大量努力。

- 一般的企业平均每年流失 10% 的顾客。

- 一个企业如果将其顾客流失率降低 5%，则在不同的行业利润将增加 25%—85%。

- 顾客利润率主要来自延长老顾客的生命周期，这主要是因为老顾客会增加购买、向别人推荐、对价格不敏感和减少服务的营运成本。

资料来源：〔美〕菲利普·科特勒、凯文·莱恩·凯勒著，王永贵、陈荣、何佳讯等译，《营销管理》，上海：格致出版社，2009 年，第 162 页。

2. 顾客保留的期望结果

顾客保留活动是否有效，能否将顾客变为企业的忠诚顾客是企业所关心的问题。有些企业或学者将顾客忠诚等同于再购买、购买顺序和购买概率之类的行为，然而，有时这些行为只能反映顾客在短时期内重复购买行为的增长，并不能说明顾客是否忠诚。有时顾客有着较高的重复购买率，是因为顾客只有这一种选择，一旦其有了其他的选择，将果断中断这种重复购买行为；有时也是因为企业的定价策略或促销导致了重复购买行为，一旦企业改变价格，顾客就会流失。企业进行顾客保留所能带来的效益是多方面的：

（1）顾客保留

毫无疑问，顾客保留活动的最终目的都是顾客保留。成功的顾客保留，能够将忠诚的顾客与企业长久地紧密结合起来，这些顾客能够为企业的长远发展做出极大贡献，并且随着时间的推移会带来越来越多的利润。顾客保留本身不是一种可持续的竞争优势，只有当顾客对企业的产品或服务产生经济联系和心理归属感时，顾客保留才能成为一种可持续的竞争优势。因此，顾客保留是企业实施顾客保留策略所期望达成的一个重要结果。

（2）顾客份额

顾客份额是指本企业提供的产品或服务占某个顾客总消费支出的比重。一个顾客可以与多家企业保持长期关系，然而其购买力却是有限的，顾客在其消费计划中可能不断地改变对不同企业的支出比重。只有企业在顾客的消费支出中占据较大的比重时，才能说明顾客保留产生了作用。企业期望通过顾客保留活动，增大顾客份额，使企业在顾客的消费中占据重要地位。

（3）顾客推荐

正面口碑是良好的营销关系为企业带来的好处之一。有些顾客与企业保持着长期的关系，企业在其消费支出中也占据着较大的比重，然而，这并不代表着顾客对企业就是满意、没有抱怨的。只有企业的顾客保留活动真的有所成效，顾客才会向他人诚心推荐，向其他顾客分享自己的经验等信息。顾客推荐不仅有利于已有顾客间的经验交流，更为企业树立良好的形象、开发新顾客做出了贡献。

（4）顾客参与

由于服务的生产与消费不可分离，顾客参与服务的生产和交付，服务的履行和质量离不开顾客的贡献,服务结果也在相当程度上依赖于顾客的参与和合作。顾客参与就是指在服务的生产过程中,顾客扮演着创造服务价值、保证自己满意的角色。顾客参与会影响其对服务质量的感知,从而影响顾客满意度。一般而言,关系质量是影响顾客参与的重要因素,关系质量越高,顾客越愿意参与到服务过程中。因此,企业通过顾客保留活动可以提高关系质量,进而促进顾客参与到服务过程中。

（5）新产品开发

企业进行顾客保留活动的好处之一是能够降低新产品开发的成本。忠诚顾客比一般顾客更愿意提供新产品和服务的反馈意见,提出他们的未满足需要和需求,并对新产品的改进提出建议。企业利用忠诚顾客进行新产品开发,可以降低从概念构思到产品导入的相关成本。此外,在新产品进入市场后,这部分忠诚顾客往往也会成为灯塔顾客,为新产品的推广作出进一步的贡献。

本章小结

关系营销指所有旨在建立、发展和维持成功的关系交换的活动,其核心是关系管理。关系营销在理论基础、营销模式、营销理念等方面与传统的交易营销存在差异。关系质量是企业与顾客双方对关系属性的一种感知状态,它有两个核心的心理构念,即信任和承诺。相比于西方背景下的关系(relationship),我国背景下的"guanxi"有很多的独特之处。

企业与顾客之所以能够保持长期关系,主要是因为关系的建立与维持能够为双方带来价值。对于顾客而言,关系能够带给顾客的是顾客感知价值;而对于企业而言,更重要的是顾客终身价值。顾客终身价值根据顾客为企业提供的价值类型可以分为顾客购买价值、顾客口碑价值、顾客信息价值、顾客知识价值和顾客交换价值五种。

顾客资产是企业所有顾客终身价值的现值的总和。根据顾客终身价值的大小,结合顾客价值的不同形式,顾客可以被分为四类:灯塔顾客、跟随顾客、理性顾客和逐利顾客。顾客的平均保留时间、顾客的数量与结构、顾客价值的高低这三个维度确定了顾客资产的规模和质量。

企业要增加顾客资产总值,有三个努力的方向:①延长每一类顾客的平均保留时间;②增加顾客数量,特别是高价值顾客,提高高价值顾客在企业中的比例;③增加顾客不同方面的价值。这是企业制定顾客资产获得策略和保留策略的出发点。

顾客资产的获得包括两方面内容:一是增加顾客的绝对数量;二是尽量将有限的营销费用用来吸引灯塔顾客、跟随顾客这样的高价值顾客,提高高价值顾客的占比。同时,顾客资产的获得有三个策略原则:一是增加顾客的绝对数量,针对不同顾客类型定制差异化的营销策略;二是为提高高价值顾客的构成比例,在资源分配上要向高价值顾客倾斜。三是企业的营销策略必须根据市场变化的趋势以及产品生命周期阶段的变更来实施动态的营销策略管理。

顾客资产的保留包括三方面内容：一是延长所有顾客的保留时间；二是增加顾客的持续购买和附加购买；三是将有限的营销费用投向更有价值的顾客，使有价值顾客的忠诚度和顾客价值更高。企业对于灯塔顾客应采用三级关系营销，对于跟随顾客应采用二级关系营销，对于理性顾客应采取一级关系营销，而对于逐利顾客，则可以忽略。

顾客关系管理是指企业通过与顾客建立良好的关系来达到不断增加顾客基础价值的最终目的，通常是在与单个顾客建立和发展关系的基础上进行的。IDIC 是顾客关系管理的一种工具：即识别顾客（identify）、区别对待顾客（differentiate）、同顾客进行互动（interact）并推行以顾客为中心的管理战略（customize），也就是"识别—区分—互动—顾客化"的发展战略。然而，顾客关系管理能否有效地执行也存在着内部和外部多方面的影响因素。

顾客保留（customer retention）是指顾客与服务提供者之间交易关系的长期维持。企业可以从经济内容、资源内容、社会内容这三个方面入手，并为达成顾客保留、顾客份额、顾客推荐、顾客参与、新业务开发这五方面的结果而努力。

？复习思考题

1. 什么是关系营销？关系营销与交易营销的差异是什么？
2. 顾客终身价值可以分为哪几类？请简要描述。
3. 请简述顾客类型的划分方式。
4. 顾客资产的三个维度是什么？
5. 请简述顾客保留的期望结果。
6. 假如你现在是一家经营服装的淘宝店主，你应该如何进行顾客关系管理？

 ## 课后案例

支付宝的会员等级特权

支付宝在进行顾客关系管理时，通常通过顾客活跃度和活跃度排名来判断顾客等级。活跃度是顾客使用支付宝的活跃程度，会员通过使用支付宝来提升活跃度，通常 1 积分获得 1 点活跃度，活跃度是按照最近 12 个月获得的点数计算的；而活跃度排名是活跃度点数在全球的支付宝用户中的排名，这一排名每天都会计算更新。

支付宝根据用户的活跃度将会员分为 4 个等级，由低到高分别是大众会员、黄金会员、铂金会员和钻石会员。这 4 个等级的会员数量是越来越少的。其中，大众会员无数量限制，黄金会员有 1 亿名，铂金会员有 1 000 万名，而钻石会员只有 10 万名。每个会员等

级对应不同的会员徽章和特权,等级越高,享受的特权越多。具体而言:

第一,大众会员的特权包括:①积分回馈,即在多个场景使用支付宝付款可以获得积分,积分可兑换权益;②生日特权,即专属生日祝福;③全球 VIP,即根据不同的会员等级,定制海外当地知名商户购物和吃喝玩乐、官网消费专属权益。

第二,黄金会员的特权除包括大众会员的 3 项特权外,还有:①徽章特权,即专属的黄金会员徽章;②出行特权,即前往阿里旅行可直接升级为 F2 会员,享受该等级下的所有权益内容;③兑换折扣,即部分权益积分兑换享有折扣价,黄金会员享 9.5 折。

第三,铂金会员的特权在黄金会员特权的基础上增加了专属兑换这一特权,即部分优质权益仅限铂金会员使用积分兑换,并为其提供了更多、更好的权益;此外,兑换折扣享受 9 折优惠。

第四,钻石会员的特权除包括铂金会员的特权和在兑换折扣中享 8.5 折优惠外,更新增了 5 项专有特权:①客服优先,即享受服务绿色通道,VIP 客服为其快速处理问题,专家团一站式跟进,服务时间从 8:00 到 24:00;②极速理赔,即钻石会员专享极速理赔服务,专属通道优先处理,理赔申请审核通过后 24 小时内完成理赔;③花呗特权,即钻石会员若忘记还款,在还款日后 3 天内归还全部逾期贷款,将不收取这 3 天的应计利息,专享 3 天免息宽限期;④优先体验,即新产品上线前会特邀钻石会员优先体验,反馈建议将作为产品优化的参考;⑤天猫粉丝特权,即钻石会员前往天猫可直接获得天猫超级粉丝卡,尊享粉丝特权,独享全球好货。

资料来源:支付宝手机客户端会员特权,https://ds.alipay.com/。

案例讨论题

1. 请尝试分析,支付宝是怎样充分挖掘顾客终身价值的?

2. 结合案例分析,支付宝是怎样进行顾客关系管理的?

3. 支付宝的会员等级体系还有哪些可以改进的地方?

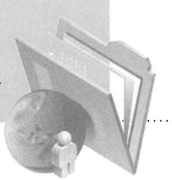

服务中的员工—顾客 互动管理

第六章　顾客参与管理

> 和用户做朋友这个观念的转变,是因为今天不是单纯地卖商品的时代,而是卖参与感。
>
> ——小米联合创始人黎万强

第一节　顾客参与概述

顾客参与服务的根源在于服务生产和消费的不可分离性,顾客和服务提供者共同参与服务生产和交付的过程,由此可见,服务的履行和质量离不开顾客的贡献,服务结果在相当程度上依赖于顾客的参与和合作。顾客参与早已不再是新鲜事物,顾客参与能为企业和顾客双方带来怎样的效应,已成为研究者和企业管理者们关注的问题。

一、顾客参与的定义

参与作为一个营销构念,是指购买者切实从事与服务(或价值)的定义和传递有关的行为的种类和水平。顾客参与是指顾客在产品或服务的生产或传递过程中努力和卷入的程度,包括精神上、体力上或情绪上的投入。

随着个性化需求的增加和网络社会的发展,顾客参与已成为一种生产消费趋势,这反映出营销从产品主导逻辑向服务主导逻辑的转变。从顾客在企业中的角色演进来看,顾客参与对企业发展来说是不可避免的,也是必不可少的,鼓励顾客参与也成为一项前沿的企业竞争战略。

案例 6-1

mi adidas 定制平台

mi adidas 是阿迪达斯推出的一项定制服务,通过定制平台满足用户的鞋履穿着需求。在 mi adidas 里,顾客可以在一款 adidas 经典鞋的模板基础上选择自己喜欢的颜色和面料,还可以在鞋子上刺上个性签名,比如你的姓名拼音缩写等。目前有 Tubular、Stan Smith、SuperStar 等六个人气系列的鞋款可供"专属定制"。在选择好款式后,用户可以在鞋的后侧、前侧、斜纹、后跟、鞋舌,甚至鞋带和衬里等各部分进行分区域颜色设计,选择自己喜欢的花色,从而组合出自己独特的配色。除此之外,鞋的材质也可以自由搭配选择,指导手册上有详细的色彩和材质样本:材质有平滑、绒面和舒适三种,基本上主要对应了普通皮革、揉面皮革和帆布。鞋身颜色有红、橘、蓝、绿、黑、白、灰等。在有定制服务的实体店里,会有各种材质对应每个不同颜色的材料小样供客人感受。虽然是定制鞋样,但通过 mi adidas 定制的个性鞋的价格实际上只比同系列贵 100—200 元左右。

资料来源:根据 http://www.adidas.com.cn/customize 整理。

二、顾客参与的维度

1. 顾客投入的角度

顾客在服务接触的过程中,会存在智力、实体和情感上的努力和投入。根据顾客投入将顾客参与分成了三个维度:

第一,智力(mental)投入。指顾客在知识、信息资源方面与企业交流与合作,包括信息和脑力的投入。

第二,实体(physical)投入。包括体力和有形物的投入,如顾客亲自参与服务的生产和传递。

第三,情感(emotional)投入。指顾客对服务企业或企业员工本身在感情上的投入,如顾客与服务员工建立关系,为企业传播正面口碑。

2. 顾客参与价值链的角度

顾客参与是服务顾客的质量保障行为,由服务准备、关系建立、信息交换和干预服务构成。

第一,服务准备(preparation)。指为服务所做的准备,顾客通过搜集资料、比较竞争者信息等方式参与服务的准备过程。

第二,关系建立(relationship building)。指通过诸如微笑、温和的言辞与服务提供者建立良好的关系,还可以通过询问服务人员姓名等方式表现忠诚。

第三,信息交换(information exchange)。指顾客向商家提供有关自己的信息,告诉商家他所希望得到的服务。

第四,干预服务(intervention)。指当负面的服务结果出现时,顾客向商家提供负面反馈,并采取干预行为,为问题的解决提供意见。

Kellogg et al.(1997)构建了四种行为交互影响服务结果的动态价值链,如图 6-1 所示。

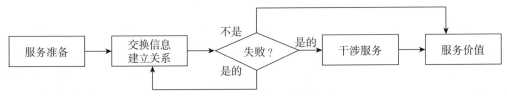

图 6-1　顾客参与服务的价值链

资料来源:Kellogg, D. L., W. E. Youngdahl, and D. E. Bowen, "On the Relationship between Customer Participation and Satisfaction: Two Frameworks", *International Journal of Service Industry Management*, 1997, 8(3), 206-219.

3. 顾客与企业之间互动的角度

Ennew and Binks(1999)通过对 1 200 多个小企业的员工和顾客进行调查,提出了顾客参与的三个维度:

第一,信息分享。指顾客把信息传递给服务人员来保证个人需求的满足。

第二,责任行为。指作为合作生产中的一员,顾客需要亲自完成服务中的部分内容。

第三,人际互动。指顾客与员工、顾客与其他顾客之间的互动。

案例 6-2

惠而浦织物护理技术研究中心

为了开发出最新的衣物洗护技术,更为了向消费者提供更专业的洗护方案,惠而浦公司在 2000 年创立了惠而浦织物护理技术研究中心。在研究中心的实验室内,一排排洗衣机及烘干机全年无休地运作着。惠而浦织物护理研究中心每周会测试近 181 440 公斤的织物,洗涤量超过 10 795 公斤、干洗量超过 18 144 公斤,耗用将近 1 905 公斤的洗涤剂。惠而浦织物护理技术研究中心致力于推广各类创新的洗衣方法。惠而浦不仅关心技术研究层面,除了在实验室内进行严格的测试,还会收集消费者的意见以及第三方的研究成果,从而研发出更为智能、高效的洗衣设备,为消费者提供最新研究成果以及最佳的洗护方案。惠而浦公司利用可移动的产品实验室,把实验室带到目标顾客的家中,与顾客一起探讨,什么样的产品能够改善他们的生活。通过共同开发新产品,惠而浦产品失败率保持业内最低水平。

资料来源:http://baike.baidu.com/link? url＝0P3TAdzLQb0q6Ac6V9Wq4Ml_CKCcBlpMG68bjbU4rXxvcCb3gn7xFiDpe7Y68XT9udi42AZNN-izuJ2A18iVp_。

三、顾客参与的水平

为了更好地揭示顾客参与的概念内涵,学者们综合了服务行业的类型、顾客自身的因素、服务的定制化程度、服务对象的因素等,对顾客参与水平进行了划分。

1. 顾客的投入程度

服务的完成需要顾客到场、顾客投入以及顾客共同创造。根据顾客的投入程度可将顾客参与分为低、中、高三种投入水平,如表 6-1 所示。

表 6-1　不同服务类型的顾客参与

实例		
低投入的顾客参与	中等投入的顾客参与	高投入的顾客参与
终端消费者：		
航空旅行服务	理发服务	婚姻咨询
小旅馆住宿	身体年检	人员培训
快餐服务	餐桌服务型餐馆	减肥项目
B2B 顾客：		
制服清洗服务	代理广告活动	管理咨询
病毒防治	薪酬服务	行政管理研讨会
室内绿化	独立货运	宽带安装
维修服务	交通运输	

资料来源：Bitner et al.，"Customer Contributions and Roles in Service Delivery"，*International Journal of Industry Management*，1997，8(3)，193-205。

第一，低投入的顾客参与：产品是标准化的。服务组织提供服务但不考虑某单个顾客是否购买（即服务是面向大众的），付款可能是唯一的顾客投入。

第二，中等投入的顾客参与：顾客投入使标准化的服务定制化，顾客投入对企业来说是必要的，但主要还是企业根据顾客购买来提供服务。

第三，高投入的顾客参与：积极的顾客参与指导服务定制化，没有顾客的购买和积极参与就没有服务产生，顾客投入占主导，顾客共同创造了服务。

2. 服务对象的性质和服务的定制化程度

服务质量分为技术质量和功能质量，这实际上指的是员工的技术质量和员工的功能质量，考虑到可以把顾客视作企业的部分员工，Kelley et al.(1990)在此基础上提出了顾客技术质量和顾客功能质量的概念。员工/顾客的技术质量指在服务过程中员工/顾客作了何种贡献；员工/顾客的功能质量指在服务过程中员工/顾客如何作出贡献。具体如下：①员工的技术质量包括员工知识、员工对技术设备的运用和对解决方案的执行；②员工的功能质量主要指员工在服务接触过程中的人际贡献；③顾客的技术质量指顾客所提供的劳动力和信息；④顾客的功能质量指在服务接触过程中顾客的行为方式，比如表现出友善和尊重。

按照服务对象的性质（指向人、无形事物、有形事物）和服务的定制化程度（高、低）可以把服务分为六种类型。从顾客的技术质量和顾客的功能质量的定义来看，其实质是顾客在服务接触过程中的经济性参与和社会性参与，因此可以说技术质量或功能质量越高的服务，其总体的顾客参与水平也越高。Kelley et al.对服务进行的两维度六类型划分，也可以看作是对顾客参与水平的划分,如表 6-2 所示。

表 6-2 不同对象和不同定制化程度的顾客参与

	服务指向人	服务指向无形事物	服务指向有形事物
定制化程度高	适用:员工技术质量、员工功能质量、顾客技术质量、顾客功能质量	适用:员工技术质量、员工功能质量、顾客技术质量、顾客功能质量	适用:员工技术质量、顾客技术质量
	参与水平:高	参与水平:高	参与水平:中低
	实例:疾病医治服务、健身俱乐部	实例:银行信托、股票经纪	实例:货物运输、维修服务
定制化程度低	适用:员工技术质量、员工功能质量、顾客功能质量	适用:员工技术质量、员工功能质量、顾客功能质量	适用:员工技术质量
	参与水平:中高	参与水平:中高	参与水平:低
	实例:公共交通、快餐	实例:常规银行交易、团体投资计划	实例:干洗、草坪修整

资料来源:Kelley, Scott W., James H. Donnelly, and Steven J. Skinner, "Customer Participation in Service Production and Delivery", *Journal of Retailing*, 1990, 66(3), 315-335。

第二节 管理顾客参与

一、顾客参与对服务过程的影响

1. 服务中的控制感

顾客积极参与服务过程的一个重要动机是通过参与获得心理和行为上的控制感。顾客参与可以为顾客带来心理利益,包括体验利益和感知控制。下面将通过感知控制理论、自我决定理论和心理抵触理论这三个相关理论分别说明顾客参与对服务过程的影响。

(1)感知控制理论

心理学家认为,人们行为活动的主要目的是追求对情境的控制。Averill(1973)将控制分为三种形式:

第一,行为控制。主体在面临威胁时所从事的行为可以直接影响情势的发展,在这种控制下,人们试图通过限制他们自身的行为以控制那些能引起高兴和痛苦的刺激物。例如,当你发现火堆在燃烧时,不会把手插入火堆。

第二,认知控制。人们试图获得有关信息并据此分析其周围环境,以达到控制的目的。认知控制包括信息获得和评估,信息获得指事件的可预测性和对事件的预期,评估指个体对事件的衡量比较。

第三,决策控制。消费者可在一系列可能的结果和目标中作出选择,比如在一个拥挤的百货公司里,作出试图停止圣诞购物的决定就会戏剧性地影响消费者的感情。

当个体无法获得行为控制时,会通过增加感知控制(认知控制和决策控制)来达到控制的目的。感知控制的增加会对人们的生理和心理变化产生积极影响。高水平的感知控制与高度的满意感是密切相关的。

主要有六个因素影响感知控制:

第一,感知投入的时间。若顾客参与服务过程所需花费的时间较少,说明其能对服务过程进行更轻松的控制,因而产生更强的感知控制感。

第二,对服务工作的可选择性。当顾客面临唯一的选择时,往往会感觉到自己缺乏对形势的控制;而当顾客面临多种可选项时,则会感觉到自己有一定的控制权。

第三,服务过程的工作效率。顾客都希望服务人员能够对自己的需要作出快速、恰当的反应,这样能感觉到自己有较大的控制权。

第四,与服务人员接触的程度。当服务缺少企业和员工的参与时,顾客的感知控制较高。例如,尽管在自助服务技术(self-service technology,SST)情形下缺少人际互动,但相较于传统服务,该情形下的顾客感知控制要强烈得多。

第五,需要投入的精力。与感知投入的时间相似,顾客在服务过程中需要花费的精力越少,说明其对服务过程的控制越轻松,因而能够产生更强的感知控制感。

第六,购买风险。顾客面临的购买风险越小,所感知的控制权越大。

在这六个影响因素中,感知投入的时间和对服务工作的可选择性是影响消费者服务方式选择的两个主要因素。

(2)自我决定理论(self-determination theory)

自我决定就是一种关于经验选择的潜能,是在充分认识个人需求和环境信息的基础上,个体对行动所作出的自由选择。自我决定的潜能可以引导人们从事感兴趣的、有益于能力发展的行为。自我决定理论是一种在社会环境中描述人类动机发展与功能的理论,它将关注的焦点放在人类行为的有意志的或能够自我决定的程度上,主张人类天生就有主动追求心理成长和整合的积极倾向,而这种对个体自我决定的追求形成了人类内在的动机。在顾客参与过程中,顾客参与影响因素可以使顾客在参与过程中感知到更大的心理满足,从而强化其参与动机,进而提升顾客参与的水平。

(3)心理抵触理论(theory of psychological reactance)

心理抵触理论认为,人们会对那些试图控制其行为或威胁其自主选择权的行为产生抵触情绪。当顾客感知到自主选择的能力受到威胁时,会产生抵触心理。心理抵触理论认为,心理抵触感的形成包括自由、自由威胁、抗拒和重获自由四个核心要素。操控性的广告、不可得的产品、销售人员的推荐、政府规定等都常被顾客视为潜在的自由限制。顾客会对威胁其自主选择过程的行为产生抵触心理,而心理抵触会给顾客带来消极认知和消极情绪,进而会影响顾客的态度和行为。在顾客参与中,服务提供者应当降低对顾客自主控制能力的威胁,减少顾客抵触心理的产生,从而提升顾客参与的水平。

2. 与剧本角色的契合感

角色被定义为个体在某些社会互动中为实现目标过程中的最大效果而完成的一系列行为。角色理论的重要内容在于角色期望,即某一社会职务占有者的特权、责任和义务。简言之,社会期望是对个人社会地位的界定。当服务过程中的参与者错误地理解了他们各自的角色时,可能会出现一些问题。当服务人员对其工作需要的理解与顾客的理解出现差异时,服务过程中就会出现不匹配事件;当顾客对其自身角色的理解有别于服务人员时,就会对整个服务提供者产生认知上的差异。每个角色不同,其行为规则和行事风格就会有所不同,这与个体无关,即角色理论不与服务过程中参与者的感知直接相关,它与服务接触和顾客满意的概念不兼容。例如一个大人和一个小孩,即使面对的是同一个服务提供者,他们对互动过程的感觉和评价也会不同。在顾客参与中,顾客的满意度是"角色契合感"的函数。

影响角色契合感的因素包括:

第一,角色是否明确。确定自己的实际地位以及与他人的关系,从而确定充当怎样的角色。角色越明确越有利于顾客理解自己的角色,如果顾客对服务过程中需要扮演的角色认识不清晰,顾客参与行为就会受到限制。

第二,角色与顾客预期的匹配程度。角色与顾客预期的匹配程度越高,那么顾客对角色的理解程度就会越高,与剧本角色的契合感也就越高。

第三,角色的社会定义。了解社会对角色的要求。角色的社会定义越明确,顾客对角色的理解也会越清晰,出现不匹配事件的可能性也会越小,与剧本角色的契合感也就越高。

第四,角色与剧本设计的匹配程度。当角色与剧本设计的匹配程度较高时,顾客不易产生"出戏"的感觉,从而能够与剧本角色之间产生较高的契合感。

第五,演出过程及其他参与者对角色的影响。演出过程及其他参与者与顾客的角色配合得越好,顾客角色与剧本角色的契合感也就会越高。

3. 自我服务偏见

参与者倾向于对参与责任进行自我归因,但归因过程存在自我服务偏见。自我服务偏见指个体在进行归因时倾向于将成功的结果归于自己,而将失败的结果归于外部环境或其他人。这种心理上的倾向在独立完成的任务和相互依赖共同完成的任务中都得到了研究和证实。参与者合作完成一项任务,其成功或失败依赖于双方的联合贡献或努力,而非一方的付出。得到成功反馈的参与者会认为自己比合作伙伴对任务的结果贡献得更多,而得到失败反馈的参与者会认为合作伙伴比自己对任务的结果负有更多的责任。

产生自我服务偏见的主要原因是这种心理倾向有助于保护或者提高人们的自尊并改善人们的公开形象。当参与者高度介入一种活动中,自愿选择从事一种活动且成绩公开时,会产生自我服务偏见。自我服务偏见已经被证实会受到文化的影响,它在个人主义文化下要比集体主义文化下更普遍。

虽然自我服务偏见在社会学领域得到了广泛的认可,但是社会学领域毕竟不等同于商业领域,在顾客和企业打交道的过程中,顾客通常认为不管自己参与与否,企业都要对结果负有更多的责任。但以往服务领域有关顾客参与的研究并没有考虑自我服务偏见的影响,主观性认为如果顾客积极参与到服务的生产和服务之中,他们就必须对服务的结果负责,那些高度参与的顾客会将不满意的结果更多地归因于自己而不是服务提供者。有研究通过实验证实了商业领域中自我服务偏见的存在,并验证了其对顾客心理认知过程的影响。当顾客参与到服务生产过程中时就会出现自我服务偏见,从而影响顾客对企业的满意度。

4. 顾客心理契约

顾客心理契约指在参与活动中,顾客对自己与企业之间互惠义务的感知和信念,顾客心理契约主要关注的是顾客对企业许诺义务或责任的感知。在顾客与企业的互动环节中,购买商品、享受服务的价格、质量保证、服务接触人员良好的服务态度、人格的尊重等都构成了企业与顾客之间的心理契约内容。

顾客参与影响顾客的消费体验或服务的互动效果,进而影响顾客的态度和行为。服务过程中的顾客参与增强了顾客与服务提供者之间的信息交流,增进了顾客与企业之间的感情,从而使顾客与服务提供者之间的信息不对称问题得到了解决,并且降低了顾客对服务过程中的风险感知,增加了其对结果的控制感。随着顾客参与程度的提高,顾客可以了解到更多的有关服务过程和服务质量的信息和知识,通过与企业人员的交流、沟通以及在参与过程中的体验活动,可以为顾客带来更高的学习价值。在顾客自我实现价值等高层次需求得到满足的过程中,顾客对自身的责任要求随之提高,顾客会对自己的行为作出约束。因此,顾客会更愿意履行自己的义务,加强契约。

另外,在顾客参与情境下,通过基本的服务接触,服务接触人员就会与顾客形成交易心理契约,顾客期望从服务接触人员那里得到某一水平的绩效和表现,如礼貌的服务、清洁的环境和努力的工作,这些都体现为功能性效用,同时也是顾客与服务组织交互的基本前提。心理契约会给顾客带来对交换伙伴更高程度的认同。这种较强的认同感会让顾客感知到自己同该组织间有很强的纽带关系,因而顾客会更有信心通过参与来满足其独特的产品需求。因此,心理契约促进了顾客参与。

案例 6-3

星巴克星享卡

持有星享卡的会员,可在购买星巴克产品时积累星星,兑换星享俱乐部会员好礼。每累积消费 50 元可获赠一颗星星。星星越多,会员等级越高,赠礼越丰富。

1. 银星级

亲友邀请券:买一赠一。

早餐咖啡邀请券:使用时间从门店开始营业到早上 11 点之前。

升杯邀请券:免费升级一个杯型(比如 Tall 升 Grande,或者 Grande 升级 Vanti)。

2. 玉星级—5 星

生日邀请券:在您的生日当月,将获赠一杯中杯饮料。

咖啡邀请券:单次购买中每买满三杯手工调制的饮料,即获赠一张咖啡邀请券。

3. 金星级—25 星

专属金卡:将寄至您的注册邮寄地址。

生日邀请券:在您的生日当月,将获赠一杯中杯饮料。

咖啡邀请券:单次购买中每买满三杯手工调制的饮料,即获赠一张咖啡邀请券。

周年庆邀请券:为庆祝账户周年您将获得一张周年庆邀请券,您将获赠一杯中杯饮料。

咖啡邀请券:每购买 10 次您就可以得到一张咖啡邀请券。

资料来源:星巴克星享俱乐部官网,https://www.starbucks.com.cn/cn/rewards。

二、顾客参与是一把双刃剑

顾客参与不同维度的行为能够在生产率、感知控制、感知服务质量和服务补救等方面作出贡献。对顾客参与的研究能够帮助管理者更好地理解企业提供服务所带来的经济和社会方面的价值,能够减少经济成本,促进对服务质量的积极感知,通过参与建立顾客与企业的关系,来帮助企业挽留顾客。但顾客参与在顾客满意度和服务价值等方面还存在一些尚待商榷的不利影响。

1. 正面影响

(1)提高生产效率

顾客最初被视为企业的生产资源,能够通过顾客劳动对服务提供者劳动进行的替代来平滑需求,产生更高的生产效率。随着顾客角色的转变,顾客逐渐被视作企业的兼职员工,顾客不仅有能力而且愿意扮演兼职员工的角色,这种转变能够帮助企业生产与传递服务,直接或间接影响企业的运营和效率。把顾客参与作为要素投入服务生产中,可以降低劳动成本,提高企业的生产效率。同时,顾客也逐渐被视作企业的内部员工,认为顾客与服务提供者之间的互动是企业提升生产效率的要素之一。将顾客视为内部员工,可以激励顾客参与服务的生产与传递过程,让他们与员工共同创造服务产出,从而提高生产效率。从顾客角色演变的角度来看,顾客从被动的听从者变成了积极的合作者,企业因此能够通过顾客参与来提高服务的效率水平。

（2）提高顾客的感知控制

感知控制指顾客感觉到的他在一个服务过程中所能控制的程度。顾客积极参与服务过程的一个重要动机是通过参与获得心理和行为上的控制感。顾客参与的一种形式是获得更多关于服务的信息而增加顾客的感知控制。

（3）提高服务质量感知

服务被传递之前，顾客经常为自己的服务质量感知付出努力，试图与服务员工有着更亲密的接触，因而企业员工会对顾客的需求有更多的了解，从而让顾客感知到更高的服务质量；另外，顾客积极参与服务是出于互惠互利的原则，因此顾客更愿意向企业提供有用的信息，也会对企业的服务质量有着较为实际的预期，从而会对服务结果更加满意。

（4）影响服务失败归因和服务补救结果

顾客在参与服务时会存在自我归因偏见，顾客会将不满意的服务结果和自己联系起来，觉得自己对企业也没有那么不满。当顾客参与服务补救的干预过程时，他们在参与中能够提供准确的信息，帮助企业减少服务补救成本。此外，顾客参与可以有效地提高角色的清晰度，使顾客体验到较高水平的服务价值，提高顾客对服务补救的满意程度，并会表现出未来继续参与合作的意愿。

2. 负面影响

（1）顾客参与对顾客满意的影响

有学者指出，服务提供系统应该尽量与顾客投入隔离，以减少顾客给生产带来的不确定性，这是因为顾客需求时间的选择与顾客的行为难以被控制。管理顾客是一件非常困难的事情，因为很难采取适当的激励或处罚措施，而且企业也不可能像对待正式员工那样去规范顾客的行为与价值观。所以，顾客参与可能会增加企业服务过程的不确定性。另外，由于服务过程中顾客的参与，可能会使顾客感觉绝大多数服务是由自己完成的，反而降低了顾客满意。

（2）顾客参与对服务价值的影响

有研究认为，顾客参与本身并不具有明显的价值优势，顾客参与对服务价值的效果因文化不同而不同：在集体主义和高权力距离文化中的顾客能够在参与中带来较高的关系价值和较低的经济价值，而在个人主义和低权力距离文化中的顾客则能够在参与中带来较低的关系价值和较高的经济价值。但在这种文化背景下的企业员工会由于工作压力产生较低的工作满意度，从而影响员工与顾客之间的关系。

顾客参与虽然能够在生产率、感知控制、感知服务质量、服务补救等方面作出贡献，但也可能在顾客满意以及服务价值等方面存在着不利影响。要充分利用顾客参与带来的好处，我们需要分辨各方面的影响因素。在顾客自身方面，主动性高的顾客会有更大的动机参与活动，角色清晰的顾客会将自己视作企业的员工，认为自己和企业有着较强的关联角色清晰程度，因此企业要加强对顾客参与积极性的调动；在组织方面，员工承担着对顾客进行直接服务的角色,企业应当对员工有更高的要求;在服务系统方面,为了灵活地满足顾客的需求,要及时进行优化调整,防止系统僵化。

学术智库 6-1

企业 CSR 活动中的顾客参与加强了服务品牌忠诚的形成

CSR(corporate social responsibility)指企业在其商业运作过程中对其利益相关人员应负的责任。企业社会责任的概念是基于商业运作必须符合可持续发展的想法,企业除应考虑自身的财政和经营状况外,也要加入其对社会和自然环境所造成的影响的考量。

有研究发现,CSR 通过品牌认同对服务品牌忠诚产生影响。当人们对一个品牌产生认同(identification)后,他们会被本能地驱使着去做一些和兴趣相符的行为。忠诚是一个人对品牌的态度和情感的行为表达方式。当顾客对一个企业产生认同后,他们会倾向于更多地购买和推荐这个企业的产品以及服务。

企业 CSR 活动中的顾客参与能够帮助建立顾客——品牌关系。一个可能的原因是顾客参与减少了顾客与品牌的心理距离并因此增加了对品牌的认同。有研究表明,与 CSR 问题的个人距离或关联加强了顾客对企业 CSR 的评价,也就是说,当顾客感受到与 CSR 问题距离较近时,他们会更积极地评价产品或服务。另一个可能的解释是基于社会身份理论(social idendity theory),该理论认为,人们更有可能去认同他们认为可以保持或者提升自尊(self-esteem)的品牌。由于参与"做好事"是顾客展示自我的方式之一,这会提高人们的自我印象(self-image),并因此增强了顾客对品牌的认同。

当个人认同了一个品牌后,个人对自我定义(self-definition)以及社会身份(social i-dentity)的需求会由简单的认同感转化为强烈的附属感(attachment),而这种附属感会通过品牌忠诚的方式表现出来。当顾客形成了与品牌的联系时,在企业 CSR 活动中的顾客参与可能会通过品牌以及对品牌的忠诚加强他们自身和社会组织认同(identification)之间的联系。顾客和员工通过在建立关系中的享受感共创关系价值,当他们从品牌中感知到个人和社会利益时,会对品牌展现出更多的承诺。因此,企业 CSR 活动中的顾客参与会增加个人和社会认同对服务品牌忠诚的影响。

而企业 CSR 活动中的顾客参与更多的是一种展现自我印象、价值观、生活方式以及角色的个人行为,这种个人行为使顾客感受到更多对品牌的个人认同。也就是说,一旦认同了企业,顾客会更多地将消费作为表现他们的个人身份的方式,而不是作为满足展示他们社会地位需求的方式。因此在顾客参与情景中,个人认同可能会比社会认同对品牌忠诚有更多的影响。

资料来源:Moon-Kyung Cha, Youjae Yi, and Richard P. Bagozzi,"Effects of Customer Participation in Corporate Social Responsibility (CSR) Programs on the CSR-Brand Fit and Brand Loyalty", *Cornell Hospitality Quarterly*, 2016, 57(3), 235-249。

三、顾客参与管理

1. 顾客参与中的自助服务技术

自助服务技术（self-service technology，SST）指在整个服务过程中，没有服务人员的介入，由服务企业提供以促使顾客自行创造服务的技术。例如自动存取款机（ATM）、网络银行、自动售票机、自助加油站、自助值机柜台、校园一卡通等。相对于传统的市场交易，自助服务技术可以提高顾客和企业之间互动的频率，打破顾客和企业之间互动空间的限制。不再需要顾客和服务人员面对面地完成一个产品或服务的交易，顾客只需要通过服务企业提供的技术界面就可以由自己来完成一个所需的服务。当顾客面对自助服务技术和传统服务方式时，即使没有货币性诱因或便利性诱因仍然会有顾客选择使用自助服务技术，感知投入时间和对情况的感知控制是选择自助服务技术的顾客与倾向传统服务方式的顾客之间的最大差异。感知有用性、感知易用性和感知风险是影响顾客对自助服务技术态度的主要因素。

自助服务技术虽然取代了过去顾客与服务人员的直接接触和互动，但仍然能为顾客提供服务，同时也能够为服务提供商节约劳动力成本、提高工作效率、提供更一致的服务环境等。在自动服务技术情境下，服务的传递过程是由顾客借助服务提供商提供的技术来完成的，如果服务质量达到或超出他们的预期，不仅服务本身会为顾客带来满意感，顾客参与也可以为顾客带来满意感。要促进顾客对自助服务技术的使用，主要在于提高顾客对自助服务技术的感知有用性和感知易用性，并降低对自助服务技术的感知风险，如对自助服务平台的优化完善、增加操作便利性等。

案例 6-4

希尔顿 HHonors App

希尔顿酒店认为，"未来的智能手机和其他移动设备将实现客人对整体旅游体验的远程控制"。他们通过希尔顿 HHonors App 推出了行业领先的数字化 check-in 服务和房间选择服务，让客人通过手机就能预订、入住和结账，改变了客人与希尔顿品牌互动的方式。希尔顿酒店利用移动技术来确保酒店体验对旅行者来说无缝衔接、足够简单。希尔顿酒店在此方面进行了大量投资，探索智能手机对客户体验的积极影响，研究成果很有意义。酒店客人可以通过智能手机进行预订，希尔顿 HHonors 奖励计划的成员可以通过手机 check-in、根据数字化的平面图选择特定房间，还可以定制服务，如客房升级、要求某些物品送到房间等。他们还计划允许客人使用个人设备结账，并在希尔顿的大多数酒店中推广智能手机房卡服务。

资料来源：http://www.traveldaily.cn/article/87542。

2. 顾客参与与顾客准备

顾客准备指顾客自身做好准备的状态或情形,包括角色清晰性(role clarity)、动机(motivation)和能力(ability)三个维度。角色清晰性指顾客对于去做什么的认知及理解;动机指顾客接受使用自助服务技术带来的相关好处的欲望;能力指顾客拥有完成任务所必需的技能和信心。顾客准备的程度越高,其某种行为的准备状态就越充分,该行为发生的可能性也就越高。换言之,当顾客的角色清晰性很高、动机很强烈、能力很强时,顾客的准备状态就越充分,产生某种行为的倾向就越大。

(1)顾客角色清晰性正向影响参与程度

角色清晰性强调"知道做什么"。角色清晰性比较高的个体,对服务的流程和脚本以及自身应该扮演的角色都比较了解,知道何时参与、如何参与服务过程,因此在服务过程中的参与程度更高。已有研究表明,当顾客对自身角色的感知比较模糊时,其成功参与服务过程的可能性会更低。

(2)顾客动机正向影响参与程度

动机强调"想做什么",是推动行为的内在驱动。顾客教育使顾客明白,服务过程的参与有助于提高服务质量、建立人际关系。前者属于外部动机(外部利益),后者属于内部动机(自我的巩固和提升),这两方面的动机会正向影响顾客参与水平。

(3)顾客能力正向影响参与程度

能力强调"能做什么"。能力较高的个体,其拥有的产品知识、技巧和自信也比较高。当人们认为他们不能胜任某项任务时(能力不足),便不会参与服务过程,即使他们承认参与可能会带来更好的结果。因此能力会正向影响顾客参与水平。

3. 顾客参与创新

顾客参与创新指企业在新产品或新服务开发过程中为满足顾客需求,以顾客提供资源及采取行动为基础的互动。顾客参与创新包括信息分享、合作开发及产品推广三个维度。创新可以通过顾客的信息分享获得新知识,而顾客知识既是服务企业外部知识的关键来源,也是企业实施创新活动的主要依据,能更好地帮助企业进行创新,满足顾客的需求;可以通过合作开发及时了解顾客需求,由于是顾客合作进行的开发,在完成之后能够增加顾客对该新产品或服务接纳的程度;可以通过产品推广使得顾客更愿意接受自主参与创新的产品或服务。

顾客与企业合作在创新过程中发挥了重要作用。顾客参与能够实现顾客与企业在服务创新活动中的有效互动,从而提升服务的创新程度及创新速度。具体表现在以下三点:

(1)顾客参与创新可以更好地把握顾客需求

传统营销中的新产品开发从收集和分析信息、识别顾客的需求开始,这种由企业主导进行的新产品开发是一个漫长试错的过程,经常往返于企业和顾客之间。在很多情况下,理解顾客的需求往往是一个花费很大且不准确的过程,甚至当顾客准确地知道他们需要什么样的产品或服务时,他们也经常不能将这种信息清晰、完整地传递给企业。而在顾客参与的创新活动中,顾客已经成为创新团队的一员,信息已融入合作创新之中。这是因为当顾客参与创新时,信息是在顾客与企业之间直接交换的,具有清晰性和准确性的特点,信息交换更加迅捷和频繁,能够最大限度地消除顾客需求信息传递的障碍,将顾客的真实需求最直接地反馈给服务企业。

（2）顾客参与创新可以有效地降低企业新产品开发的成本

在顾客参与创新的过程中,企业并不一定是创新的唯一主体,它和顾客是一种合作关系。随着这种合作的深入,顾客将分担更多原来属于企业的工作,企业甚至可以转变成执行者的角色,让顾客对新产品进行决策。

（3）顾客参与创新可以有效地降低新产品开发的风险

新产品开发的过程是一个经历风险的过程,在开发过程中,企业要面临诸多风险,例如环境、阶段性的和用户要求带来的不确定性。由于产品的"需求"信息在顾客方,而"解决"信息在服务或产品提供方,这种买卖双方的信息不对称要求企业在新产品的开发过程中收集、处理与使用顾客和潜在顾客的需求信息。企业能否尽早、直接、持续地从潜在顾客处获得信息就显得尤为重要。而使顾客参与到新产品开发的过程可以减少这种信息的不对称。

案例 6-5

"T恤之王"——Threadless

位于芝加哥的 T 恤衫创意平台 Threadless.com 网站鼓动访客提交他们的作品。Threadless 每周都会在其官网上举行设计竞赛,会员可以将自己设计的 T 恤图案上传展示,并让浏览者按 5 分制打分;最终挑选出 10 件评分最高的作品,作为这一周公司外包生产的 T 恤图案。Threadless 将 T 恤外包生产,每个图案只生产 1 000 件,只有网站订购数量达到了一定的数额,T 恤才会正式被安排入生产线进行批量生产。另外,对于那些被选中作品的设计师,Threadless 会为他们提供 2 500 美元的现金和价值 500 美元的礼品券,进行物质奖励。

资料来源:http://www.cb.com.cn/businesses/2011_0701/234360.html。

---

4. 顾客参与与顾客社会化

顾客社会化指组织帮助顾客建立对服务中角色任务的理解和掌握服务传递所需的相关知识、技能的活动,是帮助顾客接受和适应组织所要求的行为模式的一种过程。简而言之,顾客社会化也可以看作是由组织引导顾客学习必要知识的一种活动,通过这种学习可以使顾客认识到自己在服务过程中应该做什么以及怎样做。

顾客社会化的作用在于以下五点：

（1）顾客社会化活动有助于提高顾客对产品或服务的需求水平和购买意愿

以顾客学习为主旨的社会化活动可以帮助顾客真正地认识到服务的意义，形成对产品或服务的正面态度，促使顾客的潜在需求转变为现实需求。同时，顾客社会化活动也增加了顾客对组织价值观和服务规范的了解程度，加深了顾客对企业的信任水平，促进了顾客的购买意愿。

（2）顾客社会化活动有助于改善顾客满意

顾客满意来自顾客感知绩效与预期绩效的比较。顾客社会化避免了顾客产生超出现实的预期，确保公司的服务承诺能够达到顾客的预期水平，增加了顾客满意度。

（3）顾客社会化活动有助于降低服务失败率

顾客在社会化过程中明确了自己在服务中应当履行的角色行为和责任，因而促进了顾客正确的参与行为，降低了员工工作负荷，并且减少了服务失败以及由此而来的顾客报怨。

（4）顾客社会化活动有助于降低企业的服务成本

一方面，顾客社会化增加了顾客对产品或服务知识和技能的了解，提高了顾客的自我效能感，从而增加了顾客采用自助服务技术的能力和动机，降低了企业的人员服务成本；另一方面，顾客社会化可以通过创造顾客分享知识的机会，促使有经验的老顾客向新顾客提供信息，从而降低企业的服务成本。

（5）顾客社会化活动有助于监督和激励销售人员向顾客推荐真正适合的产品或服务

随着在社会化过程中对相关产品知识和技能的掌握程度的不断提高，顾客能够清楚地界定和表达自己的需求，他们对具有职业素养的专家型销售人员的需求水平和鉴别能力得到提高，这使过去以销售提成为导向却忽视顾客需求的销售人员逐渐被市场淘汰，使真正以顾客为导向的销售人员受到顾客肯定和尊重，促进了行业整体服务水平的提高。

顾客社会化旨在引导顾客理解和接受自己在服务过程中所需的角色规范和消费技能。在营销中，顾客在社会化活动中主要有三个接触层面：顾客—任务层面、顾客—群体层面和顾客—组织层面，不同的接触层面赋予了顾客特别的角色内容、相关规范以及知识和技能要求。根据顾客在社会化活动中的不同接触层面，顾客社会化策略可分为任务社会化策略、群体社会化策略和组织社会化策略。

（1）任务社会化策略

任务社会化策略指在服务任务完成的过程中，企业清晰地向顾客传递其应当承担的任务角色和责任，引导顾客学习和理解任务相关的知识和技能。任务社会化的目标在于保障顾客任务顺利完成，因此其核心内容关注于任务目标的学习、调整和达成，强调顾客对任务角色的学习和认知。

（2）群体社会化策略

群体社会化策略指充分利用人际和群体影响来确保顾客在群体中正确地执行其群体角色，以形成对群体和个人都有利的影响。群体社会化策略的主要目标是引导顾客在群体中做出对其他成员有利的行动、增加群体对顾客的正面作用、促进良好的群体消费体验，以及规避危机事件在群体中的快速扩散性和影响力。

（3）组织社会化策略

组织社会化策略通过影响顾客对组织价值观的理解、调适和认同，使顾客更好地融入组织和执行组织角色。优秀的顾客承担着与员工类似的执行组织角色的职责，即理解、传递组织的价值观，并以自身行为来构建组织的社会形象。组织社会化策略的目标在于促进顾客建立关于组织身份的感知，使顾客接受和认同与组织身份相关的规范、文化和价值观。组织社会化能够增加公司品牌的差异性，通过向顾客展示企业的价值理念和管理哲学，提高顾客对企业的认同感，吸引顾客在执行组织公民行为的过程中增强品牌体验，增加顾客与企业保持长期关系的意愿。

▦ 本章小结

服务行业本身的特殊性要求顾客在享受服务的同时也要参与服务生产和传递的过程，不同行业的顾客参与的程度也不尽相同，而且随着社会的进步和信息技术的发展，服务行业的形式呈现出多样化的发展趋势，顾客参与的形式也在不断扩展。顾客参与能够通过感知控制、角色契合、自我服务偏见等因素对服务过程产生影响。但顾客参与对服务过程的影响是复杂的，它既可以对生产效率、感知控制、感知服务质量以及服务补救产生积极影响，也会对顾客满意和服务价值产生消极影响，因此应当通过自助服务技术、顾客准备、顾客参与创新以及顾客社会化等方式从顾客和企业两方面来加强对顾客参与的管理，充分发挥顾客参与的积极影响。

❓ 复习思考题

1. 简述顾客参与的内涵。
2. 顾客参与的水平是如何划分的？
3. 顾客参与通过哪些方面对服务过程产生影响。
4. 简述顾客参与的影响。
5. 如何理解"顾客参与是一把双刃剑"？
6. 如何进行顾客参与管理？

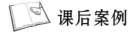 **课后案例**

无印良品

　　株式会社良品计划,简称"无印良品"(MUJI),是一个日本杂货品牌,产品类别广泛,以日常用品为主。它于1983年在日本东京的青山开设了第一家店面,1990年成立了独立的公司——株式会社良品计划,在海外以MUJI为品牌设立据点。2015年无印良品在日本共拥有401家店铺,海外分店301家。产品类别从最初的几十种发展到了现在的7 000多种,从牙刷到汽车、从食物到电器,从眼镜店到Meal MUJI餐厅,从实体店到网店MUJI.Net,已然成长为完整的Life Style Store(生活形态提案店)。20世纪90年代中期,无印良品便开始探索以顾客建议、需求为出发点的产品开发战略,通过互联网让顾客直接参与产品的开发过程,在网络虚拟环境下与顾客进行频繁的对话与互动,以创造出新价值。2000年建立公司官方网站,2001年在网站上正式推出良品计划创新项目,吸引顾客参与企业的新产品开发过程。2009年设立"くらしの研究所"(生活研究所)网络社区,截至2015年3月,社区中日本会员已多达351万人。此外,无印良品不仅仅局限于企业网站,还通过Facebook、Twitter、Mixi三大社交网络与全世界的消费者进行互动。

　　无印良品通过建立虚拟社区,利用顾客群体的创造力来进行产品设计与开发,这与以往的市场调研方式,即传统的市场调研方法、领先用户法等大相径庭。首先,虚拟社区在产品概念构思阶段就邀请顾客参与,不仅需要顾客提供需求信息,产品解决方案也从顾客中获取。其次,虚拟社区可通过更多样化的顾客收集信息与情报。传统的市场调研方法聚焦于目标市场,利用随机抽样的方式收集情报与信息;而领先用户法则是先确定领先用户,再通过领先用户获取情报与信息。再次,虚拟社区可从更广泛的地域范围内收集顾客情报与信息。社区内用户的文化、区域差异有助于产生超乎公司内研发人员想象的新奇、独特的产品。最后,社区内成员可浏览新产品的开发流程,即开发过程对社区成员开放,这也是不同于其他两种市场调研方法的一个重要特点。无印良品在网络虚拟社区内与顾客进行新产品开发的流程大致如下:

　　(1)参与新产品开发计划的顾客首先在"くらしの研究所"(生活研究所)网络社区进行会员登录。登录是自由和免费的,且新用户有500日元的优惠券奖励,可在线上或者线下店内购买产品时使用。顾客成为会员后,可在社区内对想要的生活、想要的产品自由发表意见和建议。

　　(2)企业定期从大量顾客建议中选出一个产品研发主题,并公布在社区内,鼓励社区成员围绕主题提出产品创意。然后,企业收集并整理来自社区成员的产品创意,选定数个具有代表性的创意,进行编辑和整理,公示在网络社区中。接下来,号召社区成员对这些创意进行投票,选出最中意的产品创意。投票期结束后,企业汇总投票结果,并在网络社区内进行公示。

（3）企业研发部门对于得票最高的产品创意，结合生产实际，提出若干设计方案，公布在网络社区内，邀请会员投票选择。对于得票最多的设计方案，企业研发部门将对其进行产品化探讨，确定样式、制造商、最小生产量、价格等。

（4）围绕已经确定的产品方案，在网络社区内对顾客进行宣传，并征集顾客的购买意愿。当具有购买意愿的顾客人数超过最小产品生产量后，便开始投入生产，并对在网络上预定产品的顾客给予一定的折扣优惠。但是，若3个月过后，顾客真正购买产品的数量未达到最小产量，则立刻停止生产。

（5）网络订购者购买结束后，才开始将新产品登载在企业网络商店上，并同时在实体店内发售。产品售出后，持续跟踪用户，获取反馈意见与建议，并根据用户意见与建议进行产品改良，或重新开发新产品。

无印良品通过建立网络虚拟社区，鼓励全球顾客在线参与新产品设计与开发。在网络虚拟社区内，每一位顾客都可以将自己想要的产品写成提案，发表在社区内，也可以对其他人发表的提案进行评论和投票，产品概念也通过顾客投票的方式选择出来。在产品上市阶段，先在网络虚拟社区内征集购买意愿，当购买意愿达到最小产品生产量时，才开始投入生产，同时在网络订购者购买结束后，才开始在网店和实体店发售。此外，企业会将产品项目开发的全过程实时公布在社区内供顾客浏览。可以说，在网络虚拟环境下顾客可以参与从产品创意到产品上市的新产品开发的各个环节。

资料来源：张洁、蔡虹、赵皎卉，"网络虚拟环境下基于DART模型的顾客参与价值共创模式研究——以日本企业无印良品为例"，《科技进步与对策》，2015年第8期，第88—92页。

案例讨论题

1. 试分析无印良品产品开发环节中顾客参与的影响。
2. 除了网络虚拟社区，无印良品还可以尝试从哪些方面加强对顾客参与的管理？

第七章　服务中的员工贡献管理

如果把我的厂房设备、材料全部烧毁，但只要保住我的全班人马，几年以后，我仍将是一个钢铁大王。

——安德鲁·卡内基

第一节　服务员工的重要性

一、服务利润链模型

服务利润链（service profit chain, SPC）最早由詹姆斯·海斯克特等人在 1994 年提出，是指企业通过基本服务活动和辅助服务活动创造价值的动态过程。服务利润链描述了一条连接内部服务质量、员工满意、服务行为、顾客满意、顾客忠诚以及企业盈利和成长的路径，企业可以通过改善该路径中的各项活动来提升其财务绩效。

服务利润链模型最主要的贡献是建立了一种关系，这种关系把企业的获利能力和增长能力、顾客忠诚度、顾客满意度、外部服务质量、员工生产力、员工满意度、内部服务质量联系在一起，其核心思想是企业价值来源于顾客忠诚，顾客忠诚来源于其接受的服务的价值，而服务的价值来源于员工的满意度，如图 7-1 所示。

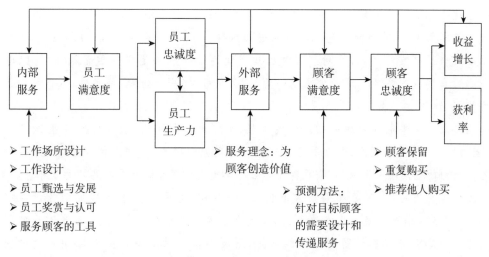

图 7-1　服务利润链模型

资料来源：Heskett, J. L., and L. A. Schlesinger, " Putting the Service-profit Chain to Work", *Harvard Business Review*, 1994, 72(2), 164-174。

（1）顾客忠诚推动企业盈利和增长能力

近年来,顾客忠诚度逐渐成为影响企业利润高低的重要因素。忠诚的顾客不仅是企业竞争力的重要决定因素,也是企业长期利润实现的根本源泉。弗雷德里克·F.莱西赫尔德等人的研究表明,顾客忠诚度只需提高5%,即可使利润增长25%—85%,足以证明顾客忠诚度的重要性。

顾客忠诚度对企业盈利能力的影响主要体现在以下几个方面:一是巩固企业现有市场,顾客忠诚度高的企业对竞争对手而言意味着较高的进入壁垒,这往往会使竞争对手望而却步,从而有效地保护了企业的现有市场;二是降低成本,企业争取一位新顾客的成本(包括开发新产品、广告、促销、分销等)是维系一位老顾客成本的5—6倍;三是口碑传播,企业的忠诚顾客会向自己身边的亲朋好友进行企业的正面宣传,从而能使企业在不花费宣传成本的情况下吸引到更多的顾客,实现利润的进一步扩大;四是溢价,当顾客的忠诚度较高时表明顾客注意并看重一家企业的服务,因此愿意为那些服务支付额外的溢价费用。

案例 7-1

东方饭店的老客户维护之道

泰国的东方饭店堪称亚洲饭店之最,几乎天天客满,不提前一个月预定是很难有入住机会的,而且客人大都来自西方发达国家。泰国在亚洲算不上特别发达,但为什么会有如此诱人的饭店呢? 我们不妨通过一个实例来看一下。

一位朋友因公务经常出差泰国,并下榻在东方饭店,第一次入住时,良好的饭店环境和服务就给他留下了深刻的印象。当他第二次入住时,几个细节更使他对饭店的好感迅速升级。那天早上,在他走出房门准备去餐厅用餐时,楼层服务生恭敬地问道:"于先生是要用早餐吗?"朋友很奇怪,反问:"你怎么知道我姓于?"服务生说:"我们饭店规定,晚上要背熟所有客人的姓名。"这令他大吃一惊,因为他频繁地往返于世界各地,入住过无数高级酒店,但这种情况还是第一次碰到。

朋友高兴地乘电梯下到餐厅所在的楼层,刚刚走出电梯门,餐厅的服务生说:"于先生,里面请"。他更加疑惑,因为服务生并没有看到他的房卡,就问:"你知道我姓于?"服务生答:"上面的电话刚刚下来,说您已经下楼了。"如此高的效率让于先生再次大吃一惊。

朋友刚走进餐厅,服务小姐微笑着问道:"于先生还要老位子吗?"他的惊讶再次升级,心想:"尽管我不是第一次在这里吃饭,但最近的一次也有一年多了,难道这里的服务小姐记忆力那么好?"看到朋友惊讶的目光,服务小姐主动解释说:"我刚刚查过电脑记录,您在去年的6月8日在靠近第二个窗口的位子上用过早餐",朋友听后兴奋地说:"老位子! 老位子!"服务小姐接着问:"老菜单? 一个三明治,一杯咖啡,一个鸡蛋?"朋友现在已经不再惊讶了,"老菜单,就要老菜单!"朋友已经兴奋到了极点。这一次早餐给他留下了终生难忘的印象。

后来,由于业务调整的原因,朋友有三年的时间没有再到泰国去,在他生日的时候却收到了一封东方饭店发来的生日贺卡,里面还附了一封短信,内容是:亲爱的于先生,您已经有三年没有来过我们这里了,我们全体人员都非常想念您,希望能再次见到您。今天是您的生日,祝您生日愉快。

朋友当时激动得热泪盈眶,发誓如果再去泰国,绝对不会到任何其他的饭店,一定要住在东方,而且要说服所有的朋友也像他一样选择。朋友看了一下信封,上面贴着一枚六元的邮票。六元钱就这样买到了一颗心,六元钱就能维护与一名老客户的关系。

资料来源:http://www.douban.com/note/276209684/。

(2) 顾客满意推动顾客忠诚

顾客满意起源于社会心理学中的差距理论。根据这一理论,顾客在消费前会形成希望本次消费所达到的标准,消费后顾客将消费的实际过程同这些标准进行比较,产生的差距大小和方向决定了顾客是否满意和满意的程度。若产品和服务高于顾客期望,差距越大,顾客的满意程度越高;若产品和服务达不到顾客的期望水平,顾客就会感到不满意,并且不满意的程度会随着差距的扩大而加强。

顾客满意和顾客忠诚之间具有相关关系,如图7-2所示。只有在顾客感知服务质量优异、顾客非常满意的情况下,顾客才会再次消费并且保持忠诚。原因是存在质量不敏感区域。在质量不敏感区域,顾客满意度水平尽管较高,但顾客并不一定会再次接受企业的服务,只有在顾客满意度水平非常高的情况下,顾客忠诚现象才会出现,口碑效应才得以产生。在质量不敏感区域的下部是顾客中的破坏者,上部是传道者。因此,企业为了提高顾客忠诚度,必须使顾客非常满意,而不是比较满意。

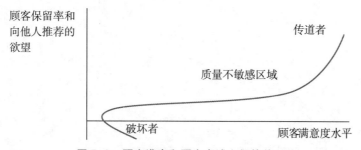

图7-2　顾客满意和顾客忠诚之间的关系

资料来源:韩经纶、韦福祥,"顾客满意与顾客忠诚互动关系研究",《南开管理评论》,2001年第4卷第6期,第8—10页。

(3) 服务价值促使顾客满意

营销的职能是为顾客创造价值,价值的大小直接影响到顾客满意度的高低。因此,增加顾客价值能够提高顾客的满意度。顾客所获得的价值是多种多样的,包括产品价值、服务价值、人员价值、形象价值等。企业能够通过两个途径为顾客创造价值：一是通过改进产品、服务、人员和形象的价值，提高顾客获得的总价值；二是通过降低生产、销售和服务成本，减少顾客购买的时间、精力的消耗，间接提高顾客所能获得的价值。

（4）员工生产力影响价值创造

员工生产力指员工真实的生产能力，是员工创造的能够满足顾客价值的产出，员工生产力不等于员工的工作时间。员工生产力是企业价值和竞争力的源泉，进而是影响顾客满意度和企业盈利与发展能力的主要因素。

（5）员工满意和忠诚影响员工生产力

对于员工而言，满意指在工作完成后对工作内容和结果的正面评价，以及工作所带来的喜悦的情绪状态，这种积极的情绪本身就能够影响员工的工作积极性和工作动力，进而影响员工的生产力。另外，如果将员工视为内部顾客，那么和外部顾客一样，员工满意会促进员工对企业的忠诚度，敬业忠诚的员工能够为顾客提供更优异的产品和服务，提高员工的生产力。

学术智库 7-1

延伸的服务利润链模型

传统的服务利润链模型强调通过员工满意、服务价值、顾客满意、顾客忠诚这一通道提高公司的财务绩效。克里斯琴等人在传统服务利润链的基础上，提出了延伸的服务利润链模型，他们认为，提高公司财务绩效的路径有两条，即不仅能够通过传统的利润链路径提高财务绩效，而且能够通过社会认同路径提高财务绩效。社会认同路径首先需要员工对公司认同，从而具有顾客导向意识；顾客导向又会使顾客对公司具有认同感，从而产生顾客支付意愿，最后提高顾客财务绩效。具体如图 7-3 所示：

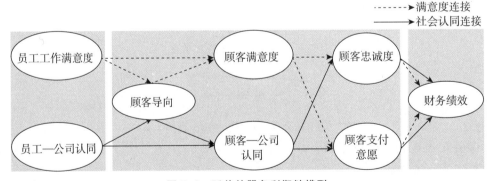

图 7-3　延伸的服务利润链模型

资料来源：Homburg, C., J. Wieseke and W. D. Hoyer, "Social Identity and the Service-profit Chain", *Journal of Marketing*, 2009, 73(2), 38-54。

二、服务员工对企业的贡献

1. 跨边界角色

在服务行业,服务接触本身就是服务的重要组成部分,而良好的服务接触又依赖于优秀的一线服务员工。一线服务员工是连接组织与顾客的桥梁,这种跨边界岗位要求他们经常与多个角色主体(如顾客、同事或上级等)互动,以便服务顾客、获取信息。他们既要满足管理者的要求,又要满足顾客的要求,因此是跨边界人员。服务人员的跨边界角色以及对企业的贡献主要体现在以下几点:

第一,服务员工是顾客服务的直接提供者。对于服务企业来说,劳动服务价值占所提供的总价值的比重较大,起着主体作用,服务人员的劳动服务作为一种使用价值直接供顾客使用。

第二,服务员工是企业的内部顾客。员工进入企业进行工作的最深层次原因是满足生存生活需要,追求个人发展和实现个人价值。因此,在员工对企业付出劳动的同时也需要对组织产生一种从属感,即既希望得到尊重和获得一定的地位,也希望得到企业的内部服务。

第三,服务员工承担着对外媒介角色。企业服务人员是企业信息宣传的重要载体,作为中间枢纽,其间接影响公众的价值观念,起到沟通企业与公众双方信息的作用。

第四,服务员工是组织的一部分。员工作为企业重要组成部分,不能把个人需求作为唯一的目标,还要把个人目标融入整合到企业的整体或长期目标中,服从企业的管理和安排,主动参与决策,充分发挥自己的能力,为企业创造更多的价值。

2. 情绪劳动

(1)情绪劳动的内涵

在服务交易中,人们对服务提供者应有的情绪有一个普遍的预期。这种预期使人们在体验服务的时候希望体验到这种预期的情绪。正是由于这种预期,使服务提供者在提供服务的时候,总是要展示出体验服务的人想要的情绪,哪怕这种情绪不是其内心真实感受到的。因此,员工在工作中往往必须根据情感规则努力伪装情绪,使顾客快乐,这种努力便被称为"情绪劳动"。为了方便理解,可以将服务接触想象为一场由组织导演的表演。在这场表演中,员工需要遵循"剧本"中规定的可接受的表情和禁止的表情。因此,为了遵循展示规则,符合预期,员工不得不进行情绪劳动。

(2)情绪劳动的分类

服务提供者进行情绪劳动的方式有两种:表层动作或者深层动作。当进行表层动作的时候,员工不需要改变内心的感受,激发实际上并没有感受到的感觉。这样做的员工会体验到情绪失调,或者体验到表情与感受不一致时的紧张,也有学者认为这种表层动作是"恶意的伪装"。当进行深层动作的时候,员工会尝试着去真正地体验或者感受自己想要展示的情绪,也就是改变自己的感受,展示出符合展示规则的情绪。深层动作可以通过劝告感受和训练想象两种途径实现。前者是积极尝试去激发或者抑制一种情绪,后者是积极激发思想、画面、记忆来诱发相关的情绪。因此展示出来的情绪看起来更像是真实的,进行深层动作的员工更有可能是非常关心顾客的员工。具体如表7-1所示:

表7-1   深层动作和表层动作的相同点和不同点

类别	相同点	不同点
深层动作	两种动作本质上是虚假的,都需要努力来完成	(1) 善意的伪装; (2) 员工需要尝试着去真正体验或者感受自己想要展示的情绪; (3) 展示的情绪与内心感受趋于一致,情绪失调少些。
表层动作		(1) 既有可能是恶意的伪装,也有可能是善意的伪装; (2) 员工不需要改变内心的感受,激发实际上并没有感受到的感觉; (3) 展示的情绪与内心感受很不一致,情绪失调多些。

(3) 情绪劳动对服务绩效的影响

员工的情绪劳动能够对顾客和服务质量带来影响。当感知到了员工的情绪展示后,顾客的情感状态会发生相应的改变。员工总的微笑强度能够预测顾客总的微笑强度。不仅如此,员工情绪劳动的真实性能够影响顾客的情绪和感知,即员工情绪劳动展示的真实性越高,顾客积极情感的增加越多。也就是说,深层动作要比表层动作带给顾客更多的真实情感,能够激发顾客更多的积极情绪反应,从而对服务质量产生更强的正面影响。情绪劳动可能会导致情绪失调。当出现情绪失调时,员工可以通过深层表演的形式或者抑制、伪装其真实情绪,使情绪表达与顾客期望的情绪一致,从而影响服务绩效。具体路径如图7-4所示:

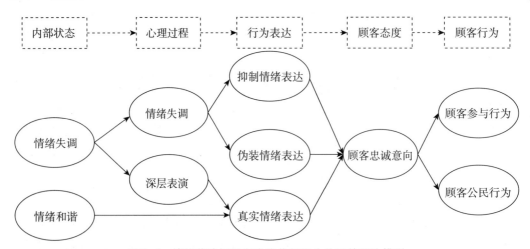

图7-4   情绪劳动与顾客价值共创行为关系的理论模型

资料来源:杨勇等,"多观点情绪劳动对顾客价值共创行为的作用路径研究",《管理评论》,2015年第27卷第10期,第95-107页。

情绪劳动，让你无处可逃

接受采访时，上海市第十人民医院急诊室的护士长姜金霞曾说过，面对患者和家属的辱骂，护士能做的就是"听着"，即使心有不快，但这份职业要求他们耐心平和、悉心护理。从心理学角度来讲，特殊的工作岗位，对从业人员的形象和态度提出了特殊要求，要符合岗位设定，只能通过调动情绪给予恰当的表现。这种要求员工在工作时展现某种特定情绪，以达到其所在职位工作目标的劳动形式，就被称为"情绪劳动"。作为一个社会心理学概念，这个词早在三十多年前就出现了。

区别于我们普遍意义上的脑力劳动和体力劳动，它更像是一种新的劳动形式。随着服务业在国民生产总值中的占比越来越高，情绪劳动也越来越多地出现在各个行业内，医务人员只是其中之一。此外，还有面对顾客，就算再苦再累也要洋溢着热情的服务生；被日常琐碎事包围，还要传递给学生满满正能量的老师；等等。

心理学家分析，长期从事压抑自我真实情感的工作，消耗的不仅是体力和脑力，更多的是他们的情感。这些如委屈、倦怠等工作引起的不满被人为压制起来，集腋成裘，最终极有可能威胁自身的身心健康。

对策：同伴间的倾诉最有效

被我们忽略的情绪劳动比体力劳动、脑力劳动更深刻地影响着付出这些劳动的人们，并带来了诸如工作满意度下降、离职率高、情绪失调等不良反应。

对此，姜金霞称，为了给自己积聚正能量，医院里很多医生护士都辅修了心理学课程，医院也时常有心理学的培训，对于他们来说，很多不快其实只是一念之间的，休息时和同事抱怨抱怨，互相调侃一下，就过去了。她认为，同事间的感同身受、互相理解和安慰是最有效的纾压方式。

从事教育工作的孙小姐 2016 年教的是高考班，平时压力大、心情烦躁时，她就会和学生聊聊喜欢的漫画、游戏，帮助学生减压的同时，自己也能得到一种释放。有时，碰到委屈郁闷的事，她也会在办公室里向关系较好的同事一吐为快，绝不允许自己把情绪带回家里。

服务生小刘在碰到顾客刁难时，会选择默默承受，下班后和同伴一起出去玩耍，"玩得开心了就忘记了，明天又是新的开始。"

支撑：共创一个温和的环境

除了自我情绪管理，很多用人单位也通过各种方式帮助职工舒缓情绪。例如记者采访的第十人民医院有专门为急诊室制定的团建活动，还请来了瑜伽老师为医务人员进行放松性的锻炼；为避免司售人员和乘客直接发生冲突，公交系统中的一些车队设立了"委屈奖"，希望职工在工作中遇到不愉快后，能够倾诉，化解不良情绪，以消除工作中的不文明现象；银行系统则会借助办公桌上插花、贴画等多种美化工作环境的方式，让职员在"压力山大"的时候得以轻松一下，以保持更好的状态面对客户；在房屋物业管理行业，电话客服每天接听无数抱怨的电话，负能量居多，公司便会开设心理咨询室或是开通心理咨询热线来帮助客服人员消除负能量……各行各业都在积极探索职工心理健康的关怀措施。

　　案例来源：http://gov.eastday.com/ldb/node13/node18/u1ai282658.html。

　　3. 顾客需求知识

　　（1）顾客需求知识的内涵

　　对顾客需求的准确认知是企业进行营销的基石，要达到既定的目标需要依靠对目标顾客需求和需要的了解。企业可以通过多种方法对顾客需求进行评估和管理，例如顾客信息调查、顾客满意度追踪等，这些方法也取得了一定的效果。但是对于服务企业来说，一线服务员工作为顾客服务的直接提供者，对顾客个体需求的认知和把握对企业经营同样具有很高的价值。

　　员工对顾客需求知识的掌握程度指一线员工在与顾客互动交往的过程中能准确识别顾客需求的程度。通过对顾客对需求的重要性排序和员工对顾客需求的重要性排序之间的一致性进行测量，两者之间的一致性程度越高，表明员工对顾客需求的判断越准确，员工对顾客需求知识的掌握水平也就越高。如果员工确实掌握了准确的顾客需求知识，例如顾客的消费能力、消费动机与期望、消费偏好等信息，那么为顾客提供的服务应该能够创造更高的顾客价值和满意的服务评价。

　　（2）顾客需求知识的影响因素和作用

　　顾客需求知识水平的高低受到多方面因素的影响。在员工特征方面，顾客导向和员工的认知移情能力对顾客需求知识水平具有显著的影响。如果员工的顾客导向倾向越明显或者员工的认知移情能力越高，则员工对顾客需求知识的掌握水平越高。在关系特征方面，员工对顾客的熟悉度、年龄差距、性别等因素也会影响顾客需求知识水平。员工和顾客之间的熟悉度越高、年龄差距越小、性别差异越小，顾客的需求与员工的需求就越接近，因此员工更容易识别出这些顾客的需求，从而顾客需求知识水平越高。

　　服务企业一线员工对顾客需求的准确把握是企业实施营销理念、提高服务绩效的关键。一线员工在与顾客面对面服务的过程中，与顾客频繁互动，这需要他们把握顾客的需求，只有具备较高水平的顾客需求知识时，他们才能够向顾客提供符合其需要的产品和服务，使顾客满意，从而提高公司的服务绩效。

第二节　员工在服务中遇到的难题

一、角色压力

一线服务员工是连接企业与顾客的桥梁,在许多服务情形中,一线服务员工是顾客与企业的唯一接触点。对于服务企业而言,一线服务员工是企业差异化和竞争优势的来源。顾客满意、服务质量感知及顾客忠诚都受到一线服务员工态度及行为的显著影响。一线服务员工区别于其他员工的显著特点是他们跨越了组织边界,因而经常会同时面对组织内外部不同角色主体的期望,这使得一线服务员工有更大的角色压力。大的角色压力会对工作结果产生消极影响,多种角色压力的累积还会引发员工的倦怠感,进一步降低工作效果。

工作者需要与多个角色期望的发送者(如顾客、同事或上级)互动以便获得信息、任务要求或帮助,但是当他们感觉到角色期望模糊、角色要求超载或不同的角色期望存在冲突时,这些期望或要求便表现为一种压力。即角色压力按照压力的来源可以分为角色模糊、角色超载和角色冲突。

1. 角色模糊

角色模糊指员工不清楚他人对自己的角色期望是什么,或者他们对自己的行为所引起的结果缺乏预期。角色模糊是员工可获得的信息与实现良好绩效所需要的信息之间差距的函数。也就是说,员工既无法清楚地了解自己应该扮演何种角色,也不知道到底该如何做。由于一线服务员工所处的工作环境复杂多变,组织很难为所有可能的情形提供清晰的政策指导。因此,角色模糊是一线服务岗位所固有的。角色模糊容易增加员工的工作压力,当员工不知道自己该如何继续完成重要的工作任务时,就会产生沮丧感和紧张感。

2. 角色超载

角色超载是因为角色当事人面对过多的角色要求,无法在限定的时间内完成每一个角色的要求。一线服务员工通常很难控制其工作,如他们不能够控制服务高峰期的顾客需求,因而许多情形中的角色期望超出了一线服务员工的能力和资源限制。此外,在其角色压力涵盖的层面中,亦提及角色能力不足与角色能力过高,前者为角色拥有的资源不足以致无法应付职位的要求,后者为角色拥有的资源超过职位的要求。最终会促使员工内心产生不平衡的状态,这也会引发员工的角色压力。

3. 角色冲突

服务员工在与不同的角色主体进行接触的过程中,也要求员工本身承担着不同的角色。当个体面对分歧的角色期望时,就会产生角色冲突。即个体发现自己如果顺从某个角色的要求,就很难顺从另一角色的要求,当个体无法同时满足各种角色的要求时,角色的冲突就产生了。角色冲突主要包括个人与角色冲突、组织与顾客冲突和顾客间冲突。

（1）个人与角色冲突

员工个人与角色冲突指员工角色与个人的自我认知不一致带来的冲突。主要原因是员工被要求做的事与其个性、价值观等存在冲突，并且被要求将自己的感情和价值观放在其次，遵循"顾客永远是对的"的观念。例如在情感上可能厌恶，但在行为上仍需要提供服务，员工的私人空间受到侵犯等。

（2）组织与顾客冲突

作为一线服务员工，另外一个比较常见的冲突产生于两个服务对象之间，即顾客指令与组织指令的不一致。一方面，员工作为企业的一部分，必须受到企业的约束，遵守企业的规章制度、行为准则。另一方面，顾客会对服务员工提出要求。一旦顾客所提出的要求与企业的规章制度不一致，员工就会面临困境，是遵守规章制度还是满足顾客要求。如果收入直接依赖于顾客，这种冲突就会格外严重。

（3）顾客间冲突

当服务员工经常同时服务于多名顾客时，会产生顾客间冲突。这种冲突来源于不同的顾客对服务员工有着不同的期望和要求，或者来源于客户间的相互比较。例如，对于教师来说，有的学生喜欢开放式教学，喜欢课堂讨论，但是有的学生喜欢传统授课方式，众口难调，会给教师带来冲突。再如，在顺次服务情况下，服务提供者需要不固定的时间按照顾客要求提供适当的服务，当正在接受服务的顾客服务时间较长时，等待的顾客可能会产生不满。

4. 角色压力对服务绩效的影响

角色压力会对服务绩效产生显著影响。首先，角色压力常常会导致员工工作紧张。例如角色冲突会降低员工工作满意度，引起工作紧张，角色模糊会影响员工对自身专业能力的怀疑，引起工作紧张，而个体的职业匹配在角色模糊对工作压力的影响中可以起到缓冲的作用。其次，角色压力会降低员工的工作满意度，角色冲突和角色模糊都能导致员工工作满意度的下降，从而负面影响服务绩效。

二、员工感知与顾客感知之间的差异

1. 员工与顾客对满意事件的感知差异

在服务过程中，员工认为的服务满意和顾客认为的服务满意也是具有差异的。服务人员对服务失败的反应、服务人员对顾客要求的反应、服务人员的不期之举、问题顾客四类服务事件能够影响员工和顾客的满意度，但是具有明显的差异。

2. 感知差异产生的原因

在服务人员和顾客可以回想的满意事件中，服务人员印象最深的是他们对顾客要求的反应，其次是对失败的反应，再次是他们的不期之举；而顾客印象最深的是服务人员的不期之举，其次是服务人员对要求的反应，再次是服务人员对服务失败的反应。在服务人员和顾客可以回想的不满意事件中,令服务人员印象最深的是他们对服务系统失败的反应,其次是问题顾客;而顾客印象最深的是两项:对服务失败的反应和服务人员的不期之举。即无论是对服务人员还是顾客而言,对服务失败的反应是造成不满意服务事件的主要原因之一。但是对顾客而言,服务人员的不期之举不仅是形成满意事件的主要原因,而且是形成不满意事件的主要原因之一。对服务人员而言,对顾客要求的反应是形成满意事件的主要原因之一,问题顾客是产生不满意事件的主要原因之一。

上述的差异能够通过角色理论来解释。即服务人员对自己和顾客的角色定位与顾客对自己和服务人员的角色定位是具有差异的。服务人员对自己的角色定位是对顾客的正常要求作出反应,对顾客的角色定位是顾客应该提出服务范围内的正常要求。而顾客对自己的角色定位是应该获得需求的满足,对服务人员的角色定位是应该提供超出预期的服务。

3. 感知差异给员工带来的压力

这些对服务过程和服务满意的理解差异会给员工带来一定的压力。当服务人员努力通过行动想要提高顾客满意度时,由于员工和顾客对满意的理解存在差异,可能并不会成功。这种情况尤其会使服务人员的服务积极性降低。因此,服务人员应该端正思想,尽自己的能力来帮助顾客都是正常服务,只要改变思路,将顾客看做是自己的朋友,而非一个必须服务的对象,在自己力所能及的范围内为之考虑,并注意方式,让他们感觉到是在用心地为他们服务,正常服务就会成为超出预期的服务。

三、感知控制冲突

企业、服务人员和顾客是服务过程的三个主体。每个主体基于自己的需要会对服务过程实施控制,而员工作为企业和顾客之间的桥梁,既要遵守企业的规章制度(企业的控制),例如企业规定服务人员不能给予折扣;又要满足顾客的需求(顾客的控制),例如顾客要求服务人员给予一定的折扣;也要追求自主权(员工的控制),例如能够在一定权限内给予顾客折扣。当这些需要不一致时,服务人员即产生了感知控制冲突,如图 7-5 所示。

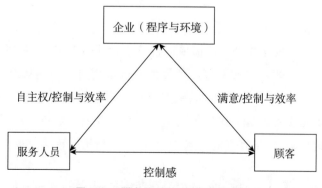

图 7-5　服务交流中的控制感冲突

1. 顾客是控制的追求者

控制感是个体安全需要的最高层次。人类最强的动机之一就是拥有对事物的控制,获得并保持一种控制感。长期没有控制感会使人变得压抑。因此具有一定的控制感也是人的基本需求之一。顾客在接受服务体验的过程中也是如此,他们感觉到的控制地位越高,对服务的满意度也就越高。顾客对服务过程的控制感也能够有助于他们及时地调整服务预期。

2. 员工需要通过控制来提高满意度和工作效率

同顾客一样,服务人员也需要拥有控制感,在服务的过程中也希望拥有自尊,在遵守企业规章制度的同时希望拥有一定的自主权。当员工具有一定的自主权时,也有利于员工处理应急事件,提高服务绩效。另外,如果服务人员在服务过程中不具有任何权限和控制能力,就很有可能出现消极怠工、服务态度差的情况。而服务企业如果赋予服务人员在服务接触中的折扣权限,服务人员会感觉到自己具有控制能力,从而能够从工作中获取成就感,也能提高对公司的满意度。

3. 企业需要通过控制来达成企业目标

企业的目的是获取利益,为了维持稳定运作,服务企业必须制定相应的规章制度和服务标准,即增加对员工和顾客的控制。一方面,企业可以约束服务员工的服务行为,控制服务质量,例如企业要求服务人员在向顾客提供服务时要面带微笑;另一方面,企业可以为顾客制定相应的服务标准,只在特定服务范围内服务,这样还可以控制服务成本。

4. 感知控制冲突对服务绩效的影响

员工作为企业和顾客之间的桥梁,既要遵守公司的规章制度,又要满足顾客的需求,还要实现自己的控制感。当这些控制是和谐而非冲突的时候,并不会对员工的心理和行为产生影响。但是由于不同的主体所站的立场不同、利益诉求不同,所以在大多情况下,来自不同主体的控制是冲突和矛盾的。感知控制冲突会让服务人员不知所措,甚至可能出现情绪失调,丧失工作积极性,从而影响服务绩效。

四、情绪管理压力和工作倦怠

1. 情绪管理压力

需要进行情绪劳动的工作会比不需要进行情绪劳动的工作容易产生工作压力。情绪劳动意味着工作者内部的真实感受与需要表现的情绪之间不一致从而会产生情绪失调,增加情绪管理压力,这种不一致程度越高,带来的情绪管理压力就越明显。有研究表明,情绪劳动是造成电话客服人员工作压力的主要来源。另外,员工个人的情绪管理能力也会影响其情绪管理压力,情绪管理能力越差的员工,其情绪管理压力也会越大。

2. 工作倦怠

工作倦怠,又称职业倦怠,通常发生在人际接触频繁、密切的服务性职业中,指因为持续的工作压力、消极的情绪体验而造成的心身疲惫和消耗状态。工作倦怠是一种心理上的综合病症,可以体现在个体压力、人际关系和自我评价三个方面。情绪耗竭是主要方面,代表着工作倦怠中的个体压力层面,指工作过程中个人无法较好地处理周围的问题,因而感到精疲力竭,主要表现为疲劳、烦躁、易怒和紧张。人格解体则代表着工作倦怠中的人际关系层面,指工作过程中个人以不带感情与冷漠的方式或态度回应周围人际关系,表现为对工作对象与同事的疏远、冷淡、漠然和愤世嫉俗。低成就感代表着工作倦怠中的自我评价层面,指工作过程中缺乏成功的体验,表现为单独工作或与人合作时,由于能力不足所产生的对自身工作能力与工作意义的低成就感。

第三节　提高员工在服务中的绩效和回报

一、内部营销

1. 内部营销的概念

内部营销指企业把传统的营销概念引入企业内部,认为企业只有将员工视为企业的内部顾客,使组织成员具备顾客导向和服务意识,才有可能更好地在外部市场服务外部客户。内部营销理论要求企业的管理者将员工视为自己的顾客,重视员工的需求,积极与员工进行沟通,为员工塑造良好的服务范围,并通过相互协调的方法促使内部员工为顾客更好地服务。

内部营销实质上是着重于员工发展的多重计划,一个完善的内部营销方案包括招募、培训、激励、沟通和留任等活动。如图7-6所示,企业能够通过内部营销影响员工的态度和行为,员工的态度和行为又会影响到员工对顾客的外部营销行为,从而影响到外部顾客。

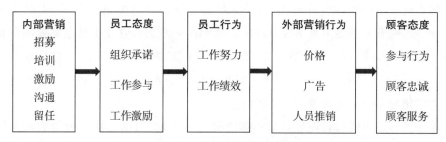

图7-6　服务营销管理模型

资料来源:Tansuhaj, P., D. Randall, and J. McCullough, "A Services Marketing Management Model: Integrating Internal and External Marketing Functions", *Journal of Services Marketing*, 1988, 2(1), 31-38.

2. 内部营销的特点

员工是企业的第一个市场,即内部市场。企业通过员工将服务提供给顾客,因此,员工对服务产品的理解、感知和认同可能部分决定了顾客对服务产品的理解、感知和认同。

比如,企业对顾客提出的服务承诺需要通过员工来体现,如果员工本身对承诺没有真正的理解和信任,顾客就不可能相信企业的承诺。因此,企业首先应该将服务产品的概念卖给员工,再由员工卖给顾客。

在企业内部应以员工为导向,并将这些内部活动与企业的外部效率相结合。所有的内部努力和过程都要与企业的外部绩效这一目标相适应。人力资源管理并不是一项内部事务,因为它必须要确保员工能够对服务提供者的外部绩效作出贡献。

企业应将内部的人员和部门视为内部顾客,要像为外部顾客提供服务那样为他们提供内部服务。对待内部顾客的方式要和对待外部顾客一样,这对组织的内部关系建设至关重要。如果员工在企业内部接受了延迟的、漫不经心的、粗心的内部支持和服务,他们对外部顾客提供优质服务的能力和态度就会大打折扣。

3.内部营销的目标

企业的最终目标是创造利润,因此所有针对服务员工的管理措施的直接目的,都是提高员工的服务能力、员工工作满意度和忠诚,以使其更好地为顾客提供服务,最终达到创造利润的目的。内部营销具有以下几个目标:首先,确保员工具备顾客导向和服务意识。其次,通过激励等措施吸引和留住好员工。另外,要将员工视为内部顾客,确保在组织内部提供顾客导向式的内部服务。最后,为提供内部服务、外部服务的人员提供充足的管理和技术上的支持。

4.内部营销与人力资源管理的异同

企业在运作过程中,人力资源管理是一个长期性的、与组织绩效直接相关的且必不可少的一部分。内部营销是把营销概念引入企业内部,将员工视为企业的内部顾客,最终促进组织绩效。内部营销与人力资源管理具有诸多相同之处。首先,内部营销与人力资源管理都是企业培养、激励员工的战略工具,它们互相配合,目的都是通过内部员工的有效积极管理实现企业的外部绩效。其次,二者都需要维系良好的员工关系,实现员工对企业、工作环境、同事关系的满意度提升。人力资源的一些重要管理工具也是内部营销的重要手段,例如招聘、工作内容、薪酬管理、职业生涯规划、激励计划。最后,它们的工作对象都是企业的员工,持续有效且良好的员工管理才能使企业的形象更加鲜明,它们的互相配合能够最大化地发挥人力资源的优势。

内部营销和人力资源管理也具有不同之处。一方面,目的不同。传统的人力资源管理的直接目标是满足企业需要的员工素质和工作能力;内部营销的目的在于把企业员工作为内部市场,使员工受到激励,提升服务员工的顾客意识和技能,重视员工素质的培养和对自身工作环境的满意度提升。另一方面,主体不同。人力资源管理的主体是人力资源管理部门;内部营销的最高主体属于企业最高主管,在具体的工作过程中,由人力资源部门和营销部联合设计工作规划和人事管理。内部营销的管理对象是企业的服务人员和相关的辅助人员。

二、提高员工在服务中的绩效

1. 选择正确的服务员工

服务人员是服务企业直接向顾客提供服务的员工,服务人员的行为和表现会直接影响服务绩效。因此,为了提高员工的服务绩效,企业可以在招聘和培训环节选择正确的服务人员,即选择那些在性格特征方面适合作为服务人员的员工。服务人员需要具备以下素质:

第一,同理心。同理心指能够设身处地地站在他人的角度来思考问题,能够真正理解他人的想法。如果服务人员能有同理心,经常站在顾客的角度上思考问题,这不仅能给顾客提供优质的服务,而且还会使顾客认为你是真正地在为他着想,从而会对服务过程非常满意。

第二,耐心。服务人员大多每天都会服务于很多不同类型的顾客,需要不断地重复回答相同的问题,也有可能遇到态度不好的顾客,这时候就需要服务人员心平气和地耐心回答顾客的咨询,要理解顾客,不能将自己的消极情绪带给顾客。

第三,积极热情。谁也不愿意每天都和板着脸的服务人员待在一起。作为顾客来讲,他也热切地希望所面对的那个人能够给他带来快乐。如果服务人员本身就是一个快乐的、保持积极热情的人,那就势必会让顾客认为接受他的服务是一种享受。

第四,服务导向。服务导向指一种与工作没有关系的、乐于为他人提供帮助的意愿。如果服务人员没有服务导向或服务导向不够强,例如自尊心较强,不愿意降低自己的身份地位等,他就会很痛苦。如果服务人员是一个有着很强服务导向的人,那么他会觉得服务是一件非常快乐的事情,因为他每次都能够通过帮助他人而深切地感受到一种快乐。

第五,情绪洞察力。服务人员的目标是让顾客对服务过程感到满意,但是顾客的情绪是不稳定的。服务人员必须有能力及时地察觉出顾客情绪的变化,例如面部表情,并且能够有效地推断出顾客情绪变化的原因,这样才能够为服务过程提供反馈,及时采取措施维持顾客的积极情绪。

第六,自我监控。高自我监控的人善于自我表演,能根据情境和他人的需要来塑造自己的行为;而低自我监控的人不善于在他人面前表演,不看重情境与他人的影响,表达的是自己真实的态度与感受。服务人员需要具有一定的自我监控能力,以便在不同的顾客面前展现出不同的自己,即情绪劳动。

2. 合理授权

服务员工经常出现在服务产品的生产现场,这使得员工的行为会对顾客的行为产生直接影响。不仅如此,顾客越来越重视个性化的服务。因此,授予员工完成日常工作及处理意外事件的权利,对于服务组织来说是非常必要的。向员工授权也是使员工承担对组织应负责任的先决条件。

员工授权可以分为三类，包括日常事务决定权、创新决定权以及超常规决定权。日常事务决定权指员工有权从企业已有的几种方案中选择自己喜爱的方案。创新决定权指员工有权自己去开发能够完成任务的可能方案，并决定自己使用的方法。一般情况下，企业是肯定员工的创新行为的。但是超常规决定权被企业看作是有负面影响的行为，是超出员工正常工作范围和控制能力的行为。

员工合理授权具有一定的积极作用。首先，有利于提高员工的满意度。要有满意的顾客，首先要有满意的员工。拥有权利和自主性是员工的自然要求，人们有成长和自我实现的愿望。授权有利于提高员工的成就感和自豪感，从而提高满意度。

其次，有利于提高处理应急事件的能力和为顾客提供个性化服务。顾客的服务要求不同且难以预测，如果员工得到授权，对顾客的特殊要求作出快速反应，就有更大的可能在短暂的"关键时刻"让顾客满意。当服务失误发生时，服务员工现场解决问题的能力，对于补救服务失败具有重要的影响。

最后，有利于发挥员工的主动性和创造性，充分利用蕴藏在员工中的资源和智慧。一线服务员工和顾客直接接触，他们最清楚哪些政策和规定是可行的，哪些是不可行的，顾客对企业的反应如何。授权可以使员工有责又有权地去满足顾客的需求。一方面，授权可以使员工不必因为所有事物需向上级请示而耽误了对顾客需求作出快速反应的关键时刻；另一方面，授权可以使员工产生为顾客服务的主动性，从而激发员工的创造性，更好地为顾客服务。

授权也会带来一定的成本。首先授权意味着员工工作范围的增加，在工作过程中需要更多的自主判断，因此对员工个人素质和技能的要求增加，企业的人力资源成本增加。其次，当员工被授权自主决策时，会想尽办法提供个性化服务，影响工作效率。最后，授权意味着员工拥有更大的权利也更容易向顾客让步，损害企业的利益，差别对待顾客，对同龄同种族或其他个人特征相近的顾客提供更高水平的服务。

案例 7-3

授权中的用人不疑

举世闻名的旅店大王唐纳德·希尔顿是曾经控制了美国经济的十大财阀之一。他以5 000美元起家，艰苦奋斗，历尽磨难，终于把旅馆开遍美国及世界各地。他的成功，在一定程度上应归因于他那独特的用人之道及以此为基础所形成的管理风格。

在希尔顿21岁那年，父亲把一个旅店经理之职交给了他，同时转让给他了部分股权。然而，在这段时期中有一件令希尔顿非常恼火的事，就是父亲的经常干预。这一方面是因为父亲总觉得他还太年轻，另一方面也许是因为父亲的事业尚未稳固，经不起由于他可能的失误而带来的重大打击。正是因为亲身体会了有职无权、处处受制约之苦，所以当希尔顿日后有权任命他人时,总是慎重地选拔人才,但只要一下决定,就给予其全权。这样,被选中的人也有机会证明自己是对还是错。

在希尔顿的旅馆王国之中,有许多高级职员都是从基层逐步提拔上来的。由于他们都有丰富的经验,所以经营管理非常出色。希尔顿对于提升的每一个人都十分信任,放手让他们在各自的工作中发挥聪明才智,大胆负责地工作。如果他们之中有人犯了错误,他常常单独把他们叫到办公室,先鼓励安慰一番,告诉他们工作的人都难免会出错。然后,帮助他们客观地分析错误的原因,并一同研究解决问题的办法。他之所以对下属犯错误采取宽容的态度,是因为他认为,只要企业的高层领导,特别是总经理和董事会的决策是正确的,员工犯些小错误是不会影响大局的。如果一味地指责,反而会打击一部分人的工作积极性,从根本上动摇企业的根基。希尔顿的处事原则,使他手下的管理人员都对他信赖、忠诚,并对工作兢兢业业,认真负责。

资料来源:http://www.hr.com.cn/p/1423405540。

3. 激励

动机指人们从事某种活动、为某一目标付出努力的意愿。个体的动机越强,其为某一目标付出的努力就会越多,往往也会带来更好的结果。同样,员工能力的发挥在很大程度上取决于其动机水平的高低。因此,管理人员应采取措施激励员工的工作动机,使员工将自己的个人需要与组织的目标联系在一起,处于一种自我驱动状态,从而在满足个人需要的同时,完成工作任务从而实现组织目标。常见的激励服务员工的方式有以下五种:

第一,使命、价值和荣誉方式。在企业的使命和价值中为员工创造一种集体荣誉感,如相互信任,集体归属感,使员工为成就、守法和荣誉而感到骄傲,共享企业价值观。

第二,过程和尺度方式。公司使员工清楚自己的任务、重要性、业绩衡量方式,并以持续的方式追踪结果,如透明的业绩衡量标准,清晰的结果追踪;使员工知道企业要他们做什么,知道如何衡量业绩以及这样做的原因。

第三,创新精神方式。公司提供给员工个人自由和赚钱的机会,同时给他们很大的风险,对他们的行为较少作出规定,如提供承担风险下的更多赚钱的机会,行为规范更少,员工与企业更像是一种合作伙伴关系。员工能够控制自己的命运,在高风险、高回报的环境中工作。

第四,个人成就方式。公司对个人成就表示尊敬并承认质量业绩,对个人成就非常重视,从而不过分计较个人得失。使员工感知到因个人工作质量而得到承认和赞赏。

第五,奖励和庆祝方式。公司借助工资和红利系统,对个人达成的成就进行物质上的奖励和庆祝,也可以对服务团队进行奖励,使员工在群体中享受成就和获取社会支持。

4. 提高员工—工作匹配度

员工—工作匹配度注重的是员工所具备的知识、技能和经验与岗位所需的知识、技能和经验是否匹配。当员工的自身工作能力与岗位要求匹配度较高时，由于自身所学的专业和技能与岗位所需的专业和技能相符，员工能较好地胜任岗位工作，所以不会感受到较大的工作压力。相反，匹配度较低的员工通常会因为不能保质保量地完成本职工作而承受较重的工作负担，因此不得不投入更多的时间到工作、学习和培训中去，进而产生了较大的工作压力，最终会影响员工的满意度和服务绩效。

为了提高员工—工作匹配度，企业进行员工招聘之前，必须要首先进行详细的岗位分析，确定不同岗位的要求，明确岗位任务、职责、环境，了解岗位对在岗人员的能力、个性要求以及薪酬体系。明确的岗位分析有利于吸引适合岗位的人才前来应聘，另外在岗位分析中获得的信息有助于人力资源管理部门进行岗位名称、类别、报酬的确定。这些信息能为员工测评提供依据，能让合适的人被分配到合适的岗位上。

除此之外，企业的内外部环境处于不断变化的过程之中，岗位的要求也会随之发生变化，在岗员工的个人素质可能会变得不再适合本岗位。所以把员工招聘进来安排到合适的岗位上后，还要留意企业内外部环境的变化，对在岗人员进行观察、考评，如发现员工不再适合所在岗位，就需要进行岗位分析，进行岗位调配、降职、晋升或者解雇，以使企业员工和工作的匹配程度再次达到合适的水平。

三、营造良好的服务氛围和文化

1. 服务氛围的概念

服务氛围是员工对服务环境的感知和评价。员工会根据组织的政策、管理措施和程序，以及他们的服务工作经历，理解组织对服务质量的重视程度。只有当员工发现管理人员在服务质量管理工作中投入大量的时间、精力和资源，奖励那些为顾客提供优质服务的员工，并通过员工培训工作，提高他们为各类顾客服务的能力时，才会相信组织非常重视服务质量，认为组织内部存在良好的服务氛围。

2. 服务氛围的重要性

服务氛围对员工的服务导向、服务行为、服务质量和服务形象有着极为重要的影响。第一，服务氛围影响着顾客关系管理水平。顾客服务模块是顾客关系管理的核心内容。如果企业没有形成以服务为导向的服务氛围，则其关系导向的实施就会比较困难。缺乏服务氛围会使管理者和一线服务员工忽视隐性服务的重要性，使企业上下关注的是其他活动而非服务。因此，服务氛围建设对提高顾客关系管理水平来说非常重要。

第二，服务氛围有助于提高服务团队的内部凝聚力。组织文化强调将个人的目标与组织目标联系在一起，增加员工的组织认同感，提高企业的整体凝聚力。与组织文化相似，服务氛围也强调服务员工个人目标与企业目标的一致性，增加服务员工对企业的认同感。因此，服务氛围能够增加服务员工的内部凝聚力，消除部门间冲突，形成互相帮助、互通信息的内部行为。

第三,服务氛围有助于提高顾客满意度和忠诚度。服务氛围能够使企业和服务员工更具有服务导向,会对服务过程更感兴趣,尽可能地为顾客着想,为顾客做的更多,并且服务过程更加灵活,尝试使用多样的方式满足顾客的需求。服务氛围也会让员工不断地提高自身的服务素质。企业理解、关心、尊重服务员工,强调员工自我管理和自我完善,可以使员工具有被尊重感和自由感,进而实现员工的满意和最终顾客的满意。

3. 营造良好的服务文化

服务文化就是企业在长期对顾客的服务过程中形成的服务理念、服务价值取向和职业观念等的总和。服务文化以服务价值观为核心,通过形成共同的价值认知和行为规范,以创造顾客满意、获取顾客忠诚、提升企业核心竞争力。服务文化是服务宗旨、服务标准、服务理念、服务效果的统一,不仅是一种经济文化、管理文化、组织文化,更是一种关系文化。在企业内部,服务文化能够形成一种团结和谐的氛围;在企业外部,服务文化倡导一种为顾客真诚服务的精神,为顾客提供力所能及的服务。企业可以通过制定服务战略、建立组织机构、改变领导方式以及设计服务理念传播方案四个层面营造良好的服务文化。

(1)制定服务战略

战略是企业行为的基础。要想营造良好的服务文化,必须要建立以服务为导向的战略。制定服务战略首先要确定与业务使命和战略紧密相连的服务概念,只有提供清晰的服务概念,企业对目标的讨论、资源的使用和业绩的考核才具有稳固的基础,也才能够清楚地知道做什么、为谁做、怎样做等一系列问题。制定服务战略也要关注人事策略,例如招聘、培训、职业生涯规划、回报与奖励等。良好的人事策略能够引导服务员工提供更好的服务。

(2)建立组织结构

服务企业组织结构的设计需要配合服务的创造和生产。企业必须建立和定期检查调整组织结构,使其符合高质量服务组织的特征:便利性,例如员工服务过程是否便利,手续是否繁多;及时性,例如企业现存的组织结构能否对顾客和服务员工进行快速响应;灵活性,例如现存的组织结构是否有利于创新服务方案的提出和实施等。另外,建立组织结构应关注非正式组织的影响。

(3)改变领导方式

传统的领导方式多属于任务型领导方式。领导和下属具有严格的等级关系,任务型领导关心的是团体目标的达成。他们给团体提供意见、建议与信息,并控制、塑造、指导与组织团体完成某项特定的任务。服务型组织更加强调一种开放式、业务导向式和参与式的领导方式。为了营造良好的服务文化,企业必须改变原有的领导方式,使企业在领导过程中增加对"人"的重视程度。并且要求领导抛开自己的管理者身份,扮演教练、支持者、服务提供者、合作者等多重角色,为下属的工作提供服务。

（4）设计服务理念传播方案

良好的服务文化需要服务企业内部持续地存在服务意识和服务技能，这不仅需要服务企业重视塑造服务意识，强化服务技能，还需要服务企业建立良好的服务意识和技能的外部和内部传播方案，从而以最小的成本使得所有服务员工快速建立服务意识和掌握服务技能。例如服务企业可以定期举办服务技能评比活动，奖励具有较高服务技能水平的员工，也可以定期举行服务技能培训。另外，为了提高服务企业的服务意识和服务氛围，企业可以定期举行服务态度和服务思想沟通会，让服务员工分享彼此的服务态度和感受。除了内部传播，企业还可以开展外部传播，例如外部学习培训、同行交流等。

本章小结

服务利润链描述了一条连接内部服务质量、员工满意、服务行为、顾客满意、顾客忠诚以及企业盈利和成长的路径。服务利润链模型最主要的贡献是建立了一种关系，这种关系把企业的获利能力和增长能力、顾客忠诚度、顾客满意度、外部服务质量、员工生产力、员工满意度、内部服务质量联系在一起，其核心思想是企业价值来源于顾客忠诚，顾客忠诚来源于其接受的服务的价值，而服务的价值来源于员工的满意度。

在服务交易中，人们对服务提供者应有的情绪有一个普通的预期。这种预期使人们在体验服务的时候希望体验到这种预期的情绪。正是由于这种预期，使服务提供者在提供服务的时候，总是要展示出体验服务的人想要的情绪，哪怕这种情绪不是其内心真实感受到的。因此，员工在工作中往往必须根据情感规则努力伪装情绪，使顾客快乐，这种努力便称为"情绪劳动"。服务提供者进行情绪劳动的方式有两种：表层动作或者深层动作。

一线服务员工区别于其他员工的显著特点是他们跨越了组织边界，因而经常会同时面对组织内外部不同角色主体的期望，这使得一线服务员工有更大的角色压力。工作者需要与多个角色期望的发送者（如顾客、同事或上级）互动以便获得信息、任务要求或帮助，但是当他们感觉到角色期望模糊、角色要求超载或不同的角色期望存在冲突时，这些期望或要求便表现为一种压力。即角色压力按照压力的来源可以分为三种，分别为角色模糊、角色超载和角色冲突。

内部营销指企业把传统的营销概念引入企业内部，认为企业只有将员工视为企业的内部顾客，使组织成员具备顾客导向和服务意识，才有可能更好地在外部市场服务外部客户。

服务氛围是员工对服务环境的感知和评价。员工会根据组织的政策、管理措施和程序，以及他们的服务工作经历，理解组织对服务质量的重视程度。只有当员工发现管理人员在服务质量管理工作中投入大量的时间、精力和资源，奖励那些为顾客提供优质服务的员工,并通过员工培训工作,提高他们为各类顾客服务的能力时,才会相信组织非常重视服务质量,认为组织内部存在良好的服务氛围。

❓ 复习思考题

1. 什么是服务利润链?
2. 什么是情绪劳动? 情绪劳动有哪些类型?
3. 顾客需求知识的内涵及其对服务绩效的影响是什么?
4. 什么是服务人员角色压力? 角色压力有哪几种来源?
5. 什么是内部营销? 内部营销与人力资源管理有哪些异同?
6. 有哪些措施能够提高员工的服务绩效?

 课后案例

海底捞如何将服务转化为利润?

每个企业的最终目的都是利润,但是利润从哪里来? 靠增加产品价格? 靠提升产品价值? 靠提升营销能力? 还是靠压缩生产成本? 或许每个企业都有自己不同的答案,但是对于海底捞来说,利润是从顾客口袋里掏出来的,顾客才是决定企业利润的根本条件。将顾客服务好了,自然就能做到倍增利润。

当海底捞投入巨大的成本用于员工的福利,为员工提供优于同行很多的住宿生活条件,为离开的员工提供一定的补偿时;当海底捞把大量成本用于为顾客提供更好的服务,比如在每个门店专门开辟出一个面积很大的等位区,为顾客提供等位服务,并为顾客提供各种免费服务时,它靠什么赢得利润、靠什么获得生存的空间?

如果看到它近几年不断提高分店扩张速度的情况,以及每年创造出的不断翻番的销售业绩与利润,我们似乎是在杞人忧天。每一个企业都有自己独特的运营方式,更有自己特殊的盈利模式,否则很难在这个激烈竞争的市场中生存。那么海底捞的盈利模式是什么? 其实是将服务转化为利润。

利润从哪里来? 当然要从顾客那里来,这是谁都知道的道理。顾客是企业利润的最终来源。可是如何才能获得这个利润的来源? 前提就是让顾客对产品感到满意。对一个生产企业来说,它的目标是让顾客对产品感到满意;而对于服务企业来说,不仅要保证自己的产品让顾客满意,更重要的是要保证服务让顾客满意。比如餐饮企业,产品味道如何是一个方面,但是你所提供的服务如何,则是非常重要的另一个方面。而海底捞的老板张勇是深谙服务精髓的,他在保证自己的产品能满足大部分顾客口味的基础上,将服务提高到了一个相对的高度,甚至将其作为一个能产生利润的重要砝码。

当他人还在为提升产品质量而努力的时候，张勇已经发现，服务的价值已远远超过靠产品质量的提升来满足顾客日益提升的需求这一现实。因为在越来越激烈的竞争市场下，产品同质化已经成为目前顾客对产品的最大诟病。当产品大同小异，唯有包装存在区别时，顾客会选择哪一家的产品？很显然，当然会选择态度好的、有消费保障的那家。态度好、有消费保障体现的是什么？就是服务。所以，当张勇发现服务对自己企业的重要性的时候，便将提升服务作为了海底捞盈利模式中的重要一环。他要试图将服务转化为利润。简而言之，就是通过企业对员工好，让员工有干劲，从而达到让员工对顾客好，让顾客很受感动，然后获得忠诚顾客再次消费，让顾客帮助自己的企业进行口碑推广，最终使企业获利的一个过程。

（1）服务好员工——给员工人性化的关怀

海底捞员工的住宿、生活条件，都是同行所没法比的。而且海底捞新员工一到岗，店长就会亲自为他服务，带他认识其他员工，帮他购买生活用品，带他到宿舍，帮他打饭。新来的员工工作过很多地方，但从来没有碰到过对他这么好的企业，所以对海底捞的第一印象就非常好。

这些都充分体现出张勇的人性化服务的思想。在他看来，只有将员工先服务好了，他才能更好地服务顾客。很难想象，一个企业如果每天都对员工横眉怒目，严加斥责，员工吃不好、住不好，那么员工所能做的就是想着如何让自己的生活更好一些，如何每个月尽快将那点工资拿到手，从而无暇顾及顾客的感受，无心去管企业的生存与发展。做得好了，并不能得到相应的回报；做得坏了，大不了另找一家干就是，兴许还能换个仁慈的老板呢。一切对他们来说都无关痛痒，又怎能指望他们对顾客有什么笑脸，有什么好的服务呢？

顾客来店里消费，是要寻求一种舒适、优越感，花了钱还要看服务员的冷脸，下次还会来吗？肯定不会。菜再好吃，环境再优雅，其他条件再好，都要慎重考虑一下再说。

所以，服务好员工是获取利润的第一步。

（2）员工服务好顾客——让员工给顾客人性化的关怀

服务是心与心的沟通。我们有没有真心实意地为顾客服务，顾客心里很明白，他们能感受得到。服务要想做到真心实意，唯有舍得付出。"等价交换是商业的基本规则，凭什么让我舍得付出？我能获得什么回报吗？"这是大多数员工共同的心理。所以，舍得付出的前提是让员工自己先感到满意。

员工感到满意之后，他如何回报老板和企业？那就是做好自己分内的工作。对于餐饮企业的员工来说，他们的主要职责就是服务顾客，让顾客满意。让顾客满意的方法其实很简单，就像张勇所说的，多赔赔笑脸，嘴巴甜点，手脚麻利些，服务态度好一些。海底捞的员工为了回报企业对他们的优质"服务"，便会不自觉地将自己得到的人性化服务的体会传递到顾客身上，并会对顾客施以更多的关心、更周到的服务、更真诚的微笑、更细心的工作准备等。他们让顾客感受到了这种额外的付出,让顾客不仅满意,而且备受感动。

有一次,有位顾客去海底捞吃饭。在顾客桌前服务的那个服务员快下班了。临走前他把接任的服务员带到顾客的面前,告诉他:"易先生,我要下班了,这是我的同事××,接下来将由他为您服务,您有什么需要的话,尽管和他说,他在这儿同我在是一样的。希望您下次有机会再过来。"

然后转回头又叮嘱他的同事:"易先生就交给你了,你要好好照顾易先生哦。"交代完毕,他才同顾客道别离去。

这个例子体现了什么? 就是用心、负责的态度。这个服务员在工作交接的时候,不是马上离去,而是将自己的顾客交到下一个人手里,并对其提出了服务好顾客的要求,既是互相提醒,也是一种互相督促,以保证服务质量的延续与传承。同样,他们的身上还体现了"只要在岗一分钟,就要用心六十秒"的服务精神,而这也正是很多企业和员工需要学习的。

(3) 留住顾客就是利润——最好的服务就是把每个顾客都留下来

对于一个餐饮企业来说,没有顾客的话,那就意味着没有利润产生。而能不能留住顾客,显然是决定其利润有无与多少的关键。

当一位顾客在海底捞因等位时间太长而准备离开时,一个擦皮鞋的小伙子和顾客的一番对话,就能说明这一点。那位小伙子说:"如果您刚才走了的话,对我们火锅店来说,不仅仅是失去一个顾客的问题。每天这么多人在排队,如果我们连您这样的顾客都留不住,我们海底捞还能开吗?"

从服务员的话语中,我们可以看到,海底捞的员工已经深刻地理解了服务的内涵。这种服务文化不仅让员工把感动顾客作为留住顾客的一种手段,更成为留住利润的一种手段。一旦顾客留了下来,也就等于把利润留了下来。相反,每流失一位顾客,那就意味着企业利润的流失。这正是海底捞的聪明之处。要知道,每一分利润不正是靠着每一位顾客的支持才创造出来的吗?

(4) 每一位顾客都是商机——服务带来商机,商机转化为利润

顾客满意了,他会如何回馈这份"深情厚谊"? 好东西大家都是喜欢继续吃下去的,漂亮的衣服大家都会选择继续穿下去的。

当一位顾客选择了再次光顾的时候,他带来的是什么? 仅仅是他个人消费所产生的利润吗? 不是,是商机。因为每一位顾客都有着自己的人脉圈,都有着自己的一个或大或小的关系网,这些对餐饮企业来说意味着什么? 意味着每一位顾客都有可能将他的这些人脉圈、关系网里的人带来吃饭。当他把自己的满意向他的朋友们宣传的时候,当他把自己被服务的感觉告诉他人的时候,他人会不会受到影响,会不会也带着自己的朋友来这里吃饭? 这就是隐藏着的商机。一位顾客就是一个商机,10 位顾客就是 10 个商机,100 位

顾客就是100个商机。这样以此类推下去,给企业带来的是更大的商机。更大的商机带来的自然是更大的利润。顾客不断,商机不断;商机不断,利润也就源源不断。这就是海底捞赚钱的秘密。

案例讨论题

1. 海底捞是如何将服务利润链应用到实践中的?
2. 阐述海底捞的内部营销措施。

第八章　服务过程管理与场景管理

在某些情况下,服务场景,尤其是场景中的氛围,甚至比产品或服务本身更能影响消费者决策。

——菲利普·科特勒

第一节　服务过程管理

一、服务过程概述

(一)服务过程的概念

服务过程的研究并不充分,诚如林恩·肖斯塔克(Lyn Shostack)所言:"在服务营销的文字中几乎找不到关于过程的描写。"服务过程研究最早可追溯到服务营销理论诞生的初期,主要是从服务定义的角度来刻画服务过程。克里斯琴·格罗鲁斯(Christion Gronroos)定义服务为:"一般是以无形的方式……可以解决顾客问题的一种或一系列行为。"

此后,美国亚利桑那大学教授理查德·B.蔡斯(Richard B. Chase)依据顾客和服务体系的接触程度把服务过程划分为高、中、低三个层次;罗杰·W.施曼纳(Roger W. Schmenner)教授提出了服务过程矩阵,根据服务企业的劳动密集程度、顾客和服务人员相互交往的程度、服务定制化程度来认识服务,过程矩阵中的不同企业,面临的管理问题各不相同;克里斯托弗·H.洛夫洛克(Christopher H. Lovelock)以"标准化"和"顾客化"来定义服务过程的两个极端。

以肖斯塔克的研究为代表,标志着服务过程研究进入深化阶段。肖斯塔克指出:服务过程是结构元素,服务过程可以用"复杂性(complexity)"和"歧异性(di-vergence)"两种方式考虑。据此,她提出了通过提高和降低服务过程的复杂性和歧异性改变服务过程结构的方法。

简单来说,服务过程就是指与服务生产、交易和消费有关的程序、任务、日程、结构、活动和日常工作。其中,服务产生和交付给顾客的过程是服务营销组合中的一个主要因素,这是因为顾客通常把服务交付系统感知为服务本身的一个部分。服务组织的顾客所获得的利益不仅来自服务本身,同时也来自服务的传送过程。

（二）服务过程的分类

1. 按服务过程的形态分类

（1）线性作业（line operations）

所谓线性作业是指各项作业或活动按照一定的顺序进行，服务是依据这个顺序而产出的。在服务业，自助式餐厅就是这种作业顺序的标准形态。在自助式餐厅，顾客按照顺序做阶段式的移动。线性作业的各种不同构成要素之间的相互关系，往往使整体作业会受到连接不足的限制，甚至因此造成停顿现象，比如自助式餐厅的结账员动作迟缓，但这也是一种具有弹性的过程，过程中的工作项目，可经专门化、例行化而加快绩效速率。线性作业过程最适用于较标准化性质的服务业，并且有大量的持续性需求。

（2）订单生产（production order）

订单生产是利用活动的不同组合及顺序提供各式各样的服务。这种类型的服务可以为顾客特别设计订制，以符合不同顾客的需要，并提供预订服务。比如餐馆的生产过程即属于订单生产过程。虽然这种过程形态具有弹性的优势，但仍然存在时间不易安排、资本密集不易取代劳动密集、系统产能不易估算的缺陷。

（3）间歇性作业（intermittent operations）

间歇性作业是指做一件算一件，各服务项目独立计算，也可以称为经常性重复的服务。比如，各种新服务设施的建造、一次促销宣传活动、一台电脑的系统装置或制作一部大型影片等，都可以说是间歇性作业。这类项目的工作浩繁，对管理阶层而言，作业管理是复杂而艰巨的，这类项目最有助于项目管理技术的转移及关键途径分析方法的应用。这类项目的规模及其间断性与前两种方式大不相同。

2. 按服务的接触度分类

在服务传递过程中，不同的服务与顾客接触的程度不同，与顾客接触度高的服务业管理与接触度低的服务业管理差别很大，因为对管理者而言，顾客接触度的高低往往会影响到他们各个不同层面的决策。

按照服务制造过程中与顾客接触的程度来分类，可以分为高接触型、中接触型与低接触型。高接触型服务，比如娱乐场所、教育、公共交通；中接触型服务，比如银行、法律服务、房产中介；低接触型服务，比如信息中心。

相较于低接触度服务，高接触度服务的提供商面临着更大的挑战：第一，高接触度服务比较难以控制，因为在服务制造过程中，顾客会全程参与，往往会成为服务过程中的一种投入，甚至会扰乱过程。第二，在高接触度服务中，顾客也会妨碍到需求时效，同时其服务系统在应付各种需求上，较难均衡其产能。第三，因为与顾客的高度接触，所以高接触度服务工作人员的态度，会对顾客的服务印象造成极大影响。

将服务系统中的高接触度构成要素和低接触度构成要素予以分开管理将较为有利，同时，可因此而激励员工们在各种不同功能中尽量专门化，因为各种功能需要的技能并不相同。

无论是依据哪种标准来分类,都可显示出服务过程中的作业顺序,并予以明确化。而服务管理者要将服务过程明确化的一个重要步骤,就是制作服务系统的流程图表,并将服务过程中与顾客互动的顺序予以流程化。

（三）服务过程管理的特征

1. 矛盾复杂性

从哲学的观点来看,事物都是一个矛盾体,服务过程就是对立统一、矛盾的运动过程。如顾客所期待的服务与实际享受到的服务之间的矛盾,一线服务员工和参与顾客、管理人员之间的矛盾等。这其中以不同主体的行为为中心（组织、服务员工、顾客）,他们参与服务过程是矛盾运动的主要方面,这就提出了过程中"真实瞬间"的关键事件管理。

2. 时空关联性

从经济学的观点来看,服务过程就是服务产品构造和价值实现的过程,是服务产品运动所占据的具有一定维度和范围的经济空间。服务过程所占据的时间和空间的长短及宽窄一般不是等同或同向的,如餐馆可能为同一顾客多次服务,空间范围不大,但经历的时间跨度却很大,而快递服务则可能要经过很长的空间路线。所以,服务过程又是通过人的行为,在一定维度和范围的经济空间实现服务价值的过程,这就引出了过程中的时空管理。

3. 顾客参与性

从管理学的观点来看,服务过程就是以人为中心,以实现顾客满意为目标,以协调服务组织、顾客、员工之间的关系为本质的过程。服务虽然不涉及所有权的转移,但却有多元主体要实现其利益目标。而在实现多元主体利益目标的服务过程中,由于顾客的参与,使得组织、服务员工、顾客的行为表现充满变数,导致提高生产率和控制服务体系存在困难,这就提出了过程中的顾客参与管理。

4. 交互性

交互性的特征是用户可以实时参与,这种参与可以是有意识的询问、在一定程度上对原有顺序和内容的改变,也可以是随机的、无意识的点击等行为。影响顾客与服务系统交互水平的因素除设定的程序之外,也与参与者的兴趣和行为方式有关。从关系营销学的观点来看,服务过程就是服务组织、服务员工、顾客三方从服务接触到建立、发展并保持长期互惠关系的过程。其中,最重要的是顾客与服务员工的关系,服务现场员工和顾客的良性互动对于提高过程质量、提高顾客满意度具有关键作用。这就体现了以行为接触为起点的服务过程中互动营销管理的重要性。

二、服务过程的管理与控制

（一）服务过程设计的方法

1. 线性方法

线性方法下,服务活动按照一定的顺序进行。而且服务过程中不突出创造性和非常规事件处理,而是要求对过程严格控制。主要目的是提高生产效率、保证产品质量。而且线性方法广泛使用标准化设备和固有的服务程序。竞争战略主要是成本领先战略。

线性服务的特点是:服务标准化,质量稳定;劳动分工明确,专业化劳动能力强,生产率高;服务工作的重心放在后台;服务项目及品类有限;自动化程度高。

2. 订单化作业

订单化作业是运用不同的活动组合和顺序生产、传递服务。

订单化服务的特点是:针对顾客需求进行差异化设计、生产;服务产品种类多,可挑选性大;竞争重点放在差异化与成本的有效均衡上。

3. 合作生产式服务

顾客在服务传递过程中扮演着服务生产者的角色。合作生产式服务要求:流程设计中突出那些愿意自我服务的顾客与服务设备结合完成原来由服务人员完成的工作。如超市自取货物、自助餐自取菜肴、自制陶艺、ATM 机自动取款。

合作生产式服务的特点是:顾客劳动取代员工劳动,节约成本;满足顾客兴趣偏好;服务效率高;消费质量高。

(二) 服务蓝图

1. 服务蓝图的概念

服务蓝图又称服务流程图,通常是以活动流程图的形式来展现,将服务过程分解为独立的步骤,并根据时间和成本要素来对其进行评估。服务蓝图直观上可同时从几个方面来展示服务:描绘服务实施的过程、接待顾客的地点、顾客雇员的角色以及服务中的可见要素。它提供了一种把服务合理分块的方法,再逐一描述过程的步骤或任务、执行任务的方法和顾客能够感受到的有形展示。

2. 服务蓝图的主要构成

服务蓝图主要包括顾客行为、前台员工行为、后台员工行为和支持过程。绘制服务蓝图的方法并非一成不变的,因此所有的特殊符号、蓝图中分界线的数量,以及蓝图中每一组成部分的名称都可以因其内容和复杂程度而有所不同。

顾客行为部分包括顾客在购买、消费和评价服务过程中的步骤、选择、行动和互动。这一部分紧紧围绕着顾客在采购、消费和评价服务过程中所采用的技术和评价标准展开。

与顾客行为平行的部分是服务人员行为。那些顾客能够看得到的服务人员表现出的行为和步骤是前台员工行为。这部分则紧紧围绕前台员工与顾客的相互关系展开。

那些发生在幕后,支持前台行为的雇员行为被称作后台员工行为。它围绕支持前台员工的活动展开。

蓝图中的支持过程部分包括内部服务和支持服务人员履行的服务步骤和互动行为。这一部分覆盖了在传递服务过程中所发生的支持接触员工的各种内部服务、步骤和各种相互作用。

服务蓝图与其他流程图最为显著的区别是包括了顾客及其看待服务过程的观点。实际上,在设计有效的服务蓝图时,值得借鉴的一点是从顾客对过程的观点出发,逆向工作导入实施系统。每个行为部分中的方框图表示出相应水平上执行服务的人员执行或经历服务的步骤。

3. 设计服务蓝图需要注意的问题

（1）避免主观

服务流程的设计决不能是后台管理者或流程设计者闭门造车的产物。如果他们仅仅凭借自己的经验或者一些简单的调研数据就设计服务流程,那么这种服务流程必然带有一定的主观性。服务流程的设计应该让员工和顾客直接参与进来,如果顾客的参与程度有限,那么服务流程的设计必须要有员工的参与,听取他们的建议。因为员工与顾客直接接触,他们对顾客的需求最为清楚,他们知道什么样的流程才能使顾客满意、什么样的流程应该避免。

（2）避免过于简单

服务流程应该反映服务过程的全貌,它是员工、顾客以及管理者参与服务过程的行动指南,不能够过于简单。对于过程复杂的流程,如果难以用一个流程图表达,则可以采取母流程套子流程、子流程再套子流程的方法解决,而不能草率了事。

（3）注意完整性

服务流程图一旦制定出来,就会形成一个固定的服务模式,企业的资源、人员将会随之配置好,因此为保证服务过程的顺利进行,服务流程设计必须完整,不能遗漏某些关键的活动。假如顾客的某项活动被遗漏,等到顾客执行该活动时,就会出现企业暂时没有服务人员或物质资源来满足顾客活动的现象出现,导致服务过程的混乱甚至终止。

（4）注意流程的可执行性

流程设计要注意其可执行性,要做到这一点,流程设计者必须将顾客的需求和活动与企业的人力资源状况、物质资源状况以及财务能力状况进行合理的搭配,以避免服务流程中出现超出企业能力或员工能力的活动。

三、服务接触管理

（一）服务接触概述

根据学者们对服务接触概念的界定可以将服务接触区分为广义与狭义两个层次。狭义的服务接触认为,服务接触是介于顾客和服务提供者之间的双向互动,将服务接触局限于顾客和员工间的人际接触。而广义的服务接触不仅包括狭义的人际互动,还应包括服务交付时顾客与实体环境和服务设施的互动。此外,除了实体接触,企业网站及线上服务等无形服务也是服务接触的重要组成部分。

基于上述观点,服务接触可以是被定义为顾客在接受服务的过程中与服务提供者、服务实体环境以及无形服务之间的交互作用。

（二）服务接触的三种服务模型

在服务接触中，一线服务员工（frontline employees，FLE）代表企业与顾客进行接触。顾客对企业及其产品或服务的评价不仅与企业客观上的产品或服务相关，也与一线服务员工提供服务的方式有关。

一线服务员工在面对面的服务接触中发挥着重要作用，因为他们可以影响到顾客对服务质量、满意和价值的感知。根据行为认同理论，非常成功的一线服务员工与一般的一线服务员工相比较而言，具有更高的能力和更为丰富的经验，进而两者对顾客服务的理解也存在差异，一线服务员工的绩效差异一部分源于他们持有的不同服务模型。

根据服务员工对顾客服务的不同理解，服务组织中存在三种服务模型：①一种高效且礼貌地给予顾客所需产品或服务的行为；②达成即期目标（如销售额）的一种途径；③通过问题解决与顾客形成共同受益的关系。这三种服务模型分别被称作双赢服务模型、效率服务模型、途径服务模型。

1. 双赢服务模型（win-win service model）

在双赢服务模型中，顾客服务指基于问题解决与顾客形成一个共同受益的关系。采纳这种服务模型的服务员工注重创造一种服务环境，以便在这种环境中去发掘顾客真正的需求（可能与顾客自己所说的需求有所差别），因此来解决顾客真正的问题。支持这种模型的前线服务员工认为，他们自己是帮助顾客解决问题的资源。他们使用普遍性原则，如"以你所希望被对待的方式来对待顾客"，而不是遵循既定的程序。他们并不把自己认为是顾客的"奴隶"，也不认为自己高顾客一等；相反，他们寻求顾客的尊重，以期建立一个有益的关系。他们认为每一位顾客都是独特的，不同的情况、历史和个性造就了不同的需求。他们也认为当提供了正确的信息后，顾客能够做出自己的决策。并且，服务质量由顾客判断，只有当顾客认为顾客服务是好的时候，顾客服务才是好的。

2. 效率服务模型（efficiency service model）

在效率服务模型中，顾客服务意味着高效且礼貌地给予顾客他们所需要的东西。采纳这种服务模型的服务员工注重确保他们遵循的程序、他们的言谈举止是正确的，不管顾客怎样表现。与双赢服务模型相反，在效率服务模型中，即使一线服务员工不喜欢无礼的顾客，但仍准许顾客表现得很无礼，这仅仅是因为他们是顾客。这些员工认为，每位顾客都想从他们那里获得相同程度的服务（如相同程度的礼貌），因此严格遵守程序很重要。他们认为，自己最重要的时候是他们回答顾客问题的时候。在该模型中，服务质量是由员工的努力决定的，当员工试着让顾客开心，遵守企业的程序时，顾客服务才是好的。

3. 途径服务模型（means service model）

在途径服务模型中，顾客服务是达到即期目标（如销售额）的一种途径。三种模型都认为顾客服务对长期的企业成功很重要。但是，在这个模型中，顾客服务对达成即时的、短期的目标也很重要。采纳这种服务模型的服务员工注重管理顾客,使得顾客认为他们好像是朋友。顾客是容易受到影响的,顾客的行为会受到前线服务员工行为的影响。这种服务模型假设有不同类型的顾客,需要用不同的服务方式。员工把自己当作演员,能够用不同的方法处理他们交易中的顾客群。服务质量依赖于前线服务员工判断其销售目的是否通过顾客被达成。

（三）三种服务模型与服务/产品主导逻辑

三种服务模型在满足顾客需求方面有所不同。效率服务模型注重满足顾客陈述出的需求,双赢服务模型注重满足顾客真实的需求,而途径服务模型注重满足个人的目标。

以产品为主导的营销逻辑侧重于为高效率而生产标准化的产品;顾客被认为是可以利用来影响一种结果(如产品购买)的实体。以服务为主导的营销逻辑则侧重于通过与顾客建立一种基于信任的关系,利用企业的资源来使顾客受益,使企业和顾客共同解决顾客的问题(价值被顾客决定)。

如果一个企业的主导逻辑来源于个体中共享的逻辑,那么产品与服务主导的逻辑可能也体现在个体的一线服务员工层面。效率服务模型与产品主导逻辑相一致,因为它注重于确保为所有的顾客提供相同的、高效的服务。途径服务模型也与产品主导逻辑相一致,因为这种模型通过影响顾客来达成一种结果。在这两种模型中,服务通过一线服务员工所做的事情被判断,而不是被顾客自身判断。相反,双赢服务模型与服务主导逻辑相一致,因为这种模型注重建立一种合作的、尊敬的关系,以一种定制的方法来解决顾客的问题,把一线服务员工的知识当做一种资源来使用。服务质量由顾客,而不是一线服务员工来决定。

三种服务模型比较如表 8-1 所示。

表 8-1　三种服务模型比较

	内涵	注重方面	与服务/产品主导逻辑关系	服务质量由谁判断	认为顾客需求是否相同
双赢服务模型	顾客服务是基于问题解决与顾客形成一个共同受益的关系	注重满足顾客真实的需求	与产品主导逻辑相一致	服务质量由顾客判断:当顾客认为顾客服务是好的,顾客服务才是好的。	认为每一个顾客都是独特的,不同的情况、历史和个性造就了不同的需求
效率服务模型	顾客服务是高效且礼貌地给予顾客他们所需要的东西	注重满足顾客陈述出的需求	与产品主导逻辑相一致	服务质量是由员工的努力决定的:当他们试着让顾客开心,遵守企业的程序时,顾客服务才是好的。	认为顾客想从他们那里获得相同程度的服务

（续表）

	内涵	注重方面	与服务/产品主导逻辑关系	服务质量由谁判断	认为顾客需求是否相同
途径服务模型	顾客服务是达到最终目的（如销售）的一种途径	注重满足个人目标	与服务主导逻辑相一致	服务质量依赖于一线服务员工判断其销售目的是通过顾客被达成。	有不同类型的顾客，需要用不同的服务方式

案例 8-1

顺丰——用科技提供有温度的服务体验

与人们对快递行业一贯的高能耗、高运营成本的认知不同，顺丰认为，今日的物流，不应是简单地将货物从 A 地运输到 B 地，而应是以科技和大数据驱动，为客户提供准确可靠的服务保障。为此，顺丰一直致力于不断优化服务过程的管理，为顾客带来优质的服务体验。

2003 年，顺丰成为首家使用航空运输的民营快递企业；2004 年，顺丰在国内首次使用手持终端系统进行收派件操作，实现了快件电子化、流程化；同时，顺丰也是国内首家启用全自动分拣设备的快递公司。

此外，顺丰以大数据分析驱动分仓，同时结合特征，通过大数据分析实现合理分仓调配，压缩干线运输时间，从而在发货速度、配送频率和配送时效上保持行业领先。"顺丰用科技挑战物理速度的极限，为客户提供超越期待的惊喜体验。"顺丰全球大客户负责人王磊表示。

物流行业是由物流资源的产业化而形成的一种复合型或聚合型产业，把运输、仓储、装卸、搬运、包装、流通加工、配送、信息平台等产业化的物流资源加以整合，就形成了一种新的物流服务业。

产业环境的复杂度决定了顺丰除需在物流中转环节缩短时效之外，还需在末端配送和服务体验上继续发力，这样才能为客户提供有温度、有质量的服务。

为此，顺丰在近年发力提升客户体验，推出避免用户隐私泄露的"丰密面单"，并提升微信下单体验，用户可以利用手机的 LBS 定位功能自动匹配当前寄件地址，模糊输入收件地址智能匹配，实现三步点击下单，让下单的过程更加便捷。

资料来源："顺丰——用科技提供有温度的服务体验"，2017 年 6 月 2 日，http://www.donews.com/news/detail/4/2955063.html。

第二节　服务场景管理

一、服务场景概述

(一) 服务场景(servicescape)的概念

经过精心设计的服务环境能使置身其中的顾客获得特殊的情绪感受,从而增强消费意愿。在对服务环境的研究中,服务场景用来指代服务场所经过精心设计和控制的各种物理环境要素,服务场景一词也逐渐成为服务环境研究的通用术语。由于服务具有生产和消费的同时性,顾客通常在有形的场景中进行服务的消费和体验,并根据其中的各类有形要素(这里的"有形要素"并不特指视觉上可见的要素,而是泛指所有可感知的要素,如气味、温度等也可归为有形要素)来判断服务质量。

在零售商店中,着装得体的服务人员对顾客致以热情的欢迎,可以提升顾客对商店的印象,使顾客形成"高档店"印象。因此,Baker et al.(1994)将人际和社会要素纳入了服务场景范畴,其中,社会要素指环境中有关人的要素,包括环境中的其他顾客和服务人员等。

基于上述观点,给出服务场景的定义:服务场景指为进行服务执行、传递以及企业与顾客进行交互所处的实际环境(有形环境)和社交环境。

(二) 服务场景的维度划分

服务场景模型主要包括四个维度:物理维度(physical dimension)、社会维度(social dimension)、社会象征维度(socialy-symbolic dimension)和自然维度(natural dimension)(如图 8-1 所示)。其中,物理维度指那些可控、可观察和可测量的刺激要素。社会维度主要指服务人员、其他顾客、他人情绪和社会密度。社会象征维度指服务环境中对于某些群体具有特殊象征意义,能够唤起他们回忆的标识、象征物和工艺品,其象征意义因个体在群体中身份、地位的不同而对个体产生不同的影响,如犹太民族标志。自然维度主要是探讨了服务场景如何帮助顾客恢复健康,揭示了服务场景中的自然刺激要素对公共健康的重要作用,比如服务场景中的某些自然要素有助于顾客减轻与疲劳相关的症状,如厌倦、抑郁等。

(三) 服务场景的作用

1. 包装作用

与商品的包装一样,服务场景基本上也是服务的"包装",并以其外在形象向顾客传递"内在"信息。经验丰富的顾客受服务场景的影响较少,然而,缺乏经验的顾客或从未接受过服务企业服务的顾客却往往会根据企业的各种有形展示,对服务企业产生初步印象,并根据服务场景来判断服务企业的服务质量,建立期望。比如,顾客可以通过餐厅的装饰判断出其服务水准的高低,形成消费预期。

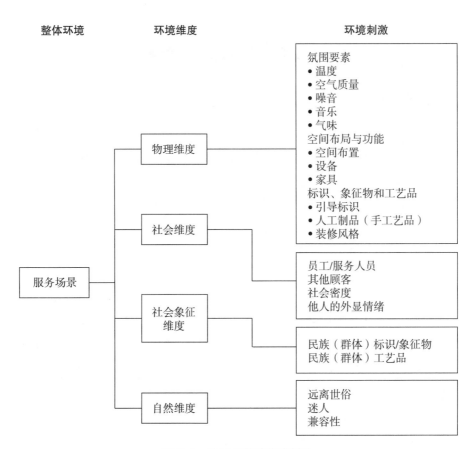

图 8-1　服务场景的维度划分

设计产品包装既可树立某种特殊形象,同时又能引发某种特殊的视觉或情感上的反应,服务场景通过很多复杂的刺激可发挥同样的作用。对建立新顾客的期望和刚刚开业并希望树立某种形象的服务企业来说,这种包装的作用尤其重要。包装的作用通过服务人员的着装及其外在形象等其他因素向外延伸。

2. 辅助作用

服务场景能够作为辅助物为身临其境的人们提供帮助。环境的设计能够促进或阻碍服务场景中活动的进行,使得顾客和员工更容易或更难达到目标。设计良好的功能设施既可以使顾客将接受服务视为愉快的经历,也可以使员工将提供服务视为快事一桩。与此相反,不理想的设计会使顾客和员工双方都感到失望。比如,旅行者乘坐国际航班时发觉自己经过的某个机场没有指示牌、通风不好、没有座位,而且没有吃饭的地方,他会感到非常不满意,同时在那里工作的员工也会缺乏工作积极性。作为服务有形环境的一部分,座椅经过多年改进更便于满足旅行者的睡眠需求。事实上,设置更好的座位仍然是国际航空的一个主要竞争点,其结果已经转化为更大的商务旅行顾客满意度。英国航空公司因为其赢得大奖的俱乐部式座位而直接带来了某些航线上市场份额的增加。很多酒店在21 世纪初开始个性化套房的开发,他们强调客房对那些喜欢花更多时间在房间中的顾客具有更多的使用意义。客房的设计基于颜色、材质、居家风格等方面,新的酒店中被放入了巨大的桌子、更快速的网络连接、更大的电视屏幕。这些例子都在使用服务场景的辅助作用来影响消费者的行为。

3. 交际作用

服务场景影响着顾客与员工之间交流的质量。设计服务场景有助于员工和顾客双方的交流,它可以帮助传递所期望的作用、行为和关系等。例如,专业服务机构中的新员工会通过观察其办公室、办公家具的质量及其相对他人而言所处的位置等渐渐明白自己在公司中的地位。在很多服务场景中,服务组织希望能确保某些特定进展(即标准),并对服务的持续时间给予限定。环境可变因素如身体接近状况、座位安排、空间大小和可变通性等能够定义顾客与员工,或顾客之间交流的可能性和限度。

4. 区别作用

有形设施的设计可将一个组织同其竞争对手区分开来,并表明该服务所指向的市场细分部分。因为它能起到区分作用,所以可使用有形环境的变化来重新占有或吸引新市场。在购物中心,装潢和陈列中使用的标志、颜色,还有店堂内回荡的音乐等都能够表明其期望的细分市场。例如,西餐厅以其雅静的店堂装修和高雅的轻音乐来吸引目标顾客,排除不适合的顾客。

二、服务场景与顾客体验

(一)服务场景设计

服务类型不同,展示服务的场景设计也大相径庭。与顾客接触、互动较少的服务,其场景的设计可以简单化,涉及的因素、空间和设施都有限。自动售货亭就是在一个简单的结构中提供服务。类似的服务场景设计应该相对直接一些,尤其是自我服务或远端服务,因为其中没有员工与顾客的交流。而高接触度服务的服务场景则可能很复杂,要涉及很多因素和很多形式,诸如周边环境、空间布局与功能、标识、象征、制品。以医院为例,该场所有很多楼层,很多房间,还有复杂的设备,以及有形场所内功能的复杂可变性。

服务场景设计包括企业能够控制的、能够增强员工和顾客行为以及服务感知的所有客观因素。服务场景的设计主要考虑以下因素:

第一,外部设施,外部场景设施的设计在整个服务场景的构建中同样占有重要作用,它们既是内部空间的延伸,又能影响人们的服务活动,主要包括建筑物的设计、标志景观、停车场、道路铺装、植物绿化、艺术照明、水体、周围景色以及企业所在地的周边环境等;

第二,内部空间布局与功能,包括与服务核心要素紧密相关的要素,服务场景内部的装修与设施的布局以及它们之间的关系共同构成了服务传递可视化和功能化的场景,主要包括内饰布局的形状、颜色、风格,内部空间中的附件、设备,内部空间氛围(如空气质量、温度、照明、噪音、音乐、气味等),以及内部空间的标识物等。

（二）服务场景对行为的影响

关于服务场景对行为的影响,存在"刺激—机体—反应"的理论机制(如图8-2所示),服务环境要素作为外部刺激作用于顾客,使其产生情绪反应,并最终引起他们对服务场所的趋近或回避行为。

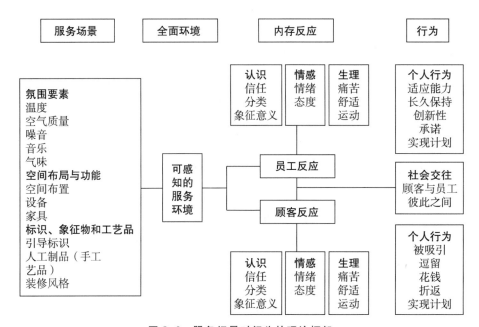

图8-2　服务场景对行为的理论框架

往往好的服务场景会产生以下利好的顾客行为:

第一,唤起顾客的愉悦情绪:服务场景的各个维度会对顾客的情绪产生显著影响,好的氛围、空间布局或是服务人员等能唤起顾客的愉悦情绪。

第二,提高顾客的感知服务质量和感知服务价值,并进而激发顾客对服务场景的良好态度:服务场景也会影响顾客对服务的认知和评价。相关研究揭示了顾客在服务消费中从认知(感知服务质量)到情绪(情绪反应)再到更高层次认知(感知服务价值)的渐进心理过程,良好的服务场景不仅能唤起顾客的愉悦情绪,还能促进顾客感知价值的提高,并进而激发顾客对服务场景的良好态度。

第三,提升顾客满意度:顾客感知价值是顾客满意的重要前因,良好的服务场景带来的顾客感知价值的提升能促进顾客满意度的提升。顾客满意还能导致一系列积极的结果:如延长顾客停留时间、提高顾客购买及重购的意愿、口碑推荐、增加消费金额等。

第四,促进顾客同服务人员的交流:良好的服务场景有助于顾客主动向服务人员寻求帮助以及与其交流互动,同时有利于服务人员在工作中保持正面情绪,积极回应顾客。良好的服务场景也是顾客和服务人员之间形成和保持商业友谊的必要条件之一。

第五,帮助顾客恢复健康:还有一些学者开始关注商业服务场景中有益健康的自然刺激要素。关于顾客—环境行为的自然刺激要素研究主要集中在心理学和医学领域，关注自然对人类健康的影响。例如，有研究发现，提供自然刺激物的"荒野服务场景"（wilderness servicescapes）具有提高生活质量和健康水平的功能。

案例 8-2

阿联酋航空的服务场景管理

阿联酋航空集团公布的 2015—2016 财年报告显示，公司已连续 28 年实现盈利。在成立之初的十年间，公司业绩几乎每三年就增长一倍，被称为"全球增长速度最快的航空公司之一"。在 2016 年 7 月 Skytrax 世界航空奖中，阿联酋航空第四次拔得头筹，成为航空界奥斯卡的全球最佳航空公司 TOP1。阿联酋航空获选成为全球最佳航空公司，在很大程度上得益于其优质的服务场景管理。

从办理登记手续开始，阿联酋航空戴着红圆帽、挂着七褶薄纱、身穿沙漠色制服的空乘人员便一直陪伴在你身边。不用担心语言或文化差异，阿联酋空乘人员国籍超过 120 个国家（相当于一个小型联合国），能满足世界各地旅客的语言需求。

在机上设施方面，阿联酋也堪称完美。作为第一个为乘客提供顶级空中私人迷你套房和按摩功能皮椅的航空公司，阿联酋航空确实容易让旅客坐过就上瘾。阿联酋航空的头等舱总是被旅客津津乐道，因为每个座位都是一个封闭的套间，你可以选择把门关起来，享受自己的私密空间。除了宽敞的私密空间，头等舱还配备了迷你吧、阅读灯、专属 27 寸大屏幕以确保你在长途飞行中能够有足够的事情消磨时间。阿联酋航空的头等舱还配有专门的淋浴间，让你即使是在飞机上，也能够享受一个舒服的 SPA。头等舱及商务舱的洗漱包是阿联酋航空与宝格丽联合打造的，皮质包精致而奢华。除洗漱包外，配套提供的还有睡衣、袜子、拖鞋、眼罩等用品。而阿联酋航空的商务舱可谓是"移动的空中办公室"，舱内不但配备电源及 Wi-Fi，让你的笔记本和手机随时可以进入工作，还贴心地设置了专用办公桌。

阿联酋航空不仅是第一家在机上所有座位安装个人电视的航空公司，他们的 ice 娱乐系统还连续 12 年蝉联全球最佳机上娱乐系统。ice 娱乐系统提供了 2 100 多个频道、超过 500 部影片，配备多语言操作系统。2015 年交付的新客机中提供了更大的个人高清电视屏幕。说到娱乐少不了美食美酒。在阿联酋航空的飞机上，空姐总是蹲下与你说话，餐饮可以随时点。菜单是标准的西餐，一道一道上，就像在西餐厅一样。

阿联酋航空体贴的地方还在于细节处理上。当长途飞行到了夜晚，乘客需要休息的时候，机上的天花板就会调整为星空的模式，浪漫而又别致。此外，阿联酋航空的飞机还会提供无线 Wi-Fi，头等舱更是每个座位都会配备一个发射源。

此外，阿联酋航空还配有专门的接机服务，让你可以从出家门开始，到抵达目的地，都能够得到无缝衔接的服务享受。

资料来源:"乘坐阿联酋航空 A380 是一种怎样的体验?"尚途商旅,2016 年 10 月 31 日,https://san-wen8.cn/p/322Vrqt.html。

本章小结

服务过程管理具有矛盾复杂性、时空关联性、顾客参与性及交互性的特征。这些特征决定了服务过程设计的复杂性及重要性。服务过程设计有线性方法、订单化作业及合作生产式服务三种方法。

服务场景包含物理维度、社会维度、社会象征维度和自然维度。其中物理维度指那些可控、可观察和可测量的刺激要素。社会维度主要指服务人员、其他顾客、他人情绪和社会密度。社会象征维度指服务环境中对于某些群体具有特殊象征意义的标志或物品。自然维度指帮助顾客恢复健康等的自然元素。

服务场景具有包装作用、辅助作用、交际作用及区别作用。

? 复习思考题

1. 简述服务过程管理的特征。
2. 简述双赢服务模型、效率服务模型和途径服务模型之间的差异。
3. 服务过程设计有哪些方法?
4. 服务场景有哪些维度?
5. 服务场景有哪些作用?
6. 简述服务场景对行为的影响。

 课后案例

屈臣氏收银台的秘密

即使面对网络冲击,屈臣氏门店的业绩依然坚挺稳步上升。据媒体披露:屈臣氏 2015 年的收入为 1 519 亿港元,我国销售增长了 9%。在这份耀眼的业绩单面前,相应的是众多线下门店的黯然神伤。

收银台俗称付款处,是顾客付款交易的地方,也是顾客在门店最后停留的地方,这里给顾客留下的印象好坏,决定着顾客是否会第二次光临,对于任何一家门店来说,重要之处都是不言而喻的。

但是据有关研究,屈臣氏的收银台是所有零售卖场中最复杂,也是最多学问的地方,值得所有门店借鉴学习其商业思维,结合自身终端和门店内部结构特点予以改善提高,让现有收银台的功能进一步提高效用。

第一代屈臣氏店铺的收银台设置在店铺的最里面,原因是收银台设置在店铺门口会给顾客造成压力,不愿意进入店铺,同时收银台在商铺里面可以引导顾客进入商场最里面。

后来发现,收银台在最里面,顾客不容易找到,结合超市的特点,屈臣氏将收银台设置在了店铺入口靠墙的地方,以方便顾客付款,这就是第二代的屈臣氏店铺。

然而,随着生意越来越红火,屈臣氏的管理者发现,收银台设置在入口处会对客流造成阻碍,同时结合"屈臣氏发现式陈列",收银台放在店铺的中间是最合理的。在屈臣氏第三代以后的店铺都一直遵循这种标准。

屈臣氏的收银台除了付款功能,还有服务台功能,包含广播中心、顾客投诉接待、商品退换,同时还是一个商品促销中心、宣传中心。这样一个多功能的枢纽之地,屈臣氏有一套完整的独特操作方案。

大家在屈臣氏的店铺中会发现,收银台同其他超市的不一样,很特别。

屈臣氏的收银台高度为 1.2 米,据说这是顾客在付款时感觉最舒适的高度,不会因太高而显得压抑。

在每个收银窗口处有个凹槽,这个设计是专门方便顾客在买单时放置购物篮的。

在收银台上装置有一些小货架,摆放着一些轻便货品,如糖果、香口胶、电池等一些可以刺激顾客即时购买意欲的商品,一切都非常人性化。

屈臣氏研究发现,在收银服务中收银台的员工必须做到最重要的两点:

第一就是与顾客打招呼时一定要做到眼神接触。在零售工作中,很多员工只顾着忙,虽然嘴中说着欢迎光临,但是眼睛却看着别处,给顾客以非常不诚恳、不礼貌的感觉,好像在漫不经心地服务,所以要求必须做到打招呼时与对方眼神接触。

第二是尽量减少顾客付款排队的时间。屈臣氏调查显示,顾客购物中最怕的是排长队等待付款,由于都市白领更讲究效率,所以规定收银员与付款顾客数量比例是 1∶4。

在收银台前,出现超过 5 个顾客排队买单时,就必须马上呼叫其他员工帮忙,其他员工无论在忙什么,都会第一时间赶到收银台,解决收银排队问题。为了满足这种要求,屈臣氏店铺的所有员工都能熟悉操作收银机。

前面提到,收银台是一个促销中心,在屈臣氏促销活动中,一直都保持着三种超特惠商品,顾客一次性购物满 50 元就可以加 10 元超值换购其中任意一件。

所以,在收银台前面摆放有这三堆商品,当顾客付款的时候,收银员会在适当的时候向顾客推介优惠的促销商品,让顾客充分感受到实惠。

另外,屈臣氏会经常举行商品的销售比赛活动,这是一种非常成功的促销方式,这些商品也会在收银台进行销售。

在付款处范围内,会摆放一些轻便货品。在收银台的背后靠墙位置,主要陈列着一些贵重、高价值的商品,或者是销售排名前十的商品。

屈臣氏收银台的布置,必须体现当期正在进行促销活动,如陈列大促销挂画,发放促销赠品、促销宣传手册,当收银员稍微有时间时,必须安排广播促销商品推介。

屈臣氏赋予收银台如此多的功能,其主要目的就是尽量提高工作效率,做好销售服务工作。

屈臣氏的这些做法,虽不必全部照搬套用,但某些适合推广营销的方式完全可以搬到自己店中放大使用,以取得营销的最大化效用。比如促销、购物满 N 元加 X 元换购商品等尤其值得一试。

资料来源:"2 500 家屈臣氏惊人的 3 大细节管理　收银台有这么多秘密?",中国零售网,2015 年 10 月 30 日 。

案例讨论题

1. 屈臣氏在管理服务场景时考虑了哪些因素?

2. 结合零售业消费者的购物过程,思考如何对零售行业的服务场景进行设计和管理。

服务中的质量管理

第九章　服务质量评价

质量是维护顾客忠诚的最好保证。

——杰克·韦尔奇

第一节　服务质量概述

一、什么是服务质量

ISO《质量管理和质量保证术语》对产品或服务的质量进行了定义:产品或服务满足规定或潜在需求的特征总和。该定义将有形产品和无形服务的质量进行了一个抽象的归纳。但是,有形产品和服务在特性上存在本质的差异,因此对服务质量的理解和定义仍然需要进行更深入的探究和分析。对于有形产品,企业可以采用客观的标准进行衡量。例如一个杯子,可以通过其长、宽、高、重量等客观的标准来判断其质量的好坏。但是由于服务质量评价存在主观性,企业无法通过客观的衡量标准对其进行评价。所以,在理解和研究服务质量的时候,需要从顾客的视角出发,考虑顾客对服务的预期以及主观感受。

在服务质量这一概念的发展和研究中,学者们也逐渐将有形产品和服务区分开来,从顾客视角对其进行理解和研究,其中克里斯琴·格罗鲁斯(Christion Gronroos)所提出的感知服务质量得到了广泛的认可。格罗鲁斯认为,服务质量是指顾客对服务期望与实际感知服务之间的差异比较。这一基本概念的界定为服务质量的研究打下了坚实的基础。此外,他还在该定义的基础上提出了服务质量的两个基本构成要素:技术质量(technical quality,服务的结果)和功能质量(functional quality,服务的过程),并构建了著名的格罗鲁斯顾客感知服务质量模型。

案例 9-1

美的制冷三大举措提高服务质量

2005 年,美的在做出 6 年免费保修的服务承诺后,斥巨资建立了呼叫中心,同时引入了六西格玛服务战略。这三大举措构筑起了"美的新服务时代的竞争壁垒"。

美的空调国内营销公司总经理王金亮分析说,空调产业的竞争模式正在发生变化,价格已不再是竞争的关键词,服务质量作为产品品质、渠道建设、经营管理等企业综合实力的体现,已成为新的竞争核心,美的空调将继续加大对服务的投入,为顾客创造更大的价值,提高顾客满意度,以强化美的空调在行业中的优势地位。

经过多年的市场培育,空调市场的消费意识日趋成熟,消费者对品牌的认同,除产品品质外,在很大程度上取决于企业的服务质量,而不再是单纯的价格。特别是在夏季,消费者购买空调最关注的因素聚焦到了服务品质上,包括安装是否及时,维修是否快速,咨询是否能得到及时的解答等。鉴于此,美的空调自1998年以来,通过与东软等国内领先软件供应商合作,建成了强大的顾客服务信息系统。进入2005年后,美的集团又投资800万元建立了呼叫中心,实现了服务平台的全新升级,进一步确立了美的空调在业内的服务优势。

为全面提升企业系统竞争优势,2004年,美的集团投资两亿元,全面引入六西格玛战略,并聘请世界知名的顾问公司SBTI(精益六西格玛管理咨询机构),把六西格玛思想从品质管理方面提升到了企业整个发展战略层面。与国内多数企业局部引进六西格玛不同,美的集团启动的六西格玛工程,所关注的不仅仅是品质提升、营运流程再造或其他的局部项目运作,还有包括服务在内的整个企业运营的方方面面,并统一员工的质量管理意识,用六西格玛追求的高品质来严格加强服务系统的质量管理。

资料来源:刘莉、廖荣华,"美的制冷三大举措提高服务质量",《中国质量报》,2005年6月27日。

二、服务质量的构成

正如前文所提到的,格罗鲁斯在一篇题为"一个服务质量模型及其营销含义"的文章中将感知服务质量分为了两个组成部分:技术质量和功能质量,也就是服务结果质量和服务过程质量。从此以后,关于服务质量的管理和研究,也多从服务的过程和结果两个层面综合来进行。

根据格罗鲁斯的观点,技术质量是顾客通过服务得到的东西,即服务结果的质量。服务结果的质量对于顾客而言,是容易感知、也易于评价的。例如,一位顾客通过手机打车软件购买交通服务,其服务结果是顾客在空间上的位移,顾客很容易根据位移目标的准确性来判断服务结果的质量。然而,这并不代表着企业只需关注服务结果的质量,服务过程的质量也同样重要。由于服务本身具有不可分离性、同时性等特性,顾客会亲自参与服务的整个过程,并在过程中与服务提供者产生互动。所以,顾客与服务提供者接触的每一个环节都将影响顾客对服务质量的评价,顾客对服务质量的感知不仅体现在服务结果上,还需要考虑服务质量的功能方面,即服务过程质量。同样以打车服务为例,从顾客决定用手机软件打车开始,软件的订单处理速度、车辆的整洁程度、司机的驾驶技术,甚至司机说话的语气等,几乎服务过程中的所有细节都有可能影响顾客对整个服务过程的感知。

因此,在评价服务质量时,技术质量和功能质量具有同等重要的意义,两者共同构成了顾客评价服务质量的两个重要维度。技术质量可以通过客观的标准来进行衡量,而功能质量则更多地取决于顾客的主观感受。两者的总和决定了顾客感知的服务质量。

此外,企业形象的好坏在服务质量感知的过程中会起到过滤作用。如果顾客遇到服务质量问题,当企业形象较差时,过滤器就会发挥负面作用,形成更为不利的服务质量感知;反之,过滤器会发挥正面作用,对顾客的服务质量感知产生积极影响,减弱顾客对服务质量的负面评价。如图9-1所示。

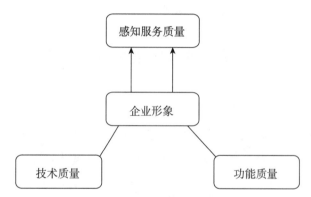

图 9-1　服务质量的两个构成要素

资料来源:Gronroos, C. A.,"Service Quality Model and its Marketing Implications", *European Journal of Marketing*, 1984, 18(4), 36-44。

三、服务质量和产品质量的差别

如今,产品同质化现象严重,建立服务质量体系已经成为企业执行差异化战略的重要途径。而在进行服务质量管理时,许多企业都忽略了服务质量与产品质量的不同,仍然采用有形产品质量的管理方法对服务质量进行管理。这就导致许多企业在服务管理上投入得很多,但是往往收效甚微,很难达到预期的结果。因此,了解服务质量和产品质量的差异对企业管理具有很重要的意义。两者的差异主要体现在两个方面:测量方式的差异和管理措施的差异。

第一,服务质量和产品质量最显著的差异在于两者测量方式的不同。对于产品质量,为了避免主观因素的影响,在生产、检验以及评价产品质量时,企业往往采用一个基本、统一的尺度,即产品的质量标准。产品的质量标准是根据产品生产的技术要求、行业统一要求、法律法规要求等进行制定的、得到企业和顾客认可的标准。而对服务质量进行测量时,企业不仅需要从服务本身的特性和特征来考虑,更需要从顾客的角度出发,以顾客的主观感受作为主要的衡量指标。目前对服务质量的测量方法,如SERVQUAL、关键事件技术等,都是将顾客对服务的主观评价作为测量服务质量的主要依据。本章第三节将会对

服务质量评价的主要方法进行介绍。

第二，服务质量和产品质量的改善措施也存在很大差异。提升产品质量的措施主要集中在产品本身的质量，企业需要对产品的原材料、生产制造过程、产品的质量检验等方面进行全面质量管理，以提升产品的总体质量。而对于服务质量，企业不仅需要改善基础服务流程、服务人员素质等方面的内容，更重要的是考虑顾客在每一个服务接触环节的具体需求，然后根据顾客的具体需求调整服务中的具体细节，以改善服务质量。

由于服务具有无形性、不可分离性等特点，那些对产品质量管理的传统方法已不再适用，企业需要针对产品质量和服务质量的差异，建立特有的服务质量管理体系。应用对服务质量特有的测量和管理办法是提高企业竞争力的根本。

第二节　服务质量的管理模型

一、顾客感知服务质量模型

对于技术质量，可以通过客观的标准来进行衡量。但是，对于功能质量，则需要考虑顾客对服务整个过程的主观感知。正如格罗鲁斯对服务质量的定义，顾客对服务质量的评价是由期望服务质量和感知服务质量的差异决定的。结合服务质量的构成与组织形象，格罗鲁斯提出了顾客感知服务质量模型，如图 9-2 所示。

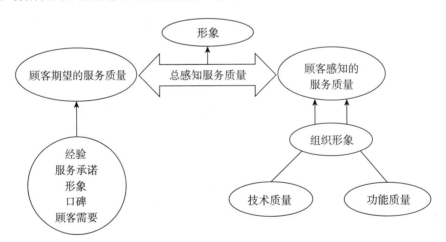

图 9-2　格罗鲁斯顾客感知服务质量模型

资料来源：Gronroos, C. A., *Service Management and Marketing：A Customer Relationship Management Approach*, England：John Wiley & Sons, Ltd., 2000, 67。

从图 9-2 中可以看出，技术质量和功能质量的总和共同决定了顾客感知的服务质量，组织形象会对顾客服务质量感知起到"过滤器"的作用。人们会利用这个过滤器"过滤"组织的技术质量和功能质量感知。如果服务组织的形象较好，则会产生保护作用，即使在服务的过程和结果中出现了问题，也都有可能被人们忽略；而如果组织的形象较差，则会对服务质量感知产生负面影响,服务中出现的任何问题都有可能被发大。

此外,期望也是顾客感知服务质量的重要组成部分。如果顾客感知的服务质量与期望的服务质量的差距较小,甚至超过期望的服务质量,那么顾客对企业的服务质量评价较高;但是,如果顾客感知的服务质量远远达不到顾客期望的服务质量,那么顾客对服务质量的评价则较差。而关于顾客期望的影响因素,如形象、口碑、顾客需要等方面,详述请见第六章。

二、五差距模型

在格罗斯顾客感知服务质量模型的基础上,美国的服务管理研究学者 PZB(Parasuraman, Zeithaml, Berry)对服务质量进行了更深入的研究,并于 1985 年提出了服务质量差距模型(gap analysis model),用来分析服务质量的形成过程(如图 9-3 所示)。该模型从差距的角度来理解服务质量,认为服务质量中服务期望和服务感知之间的差距是由服务过程中其他四类差距累计形成的。通过该模型可以对企业所提供的服务质量进行分析,帮助管理者采取有效的措施来缩短服务期望和服务感知之间的差距,从而提高顾客的感知服务质量。

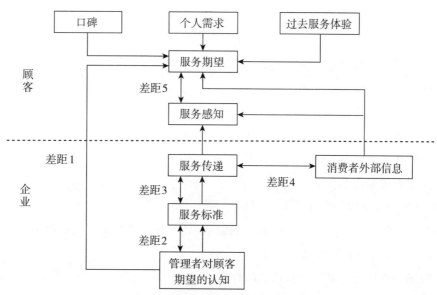

图 9-3　PZB 服务质量差距模型

资料来源:Parasuramn, A., Valarie A. Zeithaml, and Leonard L. Berry., "A Conceptual Model of Service Quality and Its Implication for Future Research", *Journal of Marketing*, 1985, 49(4), 44。

1. 服务质量的差距

(1)差距 1——管理者认知差距

差距 1 指服务的提供者不能对顾客的服务期望进行准确的认知。产生这种差距的原因有以下几点:

① 市场调研和需求分析信息不准确；

② 对顾客期望的解释不准确；

③ 未进行需求分析；

④ 从与顾客接触的员工流动到管理者的顾客信息不准确或者是扭曲的；

⑤ 管理层次过多以至于阻塞了信息的传递或者改变了信息的真实性。

（2）差距2——服务质量规范差距

服务质量规范差距指服务提供者制定的服务标准与管理层所认知的顾客服务预期不一致所产生的差距。产生这种差距的原因有以下几点：

① 企业计划失误或计划程序不完善；

② 计划管理水平低下；

③ 组织目标不明确；

④ 服务质量计划缺乏高层管理者的有力支持；

⑤ 企业对员工所承担的任务标准化不足。

（3）差距3——服务传递差距

服务传递差距指企业的服务生产与传递过程没有按照既定的标准来进行所产生的差距。产生这种差距的原因有以下几点：

① 服务技术和系统无法满足标准的要求；

② 服务质量标准规定得过于复杂和僵硬；

③ 服务运营管理水平低下；

④ 员工不赞成这些标准，所以不执行这些标准；

⑤ 企业的管理体制和技术设备不利于员工进行规范的操作；

⑥ 服务质量标准与企业文化不相容；

⑦ 缺乏有效的内部营销。

（4）差距4——市场沟通差距

市场沟通差距指企业在服务沟通中所传达的信息与企业实际提供的服务不一致所产生的差距。产生这种差距的原因有以下几点：

① 市场沟通计划与服务运营未能融合在一起；

② 传统的外部营销与服务运营不够协调；

③ 组织没有执行市场沟通中大力宣传的服务质量标准；

④ 过度承诺。

（5）差距5——感知服务质量差距

感知服务质量差距是由格罗鲁斯提出的顾客服务期望与顾客服务感知之间的差距。这一差距实质上是前四个质量差距之和。

从图9-3中可以看出，模型的上半部分与顾客有关，顾客对服务的期望由口碑、个人需求、过去服务体验等因素共同决定,同时还会受到顾客所获得的外部信息的影响。模型的下半部分则与企业有关。该模型认为,企业管理者首先需要对市场和顾客进行分析,并对顾客所期望得到的服务进行认知。然后,根据市场分析的结果制定出服务质量标准。接着,一线服务员工根据管理者所制定的标准向顾客提供服务,在服务的传递过程中,顾客会与一线服务员工进行互动,感受服务的过程,并对服务结果进行评价。此外,从模型中可以看出,服务的传递过程会为顾客提供许多与服务相关的信息,这些信息往往会成为顾客产生服务感知、服务预期的重要依据。

该模型还指出,缩小顾客服务期望与服务感知之间的差距,并提高顾客总感知服务质量最有效的办法就是弥合差距1—4,并使其处于持续弥合状态。那么,企业该采取怎样的措施和方法来弥合这些差距呢?

2. 差距弥合方法

为了缩小顾客服务期望与服务感知之间的差距,改进服务质量,可以使用以下弥合方法:

(1) 管理者认知差距弥合方法

① 通过调研、抱怨分析、顾客清单等了解顾客期望;

② 为了提高了解程度,增加管理层与顾客的直接互动;

③ 从一线服务员工到管理层,提高沟通水平;

④ 将信息与观点转化为行动。

(2) 服务质量规范差距弥合方法

① 确保高层管理者重视的质量与顾客定义的质量相一致;

② 在所有工作单元建立、沟通和强化顾客导向的服务标准;

③ 培训管理者具有领导员工提供优质服务的技能;

④ 接受新的经营方法,打破提供优质服务的障碍;

⑤ 通过使用机器代替人员接触,改进工作方法(软技术),将重复性工作标准化,以确保一致性和可靠性;

⑥ 建立明确的、具有挑战性的、能满足顾客期望的服务质量目标;

⑦ 区分能够最大程度影响质量的工作任务,并给予其最高的优先权;

⑧ 确保员工理解并接受目标及其优先权;

⑨ 评价绩效并定期反馈;

⑩ 奖励达到目标的管理者和员工。

(3) 服务传递差距弥合方法

① 明确员工角色;

② 确保所有员工理解其工作如何使顾客满意;

③ 将有能力和具有服务技能的员工安排到适当的岗位上;

④ 为员工提供高效完成工作所需的技术培训;

⑤ 开发新的培训方法,吸引最优秀的员工,寻找留住员工的新方法;

⑥ 选择最合适的、可靠的技术和设备,提高服务水平;

⑦ 教会员工理解顾客期望、顾客感知和顾客的问题;

⑧ 培训员工掌握人际沟通技能,特别是在有压力的情况下接待顾客;

⑨ 让员工参与制定标准,减少员工的角色冲突;

⑩ 培训员工学会优先安排工作和管理时间;

⑪ 评价员工绩效,将薪酬与服务质量认知相联系;

⑫ 建立工作团队;

⑬ 让顾客了解他们在服务中的作用,培训和激励他们。

（4）市场沟通差距弥合方法

① 当开发新的广告计划时,从一线服务员工那里寻找灵感;

② 在广告发布前,允许服务提供者预览广告;

③ 让销售员工加入一线服务队伍,与顾客面对面;

④ 开展企业内部的教育活动、激励活动和宣传活动;

⑤ 确保在不同地点提供标准一致的服务;

⑥ 确保宣传内容正确反映顾客所关注的那些重要服务特征;

⑦ 通过让顾客明白什么是可能的、什么是不可能的及其原因,从而管理顾客期望;

⑧ 区分并解释服务缺陷中的不可控因素;

⑨ 根据不同的价格为顾客提供不同水平的服务,并对这种区分予以解释。

第三节　服务质量的评价方法

一、SERVQUAL 模型

1985 年,PZB 通过对银行、信用卡、证券和维修业进行调查分析,提出了 SERVQUAL 模型,并将服务质量的影响因素归纳为十类:可靠性、响应性、能力、易于接近性、礼貌性、交流性、可信性、安全性、了解性和实体性。其后,于 1988 年将十类影响因素合并缩减到五类:可靠性、响应性、安全性、移情性和有形性,这五类又细分为 22 个问项(如表 9-1 所示)。通过问卷调查等方式让顾客针对每个问题给出对服务的期望以及实际服务感知的分数,然后通过综合计算得出服务质量分数。学者们将这种评价服务质量的方法称为 SERVQUAL 评价方法。

1. 可靠性(reliability)

可靠性指企业能可靠地、准确地履行服务承诺的能力。企业是否能够履行自己的承诺,并始终向顾客提供同样水平的服务,是顾客评价服务质量的重要标准。顾客愿意为信守承诺的企业提供的服务买单。

2. 响应性(responsiveness)

响应性指企业能迅速帮助顾客实现其需求的能力。在顾客提出服务需求时,服务提供者的反应速度决定了顾客的感知服务质量。顾客常常遇到提出需求但未及时得到、甚至没有得到回应的情况,这种缺乏响应性的服务会给企业带来负面的质量评价。

3. 安全性(assurance)

安全性指企业通过信息和服务的传递,表达出自信与可信的能力。拥有高安全性的企业能够帮助顾客消除对危机和风险的疑虑。尤其是在银行、保险、医疗等行业内,服务的安全性是顾客评价服务质量的重要标准。

4. 移情性(empathy)

移情性指企业设身处地为顾客着想的能力。移情的企业可以通过对顾客的分析,了解顾客多样的需求,并通过个性化或定制性的服务使顾客感到自己的需求得到了企业的重视和理解。尤其是对于小型企业来说,移情性是其与大型企业的规模化生产抗衡的重要筹码。小型企业也常常被顾客认为更加了解顾客的问题和需求。

5. 有形性(tangibles)

有形性指在提供服务的过程中,企业有形部分表现出的能力水平。在提供服务时,企业的有形部分包括实际设施、设备以及服务人员的形象等。这些有形部分是帮助顾客评价服务的依据,而这一部分对新顾客尤其重要。这是因为,新顾客往往缺乏接受该服务的经验,而有形部分具有客观的衡量标准,将会成为其评价服务质量的重要维度。

表 9-1　PZB 的 SERVQUAL 量表

属性	具体描述	顾客期望		顾客感知	
		完全不重要	非常重要	完全不同意	完全同意
可靠性	企业承诺了在某段时间内做到某事,事实上正是如此	1　2　3　4　5　6　7		1　2　3　4　5　6　7	
	当顾客遇到问题时企业尽力帮助顾客解决问题	1　2　3　4　5　6　7		1　2　3　4　5　6　7	
	企业应该自始至终提供良好的服务	1　2　3　4　5　6　7		1　2　3　4　5　6　7	
	企业应在承诺的时间内提供服务	1　2　3　4　5　6　7		1　2　3　4　5　6　7	
	企业应该告知顾客开始提供服务的时间	1　2　3　4　5　6　7		1　2　3　4　5　6　7	
响应性	顾客期望企业员工提供迅速、及时的服务	1　2　3　4　5　6　7		1　2　3　4　5　6　7	
	企业的员工应当总是乐于帮助顾客	1　2　3　4　5　6　7		1　2　3　4　5　6　7	
	员工无论多忙都应及时回应顾客的需求	1　2　3　4　5　6　7		1　2　3　4　5　6　7	
	传达提供服务的时间信息	1　2　3　4　5　6　7		1　2　3　4　5　6　7	

（续表）

属性	具体描述	顾客期望		顾客感知	
		完全不重要　　非常重要		完全不同意　　完全同意	
安全性	企业员工的行为举止应是值得信赖的	1　2　3　4　5　6　7		1　2　3　4　5　6　7	
	企业应当是顾客可以信赖的	1　2　3　4　5　6　7		1　2　3　4　5　6　7	
	企业员工应当始终热情对待顾客	1　2　3　4　5　6　7		1　2　3　4　5　6　7	
	企业员工应该具有足够的专业知识回答顾客的问题	1　2　3　4　5　6　7		1　2　3　4　5　6　7	
移情性	企业应该对顾客给予个别的关照	1　2　3　4　5　6　7		1　2　3　4　5　6　7	
	企业的员工应该对每位顾客给予个别的关注	1　2　3　4　5　6　7		1　2　3　4　5　6　7	
	企业应当了解顾客最感兴趣的东西	1　2　3　4　5　6　7		1　2　3　4　5　6　7	
	企业的员工应该了解顾客的需要	1　2　3　4　5　6　7		1　2　3　4　5　6　7	
	企业的营业时间应该使顾客感到方便	1　2　3　4　5　6　7		1　2　3　4　5　6　7	
有形性	企业应该有现代化的设备	1　2　3　4　5　6　7		1　2　3　4　5　6　7	
	企业的设备外观应该吸引人	1　2　3　4　5　6　7		1　2　3　4　5　6　7	
	企业员工应该穿着得体、整洁干净	1　2　3　4　5　6　7		1　2　3　4　5　6　7	
	与所提供服务相关的资料应当齐全	1　2　3　4　5　6　7		1　2　3　4　5　6　7	

资料来源：Parasuraman, A., V. A. Zeithamal, and L. L. Berry, "SERVQUAL: A Multiple-Item Scale for Measuring Consumer Perceptions of Service Quality", *Journal of Retailing*, 1988, 64(1), 12-40。

自 SERVQUAL 评价方法提出后，得到了管理者和学者的广泛应用。对于学者来说，SERVQUAL 评价方法为各个领域的服务质量研究奠定了基础；而对于企业来说，通过对 SERVQUAL 评价方法的应用，能够更好地了解顾客对服务期望和实际质量的感知，从而有针对性地改善企业当前的服务质量。但是，PZB 指出，在不同行业中应用 SERVQUAL 评价方法时，需要对问项进行有针对性的调整。例如，美国研究图书馆协会对 SERVQUAL 进行了改造，建立了图书馆的服务质量评价体系——LibQUAL+™。

案例 9-2

运用 SERVQUAL 量表评价医院医疗服务质量

根据 SERVQUAL 量表五个维度的定义，结合上海某三甲医院实际情况共设计了 22 个问项（如表 9-2 所示）。有形性：实际设施、设备及服务人员的外表；可靠性：服务提供商能够可靠、准确地履行服务承诺的能力；保证性：员工所具有的知识、礼节及表达出的自信与可信能力；响应性：服务提供商和员工帮助顾客并迅速地提高服务水平的愿望；移情性:服务提供商和员工关心并为顾客提供个性化的服务。

表 9-2 上海某三甲医院 SERVQUAL 量表问项

维度	内容
有形性	Q1:干净和舒适的就医环境
	Q2:现代和先进的医疗设备
	Q3:就医标示清楚
	Q4:医护人员外观整洁,符合专业人士形象
可靠性	Q5:医院确保医务人员按时到岗
	Q6:医院有兴趣解决患者的就医问题
	Q7:医院是可靠的
	Q8:医院的就医流程是准确、简明扼要的
	Q9:医院承诺的文件或报告单按时交付
保证性	Q10:医院满足患者的及时需求
	Q11:医院愿意帮助患者解决问题
	Q12:医院能及时处理患者的投诉
	Q13:即使医务人员很忙,也能及时给患者提供帮助
响应性	Q14:医务人员是值得信赖的
	Q15:患者在就诊过程中感到放心
	Q16:医务人员对待患者是有礼貌的
	Q17:医务人员的专业知识能回答患者的问题
移情性	Q18:医务人员能关注到每位患者
	Q19:医务人员能给予患者个性化的关怀
	Q20:医务人员了解患者的需求
	Q21:医院优先考虑患者的利益
	Q22:医院关注患者的医疗需求

资料来源:李敏、吴艳玲、袁涛、史虹、黄宝杨、卢洪洲,"运用 ServQual 量表评价医院医疗服务质量",《中国医院管理》,2014 年第 34 卷第 2 期,第 40-43 页。

二、IPA(importance-perfomance analysis)分析法

服务重要性—表现程度分析法(IPA)最早由约翰·马提拉(John Martilla)和约翰·詹姆斯(John James)于 1977 年提出。最初,该方法只用于评价市场营销项目的有效性,后因操作方法简单便捷而广泛应用于各行各业的服务质量评价。IPA 分析法通过比较服务评价因子的重要性与实际满意度来确定服务质量改进的优先顺序,从而协助企业将有限的资源用在最需要的地方。

　　IPA 分析法把关于重要性和满意度的数据置于象限之中,将顾客对服务指标的重要性(重视度)评价作为横轴,对其绩效表现(满意度)评价作为纵轴,并分别以顾客对产品或服务属性的重要性和绩效表现评价之总平均值作为 X—Y 轴的分割点,将空间分为四个象限,即优势区、维持区、机会区和改进区,如 9-4 所示。

　　优势区指顾客非常重视并对服务提供者表现的绩效感到满意的服务属性,对于该区域内的服务属性应该继续保持;维持区指顾客不重视但对服务提供者表现的绩效感到满意的服务属性,该区域的属性表明管理者的战略重点有偏误,需要对资源进行重新配置;机会区指顾客不重视并对服务提供者表现的绩效感到不满意的服务属性,该区域的服务属性将不作为企业的重点发展对象;改进区指顾客非常重视但对服务提供者表现的绩效感到不满意的服务属性,管理者应该将这类服务属性作为战略发展重点。

图 9-4　Importance-Performance Analysis 架构

　　资料来源:Martilla, J. A., and J. C. James,"Importance-performance Analysis", *Journal of Marketing*, 1977, 41(1), 77-79。

三、关键事件技术(critical incident technique, CIT)。

　　1954 年,美国匹兹堡大学心理学教授约翰·弗兰拉根(John Flanagan)提出了关键事件技术。关键事件技术要求受访者讲述服务接触过程中产生的满意或不满意的事件,然后对这些关键事件进行内容分析,以寻求导致关键事件发生的深层原因。目前,CIT 技术已经被应用于管理学、人力资源等多个领域。而该技术在市场营销领域的应用,通常是从顾客和接触性员工两个角度出发,来分析顾客对服务质量的评价。

　　关键事件是指顾客满意或不满意的服务接触,而顾客对服务质量的感知则是导致顾客满意或不满意的一个非常重要的因素,且该方法操作简单,因此企业常常运用 CIT 技术来测量顾客感知服务质量。其基本操作程序如下:

　　首先,设计开放式的表格,收集顾客在近期内所经历的具体服务事件。内容包括事件发生的原因、当时所处的环境、事件的结果以及对其的评价。

　　其次,对顾客调查表进行分类。基于关键事件的诱因,可将关键事件分为三类:员工对服务失败时的反应、员工对顾客需要和要求的反应、员工自发的行为。

最后，对分类后的调查表进行分析和研究，得出企业目前服务质量的现状和改进策略。

经过以上程序，企业可以得到服务成功和失误的大量数据，同时可以通过对数据的分析来寻找改进和提高服务质量的方法。企业中很多问题都会导致较差的关键事件评价，如服务人员素质低下、服务设备老旧等，而较差的关键事件评价会直接导致顾客感知服务质量低下。因此，企业管理者可以通过对关键事件的研究来制定相应的策略，从而提高顾客感知服务质量。此外，CIT 技术还可以应用于企业内部，通过对企业内部员工和外部顾客关键事件的综合调查，可以帮助企业比较分析员工和顾客对相同事件上看法的差异，从而从不同的视角对数据进行分析。

与 SERVQUAL 评价方法相比，使用 CIT 技术能够得到更丰富和更详尽的服务过程描述数据，帮助企业更加深刻地理解顾客的期望质量、需求和员工的工作质量等情况，并为企业提高服务质量提供新的思路和方法。但是，由于 CIT 技术主要依靠研究者对收集到的事件进行解释和分析，研究者的主观性可能会导致研究结果的偏差。

四、KANO 模型

KANO 模型是由日本著名的质量管理专家狩野纪昭（Noriaki Kano）提出的，他根据双因素理论，采用二维模式对质量进行了研究。传统的质量认知通常是单维度的，即当质量特性满足时，客户就会满意；当质量特性不满足时，客户就会不满意。例如，在炎热的夏天，公交车所提供的空调服务，当有空调服务时，乘客就会表示满意，而当没有空调服务时，乘客就会表示不满意。但是，对于公交车上的无线网络服务，当其提供这种服务时，顾客会表示非常满意，当其不提供这种服务时，顾客则表示也可以接受。因此，KANO 模型指出，单维度的质量认知方法并不能充分揭示出顾客的偏好和行为，需要采用双维度的认知方法对质量进行分析。KANO 模型如图 9-5 所示。

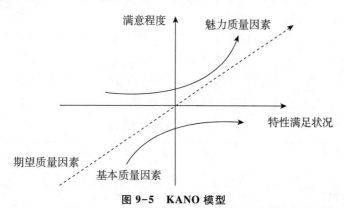

图 9-5　KANO 模型

资料来源：Kano, N., K. Seraku, F. Takahaski, and S.Tsuji,"Attractive Quality and Must-be Qaulity", *The Journal of the Japanese Society for Quality Control*, 1984, 14(2), 39-48。

KANO 模型根据不同类型的质量特性与顾客满意度之间的关系将服务的质量特性分为了魅力质量因素、基本质量因素、期望质量因素、无差异质量因素和反向质量因素：

（1）魅力质量因素（attractive quality）

魅力质量特性被描述为惊奇或惊喜的特性，当特性满足时，能够大大提高顾客满意，不满足也不会引起不满。

（2）基本质量因素（must-be quality）

基本质量特性指顾客对企业所提供的服务的基本要求。当这些质量特性被满足时，服务才算合格，不满足时会引起顾客的强烈不满。

（3）期望质量因素（one-dimensional quality）

期望质量因素也称为线性质量因素，一元质量特性满足时会导致顾客满意，不满足时则会引起顾客不满，它们是被企业宣传或用于企业间竞争的质量特性。

（4）无差异质量因素（indifferent quality）

无差异质量因素是顾客不关注的质量因素，无论提供与否都不会影响顾客的满意度。

（5）反向质量因素（reverse quality）

反向质量因素指提供该质量要素时反而会引起顾客不满，不提供时顾客却感到满意。这是由于不同顾客对服务需求的不同导致的。例如，汽车行业中自动泊车、车道偏离预警等高科技技术的应用，给许多司机朋友带来了便利，但同时也给许多不熟悉高科技产品应用的顾客带了负担。

KANO 模型为产品和服务管理提供了一个有用的框架。通过对 KANO 模型的应用，企业能更好地了解顾客评价产品或服务的视角、顾客的各种需求以及市场竞争状况等。

案例 9-3

微信功能需求的 KANO 模型分析

微信是当前最流行的一种社交媒体，微信功能是否真正满足了用户需求是社交媒体研究领域关注的内容之一。基于 KANO 模型，研究学者针对 274 名微信用户进行了微信功能需求研究，以帮助管理者了解微信用户对不同功能的需求状况，并提出了对微信功能优化改进的方向。微信主要使用功能如表 9-3 所示。

表 9-3　微信主要使用功能

功能分类	具体功能	说明
社交	1. 聊天	发送语音、短信、视频、图片（包括表情）和文字信息
	2. 微信群	简单的虚拟社区，实现多人聊天
	3. 朋友圈	发表文字和图片，通过其他软件将文章或者音乐分享到朋友圈，可以对好友新发的信息进行评论或赞，用户只能看相同好友的评论或赞

（续表）

功能分类	具体功能	说明
社交	4. 查看附近的人	根据用户的地理位置找到附近同样开启本功能的人
	5. 扫一扫	可以扫描二维码、封面、街景,扫单词进行翻译
	6. 摇一摇	摇手机或点击按钮摇一摇,可以匹配到同一时段触发该功能的微信用户
	7. 实时对讲	通过语音聊天室和一群人语音对讲
	8. 群发助手	把消息发送给多个人
	9. 添加好友	通过查找微信号、QQ 好友、手机联系人,分享微信号,摇一摇,扫描二维码等方式添加好友
推送与提醒	10. 新闻推送	浏览腾讯新闻
	11. QQ 邮箱提醒	开启后可接收 QQ 邮件,收到邮件后可直接回复或转发
	12. QQ 离线助手	接收 QQ 离线消息
各类系统服务	13. 公众平台	关注和注册公众号,注册后对公众账户的粉丝分组管理实时交流
	14. 微信网页版	通过手机微信的二维码识别在网页上登陆微信,网页版能实现和好友聊天,传输文件等部分功能
	15. 钱包	集充值、理财、彩票、打车、消费、买票、转账等生活服务于一体
	16. 通讯录安全助手	开启后可备份手机通讯录至服务器,也可恢复通讯录内容
个性化服务	17. 设置	新消息提醒模式设置、聊天设置、隐私设置、微信通用设置、账号与安全设置、介绍微信和退出功能等
	18. 搜索	搜索好友、公众号、文章等
	19. 标签	好友分类
	20. 游戏	与好友一起玩游戏
	21. 购物	微信购物
	22. 相册	管理相册
	23. 收藏	收藏感兴趣的文章

　　收集微信的主要使用功能,对每一个功能设置正向和反向两个问题,将用户对每一个问题的感觉划分成"不喜欢""可以忍受""无所谓""理所当然"和"喜欢"5 个情感等级,对应评分分别为 1、2、3、4、5。具体如表 9-4 所示:

表 9-4　微信功能 KANO 问卷题项形式

微信功能	问题	不喜欢	可以忍受	无所谓	理所当然	喜欢
聊天	微信提供该功能	1	2	3	4	5
	如果没有该功能	1	2	3	4	5

接着,根据 KANO 评价表(如表 9-5 所示)对问卷结果进行汇总,其中,"M"表示基本质量,"O"表示期望质量,"A"表示魅力质量,"I"表示无差异质量,"R"表示反向质量,"Q"代表有问题的回答。

表 9-5　KANO 评价表

正向问题	反向问题				
	喜欢	理所当然	无所谓	可以忍受	不喜欢
喜欢	Q	A	A	A	O
理所当然	R	I	I	I	M
无所谓	R	I	I	I	M
可以忍受	R	I	I	I	M
不喜欢	R	R	R	R	Q

将汇总结果中的最大值作为质量特性归属依据,即某质量特性对哪种 KANO 类别的归属数量最多,就将该质量特性归属于该项类别,这样,可识别出所有质量特性应该归属的 KANO 类别,得到微信功能质量特性归类表,如表 9-6 所示。

表 9-6　微信功能质量特性归类表

功能序号＼质量序号	M	O	R	I	Q	A	合计	归属类
1	47	136	2	57	1	31	274	O
2	16	82	9	109	2	56	274	I
3	23	130	5	50	3	63	274	O
4	5	12	47	174	5	31	274	I
5	9	73	5	97	2	88	274	I
6	1	13	36	181	3	40	274	I
7	5	63	6	126	4	70	274	I
8	6	42	11	142	4	69	274	I
9	25	143	1	39	5	61	274	O
10	4	48	38	134	4	46	274	I
11	6	47	14	137	2	68	274	I
12	4	44	9	133	3	81	274	I
13	3	60	4	127	3	77	274	I
14	7	39	8	147	5	68	274	I
15	6	29	15	167	4	53	274	I
16	8	57	4	134	4	67	274	I

（续表）

质量序号 功能序号	M	O	R	I	Q	A	合计	归属类
17	36	115	0	72	2	49	274	O
18	25	104	0	78	4	63	274	O
19	14	51	5	147	2	55	274	I
20	3	15	39	184	4	29	274	I
21	2	11	27	199	3	32	274	I
22	13	70	0	122	4	65	274	I
23	5	77	4	115	4	69	274	I

结果表明,大部分微信用户只对聊天、朋友圈、添加好友等少数功能有需求,并且表现为一种期望质量特征;用户对大部分功能并不关注,需求感不强。最后,微信需更注重用户体验,把握用户隐性需求,精简功能,提供差异化服务。

资料来源:涂海丽、唐晓波,"微信功能需求的 KANO 模型分析",《情报杂志》,2015 年第 5 期。

第四节　服务质量的管理体系

一、服务标准的建立

1. 服务标准的类型

服务质量之所以难以管理,其中一个重要的原因就是很难对服务进行一个客观的评价和衡量。为了能向顾客提供统一、高质量的服务,企业就需要建立正式的服务标准,这些标准能够为服务中的每一个环节提供一个高水平的参考依据:业务处理时间、投诉处理流程等。

这种由企业管理者所制定的服务标准和评估尺度可以帮助企业达到保证生产率、提高效率等目标,但是,这种标准在某些情况下并不能满足顾客的期望,如顾客要求企业处理一个紧急问题时,却收到这样一封邮件——"在 24 小时内给您回复"。尽管这种服务标准为企业节约了资金,减少了人力成本,但是,在某些情况下却不能满足顾客的需求。若企业希望提高顾客的满意度,那么企业所设立的标准就必须以顾客的需求和期望为基础,而不是仅仅建立在企业的内部目标之上。

把服务标准定位于顾客不仅能提高顾客的满意度和服务效率,还能节省企业的成本、提高利润率。此外,企业可以通过对顾客需求和期望的了解和分析,将顾客的要求转化为员工的绩效目标和行为准则。顾客定义的服务标准通常分为硬性标准和软性标准两种。

（1）硬性标准

硬性标准指通过计数、计时或观测得到的标准。建立以顾客为基础的硬性标准，是为了确保企业在提供投诉处理、问题回答、退换货等服务时的速度和及时性。此外，在跨文化、跨地域提供服务的情况下，企业需要对这种硬性标准进行调整，从而适应不同文化或地域下顾客的需求。

（2）软性标准

软性标准指那些感性的并以文件的形式表示出来的标准。并不是所有的标准都可以通过计数、计时来进行观测，因此，企业会通过与顾客的交流和互动来收集信息，并建立软性标准。软性标准为员工满足顾客需求的过程提供了指导、准则和反馈，并且通过评估顾客满意度来进行衡量。以中国电信为例，在接到顾客的电话时，接线员需要做通话中的主动者，并准确地回答顾客的问题，满足顾客的要求。

案例 9-4

用精益服务领跑在线旅游

携程旅行网（以下简称"携程"），经过多年的实践，总结出了一套人性化的服务规范，这些规范可归纳为"四化"。

一是标准化。意味着用规范的方法、合理的程序，达到既定的质量目标。携程通过"用制造业的标准来做服务业"，不仅成为旅游服务标准化的代表，也从千万家机票、酒店代理公司中脱颖而出，成为旅行服务公司的领先者。

二是精细化。在携程的电话呼叫中心，接电话的时长、语气，回复顾客的方式以及顾客预订的偏好等，几乎所有的细节都设置了统一的标准，最后呈现在顾客面前的是清一色的优质服务。携程服务产品的合格率控制在 99.9% 以上。

三是群分化。携程不断尝试为顾客提供更多个性化的大规模定制服务。通过与银行或者保险公司发行联名卡，为特定群体提供个性化服务，比如携程与招商银行发行联名信用卡，在 2009 年会员可以独享一项叫作"飞常三亚"的个性产品，使顾客获得了其他三亚旅行产品所无法提供的特别优惠。

四是系统化。携程作为旅游服务体系的实践者，通过线上、线下资源的整合，打造了一个覆盖旅行前、旅行中和旅行后的立体式旅游服务价值链，完善了服务的体系化建设。

资料来源：石伟，"用精益服务领跑在线旅游"，《经济日报》，2011 年 5 月 17 日。

---

2. 服务标准的建立

步骤 1：识别已有的或期望的服务接触环节

顾客对服务质量的总体评价是基于对服务中每个接触环节评估的总和。因此，企业需要了解顾客在每一个接触环节中的具体需求和目标取向。当企业了解到顾客的具体需求时,就可以根据需求在每一个接触环节设立相应的标准。因此,在建立顾客定义的服务标准时,首要任务就是识别出服务中具体的接触环节。

步骤2:将顾客期望转换成行为和行动

在了解了顾客在每一个接触环节的要求后,企业需要将这种需求转化为具体的行为。然而,在收集顾客需求的数据时,企业通常会发现顾客的需求往往很抽象,很难将顾客的需求传达给一线服务员工。例如,当顾客表明期望在进入酒店时得到热情的服务时,那么酒店的员工该在什么时间向顾客打招呼? 该说哪些话? 鞠躬还是点头? 因此,在了解了顾客已有的或期望的服务接触环节后,需要将其具体化,从而有助于信息的传达、衡量和落实。

步骤3:选出恰当的标准

接下来,企业需要为员工的行为和行动选择标准的类型。硬性标准由可衡量的员工行为举止构成;而软性标准则与不易观测和评价的行为相关。在该步骤中,由于硬性标准的易观测性,企业较为习惯选择硬性标准来衡量员工的行为,但是仓促的选择是企业常犯的错误。企业需要根据行为的本身属性来选择适当的标准。

步骤4:开发标准的衡量指标

当企业决定了是采取硬性标准还是软性标准后,就需要开发出一套能够充分获取这些标准的反馈机制。其中硬性标准可以通过对实际行为的评价、数量的计算等方法来获得。而软性标准则较难获得,需要通过企业对顾客的表现和行为进行评估和分析来获得。

步骤5:确立标准的目标水平

在开发标准的衡量指标之后,企业需要建立标准的目标水平。企业可以通过对每次服务进行记录,从而对未来服务的目标进行预测和打算。例如,当顾客投诉时,记录每次投诉解决后的满意度,然后根据记录对未来投诉结果进行预测,并设立目标。

步骤6:按标准进行评估

接下来,企业可以按照所建立的标准对服务进行评估。现在许多企业在接听顾客电话时都对通话的内容进行录音,这种录音方式可以帮助管理者对员工的行为进行评估。

步骤7:为员工提供绩效的反馈信息

在对员工的行为进行评估后,企业管理者应将评估的结果反馈给员工,从而帮助员工改善服务中的不足。还是以电话录音为例,当接话员得到评估的反馈信息后,可以对说话的内容、方式进行调整,从而提高顾客的满意度。

步骤8:目标水平和评估尺度的升级更新

由于顾客需求的不断变化,企业所建立的服务标准需要进行定期的修订,从而保证了所提供的服务与顾客期望一致。如图9-6所示。

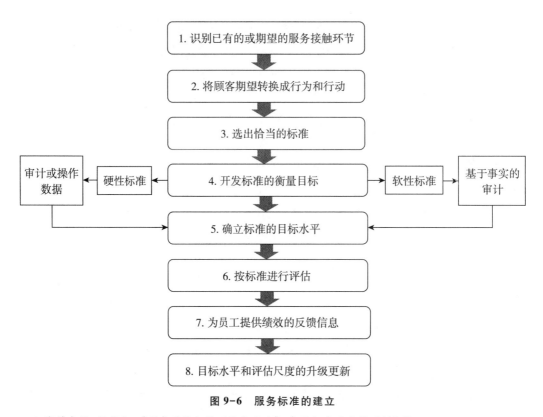

图 9-6　服务标准的建立

资料来源：程龙生，《服务质量评价理论与方法》，中国标准出版社，2011 年。

二、服务管理系统

按照传统有形产品的管理模型，服务系统是以输入、处理、输出等功能组成的，如图 9-7 所示。通过对服务的输入、处理、输出三个角度进行管理，可以有效地提高服务质量，增加顾客对服务的满意度。

1. 企业的服务战略

在服务的输出端，是企业管理人员对顾客需求、外部环境以及企业内部资源等因素进行综合考虑后所制定的服务战略。服务战略既指导了企业进行管理和经营的基本方向，也是为顾客提供满意服务的根本方法。完整的服务战略主要包括五个方面的内容：树立服务理念、确定顾客服务需求、服务的设计与实施、服务人员的管理和服务质量的管理。

目前，企业所采用的服务竞争战略有以下三种：

（1）成本领先战略

与有形产品成本领先战略相同，服务企业也可以通过对服务的成本管理在市场中占据成本领先的地位，例如，当顾客在使用美的空调遇到一些简单的故障时，维修人员会通过电话指导用户对产品进行基础的维修，以减少现场服务作业的人力成本。

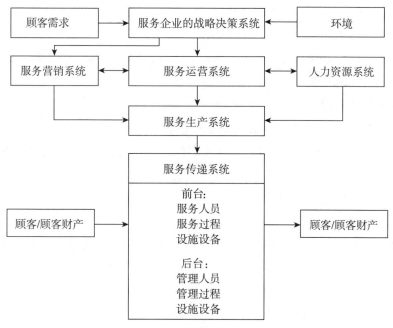

图 9-7 服务系统

资料来源：Wilson, A., Valarie A. Zeithaml, Mary Jo Bitner, and Dwayne D. Gremler, *Services Marketing*: *Integrating Customer Focus Across the Firm*, McGraw-Hill, 2012。

（2）差异化战略

差异化战略的基本思想是为顾客创造一种被重视的感受。实现服务差异化的方法包括服务定制化、降低感知风险等。通过差异化服务，企业可以培养更多的忠诚顾客。

（3）集中化战略

集中化战略的实质是为特定细分市场提供服务，在特定的目标市场中，企业可以更好地满足顾客需求，并有效地控制服务成本。

2. 服务运营

制定战略和设计服务系统之后，就需要对服务运营进行管理了。对服务运营的管理包括对服务运营过程以及运营系统的设计、计划、组织和控制，为服务的生产和传递做好准备。

（1）服务运营的组织

由于服务过程中存在较大的不确定性，很难为服务制定详细、周密的计划，即便是制定好了服务的程序，仍然会由于顾客与服务人员之间的互动而产生不同。因此，服务运营的组织需要以人为中心进行考虑。

（2）服务运营系统的设计

对服务运营系统进行设计的关键在于服务生产和传递的同时性，因此，对两者的设计是不可分离的。

（3）服务运营的能力与需求控制问题

由于服务的易逝性，企业无法通过提前生产或储存的方式来调节供需矛盾。例如，航班的空座位不能储存起来卖给第二天的顾客。所以，对服务企业来说，其服务的生产和传递能力需要进行控制和规划。

（4）服务运营过程中的顾客参与效果

与有形产品不同，在企业向顾客提供服务时，顾客往往参与其中。通常情况下，顾客在服务中会起到两种作用：积极或消极作用。因此，企业需要制定正确的服务运营计划，对顾客正确引导，控制顾客对服务的消极作用，使其对服务质量的提高产生积极效果。

（5）服务不同职能之间的界限划分

对于有形产品来说，企业很容易对各个职能进行清晰的划分，而对于服务来说，职能的划分往往是模糊的。例如，对于有形产品，生产和销售两个职能部门能清晰地划分，各司其职，但对于服务，生产和销售则常常在一起发生。所以必须用一种集成的方法对其进行管理。

（6）服务运营中场所的选择

服务场所的选择会受到顾客意愿的影响，这是因为顾客会参与到服务的生产和传递过程中。因此，企业需要在靠近顾客的地方设立服务场所。

（7）服务运营中的员工管理

与传统的有形产品制造不同，服务产品的制造和传递都依靠企业一线的服务人员来完成。在服务过程中，一线服务人员说话的态度、方式、语气等都会成为影响服务质量的重要因素。因此，服务人员的专业技术培训和学习对企业来说非常重要。

（8）服务运营的竞争力

由于服务的无形性，企业不能像管理有形产品那样通过专利的形式对服务进行保护。企业的竞争者可以很容易通过模仿的方式提供相同的服务，所以，企业应提高自身服务运营的竞争力。

（9）服务运营的评价

对服务运营的评价很大程度上取决于顾客的满意度。企业应通过顾客对满意度的反馈来获取服务运营的相关评价，帮助企业对服务运营进行改进。

3. 服务生产和传递

由于服务的不可分离性，服务的生产和传递是同时发生的。服务的生产和传递与有形产品的生产和传递存在一定的差异，具体包括以下几点：

（1）同时管理

与有形产品生产和传递的分开管理方式不同，企业需要对服务的生产和传递同时进行管理。

（2）质量评价标准

对于有形产品的生产和传递，企业通常采取客观的标准进行统一管理。以企业产品分销商为例，双方需要签订明确的合同来规范各自的行为。但是对于服务的生产和传递，企业不仅需要建立客观的服务生产和传递标准，还需要考虑顾客的主观意见，将两者结合在一起，建立服务质量标准。

（3）反馈机制

对于有形产品的生产和传递，反馈机制主要聚焦在产品的生产流程、硬件设施的改善以及传递流程等。而对于服务的生产和传递，企业则通常将信息反馈给一线的服务人员，直接改善服务的生产和服务。

案例 9-5

三星电子：完善服务网络 提升服务质量

三星电子北京技术服务有限公司（简称"三星电子"）成立于 1994 年，总部在北京，是三星显示器的专业售后服务机构。三星电子服务中心将全国的售后服务市场分为东北、华北、华东、华南、西部五个区域进行管理，并在北京、上海、广州、沈阳、成都建立了分公司。

三星电子在国内拥有 1 257 家维修中心。在北京、上海、沈阳等城市建立了 30 家钻石级别服务中心、60 家金牌服务中心和 72 家 Power Center，覆盖城市近 400 个。截至 2009 年年底，三星电子的服务中心已实现成倍增长，覆盖到全国县级内的 833 个城市。各级服务中心为顾客提供了优雅、舒适的环境和热情周到的服务，使顾客在维修过程中也能够体会到三星就在身边的感受。

三星电子在我国设立了亚洲最大的资材储备仓库。以天津资材仓库为中心的 5 个资材储备、周转中心共同运作，保证了资材及时准确供应服务中心以及售后迅速、优质的服务。

设立在北京的三星电子的 Contact Center 现有员工近 350 名，接收客户咨询时流程简洁，即客户拨打电话 800/400 服务热线——一般商谈人员给予解答（解决不了再转交给）——专门商谈人员（电话服务技术支持工程师）给予解答（再不能解决的）——送往当地维修站进行维修，能够针对用户遇到的不同问题及时给予答复和解决，大大节省了用户的宝贵时间，实现了快捷化维修。Contact Center 将使用咨询、服务中心、购买咨询、Happy Call 连接在一起，为用户提供了全程的售后服务享受。通过 Contact Center，三星电子也收集了大量的用户反馈信息，并据此更有效地完善了公司的产品和服务质量。

在服务队伍管理方面，三星电子自行创建并管理的服务管理网络系统，对全国服务中心的各种维修指数，如维修时间、当月输入率、顾客满意度、重复修理率等进行了系统、科学化的管理,同时在此基础上对维修指数进行了定期评价,奖惩分明。服务网络和管理队伍的完善也保证了服务中心现场工作人员的优质服务。

全国服务中心的 2 500 多名客服代表在日常工作中都会以温馨甜美的笑容、亲切的话语接待每一位顾客。每年两届的全国客服代表风采大赛,提升了客服代表的服务观念和服务意识,使他们在工作中也成为一道亮丽的风景线。

三星电子的工程师始终站在前沿,向用户提供真正厂商级"专家面对面"的贴身服务,为用户出现的任何问题提供最及时、周到的解答。三星电子在天津和苏州都建立了设施完备的集中培训中心,并利用网络、视频等手段,以网上培训、培训中心培训、生产工厂现场培训、服务中心、现场培训等多种方式,每年对各服务中心的维修工程师进行几十次的理论和实际相结合的技术培训;使维修中心工程师能够紧跟产品更新、时代潮流,掌握一流的技术。每年两届的工程师技术竞赛,使得工程师队伍在竞技中提高了技术,在学习中感受到了作为三星工程师的自豪。

为了满足用户不断提升的服务需求,三星电子在制定企业战略、产品战略、市场战略等的同时,提出了"实现高端产品的差别化服务"的服务发展战略。在保证产品优品率的基础上,实现了服务的多样化、贴身化。

三星电子建立了专门的 B2B 售后对应部门,并通过了 ISO 认证。三星电子一直以专业服务对待商业用户和大客户群体,其优质服务领先于其他品牌。

资料来源:"三星显示器:完善服务网络 提升服务质量",《中国计算机报》,2009 年 8 月 24 日。

第五节　网络环境下的服务质量

一、网络环境下的服务质量

随着网络信息技术的迅速发展,传统的物理渠道已不再是企业向顾客传递信息、销售产品、提供服务的首选,更加高效、便捷、低成本的网络渠道成为企业的新宠。因此,也涌现出了许多大型的网络销售平台,如天猫(https://www.tmall.com)、京东(http://www.jd.com)等。顾客只需要动动手指就可以找到价格合适、称心如意的产品。但是,网络市场在快速发展的同时,也面临着许多问题,比如产品退换难、顾客信息泄露等。这些网络问题已经成为网络购物市场发展的绊脚石。

网络环境下,传统服务过程中员工与顾客面对面的交互行为发生了改变,传统的服务质量模型和评价体系也不再适用。因此,电子服务质量(electronic service quality, e-SQ)的概念也就应运而生了。从 20 世纪 90 年代末开始,学者们就开始关注 e-SQ 的问题,并从不同的视角对其进行了研究,如电子商务、信息系统等,为后续的研究奠定了一定的基础。2002 年,学者们首次对 e-SQ 进行了定义,他们认为,购物网站提高了商品选购、价款支付、产品传递等购物环节的效率和效果,而这种效率和效果就是 e-SQ。然而,这种定义是以购物网站为背景,存在一定的局限性。因而有学者提出了不同的看法,认为 e-SQ 是衡量网络服务能满足顾客需求的程度。尽管学者们对 e-SQ 的认识并不完全一致,但是还是达成了一些共识,即 e-SQ 就是对现代电子服务的效率和效果的具体评价。

对于网络服务质量,传统的服务质量维度,如有形性、响应性、移情性在虚拟环境中变得不再重要,可靠性和安全性成为顾客购买服务时所关注的重要维度。因此,在现代网络的基础上,需要对传统的服务质量维度进行调整。

学术智库 9-1

互联网零售顾客的服务质量与价格感知:
连接服务互动的三个阶段

互联网零售的管理目标之一就是为顾客创造积极的零售价格认知。当互联网零售商在服务交互过程中向顾客展示其优秀的服务质量属性时,顾客就会对服务的价格产生积极的感知,从而产生较低的价格敏感度。而服务互动通常包含 3 个环节:首页展示、订单采购(网站信息展示与交易程序)、订单的实现(如物流等)。高效的主页设计可以提高搜索的效率,从而降低顾客在线购物时对产品价格的敏感度,带来积极的顾客价格认知,如垂直的菜单会使顾客产生积极的价格感知。不仅如此,清晰的网络信息展示与便捷的交易程序同样也可以使顾客产生积极的价格感知。而这种对互联网零售商积极的价格感知会使消费者对购物完成质量产生积极的感知。

资料来源:Cho, Y. K.,"Service Quality and Price Perceptions by Internet Retail Customers: Linking the Three Stages of Service Interaction", *Journal of Service Research*, 2014, 17(4), 432-445。

二、网络环境下的服务质量评价

由于网络服务的特殊性,学者们对网络服务质量评价的维度进行了调整和修改,从不同视角开发了不同的评价工具。例如,电子服务质量评价工具 SITEQUAL 是从易用性、美感设计、处理速度和安全性四个维度进行开发的;电子服务质量模型 E-S-QUAL 是从核心服务和补救服务两个方面进行开发的;此外,E-SERVQUAL 量表则包括个性需求、网站组织、用户友好、有效性四个维度等。然而,很多特点和维度都存在重复现象。电子服务质量概念框架的提出很好地解决了这一问题,该框架包含了与 e-SQ 相关的许多特征和属性,并将其归纳为以下 4 个主要维度,如图 9-8 所示。

第一,网站设计:网站设计包含了顾客在网站内接触到的所有元素,包括导航、信息搜索、产品选择、价格、下单程序等。

第二,实现能力:网络上展示的图片和文字都是企业做出的承诺,消费者希望他们能在企业所承诺的时间和地点获得与图片和文字相符的产品。企业需要有实现这些承诺的能力。

第三,客户服务:在购买过程中或购买后,企业能够对顾客的要求提供有效、及时的回应。

第四,安全性:由于线上购物,顾客需要提供个人信息,包括其银行卡信息。所以企业需要对顾客的隐私提供保障。

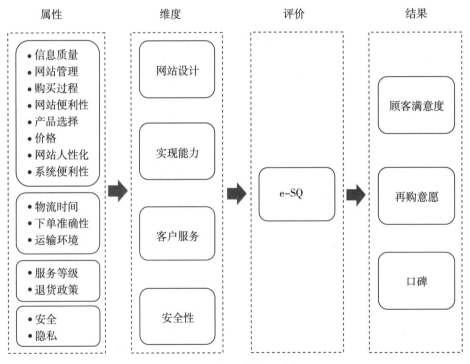

图 9-8　电子服务质量概念框架

资料来源:Blut, Markus, Nivriti Chowdhry, Vikas Mittal, and Christian Brock,"E-Service Quality:A Meta-Analytic Review",*Journal of Retailing*, 2015, 94(4), 679-700。

三、网络环境下的服务质量管理

由于网络信息的独有特征,如分散性、复杂性、虚拟化等,对网络服务的质量管理往往有别于普通服务的质量管理。企业不仅需要考虑到服务的可获性,还需要考虑身处不同区域的顾客在顾客服务质量感知上的差异。对网络环境下的服务质量进行管理,企业可以通过以下策略改进服务质量:

1. 媒介丰富性

由于网络环境下服务的虚拟化,顾客往往缺乏对服务的可获性感知。在这种环境下,顾客不能与服务提供者面对面地交流,双方缺乏互动的渠道,从而产生了较差的服务质量感知。所以,企业需要丰富与顾客的互动渠道,增加顾客服务的可获性感知。例如,企业向顾客提供电话、邮件、微信等沟通渠道。

2. 地理区域分析

网络环境给顾客提供了购买的便利性,顾客在任何地方都可以进行购买。因此,顾客会分布在不同的地理区域。企业需要探寻不同地域顾客对服务质量维度的侧重点,从而根据顾客的需求,对顾客的服务进行调整,以满足不同的需求。

3. 服务补救

虽然网络为企业和顾客提供了方便,但同时增加了服务补救的难度。一旦服务出现失败,顾客对服务的不满很难消除。因此,企业需要建立完善的网络服务补救机制,为顾客提供更满意的服务。

案例 9-6

拉手网推出国内首个"团购三包"服务承诺

2011 年 3 月 9 日,国内最大的团购网站拉手网 CEO 吴波在北京昌平全新呼叫中心上线的启动仪式上对外宣布:拉手网即日起将推出针对团购交易的"三包"服务承诺,从售前、售中、售后三个环节,全程保障消费者利益,保证用户享受优质服务。

此次拉手网承诺的团购三包服务内容包括:消费者在团购产品的七天内无条件退款,现金退到用户的账户;消费过程中如不满意,拉手网就免单。如果用户在消费中遇到任何问题,都可以致电拉手网售后服务电话,拉手网在最短的时间内核实后,会为用户先行赔付。

此外,针对团购过期未使用的消费者,拉手网会给予"过期七天零手续费自动退款"的新措施,退还的款额将直接充值到用户的拉手网账户中,同时伴有短信通知。拉手网推行的"过期七天零手续费自动退款"这一模式,颠覆了传统行业,打破了商品过期不退款的格局。

拉手网这次推行的团购三包服务,除了此前一直履行的"七天内未消费无条件退款"和"消费不满意先行赔付"等有力的用户权益保障服务,又增加了消费券过期七日后自动退费服务。截至 2011 年 3 月 8 日晚上 8 点,在拉手网账户上未消费的累积费用大约为 1 800 万元左右。据拉手网 CEO 吴波介绍,2011 年拉手网用户团购产品后、未消费并过期的比率大概占到总团购数的 5%。

拉手网此次完善服务系统,推出团购三包服务承诺,既是促进团购行业良性发展的表现，也是真诚回馈消费者的又一大举措，恰又印证了被业界称为"团长"的拉手网创始人、CEO吴波所言："在拉手网唯一不打折的是享受。"此三包服务承诺最大的特点是所有的操作流程简单易行，尤其是在拉手券过期后将钱自动打到用户的拉手网账户，且不收取任何手续费。

此外，拉手网推出的318个坐席呼叫中心，也是提高团购用户体验的又一举措。有拉手网相关负责人称："团购行业就是服务行业，如果客服电话打不进来，也许消费者再也不会来你这里买东西了。"

呼叫中心人员坐席数量对团购网站来说是个硬指标，拉手网从2010年下半年就着手这一呼叫中心的系统建立。该呼叫中心由一群训练有素的团队为用户提供优质服务。这也是截至当时团购类网站中坐席位数量最多，规模最大的呼叫中心。

资料来源："拉手网推出国内首个'团购三包'服务承诺"，中国青年网，2011年3月9日，http://news.youth.cn/caij/201103/t20110309_1505316.htm。

■ 本章小结

服务质量差距指顾客对服务的期望与实际感知服务之间的比较差异。而这种感知上的差距是由其他四种差距造成的：①管理者认知差距；②服务质量规范差距；③服务传递差距；④市场沟通差距。

与有形产品不同，对服务质量的评价主要是根据接受服务的顾客的主观感受来进行的，而非客观的衡量标准。因此，了解顾客在每个接触环节的需求是至关重要的。目前，学者们开发了多种服务质量的测量模型，包括SERVQUAL模型、IPA分析法、关键事件法、KANO模型等。

为了能够有效地管理服务质量，建立明确的服务标准是关键。服务标准的建立需要遵循以下八个步骤：①识别已有的或期望的服务接触环节；②将顾客期望转换成行为和行动；③选出恰当的标准；④开发标准的衡量指标；⑤确立标准的目标水平；⑥按标准进行评估；⑦为员工提供绩效的反馈信息；⑧目标水平和评估尺度的升级更新。此外，企业还需要从服务战略、服务运营、服务生产和传递几个层面对企业的服务质量进行管理。

随着科技和网络的发展，网络环境下的服务质量评价也成为学者和企业管理者关注的重点。电子质量评价包含四个维度：①网站设计；②实现能力；③客户服务；④安全性。

？复习思考题

1. 简述服务质量的含义。
2. 服务质量的构成要素是什么？

3. 简述格罗斯顾客感知服务质量模型。

4. 简述 PZB 的五差距模型。

5. 如何建立服务标准?

6. 电子服务质量评价有哪些维度?

 **课后案例**

雷克萨斯服务流程特色

雷克萨斯一直以服务闻名。其售后服务,不只是 4 年/10 万公里和 6 年/15 万公里免费保修保养的服务承诺,更为顾客带来了尊崇卓越的服务体验。执著于每个细节,专注于顾客感受,雷克萨斯将售后服务看做是一门精深微妙的艺术,超越顾客的期待。

尊贵独享　奢适如家

所有雷克萨斯经销商都提供了专属的一对一的服务顾问接待室,保证了车主在接待和交车环节的私密性。休息区的按摩椅,茶艺展示,网吧和影视厅等多种设施给车主提供了多种放松的选择。为了满足车主近距离观看车辆维修情况的需求,雷克萨斯为顾客提供了相应的服务,顾客可以在配有沙发和饮品的车主维修观看廊近距离地观察技师的保养操作。

八大步骤　安心保障

在丰田全球标准流程"TSA21"的基础上,根据中国雷克萨斯顾客的特点,雷克萨斯中国制定了从预约、接待、填写施工单、确认施工单细节、派工和作业、质量控制、维修交车到维修跟进服务共八个关键步骤的服务流程。这八个步骤是以顾客需求为导向,涵盖了服务过程中的每个关键细节,不仅通过标准化的操作保证了服务质量和效率,还根据顾客的期待与时俱进,不断改善,通过每个与顾客的接触机会,赢得了顾客的笑容。

系统的人员培训和认证体系

在雷克萨斯的服务流程中,各环节所有人员都有严格而详细的要求和标准。针对雷克萨斯经销商售后服务职能人员的配置,雷克萨斯中国提供了一般维修、服务顾问、钣金、喷漆、零件等科目的培训。参加过培训的人员在考试合格后会取得雷克萨斯相应的认证证书,认证资格在全世界雷克萨斯系统里都能够被认可。

除了以上这些对经销商在职员工的培训课程,雷克萨斯通过与汽车职业院校的合作(T-TEP),为全国各地的经销商提供了大量的源源不断的符合雷克萨斯标准的技术人员。

贴心承诺　坚实保证

雷克萨斯中国特别为中国的雷克萨斯车主提供了常规动力 4 年/10 万公里和混合动力 6 年/15 万公里的免费保修保养的服务承诺。该服务承诺除更换机油机滤外,还对车辆进行 40 余项的全面检查,在免保范围内根据行驶情况为车主提供免费更换空调滤清器等定期保养项目;同时更换达到磨耗程度极限的雨刷片等非定期保养项目也是免费的。

此外,经销商还为车主提供 24 小时道路救援服务和备用车服务,保证车主用车无忧,畅享汽车生活。为了尽快解决车辆的故障,免除顾客的后顾之忧,雷克萨斯为车主提供了技术和零件的多重保障,除了北京总部的技术支援,设立于上海、广州的技术分室,为广大华东和华南的车主提供了就近的技术支持。

在零件供应方面,雷克萨斯中国设立了完善的零件配送体系,包括全国 7 个地区零件中心仓库,以及 1 个全国零件中心仓库(常熟),同时配合以实现不中断售后修理过程为目标的零件库存政策和快速、准确的零件到货期回答,按照丰田的 JIT(just in time)理念,确保零件的及时供应。

绿色心动　环保行动

为了实现对社会的承诺和对环保事业的重视,雷克萨斯中国不仅在产品系列中大力推出经济节油又动力充沛的混合动力车型,还在所有的经销商都推行了经销商环境管理审核(DERAP)认证,涉及人员体制、环境声明、危险废弃物处理、废水排放处理和冷媒回收等方面,把对环境的保护落在经销商的日常运营中。

理念改革　意识为先

为了适应中国汽车市场的激烈竞争和中国车主不断增长的需求,各品牌对服务的比拼不仅仅是设施设备的更新升级,更重要的是所有服务人员的服务意识的改变。

雷克萨斯中国在售后职能中专门设有改善部门,采用日本先进的“现地改善”理念,根据经销商的实际情况,深入现场,与经销商的人员一起提升经销商的运营,并以点带面,向全国经销商推广改善成果,目的就是赢得顾客微笑,超越顾客期待。

同时,来自日本的资深顾问也会对经销商和雷克萨斯中国提供现场技术和管理的支援,全面提升经销商的技术和管理水平。为了提升经销商的服务理念和意识,雷克萨斯中国特别组织了经销商的管理层和员工到日本研修,参观日本工厂和雷克萨斯经销商,体会当地经销商的服务和待客之道,以提高中国雷克萨斯的服务水平。

人性关怀　以人为本

除了以上这些设施设备、流程体系对售后服务的支持,雷克萨斯服务流程更强调人性化的关怀,进一步将心思用在了与人沟通和至臻全面的服务之上。让顾客选择了雷克萨斯之后,享受的不仅是完美的产品,更多的是一种纯粹的豪华体验和无时无刻待如上宾的服务享受。

雷克萨斯的服务流程要求服务顾问和客服人员将顾客不仅作为服务的对象,更要作为尊贵的客人、最好的朋友和亲爱的家人。热情、专业而不是机械地完成工作,让顾客感受到愉悦、热情和关爱。

所有的一切努力,不仅是对维修专业性的保障,更强调所有服务人员对顾客车辆的爱护。

"以客为尊"的先进服务理念,配合雷克萨斯"全方位品质体验"的服务流程代表了整个豪华车领域的全新服务标准。

资料来源:"雷克萨斯服务流程特色",网易汽车综合,2012 年 8 月 23 日,http://auto.163.com/12/0823/14/89JNEPT900084 MTE_2.html。

案例讨论题

1. 雷克萨斯是从哪几个方面来提高服务质量的?
2. 雷克萨斯在服务质量方面还有哪些不足?

第十章 服务期望与需求管理

> 顾客的期望在服务体验与评价中发挥着非常重要的作用。因此,公司必须在对每次服务接触形成深入理解的基础上,再去努力做好服务质量管理工作。
>
> ——菲利普·科特勒

第一节 服务期望管理

一、什么是顾客期望(customer expectations)

在服务行业里,顾客期望指顾客在接受服务之前对服务的一种预测,包括对结果(最终为顾客提供怎样的服务)和对服务过程(以何种方式、方法提供服务)的预测。也就是说,顾客期望是顾客希望服务交互过程中发生什么、怎样发生。举例而言,顾客在到某家餐厅去用餐之前,会对选定餐厅的服务做出一定的预测。希望这次消费能够达到怎样的水平、带给自己怎样的体验等,都叫做顾客期望。其中,顾客期望的内容既包括对餐厅上菜速度、服务员态度等服务过程的预测,也包括对用餐体验等服务结果的预测。此外,在现下流行的电子商务中,顾客期望更是构成消费过程的重要部分。网上购物过程中,顾客在收到商品之前,不能直接接触到商品,卖方只能通过对商品的文字、图片描述以及其他顾客的评价等形式向顾客提供商品信息,从而引导顾客形成对商品的合理预测,即顾客期望。其中包括对结果的预测,如希望获得怎样的商品体验;也包括对服务过程的预测,如物流速度、客服人员态度等。

顾客期望作为一种标准,主要是指一种"满意期望",也就是顾客希望企业能够达到的、自己所能接受的、理想的期望。顾客期望产生于顾客接受服务之前,并持续存在。顾客往往将期望与服务的真实绩效相比较,作为评价服务的一种主观参照。如果实际服务绩效低于顾客期望,会使顾客产生失望的感觉,导致顾客对服务的不满意;反之,如果实际服务绩效高于顾客期望,则会使顾客产生欣喜的感觉。此外,顾客期望受到多种因素的影响,不同顾客有着不同的期望,对于同一种服务,有些顾客的期望水平较高,而有些顾客的期望水平则较低,这也是为什么顾客接受同样的服务时,有些会感到满意,而有些则不满意的原因。

对于企业来说,过高或过低的顾客期望都是不利的。一方面,顾客期望是顾客选择企业服务的动力。正因为顾客对将要产生的服务有所期望,认为企业提供的服务至少能够达到自己所能接受的标准,企业服务才具有吸引力。因此,如果顾客期望过低,顾客认为企业所提供的服务不能满足其要求,从而放弃购买服务。另一方面,顾客期望也是企业提供服务的最低标准,企业实际服务绩效只有等于或高于顾客期望,才能达到顾客满意。因此,如果顾客期望过高,即使企业努力达到了这一最低标准,企业所需要付出的成本也是高昂的,会影响企业的最终绩效。然而,在一般情况下,企业很难达到顾客的过高期望,使顾客感到失望,造成顾客流失。现实生活中,不恰当的商家宣传造成顾客期望过高或过低进而影响顾客满意度的现象比比皆是。

举个简单的例子,当我们去到不熟悉的地方需要预订酒店时,很多消费者会选择在携程、去哪儿网等网站预定,假如 A 酒店的简介过于简单,很多基本服务没有展示出来,对于陌生的顾客而言,他们会产生较低的期望,从而降低了入住酒店的吸引力;相反,B 酒店在简介中不仅介绍了所提供的所有服务,还有意或无意地增加了许多不能提供的服务,这会使消费者产生过高的期望,虽然吸引了顾客的预定,但提高了商家服务的最低标准,在顾客体验服务的过程中,当其将期望与实际绩效相比较时,实际绩效会低于顾客的过高期望,从而降低了顾客的满意度,损害了商家的长期利益。因此,对于企业而言,有必要对顾客期望进行管理,将顾客期望保持在合理的水平,这样既能有效地吸引顾客,又能保证企业所提供的服务能够达到顾客的期望,进而促进企业的长远发展。

案例 10-1

北京一个五星级的出租车司机李明的超值服务

之所以说李明提供的是"超值"服务,具体表现在:

第一,他的车子是每天一大洗,每换一次乘客就擦洗一遍坐垫,所以车里车外干干净净,没有一点异味;

第二,他在车里每天至少准备五份不同的报纸,日报都是当天的,还特地备有英文版的报纸;

第三,音乐准备也非常地充分,客户可以根据自己的喜好选择流行音乐或古典音乐;

第四,为了有烟瘾的客户,他在车里特地安装了一个可以弹出来的烟灰缸;

第五,态度非常友好,只要你招手示意他停车,他会立即停在你身边,然后下车,和你愉快地打招呼,并把车门打开,等你坐好后,才会稳稳当当地启动车子;

第六,诚信经营,他决不会为了多挣一点钱,带着乘客兜圈子;

第七,下车后,他会给你一张名片,告诉你下次有需要时,直接给他电话,他会准时在约定的地方等你。

以上七个方面加起来就是这位司机的"超值"服务。这看起来没什么特别,但是要长期如此,并做到这七个方面都一丝不苟的话,是需要一点与众不同的精神的。

顾客想到了的,您已经替顾客做到了;顾客没有想到的,您替顾客想到了。满足客户的期望,永远为客户提供高于其期望的服务。由小见大,对于服务企业而言,处理心理期望的最好方式是顾客想不到的我们做到了,顾客想不到的我们也能做到。

资料来源:http://blog.sina.com.cn/s/blog_9e6314e101010ss7.html。

二、顾客期望的分类

顾客期望可以根据不同的标准进行分类,比较受到认可的有两种分类方式:一种是根据顾客对期望的要求程度,将顾客期望分为合意期望(adequate expectation)和理想期望(desired expectation)两类;另一种是根据期望的清晰化程度,将顾客期望分为模糊期望(fuzzy expectation)、隐性期望(implicit expectation)和显性期望(explicit expectation)三类。对顾客期望进行分类不仅可以增强对顾客期望的理解,更可以在分类过程中掌握顾客期望的变化过程,有助于企业管理顾客期望、制定合理的营销策略、有效地提高服务绩效。

1. 合意期望和理想期望

(1)合意期望和理想期望的概念

根据顾客对期望的要求程度,可以将顾客期望分为合意期望和理想期望两类。合意期望指顾客认为可以接受的服务水平,也是顾客在服务互动过程中对实际服务体验的容忍底线,是一种较低的期望水平;而理想期望指顾客希望得到的服务水平,也是顾客认为企业能够提供而且应该提供的服务水平,是一种较高的期望水平。

合意期望代表着企业提供服务的最低标准,如果服务水平低于顾客的合意期望,就会导致顾客不满。而理想期望高于合意期望,代表着顾客对企业所提供服务的一种较高的预期,服务的实际体验越趋近于它,顾客的满意度就越高,当然,如果企业提供的实际服务水平高于顾客的理想期望,则会使顾客产生欣喜的感觉,顾客的满意度也更高。

设想你准备去一家餐厅用餐,关于这家餐厅用餐体验的期望可能存在两种,一种是你可以接受的期望水平,也是餐厅应该具备的最低标准,如食物新鲜、餐具卫生,如果你的实际服务体验低于这个期望水平,你会感到这家餐厅的服务很差,完全不能满足你的要求,从而对餐厅怀有不满,这就是合意期望;而另一种是你希望得到的服务水平,如除了新鲜的食物和干净的餐具,你希望餐厅还能够提供优雅的环境和便宜的价格,即使餐厅所提供的实际服务体验没有达到这个期望水平,只要超过合意期望,你仍会感到满意,这就是理想期望,并且,餐厅所提供的服务,如餐厅环境、菜品价格等越接近于理想期望,那你会越感到满意。相应的,如果餐厅不仅为你提供了新鲜的食物、干净的餐具、优雅的环境和便宜的价格,更提供了打折、菜品赠送等服务,这已经超出了理想期望,那么你的满意度则更高。合意期望和理想期望的划分结果将服务期望由一个点扩展到了一个区域,而这两种期望作为两种层次的期望水平也构成了顾客对服务期望的下限和上限。

（2）容忍区间（zone of tolerance）的概念

容忍区间指顾客认可的，并且愿意接受的服务水平区间。正如上文所提到的，理想期望和合意期望分别构成了顾客对服务期望的上下限，而两者之间的差距，也就是顾客可接受的最低服务水平与理想的服务水平之间的差距被称为容忍区间，如图 10-1 所示。顾客体验的实际服务水平只要在这一区间内，都是可以被顾客接受、认可的，并且越接近于理想期望，顾客的满意度越高。如果服务水平高于这一区域，顾客则会感到愉悦；然而，如果服务水平低于这一区域，顾客则会产生不满。对于企业来说，只要提供的服务水平处于顾客的容忍区间内，这一范围内的质量变动都是能够获得顾客满意的，并且顾客也不会注意到服务的绩效，但在容忍区间之外，顾客就会注意到该服务的好或差的情况。

现实生活中，尤其是服务行业，容忍区间的识别对企业有着重要影响。例如，网络客服已经成为企业与顾客进行沟通、帮助顾客处理问题的重要方式，这是一种为顾客有效服务的方法。然而，由于客服人员数量有限或网络延迟等因素的存在，在服务过程中，客服回复往往存在一定的延迟性，这是不可避免的。企业在使用网络客服的过程中，应该注意客服回复时间的控制，将回复时间控制在顾客的容忍区间之内，因为在容忍区间内的回复，不会使顾客格外注意到服务的绩效，可以避免顾客不满的发生。比如，顾客在向客服提出服务申请后，其合意期望是在 10 分钟内得到回复，而理想期望是在 5 分钟内得到回复，则该顾客的容忍区间就是 5—10 分钟，只要客服回复的时间在这个区间内，顾客就不会过多注意到等候的问题；如果客服在 10 分钟甚至更长的时间以后才进行回复，顾客就会注意到等候时间过长，感到焦躁，从而对服务感到不满意。

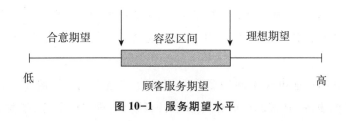

图 10-1　服务期望水平

案例 10-2

丽思·卡尔顿酒店：超越顾客期望

丽思·卡尔顿（Ritz-Carlton）酒店是世界上著名的顶级豪华酒店，它的总部位于美国马里兰州，分店分布在 24 个国家的主要城市。丽思·卡尔顿作为世界上首屈一指的奢华酒店品牌，自 19 世纪创建以来，一直遵从着经典的风格，成为名门、政要下榻的必选酒店。

丽思·卡尔顿酒店的信条显示了崇高的顾客服务目标："在丽思酒店，真诚的关爱和让顾客感到舒适是我们最高的任务……酒店的体验既激活感官，增添舒适，更设法满足顾

客那些未明确提出的希望和需求。"确实,丽思·卡尔顿酒店也向顾客传递了它所承诺的价值。正如一位顾客描述的她的入住经历:

"这是一个优雅而美丽的酒店,但更重要的是,员工表达的美,他们会竭尽所能地让你感到愉悦"。这位顾客在入住时,他的儿子生病了,那一夜,酒店员工每小时都会送来蜂蜜热茶。而在这位顾客的家人出差要返回到酒店时,由于其所乘坐的航班晚点,酒店的司机在大厅等了一夜。

资料来源:菲利普·科特勒、加里·阿姆斯特朗著,楼尊译,《市场营销原理》,北京:中国人民大学出版社,2010 年。

（3）容忍区间的特征

不同顾客的容忍区间存在差异。有些顾客的容忍区间较为狭窄,需要企业提供稳定质量的服务;然而,有些顾客的容忍区间则较为宽阔,允许企业提供服务的质量有一定范围内的波动。例如,对于餐厅的上菜速度,即使同一时段内,餐厅对所有顾客的上菜时间都是相同的,但仍存在有些顾客认为上菜速度合理,而有些顾客认为上菜速度过慢的情况。这就是因为不同顾客有着不同的容忍区间,而认为上菜慢的顾客有着更为狭窄的容忍区间。

相同顾客的服务容忍区间也存在扩大或缩小的情况。顾客的容忍区间会由于一系列的因素发生变化。比如,价格会对顾客的容忍区间产生影响:当价格提高时,顾客比价格没有变化时更不能容忍较低的服务水平,即容忍区间受到价格的影响而变窄。

理想期望比合意期望是更加稳定的。合意期望更容易受到各种因素的影响而产生变动;而理想期望虽然也会发生变动,但其变动幅度是较小的,比如随着经验的积累而产生渐进式的递增。

此外,容忍区间可能由于不同的服务维度而存在差异化。一般来说,较为重要的服务,如关于结果的服务,其容忍区间相对较窄;而较为不重要的服务,如关于过程的服务,其容忍区间相对较宽。举例而言,对于餐厅而言,提供干净的食物这一要素是较为重要的,其容忍区间就相对狭窄,而餐具的美观程度这一要素是较为不重要的,其容忍区间就相对宽阔。

综合以上特征,我们可以看出,顾客的服务容忍区间存在一定的合理波动,这也使得顾客可接受的服务质量在一定程度上存在差异性或多样性。换句话说,理想期望和合意期望并不是固定不变的,它们可以在容忍区间的范围内发生动态的变化,这种波动使得顾客期望不是呈现一个单一的水平,而是由理想期望和合意期望两个界限构成的水平区间。

（4）顾客服务期望的影响因素

顾客期望可以分为两种类型,即合意期望和理想期望。然而,对于这两种不同的期望,影响因素存在一定的差异,如图10-2所示。

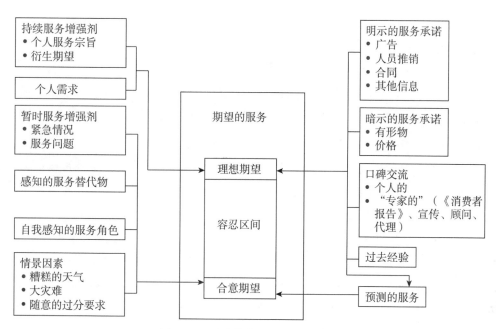

图 10-2　顾客服务期望的影响因素

资料来源：Zeithaml, Valarie A., Leonard L. Berry, and A. Parasuraman, "The Nature And Determinants of Customer Expectations of Service", *Journal of Academy of Marketing Science*, 1993, 21(1), 1-12。

① 影响理想期望的因素

第一，持续服务增强剂，包括衍生期望和个人服务宗旨。这些因素是个人性质的、稳定的，在一定程度上能够增强顾客对服务的敏感性。

● 衍生期望。当顾客的期望受到其他人的驱动时，衍生期望就产生了。衍生期望通常影响的是个人的理想期望，而不是合意期望。例如，某个公司职员要为公司全部员工选择午餐，他的期望会受到其他公司员工的影响，被其他员工的派生期望所驱使，使其理想期望发生变化，同时其他公司员工也会受到相互之间衍生期望的影响，使所有这些员工的个人期望都被强化了。

● 个人服务宗旨。个人服务宗旨指顾客对服务的意义和服务提供商行为恰当性的一般态度。一般来说，顾客是否从事过相关的服务工作、是否了解过相关服务标准等都会对个人服务宗旨产生影响。对于曾经做过超市导购员的某位顾客而言，她已经形成了一定的个人服务宗旨，如详细耐心的商品介绍、热情的服务态度等，在她去超市购物的时候，这种个人服务宗旨会引导她形成理想期望，即她希望得到的服务水平。一般来说，有着强烈个人服务宗旨的顾客，其理想期望的水平也会更高。

第二，个人需求。个人需求指那些对顾客的生理或心理健康十分必要的状态或条件，是形成理想服务水平的关键因素。个人需求可以分为多种类型，如需要吃饭来补充能量的生理需求、需要与他人交流沟通的社会需求、需要获得社会认可的心理需求等。举例而言,对于一个有着强烈社交需求的顾客来说,他会期望所住酒店能提供棋牌室、KTV等辅助服务;而对于一个有着休息需求的顾客来说,他更期望酒店能提供安静的环境。

② 影响合意期望的因素

第一,暂时服务增强剂,包括紧急情况和服务问题两个方面。与持续服务增强剂相比,暂时服务增强剂都是暂时性的、短期的个人因素,同样可以提高顾客对服务的敏感性,使顾客更加意识到自己对服务的需要。

● 紧急情况。紧急情况主要指顾客强烈需要服务并认为企业应该快速响应的情况,如事故中的汽车保险处理、上班路途中的公交停运等情况。各种紧急情况等暂时而短暂的因素使顾客意识到他们比平时更需要快速而即时的保险服务和畅通的公交服务。即紧急情况提高了合意期望的水平,尤其是合意的快速响应水平。

● 服务问题。与初次服务有关的问题也会提高合意期望水平。假如一个汽车修理的顾客在第一次服务时就没有很好地解决他的问题,那么在第二次服务时,这位顾客会变得更加不耐烦,并且有更高的合意期望水平。

第二,感知的服务替代物。感知的服务替代物指顾客所能了解、获取的提供相同内容的服务。顾客所感知的服务替代物越多,可供顾客挑选的余地就越大,他们对所选择的服务提供者的要求就越高,合意期望也越高。相反,如果顾客所感知的服务替代物很少,顾客除了此服务提供者没有其他的可选择余地,那么顾客对服务提供者的合意期望水平就较低。例如,对于电影院来说,小镇中的电影院很少,顾客所感知的提供电影服务的替代物也很少,没有其他的选择余地,不会对所选的电影院有过多的要求,其合意期望水平也较低;反观大城市有着大量的电影院,对于顾客而言,服务替代物很多,其合意期望水平也会较高。

第三,自我感知的服务角色。它是指顾客对自己所接受服务的影响程度的一种感知。这一因素的重要性,与顾客的服务参与度有关。在服务过程中,顾客自我感知的服务角色是不同的,有些顾客认为自己是服务中重要的一部分,他们会积极参与到服务过程中;而有些顾客认为自己只是服务的接受者,没有参与服务的必要,他们不会参与到服务过程中。一般情况下,顾客自我感知的服务角色越重要、参与服务的程度越高,他们对服务的合意期望水平就越高。

第四,情景因素。情景因素指顾客认为超出服务提供者控制的一些关于服务绩效的意外事件,如糟糕的天气、大灾难、随意的过分要求等,一般情况下,这些因素会降低顾客的合意期望水平。例如,像严重的汽车事故这样的个人紧急情况会提高顾客的合意期望水平,但是像地震、火山爆发等大灾难同时使很多人受到影响的情况,会降低顾客对保险公司提供服务的合意期望水平,因为顾客在这种情况下意识到灾难的发生不是企业的责任,从而接受这种情况下较低的合意期望水平。

第五,预测的服务。预测的服务指顾客认为他们可能得到的服务水平。顾客在接受服务之前都会对即将发生的结果进行估计。如果顾客预测的服务水平较低,那么顾客产生的合意期望水平就较低;相反,如果顾客预测的服务水平较高,那么顾客产生的合意期望水平就较高。例如,顾客在咨询客服时,预测在10分钟之内可以得到回复,那么其合意期望很有可能是10分钟;而如果顾客预测在5分钟之内就可以得到回复,那么其合意期望很有可能是5分钟。

③ 对两者都有影响的因素

对两者都有影响的因素包括明示的服务承诺、暗示的服务承诺、口头交流和过去经验这四个方面。值得注意的是,这四个因素可以直接对理想期望产生影响,而对合意期望的影响是通过对预测的服务这一因素实现的。

第一,明示的服务承诺。明示的服务承诺指组织传递给顾客的关于服务的个人以及非个人说明。这些承诺有不同的形式,既有个人形式的销售、服务、维修人员传递等,也有非个人形式的广告、宣传手册、其他出版物等,它明确地向顾客告知了企业能够提供怎样的服务。明示的服务承诺是完全可以由企业控制的几个影响因素之一。

明示的服务承诺对理想期望有直接作用,并通过预测的服务这一因素对合意期望产生作用。比如,现在很多餐厅设置了顾客的等待时间,即餐厅明确告知本餐厅在顾客下单后将于15分钟内将菜全部上齐,这就是明示的服务承诺。再比如,你在购买空调时,商家向你承诺,三年免费包换、终身免费保修,这也是一种明示的服务承诺。顾客对企业服务的期望被这项承诺所影响。明示的服务承诺很大程度上确定了顾客理想期望的内容,也确定了在服务接触中顾客预测将要发生的内容(合意期望)。

为了更好地进行顾客期望管理、保证顾客对服务有着合理的预期,企业应该准确地描述自己所能提供的服务,防止过度承诺而无法达到顾客过高预期中服务标准的现象发生。然而,企业或员工在明示的服务承诺中往往有意地夸大服务效果,或者无意中只向顾客描述他们估计所能达到的最好服务,这都会造成过度承诺。此外,企业有时候会模糊承诺,即没有准确描述自己所能提供的服务,而这种行为也会造成顾客产生过高的期望。因此,企业在服务营销、服务接触的过程中要注意准确承诺最终能够实现的服务内容,既不能夸大其词,也不能含糊不清。

第二,暗示的服务承诺。暗示的服务承诺与明示的服务承诺相对,是指与服务相关的线索,能引导顾客推断出他们将会获取的服务,这些线索主要包含与服务有关的价格线索和有形性线索。顾客通常根据服务的价格或有形的某些物质来推断服务的质量;对于价格线索,顾客通常认为更高的价格代表着更高的服务水平;而对于有形性线索,顾客通常认为高质量的有形设备,器械等代表着企业能够提供更高水平的服务。例如,顾客在两家提供按摩服务的商家中进行选择时,会根据价格推断价格较高的商家有着更优质的按摩服务,并且也会根据商家的器械、设备,甚至是桌椅的品质等有形性线索来推断服务质量,即设备较好的商家能够提供更优质的服务。

第三,口碑交流。口碑交流指除企业之外的各方所产生的个人或非个人言论,其中,个人的口碑交流包括家人、朋友等,而"专家的"口碑交流主要包括《消费者报告》、宣传、顾问、代理等。口碑交流会向顾客传递他们将接受怎样服务的信息,从而影响顾客期望。服务绩效的口碑交流是影响顾客期望的关键因素,因为顾客通常认为口碑交流是更为公正的。此外,由于服务在购买和直接体验之前很难对其进行评价,因此,口碑交流在服务行业中有着更为重要的作用。对于顾客而言,不管是个人还是专家,都是口碑交流的重要信息来源,影响着顾客的理想期望和预测服务水平(进而影响合意期望)。

第四,过去经验。即顾客过去的服务接触。这种过去经验,不仅仅是指顾客在将要提供服务的那家企业中曾有的体验,也可以是行业中的其他企业或者其他行业的其他企业所提供的服务。比如,对于如家酒店的服务,顾客的期望不仅受到对如家体验经验的影响,还受到曾经体验过的七天酒店,甚至是曾经体验过的银行服务等的影响,这些过去经验都会影响顾客的期望。一般来说,顾客对某一服务的经验越多,对服务行业或组织的服务水平就越了解,对该服务的期望水平就可能越高。相反,顾客的经验越少,对行业和组织的服务水平了解越少,其期望水平就越低。

(5)服务容忍区间的变化

上一部分中,我们已经列举了很多影响顾客合意期望和理想期望的因素,可以看出,合意期望和理想期望并不是一成不变的,相应的,容忍区间也会受到很多因素的影响,从而发生变动。更重要的是,除了以上因素通过影响顾客期望而对容忍区间产生影响,还有很多其他因素也会导致顾客容忍区间的范围发生变化。以下,我们将列举几种典型的影响因素及其造成的容忍区间变化。

首先,如果衡量顾客期望的标准不同,那么容忍区间的范围也是不同的。顾客期望有些基本性的内容,如顾客对服务的可靠性、响应性、安全性等方面的期望。就可靠性来说,在构成服务质量的各项因素中,可靠性是顾客对自己所接受服务的关注重点,即顾客在接受一项服务之前,会重点关注这项服务是否可靠,可见,可靠性是大多数情况下顾客期望的核心。相较于其他因素(如响应性),顾客对服务可靠性的期望更高,并且不会轻易降低自己在可靠性方面的期望,因此,顾客在可靠性方面有着更为狭窄的容忍区间。

其次,对于同一项服务,顾客对服务过程和结果也有着不同的容忍区间(如图10-3所示)。一般来说,相较于服务的输出结果,顾客对服务过程的容忍区间要更为宽阔,而且期望水平也会比输出结果的期望水平低。这可能是因为,顾客在服务接触过程中,更加关注于服务的输出结果而不是过程,从而对输出结果有着更高的期望水平和更为狭窄的容忍区间。例如在汽车加油服务中,顾客更关注于汽车是否加满了油,而不是加油过程中工作人员是否有着热情的态度。因此,对于给汽车加油这项服务而言,顾客对加满油这一服务结果的容忍区间更为狭窄、水平也更高,对工作人员态度的容忍区间更大。企业要想达到超出顾客期望的目标,可以在服务过程中多下工夫。

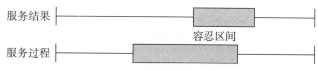

图 10-3　对服务结果和服务过程不同的容忍区间

资料来源：Parasuraman, A., Leonard L. Berry, and Valarie A. Zeithaml, "Understanding Customer Expectations of Service", *Sloan Management Review*, 1991, 32(3), 39-48。

　　对于企业而言，向顾客所提供的服务总会有不完善的地方，也就是企业并不能保证能满足所有顾客的需求，使他们满意。因此，服务补救是服务过程中的重要一环。先前我们已经提到，顾客过去经验、个人服务宗旨等都会对顾客期望产生影响。相应的，对于需要服务补救的顾客而言，他们已经对企业服务有了一定的经验，这会提高顾客的期望水平；再加上顾客的服务宗旨中一般认为企业应该对自己所犯的错误付出更多的努力，即服务补救中理应提供更高水平的服务，这种个人服务宗旨也会提高顾客的期望水平。当然，实际情况中可能还会有其他因素影响，但基于这两点理由，顾客对补救服务比首次服务有着更高的期望水平以及更狭窄的容忍区间，而这种变化在服务过程和服务结果中都有所体现。如图 10-4 所示，相较于首次服务中服务过程和服务结果的容忍区间，顾客对补救服务中服务过程和服务结果的容忍区间都更为狭窄。

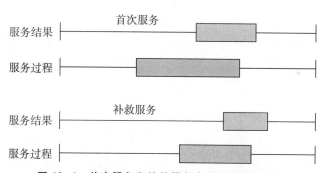

图 10-4　首次服务和补救服务中容忍区间的不同

资料来源：Parasuraman, A., Leonard L. Berry, and Valarie A. Zeithaml, "Understanding Customer Expectations of Service", *Sloan Management Review*, 1991, 32(3), 39-48。

学术智库 10-1

与期望不一致的事件改变关系发展

　　在关系发展过程中，可能存在一些"转折点"，即改变关系的事件（transformational relationship events, TREs），具体来说，是指发生于交易伙伴之间的、明显与双方预期不一致的遭遇，这些遭遇可能是正面的，也可能是负面的，最终会导致关系轨迹产生戏剧性的、间断性的改变，并且经常导致关系的重构。

结果期望(product expectations)指人们在交易事件发生之前,对其在交换中能够获取的结果绩效和潜在的效益所怀有的一种信念,它构成了交易关系的心理模型。而关系期望(relational expectations)指在交易事件发生之前,对关系管理的方式或关系形式、交易伙伴对相互责任的理解、组织工作的预测等方面所怀有的一些信念,它在交易关系的心理模型中对结果预期进行了补充。

负面的期望不一致(disconfirmations)指企业提供的实际服务质量没有达到顾客的期望,也就是负面的TREs;而正面的期望不一致则是指企业所提供的实际服务质量超过了顾客的期望,即正面的TREs。负面的TREs更有可能发生于关系期望很高的时候,而正面的TREs则更有可能发生于关系期望很低的时候(更容易超越期望)。

顾客与企业之间较强的关系能够缓解负面的结果期望不一致(product disconfirmations)对顾客的影响,但会加剧负面的关系期望不一致(relational disconfirmations)。然而,对于正面的期望不一致(即正面的TREs)则相反,顾客与企业之间的强关系会增强正面的结果期望不一致的影响,但会抑制正面的关系期望不一致的影响。

正面或负面的TREs都会导致顾客产生情绪上和认知上的反应。具体而言,当关系期望较高时,负面的关系期望不一致(相对于结果期望不一致),也就是负面的TREs,对关系转变速度(relationship velocity)、顾客背叛、关系的意义建构(relational sensemaking)有着更显著的作用;相反,当关系期望较低时,积极的关系期望不一致(相对于结果期望不一致)对关系转变速度、顾客感激、关系的意义建构有着更为显著的作用。

在TREs对顾客的情绪和认知产生影响后,进而会影响销售绩效的增长和对伙伴的心理认同。具体而言,顾客背叛在负面的TREs对销售绩效的消极影响中起到中介作用,而在正面的TREs对销售绩效的积极影响中起中介作用的则是顾客感激。关系的意义建构在负面的TREs对销售绩效和交易伙伴认同的消极影响、正面的TREs对销售绩效和交易伙伴认同的积极影响中,都分别起到了中介作用。此外,顾客背叛和顾客感激都会增加顾客对关系的意义构建。

对企业而言,良好的交流过程和有效的解释可以缓解负面的TREs的不利影响;同时,交流也可以增强正面的TREs的有益作用。

资料来源:Harmeling, Colleen M., Robert W. Palmatier, Mark B. Houston, Mark J. Arnold, and Stephen A. Samaha., "Transformational Relationship Events", *Journal of Marketing*, 2015, 79, 39-62。

2. 模糊期望、显性期望和隐性期望

(1) 模糊期望、显性期望和隐性期望的概念

顾客期望存在变动,这种变动不仅体现在期望水平的变动上,即合意期望、理想期望的水平高低变动,还体现在顾客对期望的认识水平的变动上,例如顾客的某些自己没有意识到的期望,逐渐变为能够清楚表达的期望。为了更好地掌握顾客期望的动态性变化,帮

助企业建立与顾客的良好关系,有必要基于期望的清晰化程度,将顾客期望进行分类。由此,顾客期望可以分为三类:模糊期望、显性期望(分为现实期望和非现实期望两种类型)和隐性期望。

① 模糊期望

模糊期望指顾客期望服务提供者为其解决某类问题,但并不清楚怎样解决、无法表达的期望。在某些情况下,顾客期望自己的状态能通过服务得以改变,但他们不能清晰地向服务提供者表达自己的这些期望。虽然表达不出,但这些期望是真实存在的,并决定着顾客对服务的满意程度。如果顾客的模糊期望不能被服务提供者挖掘并满足,顾客就会感到服务没有达到自己的期望,对服务不满意,即使顾客本身也不清楚服务到底欠缺什么。可以想象,假如顾客的模糊期望一直未能被服务提供者满足,那么顾客的模糊期望会一直存在下去,顾客将在接下来的服务接触中一直处于不满意的状态。

模糊期望是每个服务提供者都有可能遇到的问题。咨询公司在为企业提供服务的时候,企业向咨询公司提出了很多企业希望改善的地方,要求咨询公司为其设计一套实施方案,接下来的过程中,咨询公司根据企业提出的这些要求为企业提供了一套自认为很完美的方案,然而,企业并不买账,认为方案总有可以完善的地方,也就一遍遍地要求咨询公司修改方案。这就是因为模糊期望的存在:企业没有表达出自己的期望,不知道怎样解决才能达成自己的期望。如果咨询公司不能找到这些需要改进的地方,企业会持续处于不满意的状态。

为了达到顾客满意,服务提供者应意识到模糊期望的存在,并努力挖掘顾客的模糊期望,将模糊期望显性化,只有服务提供者将所有的模糊期望显性化并予以满足的时候,才能使顾客满意。因此,服务提供者可以与顾客进行合作,共同界定并解决问题,在交流沟通中满足顾客期望。

② 显性期望

显性期望指在服务过程开始之前就已经清晰地存在于顾客心中的期望,可以分为现实期望和非现实期望。显性期望意味着顾客明确地知道自己需要什么样的服务,并能够明确地想象和表达出来。虽然在顾客看来,他们主动并有意识地表达出的期望,都应该是服务提供者可以实现的,服务提供者应该全部达成,然而,对于服务提供者来说,显性期望中有些是他们无法实现的期望,即非现实期望。比如,咨询公司所提供的服务不能将一家几近倒闭的小企业在短时期内达到上市公司的规模。服务提供者有必要让顾客认识到某些期望是他们无法达成的,是非现实期望,并帮助顾客将非现实期望转换为现实期望。同时,服务提供者在服务接触过程中应注意所做出的承诺,避免使顾客产生非现实期望。其中,模糊和故意含混的信息,往往会误导顾客,使其认为服务提供者有能力实现那些根本无法实现的承诺,这是顾客产生非现实期望的重要原因。

③ 隐性期望

隐性期望指顾客认为某些服务要素是企业理所应当提供的,也是自己理应获得的,并不需要特别表达。顾客会想当然地认为服务提供者会实现他们的那些隐性期望,因为这些期望是非常基本的,顾客没有必要再加以表述。比如,酒店服务中,顾客可能认为流畅的网络是每家酒店都具备的服务,不需要单独向酒店强调这一点。如果酒店为顾客提供了流畅的网络服务,顾客不会下意识地考虑这个问题,因为他们认为这一服务是应当的。然而,对于服务提供者而言,他们有时会忽略顾客的隐性期望,如果顾客的隐性期望没有被满足,就会影响到顾客的服务质量感知,进而影响顾客的满意度,就像酒店如果没有提供流畅的网络服务,那么顾客就会产生不满,认为酒店连基本的服务都没有提供。因此,服务提供者应该注意其忽略的顾客隐性期望,及时采取措施,满足顾客所有的服务期望。

（2）顾客期望的动态演变

从顾客期望的演变来看,顾客期望会有意识或无意识地经历着动态演变过程,如图 10-5 所示。其中,图中的实线是一种顾客有意识的演变过程,是服务提供者能够主动对顾客期望进行管理的过程,而图中的虚线是一种顾客无意识的演变过程,是企业无法施加影响的过程。

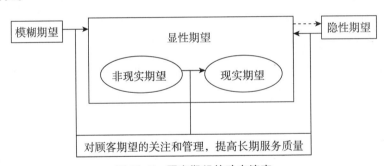

图 10-5　顾客期望的动态演变

资料来源:克里斯琴·格罗鲁斯著,韩经纶译,《服务管理与营销——基于顾客关系的管理策略》,北京:电子工业出版社,2002 年。

第一,有意识的演变过程,包括模糊期望向显性期望的转化、隐性期望向显性期望的转化、非现实期望向现实期望的转化。

首先,在服务提供者与顾客的接触过程中,随着服务次数的增加,双方的了解逐渐深入,顾客对服务提供者的信任程度增加,对企业提供的服务产出和能力限制等方面也更加了解,相应的,企业对顾客更为关怀,更加深入地探寻顾客期望,因此,顾客的模糊期望会朝着显性期望的方向转化。

其次,随着服务提供者与顾客关系的逐渐深入,顾客会逐渐认识到哪些服务期望是应该向服务提供者主动表明并申请的,进而促进隐性期望转化为显性期望;与此同时,企业逐渐熟悉自己应该为顾客提供哪些服务,了解到隐性期望,并将隐性期望逐渐转化为显性期望。

最后,在双方深入了解的过程中,顾客也会渐渐认识到自己的某些期望是不现实、不合理的,并在接受服务的过程中逐渐剔除非现实期望,当然,企业也可以起到推动的作用。然而,对于顾客来说,非现实的期望可能永远都会存在,如果服务提供者不能满足,顾客可能会转向另一家可以满足的企业。

以上这三个转化过程对企业都是有利的,即都是向着显性期望甚至是现实期望的转化,并且都是顾客有意识的转化过程,是企业可以通过对顾客期望的关注和管理加以操纵,从而提高长期服务质量的。

第二,无意识的演变过程,主要是指显性期望向隐性期望的转化。这是因为,随着双方关系的逐渐改善,如果服务提供者持续为顾客提供相关服务,顾客在习惯后,如果下次再接受同样的服务,可能不会再向服务提供者表达自己的期望,服务提供者必须达到的要求和条件变成了企业理所当然应该提供的服务,此时,顾客会调整自己以前的显性期望,将其变为对企业的一种隐性期望。如顾客在多次入住某家酒店后,以前认为提供早餐是自己的一种显性期望,随着酒店每次都会提供早餐服务,顾客会逐渐将其转变为一种隐性期望,而这一演变过程通常是无意识的。

如果顾客接受的服务没有改变、服务质量也没有下降,顾客可能会忽略这种服务,成为隐性期望。然而,一旦提供者所提供的服务有所改变,顾客就会产生不满意,此时,隐性期望再一次有意识地向显性期望转变。

三、为什么要进行顾客期望管理

在服务企业与顾客的交互过程中,顾客对服务的认知经历了三个阶段:顾客期望、服务体验和顾客感知。我们在顾客期望的动态演变过程中也了解到,企业是可以对顾客期望进行有效操纵的。实施有效的顾客期望管理,可以使企业主动采取有效的战略和行动去影响、改变、满足、超越顾客的期望,提高顾客感知服务质量和顾客满意度,这对服务企业的成功具有积极影响。

1. 有效的顾客期望管理有助于提高顾客的满意度

顾客满意是顾客对自己要求已被满足程度的感受。顾客期望是顾客满意产生的心理基础,顾客是否满意、满意程度的高低都取决于实际体验与预期的比较。顾客期望对顾客满意有双重作用,即顾客期望同时对满意度产生积极和消极作用。具体而言,顾客期望越高,企业越难以达到顾客期望,从而导致顾客产生失望的感觉进而降低满意度;此外,顾客期望也会通过提高顾客对服务绩效的感知而增加顾客满意度,也就是"安慰剂效应"。由此可见,顾客期望是影响顾客满意度的重要因素。企业有必要也有能力进行有效的顾客期望管理,从而提高顾客的满意度。

2. 有效的顾客期望管理有助于提高顾客对企业服务质量水平的感知

顾客对服务质量的感知过程是非常复杂的,不仅受到企业所提供服务的客观测量或主观感受的质量水平的影响,更大程度上还取决于顾客期望与实际感知绩效之间的差距。如果顾客感知服务质量水平符合甚至高于期望,顾客就会认为企业服务质量水平较高;反之,如果顾客感知服务质量水平低于期望,顾客就会认为企业服务质量水平较低。为此,企业要想提高顾客对服务质量水平的感知,有必要进行顾客期望管理。

3. 有效的顾客期望管理有助于提升企业形象

顾客期望是顾客对企业服务的一种心理预期和希望,代表着顾客对企业的认同。如果顾客对企业有着过低的预期,说明顾客对企业提供的服务水平和能力丧失信心,企业的形象也就很差;如果顾客对企业有着过高的预期,企业难以达到这一标准,也会损害企业在顾客心目中的形象。

4. 有效的顾客期望管理有助于改善关系质量

在顾客与服务企业的互动过程中,会经历由低到高三个层次的连续行为:活动、情节、片段,它们共同构成了关系,并且之间相互影响,最终片段质量感知的累积,形成了关系质量。顾客通过对关系绩效和顾客期望等特定标准进行比较,从而形成了关系质量。由此可见,关系质量一定程度上取决于顾客期望,有效的顾客期望有助于改善关系质量。

5. 有效的顾客期望管理有助于企业获取回报

一般情况下,企业希望从顾客方面获取以下几个方面的回报:顾客在获取服务后能及时支付货款、未来的重复购买行为、顾客的正向口碑、顾客对服务失败的感受以使企业有机会进行服务补救、顾客头脑中的知识以助于企业进行服务或流程的创新或改进。而这些回报能否实现取决于顾客的满意度,而顾客满意度又取决于顾客期望。因此,企业有必要对顾客期望进行有效的管理,使顾客满意,进而为企业从顾客处获取回报提供保证。

案例 10-3

大鱼海棠:期望越大,失望越大?

《大鱼海棠》是由梁旋、张春执导的动画电影,其创意灵感源于《庄子·逍遥游》,讲述了一位掌管海棠花的少女通过天神的帮助复活人类男孩的奇幻故事。

2004 年,梁旋作为导演推出了一部仅有 7 分钟,名为《大海》的动画短片,获奖无数。其后,在经历了无数次跳票、众筹、致投资人公开信等插曲后,最终于 2016 年 7 月 8 日上映。上映之前,各方影迷称《大鱼海棠》是中国版的《千与千寻》,是国产动画实现飞跃的良心之作,被给予了很大的期望:一要破《大圣归来》的纪录;二要成为国产动画电影的新标杆。

《大鱼海棠》制作方在宣传时一直强调这是一部耗费了作者 12 年心血的电影,再加上中国动画一直处于低迷状态,影迷对《大鱼海棠》抱有非常大的期望。这种期望是件好事,让它在上映当天,排期的每次播放都场场爆满,首日票房更是超过了 7 460 万元。然而,期望越大,失望越大,《大鱼海棠》在上映几天后,来自各方的负面口碑越来越多,称该电影完全没有达到期望。

正如影评人对这部电影的评价:"绝不同意《大鱼海棠》是烂片,但给不了高分。"如此高的期望,对《大鱼海棠》到底是好事还是坏事?

资料来源:"大鱼海棠",百度百科,2016 年 7 月 8 日。

四、顾客期望管理策略

管理顾客期望的基本思想,是将顾客期望控制在一定合理的范围内,使顾客所感知的服务质量水平能处于容忍区间内。这样,一方面可以保证企业能够实现顾客的期望,达成顾客满意;另一方面又能够保证顾客期望不会过低,进而丧失企业对顾客的吸引力。

1. 合理细分并"定义顾客"

正如先前我们所提到的,不同的顾客有着不同的期望水平和容忍区间。然而,由于种种限制,企业无法为每位顾客量身打造服务。所幸,对于企业所提供的某项服务,部分、甚至大多数顾客的期望水平、期望维度等方面存在相同点。企业可以根据顾客期望的某方面对顾客进行合理细分。如此,即使不同顾客群体之间的期望存在差异,但只要同一顾客群体之间的顾客期望相同,企业就可以根据顾客期望对顾客群体进行定义,并制定合理的顾客期望管理策略。

2. 利用多渠道了解目标顾客的合理期望

顾客对服务的期望不局限于一个方面,如对服务的可靠性存在期望,同样对服务的响应性也存在期望,因此,企业应该利用多渠道了解顾客期望,从多渠道入手,有效管理顾客期望。

3. 设定顾客期望

有些顾客存在一定的不合理期望,或者不利于企业的期望,企业也应该关注这些期望,因为对企业来说,这些期望是不合理的,但由于服务知识的匮乏等因素,顾客会认为其是合理的,企业有必要合理设定顾客期望。包括正确处理并转换不合理期望、适当降低顾客期望值、提供信息与选择(让顾客全面了解服务,有助于引导顾客处于合理期望水平)、引导顾客对期望进行有效排序(分出合意期望和理想期望、最为关注因素的期望等)等。

4. 创造能够兑现的顾客期望

服务企业的营销沟通不仅会对顾客期望产生直接作用,而且通过顾客经验、口碑等,也会对顾客期望产生间接作用。从营销实践来说,将顾客期望控制在一个较低的有效水平,更有利于企业达成顾客期望,提高顾客满意度。因此,企业在外部沟通过程中应注意创造能够兑现的顾客期望,做到适时承诺、适度承诺、清晰承诺、真实承诺等。

5. 超越顾客期望

超越顾客期望会给服务企业带来绩效,如正向口碑、提高顾客满意度等,从而提高企业的市场份额和绩效、增强企业的竞争力。然而,经常超越顾客期望的结果是带来服务期望的螺旋式上升,最终导致企业无法达到顾客的期望而陷入灾难。因此,作为服务提供者,应该把握好超越顾客期望的度,使顾客体验每次略高于顾客期望,顾客始终处于满意且惊喜的状态。具体而言,企业可以在对顾客的承诺中适当放低标准,使顾客有着稍低的期望,而在实际服务过程中向顾客提供高于期望又接近于企业正常服务水平的服务。此外,将不寻常的服务或高于期望的服务定位为特别服务而不是标准服务,也是合理实现超越顾客期望的好方法。

6. 关注服务背景并调整顾客期望

上文中,我们有提及顾客期望会对满意度产生双重作用,即企业无法达到预期的消极作用和"安慰剂效应"的积极作用,顾客期望产生的作用到底是积极的还是消极的,取决于顾客处理服务体验的能力和动机,即服务背景。具体而言,如果服务背景中顾客有能力或有动机对服务进行评价,那么企业应该向顾客提供一个符合现实的、甚至是较低的预期;反之,如果服务背景中顾客既没有能力也没有动机去评价服务,那么提高顾客期望能有效地提高顾客满意度。相应的,如果顾客持有较低的服务预期,那么企业应该提高顾客对服务进行评价的能力和动机;反之,如果顾客的预期较高,那么企业应该降低顾客对服务绩效的关注。

五、服务承诺

1. 服务承诺(service commitment)的含义

服务承诺指企业公布服务质量或效果的标准,并对顾客加以利益上的保证和担保。服务承诺又称为服务保证或服务担保(service guarantee)。通过这些保证和担保,顾客可以在出现服务问题时得到组织的补偿,也就是说,服务承诺实际上是服务组织给予顾客的诺言,表明他们可以行使一定的权利,尤其是在遇到服务不满意的情况下。作为顾客与服务提供者之间对所购服务的契约性协议,完整和可信的服务承诺必须包含服务质量承诺(要达到何种质量水平)和补偿承诺(没有达到该水平时的补偿标准和方式)两个方面。

服务承诺是为了满足顾客降低购买风险的需求而产生的,是一种有效的服务促销手段。服务机构对服务过程的各个环节、各个方面的质量实行全面的承诺,并以此促进服务营销,也就是承诺营销。

2. 服务承诺的分类

根据不同的目的和服务内容,服务承诺可以进行多种形式的划分。此处,我们将主要列举两种分类,即根据承诺内容分为满意承诺和服务属性承诺;根据承诺对象分为外部承诺和内部承诺。

① 满意承诺和服务属性承诺

满意承诺主要是针对顾客在消费服务之后的满意度作出的承诺：企业承诺，如果感到不满意，可以不支付服务费用或退还费用。这种承诺一般是无条件的。

服务提供者还可以针对顾客所重视的服务内容作出承诺，即服务属性承诺。这是一种有强针对性的承诺，因为顾客重视这些服务内容，而这些服务内容是服务的核心部分，进行这些服务内容的承诺，可以提高企业的竞争力。如某家航空公司可能向顾客保证，如果旅途有任何不舒适，顾客可以免费飞行多少公里。

如果将以上两种承诺结合使用，就称为复合承诺，即在特定服务属性满意的基础上作出承诺。这种承诺所带来的潜在财政风险很大，所以比单一使用某种承诺更加有效。

② 外部承诺和内部承诺

外部承诺指服务提供者针对组织之外的顾客所作出的承诺。我们所提及的大部分服务承诺都属于外部承诺。然而，员工对企业来说也是很重要的，是处于服务组织内部的顾客，而针对组织内部员工所作出的承诺就是内部承诺。

3. 服务承诺的作用

服务本身具有无形性等特点，与一般的有形产品相比，其质量有更大的不确定性，承诺对于服务行业来说更为重要。服务承诺不仅是一种营销工具，也是服务提供者对质量进行保持和提高的一种有效方式，能够为企业加强质量管理、改进经营绩效、获取竞争优势提供有效途径。

（1）降低顾客风险感知

由于服务的无形性，即服务是一种过程或行为，顾客在购买之前很难判断其质量，以及服务的同时性，即服务的生产和消费是同时进行的，顾客、服务提供者、周围环境都会对服务质量造成影响，顾客在接受服务的过程中会感到极高的不确定性和风险性。而服务承诺中有对服务效果的描述，是对服务效果的一种预示；同时服务承诺也是对服务效果的一种保证，如保证赔偿金额等，这些方面会降低顾客由于不确定性和风险性而产生的心理压力，增强顾客对服务可靠性、安全性的感知。

（2）使抽象的服务理念成为具体可衡量的绩效指标，进而有利于内部营销

有效的承诺既可以为企业服务设置清晰的标准，显示出对顾客重要的属性，也可以为员工提供服务向导的具体目标。这对顾客是一种吸引力，也是对服务人员提供服务设置的一种标杆。而服务承诺的推出，是对服务理念的贯彻，有助于企业内部员工的理解和贯彻，推动企业内部营销。

（3）有利于企业对顾客期望进行有效管理

服务承诺是顾客期望的一个关键影响因素。对于企业来说，如果顾客对企业的期望过低，企业可以通过调整服务承诺，即增加承诺内容、提高承诺力度，来提高顾客期望；反

之，如果顾客对企业的期望过高，企业可以适度减少承诺内容、降低承诺力度，以此将顾客期望维持在合理水平。

（4）有利于企业实现差异化

服务承诺不属于法律范畴，因此逐渐成为企业实现差异化的一个重要手段。如汉普敦酒店通过提出"100%顾客满意保证制"的服务承诺，使其具有了一定的差异化。服务承诺带来的差异化对改善服务质量、提升经营绩效、树立企业声誉都起到了积极的作用。

（5）促进企业聚焦于顾客需求

企业要想制定合理的服务承诺，就必须了解对于顾客而言什么是重要的服务，为员工提供一个服务向导的目标，促进企业围绕顾客而提供服务。此外，服务承诺也为员工规定了服务补救的准则，从而有效地避免了不必要的抱怨，减少了负面口碑。

4. 有效服务承诺的特征

先前学者关于服务承诺所具备的条件展开了大量的研究，其中彻底性、明确性、利益性、真诚性这四个特征被广泛认可。具体如下：

第一，彻底性：承诺应该是无条件的，即没有附加条件的存在。企业要无条件地执行服务承诺。只有没有任何附加条件的承诺才能显示企业服务的可靠性、一致性和保证性，使顾客感知到企业的决心和实力，从而增加顾客的信任度。

第二，明确性：服务承诺要易于理解和沟通。一方面，服务承诺一定要真实地反映企业的服务质量和效果等；另一方面，服务承诺要表达简明、易于执行，方便制度化和管理。让顾客知道能期待什么的同时也要让员工知道该做什么。

第三，利益性：服务承诺应该是有意义的，要能保证顾客的利益。利益性是重要的服务元素且赔偿能够抵消顾客的全部不满，使企业表现出与竞争对手的差异。

第四，真诚性：服务承诺应该是易于援用和赔付的，在援用和赔付过程中没有太多约束和阻力。如果服务承诺，尤其是赔偿的部分有太多的限制条件，那么会使顾客感觉这些承诺都是不可能实现的，因此也是无效的。

5. 服务承诺不宜推出的条件

服务承诺的作用很大，但服务承诺的推出也有一定的限制，以下列举的这些情况都不适合企业推出服务承诺。

第一，企业现有服务的质量低劣。服务承诺需要保证企业能为顾客提供的利益，如果企业现有服务的质量低劣，企业仍推出远超出现有服务水平的承诺的话，那么这对顾客来说是无效的承诺，甚至会使顾客感到失望；然而，如果企业推出符合现有较低服务水平的承诺的话，那么这对顾客来说是没有丝毫吸引力的。

第二，承诺与企业形象不符。承诺在一定程度上影响着企业在顾客心目中的形象，如果承诺与企业形象不符，会使企业得不偿失。

第三，服务质量确实无法控制。服务承诺是对服务质量的一种保证，只有企业提供服务的质量是稳定且可以被企业所控制的,才能保证服务承诺的有效实施。

第四,承诺的成本超过利润。服务承诺作为一种有效的营销工具,其目的就是要更多地吸引消费者,为企业带来利益。如果承诺的成本过高超过利润,企业就没有推出服务承诺的必要性了。

第五,顾客在服务中感觉不到风险。服务承诺是服务企业给予顾客的诺言,降低顾客的风险感知是服务承诺存在的意义之一。

第六,竞争者之间的质量差异很少。

案例 10-4

中国移动错扣话费,拒绝"收费误差双倍返还"怎么办?

中国移动推行了涉及"透明消费、优惠投资、网络服务、窗口服务、信息安全"等 5 方面多达 20 条的服务承诺。然而,中国移动真的实现了么?

在中国移动开展的服务评价中,客户对"收费误差,双倍返还"这项举措平均打分 1.41 分(10 分制);对"客服热线,来电必复"这项举措平均打分 1.54 分(10 分制);对"营业排队,挑战 10 分钟"这项举措平均打分 2.29 分(10 分制)……

以下是摘取自中国移动官方网站中"评论区"的一些差评:

"你们的服务质量太差了,我提的问题回答不上来,会话没有完就直接把我的会话结束了。"

"中国移动 10086 服务热线,对客户服务请求,只作口头回复,未见实际行动。7 月 10 日,请求维修宽带,回复 24 小时解决;7 月 11 日,再次要求维修宽带,表示 48 小时肯定上门维修;7 月 12 日,再次要求维修宽带,仍不见人员上门维修。请求取消宽带,表示不能取消。再不解决,只有到 315 举报。"

"无缘无故扣费 220 元,人工客服也打不通,请给个说法? 联系我"

"短信未发送,扣了我 65 元。打电话投诉说 48 小时处理,结果 72 小时以后才联系我,最后给我打电话说给我退回,并让我 10 钟以后开关机,退了 2.6 元……后来又打人工,隔了两天也没处理。发微博说尽快联系我也拖到现在,可以去工信部投诉吗?"

中国移动推行的服务承诺存在什么问题呢?

资料来源:中国移动官方网站,http://www.10086.cn/support/focus/wmfw/index.htm。

第二节　服务需求管理

与有形产品相比,服务无法储存,是一个生产与消费同时进行的过程。同时,顾客对服务的需求也存在很大的波动,因此,服务企业不仅要拉动服务需求以获取利润,还应对需求进行管理,使其与生产能力相适应。服务需求管理就是对需求进行协调和控制从而有效地利用服务生产系统并提供及时服务。

一、服务需求的定义及类型

当外界的刺激物作用于人的大脑时,就会引起一种缺乏的状态,这种状态达到一定程度时,就产生了需求。人们普遍认为,消费行为的产生经历了需求—动机—期望—行为这样一条路径。可以看出,个人未被满足的需求是产生购买行为的根本动机。

服务需求可以分为两类:独立需求和非独立需求。独立需求是顾客对服务的需求,包括对服务输出结果和对服务过程的需求,这是一种前向的服务需求,企业可以通过多种方法去影响和控制。非独立需求是由于对一种产品或服务的需求所导致的对某种产品或服务的需求,即派生的需求,换言之,非独立需求是服务企业为了向顾客提供服务而引发的资源需求,是一种后向的服务需求,对于这种需求,服务企业不需要做什么特别的工作,但是一定要满足。举例而言,发廊在知道有多少客人需要染烫发后,就可以计算出需要准备多少染烫发的材料,这属于非独立需求,是由于顾客染烫发需求而产生的资源需求。至于发廊顾客的数量,这就是独立需求,因为这种需求是顾客对于服务的需求,是无法由其他需求衍生出来的。

由于企业可以对独立需求而不是非独立需求进行影响和控制,独立需求有着更为重要的意义,所以,我们将重点探讨独立需求,在接下来的内容中,服务需求也就是指独立需求。

二、服务需求的特征

与有形产品的需求相比,服务需求主要有周期性和易逝性两个特征,这也是服务需求的根本特征。

1. 周期性

服务需求的周期性是指服务需求的有规律变化,这种变化是由服务内容的性质和顾客的行为特征所引起的。服务需求的周期性使服务需求在非常大的幅度内发生波动。例如,对于旅游景区来说,节假日的服务需求要远大于非节假日,有些景区冬季和夏季的服务需求也存在很大差异,存在一定的周期性变化。

2. 易逝性

服务需求的易逝性是指服务需求是稍纵即逝无法滞留的。绝大多数的服务只能边生产边消费,只存在于产出的那个时点。如医生为病人看病,只有医生和病人同时存在时才存在看病服务,如果病人无法到场而医生空闲时,也无法将这种服务储存。因此,如果企业的服务生产能力在一定时间内未得到充分的利用,那这种生产能力只能消逝。服务需求的易逝性,也决定了服务需求管理不可能像有形商品那样通过存储和运输来解决供需不平衡问题。

三、需求管理流程

需求管理的目的是使生产能力与顾客需求达到平衡,可以遵循一定的流程。预测顾客需求是需求管理的第一步,正如上文所述,服务需求具有一定的周期性,这一特性可以帮助企业利用预测来作出周期性决策,包括生产能力计划、人员招聘与培训、服务设施置办等。接着,将预测结果与实际需求进行比较,并且企业要明确自己的能力限制,预测结果与实际需求之间的比较结果无非有三种:服务的生产能力不足以满足服务需求,即供不应求;或者生产能力刚好满足服务需求,即供求平衡;或者生产能力大于服务需求,即供大于求。不管哪种情况,都需要企业平衡服务提供能力与顾客需求。因此,企业接下来的任务就是制定应对供需不平衡的战略,如改变需求以适应服务能力、改变服务能力以适应顾客需求、使能力与需求保持一致。如图 10-6 所示。接下来,我们将分部分进行阐述。

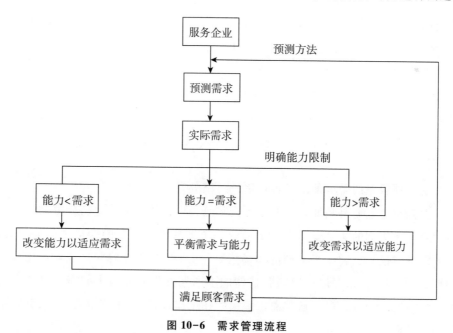

图 10-6 需求管理流程

1. 预测需求

一般情况下,顾客对服务的需求可以通过一系列指标来评价,如一定时期内的需求评价、需求趋势、周期因素、随机误差或自相关等,在预测服务需求的过程中,这些都是预测的依据。其中,周期因素是影响顾客需求的关键因素。尽管周期因素对顾客需求的影响中存在诸如经济条件、政策导向等不确定因素,但周期因素的很多方面都是可以进行观察和预测的,如季节、节假日等。随机误差是由偶然事件造成的,从统计学的角度来看,当需求的所有明确原因,如平均值、趋势、周期等引起的需求都从总需求中排除后,剩下的不可知部分都可以看做是随机误差造成的。自相关表明了事件的连续性,研究发现,在排队问题中,队列的长度就是高度自相关的,也就是某一队列在某个时刻最长,那么它在以后的一段时间内也会是最长的。对于服务需求来说,顾客对某项服务的需求在某一时刻是最多的,那在这一时刻后的一段时间内,顾客对这项服务的需求也是最多的。

2. 分析需求变化的原因

有效的顾客需求管理,不仅要准确地预测需求,还要分析需求变化的原因,这样才能对症下药。服务提供者可以通过以下几个问题来分析需求变化的原因。

(1) 顾客的需求水平是否呈现出明显的周期性? 如果是的话,这个周期的长度是多少? 造成周期变化的原因是什么?

服务的周期性是企业最容易了解并能够加以影响的需求变化因素,如果服务提供者的服务需求呈现出很大的波动,企业应该首先观察这种变化是否呈现出一定的周期性。在服务行业,很多情况下,顾客需求都呈现出一定的周期性变化特征,如航空公司的服务需求随节假日、工作日的变化而变化,餐饮行业的服务需求有用餐高峰期等。如果这种需求水平有明显的周期性,那么企业应该在提供服务的过程中总结并归纳出这些周期性的变化,了解周期的长度以及呈现周期性的原因等。

(2) 顾客的需求是否是随机变化的?

由随机因素引起的需求波动,事先是没有征兆的,所以,企业很多时候面对随机的需求变化时是被动的。然而,企业对这种随机性进行分析时可以发现:所谓的随机性只不过是一个需求周期被更大范围的、看似随机的模式掩盖了,此时,这种随机性也是可以预测的。

(3) 对某项服务的需求预测是否可以进行细分?

这主要是指企业需要验证顾客的服务需求是否可以按照细分市场分解为不同的子任务。有时看似无规则的需求变动实际上是由多个细分市场不同的变动规律造成的,企业在需求预测的时候可以尝试将不同的市场进行细分,找到各自的变化规律。比如对于航空公司而言,其服务需求可以按照顾客群体的不同划分为商务人士的需求和旅游者的需求两种,对于商务人士而言,其航空需求多集中在工作日,而对于旅游者而言,其航空需求则多集中于节假日。

3. 平衡企业能力与顾客需求

决定服务供需是否平衡的因素包括顾客需求和企业能力两个方面,这也是企业能够进行调控的两个方面。实现企业能力和顾客需求的平衡才能最大限度地满足顾客需求并充分利用企业资源。为实现服务供需平衡,可以从两方面入手,也就是企业能力和顾客需求,从而产生三种平衡企业能力与顾客需求的方式,即改变需求以适应服务能力、改变服务能力以适应顾客需求、使能力与需求保持一致。

（1）改变需求以适应服务能力

顾客需求总是存在一定波动的。在这种战略下,企业应该努力改变顾客需求,以使服务需求适应服务能力。具体而言,如果服务能力远超过服务需求,企业可以吸引顾客在需求较低的时候接受服务,如航空公司通过提供特价机票来吸引顾客在淡季出行。对于服务能力远不及需求的情况,如果企业本身的管理水平有限或配套设施不够完善,就很容易导致服务水平下降,使顾客满意度降低。此时,企业应将超出的部分需求进行转移。例如,旅游景点在节假日的需求远超过服务能力,很容易使顾客对景点服务不满意,可以鼓励顾客在非节假日旅游。对于改变服务需求的方式,我们列举了以下几种方式。

第一,改变服务供给。改变服务供给的方法是根据一年中的每个季节、一周中的每一天和一天中的不同时刻来改变服务的供给,即在某种服务需求较少时由这种服务供给转为开展另一种服务供给。例如对于农家乐来说,采摘服务多集中于秋季,而在一年中的其他时间,可以提供垂钓、种植等其他服务。

第二,与顾客沟通。这种方法是向顾客传递需求高峰时间的信号,使其了解需求的高峰时间,从而错开高峰,选择其他时间接受服务,以避免等待或服务质量的下降。如"双十一"的购物高峰期可能存在快递延迟、客服回复时间长等现象,此时商家可以提前告知顾客这一情况,建议不能接受这一情况的顾客选择其他时间消费。

第三,改变服务交付的时间和地点。对于某些处于需求高峰期的顾客,企业可以改变服务交付的时间和地点,以使服务需求进行转移,适应服务能力。如汽车保养服务的需求可能集中于车辆年审前的某一天、某一地区,而服务提供者的生产能力并不能跟上,此时,可以改变保养服务的时间或地点,调节顾客需求。

第四,价格差异。价格差异是企业进行需求调控的主要方式。即对服务需求的高峰期征收较高的费用,而对服务需求较低的时候,通过低价来吸引需求的提升。如 KTV 在非周末的时候降低价格。

（2）改变服务能力以适应顾客需求

不难理解,企业对服务需求的调控有时并没有显著的效果,或者调控手段需要一定时期才能见效。而改变供给能力就成为企业可以选择的实现服务能力与顾客需求平衡的重要战略方法。即在需求高峰期,企业尽可能地扩大其生产能力,而在需求低谷期,则努力压缩能力以便不浪费企业的资源。应该注意的是,企业在使用这些战略的时候,要认清资源的特性以及使用中潜在的较低服务质量。这些战略只应持续相对较短的时间,以保证设备和设施的维护以及员工的正常精力。

第一,扩大现有能力。即企业可以暂时性地扩大服务资源的现有能力以适应顾客需求。在这种情况下,企业没有追加新的资源,而是通过延长人员的工作时间、设备的使用时间等方式扩大现有能力。

第二,延长服务时间。即企业可以通过暂时地延长服务时间来满足顾客需求。七夕是人们登记结婚的高峰期,由于服务需求猛增,登记部门往往在七夕当天早上班、晚下班来延长服务时间,适应需求。

第三,增加劳动力弹性。比如很多服务企业都实行弹性工作制度,在服务需求淡季,工作强度较小,而在高峰期,则调整为较大强度。

第四,增加设施或设备。比如餐饮行业在用餐高峰期会增设桌椅,铁路部门在出行高峰期会增加站票数量或新增列车车厢。

（3）使能力与需求保持一致

追逐需求战略是企业实现能力与需求一致的重要战略方法,即通过创造性地改变服务资源,企业可以追踪需求曲线,使服务能力与顾客需求模式相匹配。在企业寻求供给能力和需求能力之间的平衡时,既要保证企业在需求高峰期有充足的能力来满足需求,又要保证企业在需求低谷期不会因为过多的闲置能力而造成资源的浪费。实现追逐需求战略主要有以下几种方式。

第一,雇用临时工。企业的生产能力应该与需求相适应,而人力资源是生产能力的保证,企业的人力资源应该与需求相适应,而雇用临时工就是改变人力资源的重要方式。

第二,资源外取。这种方法主要是针对企业自身不能满足的暂时性服务需求高峰而言的。例如,某些服务企业在无法满足需求的时候可能选择将某些服务项目"外包",寻求专业公司资源。资源外取作为临时的解决方案,而不是设法雇用、培训额外的员工。

第三,租赁和共享设施、设备。对于一些企业而言,在服务能力不足以满足需求时,可以选择租赁设备和设施,而不是购买;而在服务能力过剩时,可以选择共享设施和设备。

第四,提高企业服务生产的调节能力。在需求高峰期,往往需要企业的人力、设备和设施处于最佳状态,这就要求企业在非高峰期安排培训、维修、维护和升级等,以此提高企业服务生产的调节能力。

第五,跨职能的员工培训。员工经过跨职能的培训后,就具备了不同岗位的技能,能够接受不同的任务。当某个部门处于需求高峰期时,可以将另一个部门的员工抽调到这个部门。例如,快餐服务业可以培训员工同时掌握点餐、清理等技能,在点餐高峰期时,尽可能调动大量员工提供点餐服务。

第六,改造或移动设施和设备。即调整、移动或创造性地改造现有能力以适应顾客需求的波动。例如,在航空业,如果经济舱需求较大,可以降低商务舱的服务质量将其变为经济舱,从而使服务能力与需求相适应。

本章小结

顾客期望指顾客在接受服务之前对服务的一种预测。它有两种分类方式:一种是根据顾客对期望的要求程度,可以分为合意期望和理想期望,它们构成了容忍区间的下限和上限,而对于这两种期望分别有着不同的影响因素;另一种是根据期望的清晰化程度,可以将顾客期望分为模糊期望、显性期望和隐性期望,这种分类方式显示了顾客期望存在一个动态演变的过程。

有效的顾客期望管理可以提高顾客满意度、顾客对企业服务质量水平的感知,有助于提升企业形象,改善企业与顾客之间的关系质量,也有助于企业获取回报。因此,企业在进行顾客期望管理时,应该采取适当的策略:合理细分并"定义顾客"、利用多渠道了解目标顾客的合理期望、设定顾客期望、创造能够兑现的顾客期望、超越顾客期望、关注服务背景并调整顾客期望等。

服务承诺指企业公布服务质量或效果的标准,并对顾客加以利益上的保证和担保。服务承诺按照承诺内容可分为满意承诺和服务属性承诺;根据承诺对象可分为外部承诺和内部承诺。服务承诺有助于降低顾客风险感知、内部营销、有效管理顾客期望、企业实现差异化、企业聚焦于顾客需求。而有效的服务承诺具有彻底性、明确性、利益性、真诚性四个特点。值得注意的是,服务承诺也有不宜推出的条件。

服务需求有周期性、易逝性两个特征,可以被分为两类,即独立需求和非独立需求。需求管理流程可以分为三步:预测需求、分析需求变化的原因、平衡企业能力与顾客需求。其中,企业可以通过改变需求以适应服务能力、改变服务能力以适应服务需求、使能力与需求保持一致这三种方法来实现平衡企业能力与顾客需求的目的。

复习思考题

1. 简述顾客期望的内涵。
2. 顾客期望是怎样分类的? 请简要描述。
3. 简述影响顾客服务期望的因素。
4. 为什么要进行顾客期望管理? 其管理策略是什么?
5. 什么是服务承诺? 其特征是什么?
6. 简述需求管理的流程。

 课后案例

宝马(BMW)集团的售后服务

宝马集团是全球最成功的汽车和摩托车制造商之一,旗下拥有 BMW、MINI 和 Rolls-Royce 三大品牌。宝马集团在 14 个国家拥有 30 家生产和组装厂,销售网络遍及 140 多个国家和地区。截至 2014 年,宝马集团在全球共售出约 211.8 万辆汽车和 12.3 万辆摩托车。宝马集团的成功离不开其优秀的售后服务。

BMW 售后服务的品牌理念是："从家门口开始,到每一次旅程中的每一条路,BMW 陪伴您无所不至。从您加入 BMW 大家庭的那一刻起,我们始终守候在您的身边。用细致入微的服务和悉心呵护,让您的爱车始终保持最佳状态。我们设身处地地为您思虑周全,珍视您的真爱,只愿纯粹地悦,与您一路相随。"

理念一:关爱。"即使在旅途中遇到了突发故障或意外事故,您也不必担心,BMW 售后服务将立即为您提供救援服务。全年 365 天,每天 24 个小时,我们随时待命,给您无微不至的关爱。"BMW 为车主提供事故救援、道路救援、保修到期前免费检测、远程售后服务。

理念二:信赖。"BMW 售后服务以专业、严谨的态度,时刻为您的爱车提供细致可靠的服务。无论是故障维修还是日常保养,确保每一个细节都一丝不苟,始终保持完美的车况。"BMW 为车主提供原装配件、长悦保养服务、钣金喷漆维修服务、原厂发动机机油和保养服务、原装附件。

理念三:便捷。"更加人性化的服务标准,让车辆的维修及保养更加便捷。经验丰富的技师、高效的维修流程、高标准的服务质量,将为您节省更多宝贵的时间,助您时刻从容前行。"BMW 为车主提供预约快修通道、明悦晚间服务(BMW 售后服务项目)。

以下是摘自 BWM 官方网站中所描述的为车主提供的主要售后服务:

1. 保修服务,让呵护始终如一

"BMW 的保修服务是您的安心之选,将确保每段旅程都能尽享驾趣。在您购买新车时可享受 3 年或者 10 万公里整车保修。当您的爱车即将出保,我们会主动致电,为您预约全面的保修到期前检测。您还可以申请 BMW 延长保修服务,享受更长久的安心和更持久的专业级保护。"

(1) BMW 新车保修与三包服务,为您呵护崭新的喜悦

为了让崭新的喜悦更加长久,您将享受到 BMW 提供的新车保修与三包服务。自购车之日起,您可享受到修正与材料质量和制造工艺有关的车辆缺陷,及相关的拖车服务等。有 BMW 新车保修与三包服务的坚实保障,您将以更加轻快的脚步前行,在享受喜悦的同时,享受崭新的驾驶乐趣。

(2) BMW 保修到期前免费检测,让前路无后顾之忧

BMW 保修到期前免费检测,为您解除后顾之忧。当您的 BMW 爱车即将出保,我们会主动致电,为您预约全面的保修到期前检测,竭诚发现问题并排除隐患,提供完全免费的保修范围内的维修服务。

2. 保养服务,让养护轻而易举

"BMW 的保养服务为您节省更多的时间和养护成本。我们将服务打包,您将以更优惠的价格享受不变的原厂品质。还可通过官方网站查找附近的授权经销商,或提前预约

保养服务,让工作和生活更加高效快捷。"

（1）BMW长悦保养服务

BMW长悦保养服务为您提供专业的保养服务套餐,包含:机油、制动液、制动系统、微尘滤清器、火花塞、空气滤清器、燃油滤清器、雨刮片等。

（2）如果您经常因为日程表紧张,或者路途遥远而为车辆的维修保养担心,那么现在BMW提供的各种形式的便捷服务,就可以帮助您从容应对,轻松搞定车辆保养,畅享驾驶之悦。

3. BMW救援维修与保险服务,让前路无后顾之忧

"在您前行的时候,有BMW时刻守候。您可享受随时随地的安心,即使遇到偶尔的剐蹭或抛锚,也无需手忙脚乱,救援、维修及保险服务都将解决您的困扰。在还原爱车如初完美的同时,还原您的好心情。"

（1）BMW事故救援

即使发生意料之外的事故,您也能继续推进计划之中的安排。在遭遇意外交通事故时,只需拨打BMW事故救援免费热线:400-812-9999,BMW将快速赶到并处理;我们将24小时随时待命,以节省您宝贵的时间。无论您的爱车是否在保修期内,都可免费享受在第一时间获得拖车等协助服务。

（2）BMW道路救援

在选择BMW售后服务时,您就选择了全年365天,每天24小时的安心。即使出现少有的汽车抛锚现象,也不必担心;只需拨打400-812-9999,BMW将为您分忧,让您的好心情能时刻复原。如果故障无法在现场排除,BMW将提供专业的拖车服务。

（3）BMW保险服务

有BMW一站式保险服务,您将享受到量身定制的便捷。结合您的用车和消费习惯,一对一的专属服务将帮助您选择最适合的车险产品。为了节省您的时间和精力,从理赔到维修,全程只需您与BMW授权的经销商门店对接一次即可完成所有环节;远离繁琐的保险理赔手续,将更多的时间留给生活。

（4）BMW钣金喷漆维修服务

BMW钣金喷漆维修服务满足您对完美的苛求,您的驾驶乐趣将不会因为偶尔的剐蹭意外而中断。无论是弥合裂片划痕、翻新上漆,还是事故之后的修复,BMW专业技师将为您在短时间内焕新爱车的风采。包括安全在内的各项道路行驶性能均重回最佳状态,让您轻松享受最初的驾驶乐趣。

4. 车主培训,快速了解您的爱车

"当您拥有了心仪的BMW,如何才能快速掌握它的丰富功能和驾驶乐趣?为帮助新车主畅享纯粹驾驶乐趣,针对BMW车辆各项功能的使用,我们准备了简单易懂的相关培训和演示视频,与您共享驾驭之悦。"

5. 二手车同悦计划,欢迎您加入 BMW 大家庭

"无论您的 BMW 来自何方,从发动引擎的那一刻起,您就成为 BMW 大家庭的一员。我们提供专业规范的 BMW 售后服务,让您在倍享尊崇的同时,无后顾之忧。专业高效,全程透明的高品质养护和维修服务,让您对每个细节了如指掌。"

资料来源:BMW 官方网站,http://www.bmw.com.cn/zh_cn/topics/customer/aftersales/owner_guideline. html。

案例讨论题

1. 根据以上案例,对于宝马集团的售后服务,请列举顾客期望可能包括的三项内容。你能否尝试列出这些期望的合意期望水平和理想期望水平?

2. 宝马集团作出的服务承诺有什么作用?

3. 设想你现在是宝马集团的一家经销商,你应该如何有效管理顾客的服务需求?

第十一章 服务补救

企业所面临的一项挑战是如何通过赢回流失顾客的策略来重新吸引不满意的顾客。

——杰奎琳·S.托马斯

第一节 服务失败

一、什么是服务失败

服务失败指服务表现未能达到顾客对服务的评价标准。如果服务表现不能达到顾客预期的标准,就会使顾客产生不满情绪。服务失败注定成为企业必须面对的问题,并且,服务失败还会在企业提供服务时大量出现。原因如下:

首先,服务有别于普通产品,是一种无形的体验。一方面,有形产品可以通过普遍认可的客观标准来衡量,但无形的服务却不能通过这种方式进行衡量。这是因为,服务的成功与否不完全取决于服务提供者,顾客的主观感受也是影响服务成功与否的关键要素。相同的服务提供给不同的顾客时,由于顾客的知识、经验等存在个体差异,造成了顾客主观评价服务的标准不同,标准较低的顾客认为服务是成功的,而标准较高的顾客则可能认为服务是失败的。另一方面,由于服务的无形性,服务过程是很难控制和管理的,这也加大了出现服务失败的几率。

其次,服务的生产与消费同时进行。从提供服务开始,顾客就参与到整个过程之中,最终的服务结果是由过程之中顾客和服务提供者之间的相互影响产生的。因此,服务企业不能像制造企业那样按照统一的标准进行检验,服务提供者、顾客等面临着更多的干扰因素,任何一方面的变动都有可能造成服务的失败。例如,在航空服务中,空乘人员服务的态度和语气会受到顾客言行的影响,如果顾客言行不妥当,也会在一定程度上造成服务人员所提供服务的质量下降。

再次,服务具有异质性。由于时间、地点、服务对象等因素的不同,每一次服务都是不同的。并且每一次服务都是由人来完成的,错误是不可避免的。

最后,由于服务的易逝性,不能像有形产品一样生产和储存,这导致服务提供者很难找到与顾客之间的供需平衡。当服务的供需之间失去平衡之后,服务失败的可能性也会增加。以酒店前台咨询服务为例,当顾客的咨询需求大大超过服务人员所能提供的服务时,服务人员犯错的可能性也会大大增加。

由此可见,服务的本质特点决定了服务失败是无法避免的,服务失败已经成为服务的关键部分,它可能发生在任何有服务接触的地方。

案例 11-1

"双十一"后网购投诉现高峰　良性发展亟待服务提升

"双十一"已经成为电商、卖家、消费者共赢的"人造购物节"。无论是对于个人还是服务企业而言,这个购物节都扮演了一个重要角色,但是,繁华的背后也引起纷争不断。

首先,快递变慢递。"双十一"狂欢过后,留下的是堆积如山的快递。据有关部门统计,2014 年 11 月 10 日到 11 月 17 日 7 天时间,全行业需要处理的快件量达到了 5.86 亿件,比 2013 年同期增长近 70%,日最高处理量接近 1 亿件,比 2013 年同期增长 54%,是 2014 年以来日常处理量(3 309 万件/天)的 3 倍。业内人士表示,由于北上广及其周围辐射区城市物流布局本身较为完善,预估一、二线城市将基本应对有序,但三、四线城市的物流投资准备本身存在不足,或会出现爆仓或延期较长时间配送的情况。

其次,在各大电商平台晒出自己"骄人的成绩"时,"价格先涨后降""货源不足难抢""预付订金不退"等问题引发了大家的不满。福建省消费者委员会通报,某电商平台上售出的一款"雷神 THUNDEROBOT 911—E1 游戏本笔记本电脑",购物页面上在 11 月 6 日标注原价为 8 999 元,当前促销价格为 6 499 元,购物确认订单有标注"省 2 500 元,提前享双十一"。但 11 月 1 日—11 月 3 日及 10 月 12 日—20 日两个时间段内,该商品的价格仅为 5 999 元,消费者于当时购买并没有享受到优惠,反而贵了 500 元。虽然在节前,各地监管部门约谈电商时就明确禁止"先涨后降",但仍然禁止不了部分商家的降价假象。

最后,高退货率让真实销售大打折扣。据数据显示,2013 年"双十一"的退货率已达 25%,部分商家更高达 40%。高退货率不仅是因为消费者的冲动购物,还与快递未及时送货引起的退货有关。

资料来源:"双十一后网购投诉现高峰　良性发展亟待服务提升",新浪科技,2014 年 11 月 25 日,http://tech.sina.com.cn/i/2014-11-25/doc-icesifvw8516252.shtml。

二、服务失败的原因

服务失败的原因主要包含三个层面,即服务提供者、顾客以及第三方原因。

1. 服务提供者造成的失败

首先,在服务过程中,服务提供者往往是导致服务失败的主要原因。服务提供者导致服务失败通常有三种原因:核心服务失败、服务接触失败和员工对服务失败的反应。

（1）核心服务失败

核心服务失败主要强调服务结果的失败,包括所有源于服务自身错误或者技能问题的关键事件。核心服务有三种失败类型:错误、账单误差和服务灾难。错误指在服务中表现出的各种长期性或偶发性问题,如不断下降的服务质量、错误的服务信息等。账单误差主要指账单问题,包括不正确的账单和不能及时改正账单等。服务灾难表明在提供服务时不仅未能提供合适的服务,而且还对顾客本身、家人、宠物或财产造成了损害(如宠物食品不健康造成宠物死亡),或者造成顾客浪费时间或金钱。

案例 11-2

电脑系统大瘫痪　达美航空大停飞

美国达美航空是美国第二大航空公司,在全球范围内运行超过 800 架客机,每年运送乘客 1.8 亿人。2016 年 8 月 8 日,达美航空因总部断电而引发全球范围电脑系统瘫痪,不得不取消 400 多架次航班、延迟上千架次航班,数以万计的乘客被迫在忙碌的星期一困守机场。

达美航空对该事故立即采取措施,为航班遭到取消或"严重延误"的乘客提供退款服务,航班被延误 3 小时以上的乘客可以得到 200 美元的机票抵扣券。

资料来源:"电脑系统大瘫痪　达美航空大停飞",新华网,2016 年 8 月 10 日,http://news.xinhuanet.com/mrdx/2016-08/10/c_135581600.htm。

（2）服务接触失败

服务接触失败主要强调服务过程的失败,即服务提供者在与顾客互动中所表现的态度或行为出现了瑕疵。例如,不认真聆听顾客的要求、对顾客不友善等。这些服务过程中的细节都会导致服务失败。

案例 11-3

女子对滴滴快车司机投诉后竟连续遭电话谩骂

乘客王女士通过手机软件,以拼车模式叫了一辆滴滴快车,由于是拼车模式,驾驶员要去附近接另一位乘客。而另一位乘客正在洗衣店,到得比较晚,王女士就在车上嘀咕了一句:"怎么这么晚还不来。"没想到驾驶员便开启了"街骂"模式,语言不堪入耳,甚至要求王女士"现在就下车"。

到达目的地后,因驾驶员态度恶劣,王女士便对其进行了投诉。但让王女士没有想到的是,刚投诉完 1 个多小时,就接到了驾驶员的"夺命连环 call",司机在电话中对王女士进行了侮辱性的谩骂,并且在接下来的时间里,这个号码不断地给王女士打来电话,让王女士不胜其烦。

资料来源:"女子对滴滴快车司机投诉后竟连续遭电话谩骂",新浪财经,2016 年 1 月 11 日,http://finance.sina.com.cn/roll/2016-01-11/doc-ifxnkkuv4370675.shtml。

（3）对服务失败的反应

服务提供者对服务失败的反应也是服务失败的主要原因。服务者的不情愿回应、不回应和明显的消极回应这三种表现都会造成服务失败。

2. 顾客造成的失败

由于服务的互动性,不仅服务提供者会犯错,顾客也会犯错。问题顾客也是服务接触中不满意评价的来源。在这种情况下,引起不满意的根本原因是顾客,不能把责任归咎于员工的行为或者态度上来。也就是说,由问题顾客引起的服务失败与企业行为在本质上是无关的。除问题顾客外,顾客不能清楚地表达自己的需求也是造成服务失败的原因,也就是说顾客不能清楚地表达自己的需求,这直接造成服务的结果与顾客预期的服务存在差异。

3. 第三方造成的失败

在服务过程中,外部因素也会影响顾客的满意度。例如,由于飞机上其他顾客发生的争吵,而导致航班不能起飞或返航,这种情况下的服务失败既不是乘务人员导致的,也不是顾客自己造成的。

对于三种原因导致的服务失败,服务提供者导致的服务失败对顾客的负面影响最大;顾客自己犯错导致的服务失败产生的负面影响最小;第三方原因导致的服务失败对顾客的负面影响居于两者之间。

三、服务失败的归因

尽管服务提供者和顾客都有可能造成服务失败,但是由于基本归因错误和自我服务偏差的存在,加之"顾客永远是对的"的理念深入人心,所以,顾客对服务失败的归因往往是"不公平"的。而以下三类因素则会影响服务失败的归因。

1. 控制点

控制点涉及谁应该对服务失败负责。这至少存在三种可能:顾客责怪自己、服务提供者和第三方因素。当事情出错的时候,人们总是倾向于责备外在的、情景的因素,而不是责备自己的缺点。对服务失败进行归因的时候,都存在归因偏见。基于此,即使是顾客自身的错误,顾客也倾向于认为企业或者服务提供者应该对服务失败负责。例如,顾客在选择航班座位时希望坐在靠走廊的一侧,但是由于自己表述不清,工作人员为他选择了靠窗座位。然而,在这种情况下,顾客仍然会将服务失败归因于服务提供者。

2. 稳定性

稳定性指同样的服务失败再次发生的可能性。顾客在对服务失败进行判断时,会依据一些直接或间接的线索。例如,如果一位顾客到一家餐厅吃饭,连续碰到 3 次其他顾客争吵,那么这位顾客就会认为该服务失败的原因是稳定的。此外,通常情况下,顾客会认为由服务提供者表现较差所导致的服务失败原因较稳定,即再次发生的可能性较高;而由顾客自己或第三方因素导致的服务失败较不稳定,即再次发生的可能性较低。

3. 可控性

可控性指负责任的一方是否可以采取措施来避免服务失败,即对服务失败的控制能力。如果负责任的一方可以采取措施来避免服务失败,那么在服务失败发生后,负责任的一方就会遭受更多的指责。在服务失败的时候,比起顾客认为企业对失败不可控,当顾客认为企业可以控制失败的原因时,他们会更不满意。

在服务失败发生后,企业对失败是否给出解释、给出怎样的解释以及作出何种补偿都会影响到顾客对可控性的归因。当员工为服务失败给出一个外在的解释(责备外部的人或事情)、不给出解释和给出一个内在的解释(责备企业或者自己)时,顾客认为企业对服务失败的可控性依次增大。这也许是因为在不给出解释的情况下,部分顾客把失败归因到外部因素上。此外,当企业提供补偿又不给出解释的时候,顾客就会认为补偿的行为似乎就是承认错误的行为,因此顾客对可控性的归因就会增加,认为企业对服务失败有更大的可控性。

四、服务失败的类型与顾客损失

1. 服务失败的类型

根据第九章所提到的感知质量模型,服务失败通常可以划分为两种基本类型:结果失败和过程失败。

第一,结果失败与技术质量相对应,它表明顾客的实际需求未被满足,即企业未能向顾客提供满意的核心服务,是核心服务提供失败。结果失败往往会在顾客的物质和实际利益上造成损失,属于经济资源交换的损失。例如,顾客在购买打车服务时,被司机送到了错误的目的地,由于这种错误,顾客的时间和金钱都受到了损失。

第二,过程失败与功能质量相对应,它表明顾客对服务生产和传递过程不满,即企业在提供服务的过程中存在一定的缺陷和不足,是服务接触失败。过程失败常常会对顾客的精神和情感造成伤害,属于社会资源交换的损失。还是以打车服务为例,尽管顾客被按时送到了正确的目的地,但是由于司机态度恶劣,顾客感觉没有得到尊重,仍然会表现出不满。

2. 损失的分类

人们进行的各种社会活动都是在追求能够满足个人生活所需的各种资源,而这些资源可以是一个人传递给另一个人的任何事物,它并不局限于有形的物品,许多抽象的事物也都是资源,如爱情、地位、尊重等。对于服务行业来说,企业与顾客之间的交易行为本质上就是资源的交换。顾客用金钱向服务提供者换取服务。当顾客遇到服务失败时,他们就会对换取的资源不满,从而感到资源受到了损失。服务失败通常会给顾客造成两种类型的损失:

第一,功利性损失。功利性损失指服务失败所导致的经济资源的损失,比如核心服务价值未能实现而带来的金钱、时间上的损失。功利性损失通常是由服务结果失败造成的。

第二,象征性损失。象征性损失指服务失败所导致的心理和社会资源的损失,如互动过程中感到未能获得应有的尊重。象征性损失一般是由服务过程失败造成的。

3. 公平理论与顾客期望

企业与顾客的关系是建立在交换公平的基础之上的,如果交换公平被打破,顾客就会产生不满情绪。当企业服务失败时,就会产生交换的不公平,这种不公平会破坏企业与顾客之间的关系。换言之,顾客对企业所提供的服务表示不满,是因为顾客认为服务不公平。

顾客对服务失败的公平感知将影响顾客对服务补救的预期。当服务失败发生并产生不公平时,恢复公平状态的渴望会促使顾客向服务提供者表达自己的不满。这是因为,个人资源受损会给人们带来消极影响,为了消除这种负面状态,人们会采取一定的措施,并试图恢复公平状态。这也是为什么不满的顾客会向服务提供者进行抱怨的原因。因此,如果顾客认为服务过程存在不公平,他们会对服务补救措施的互动公平产生较高的预期,即希望企业能够对服务过程造成的损失进行补救,以恢复服务过程上的公平;如果顾客认为服务结果存在不公平,他们就会对服务补救措施的结果公平产生较高的预期,即希望企业能够对服务结果造成的损失进行补救,以恢复服务结果上的公平,如图11-1所示。

图 11-1   服务失败与服务补救预期

第二节   服务补救

一、服务补救的定义

服务补救一词最早出现在 20 世纪 80 年代初,当时英国航空不仅效益差,而且其口碑也较差,为了改善企业的状况,柯林·马歇尔爵士被英国政府选中来领导英国航空,试图改善当时的状况。为了改善企业的效益和口碑,马歇尔爵士提出了一系列培训和改革措施,其中有一个项目名为"把顾客放在首位战略"。而"服务补救"就首次出现在其中,并被解释为"组织为克服服务失败的不利影响而进行的努力"。

在 1988 年,格罗鲁斯对服务补救进行了定义,即服务提供者应对服务失败时所采取的反应和行动。然而,早期的服务补救主要强调对服务问题所采取的服务补救措施,企业希望通过这些措施的实践为其带来长期利益,如提高顾客满意度、顾客忠诚度和口碑传播等。随着服务补救阶段性的发展,目前,学者们和企业管理者将注意力转向了服务补救在竞争市场中所具有的主动性战略地位。

案例 11-4

辽宁联通强化服务补救提升公司形象

2014 年年底至 2015 年,辽宁联通为有效提高投诉问题的解决能力,由客服呼叫中心对增值业务及流量争议等问题实施了一线授权和服务补救,促进了用户投诉等问题的快速解决,已回复流量争议用户 3 万多件,回复增值业务用户万余件,处理服务补救工单 7 万多件,分公司形象明显提升。

辽宁联通坚持以服务创新为驱动,再塑良好形象,由客服呼叫中心集中核查处理用户问题,答复客户并退费,用户的投诉问题在呼叫中心内部办结,不再流转到其他部门,以避免争吵现象的发生。

客服呼叫中心全面接手全省流量争议投诉处理工作后,立即抽调了 12 人组成小组,专门负责全省联通用户的投诉处理。呼叫中心对小组成员进行了回复技巧培训,向各市分公司了解原处理流程、考核制度的修订办法等,并进行了有效的改进,使 SP(增值业务)人均月处理量由 2015 年年初的 100 件提升至 8 月份的 320 件;流量争议用户回复占比由 1 月份的 40% 上升至 8 月份的 81%;呼叫中心投诉问题过滤率由 1 月份的 23.2% 提升至 8 月份的 33.17%。此外,呼叫中心拓展了服务补救工单的处理范围,开展了 2G OCS 用户和 4G 用户服务补救单的退费处理,加强了即时承诺工单优先派送,并且责任部门对呼叫中心即时承诺工单处理环节进行了时限管控,确保了即时承诺履约率能够达到 98% 以上。

资料来源:"辽宁联通强化服务补救提升公司形象",网易新闻,2015 年 9 月 7 日,http://news.163.com/15/0907/09/B2T9SQ1O00014AED.html。

二、服务补救与顾客抱怨管理的区别

顾客抱怨指顾客对所购买或消费的商品、服务感到不满意时所采取的一系列行为或非行为反应。而顾客抱怨管理则指企业对顾客的抱怨或不满采取的一系列用来消除顾客

不满或改善服务的方法。

虽然解决顾客抱怨并不是一件愉快的事,但企业应该将抱怨视作"忠言"。据华盛顿一家名为 TRAP 的调查机构所进行的一项调查显示:有问题的顾客中,只有 4% 向企业有关部门进行抱怨或投诉,而另外 96% 的顾客不会抱怨,但他们会向 9—10 人来倾诉自己的不满(坏口碑)。由此可见,抱怨是顾客给予企业的"赠礼",是启动补救措施的最好时机。但是,许多企业将顾客抱怨管理与服务补救混为一谈,并没有考虑到没有抱怨的顾客。服务失败后的顾客表现如图 11-2 所示。

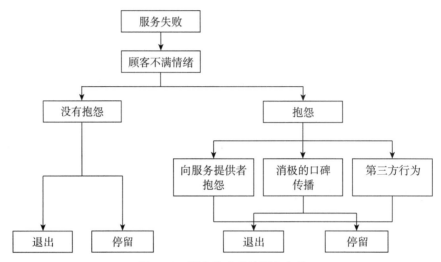

图 11-2　服务失败后的顾客表现

资料来源:瓦拉瑞尔·A.泽丝曼尔、玛丽·乔·比特纳、德韦恩·D.格兰姆勒著,张金成、白长虹等译,《服务营销》,北京:机械工业出版社,2015 年。

因此,企业不仅需要完成顾客抱怨管理,还需要对没有抱怨的顾客采取补救措施。为了提高顾客的满意度和忠诚度,企业需要认清服务补救与顾客抱怨管理的区别。两者的区别主要体现在以下两个方面:

第一,服务补救具有即时性特点。这是服务补救与顾客抱怨管理的一个非常重要的区别。顾客抱怨管理一般必须等到一个服务过程结束之后,而服务补救则在服务流程尚未结束时就立即采取解决措施。如果等到一个服务过程结束,那么,服务补救的成本会急剧上升,补救的效果也会大打折扣。

第二,服务补救具有主动性特点。顾客抱怨管理有一个非常明显的特点,即只有当顾客进行抱怨时,企业才会采取相应的措施,消除顾客的不满;而服务补救则是一个主动的处理行为,在服务失败前就会对补救需求进行预测,在服务过程中也会进行控制和管理。顾客抱怨管理"不抱怨不处理"的原则,将严重影响顾客感知服务质量和顾客满意,从而影响顾客忠诚,使企业在竞争中处于不利的地位。但服务补救则不同,它要求服务提供者主动地去发现服务失误并及时地采取措施解决失误,这种前瞻性的管理模式,无疑更有利于提高顾客满意和忠诚的水平。

顾客抱怨管理虽然在一定程度上反映了企业的顾客导向,但本质上是一种关注内部效率的管理措施,而服务补救则关注外部效率,完全建立在顾客导向的基础之上,着眼于与顾客建立长期关系。

三、服务补救的策略与效果

1. 服务补救的策略

对于服务失败,企业可以采取多种形式的补救策略。如承认错误、解释原因、道歉和补偿等。通过对企业采取的策略进行分析和总结,服务补救策略可以分为两大类型:顾客补救和问题补救。

顾客补救指企业试图恢复与顾客之间的关系所采取的行动,这种补救方式能够有效地减弱顾客的不公平感知。但是在很多情况下,企业需要在问题补救之前,试图恢复与顾客之间的关系。顾客补救通常包含以下四个方面:

第一,快速反应。当顾客遭遇服务失败时,通常会希望问题能够得到快速的解决。当企业快速与遭遇服务失败的顾客联系时,顾客获得满意的可能性会更大。

第二,适当沟通。顾客需要了解服务失败的真实情况,企业应该主动向顾客进行说明,并对自己的失误负责。

第三,公平对待。由于服务失败会导致顾客的不公平感知,企业需要采取行动以恢复与顾客之间的公平交易关系。

第四,培养与顾客的关系。与顾客建立长期的公平关系,有助于降低未来顾客的服务补救期待和补偿要求。

问题补救指企业试图纠正服务失败中的实际错误而采取的行动。主要包括以下四个方面:

第一,鼓励并跟踪抱怨。由于顾客抱怨是企业了解自身服务和顾客感受的重要渠道,企业需要鼓励顾客抱怨,从而及时发现服务中的问题。企业鼓励和追踪抱怨的方式有很多,如丰富抱怨渠道、满意度调查、电话追访等。

第二,从服务补救中吸取经验。服务补救不仅是一种对服务失败的弥补,也是帮助企业了解顾客、改进服务、完善服务体系的重要信息来源。

第三,从失去的顾客身上吸取教训。通过市场调查,企业可以找到顾客离去的原因、了解顾客的期望,从而避免未来失误的再次发生。

第四,避免服务失误。通过内部的服务标准建立以及对服务系统的管理,企业可以降低服务失败的可能性,使顾客在第一次服务中就获得满意。

2. 服务补救的文化模型

企业不仅需要根据服务失败的类型和顾客损失来制定补救策略,还需要考虑顾客本身的特点。根据顾客自身的特点及其对服务失败的态度,有三种不同的服务补救方式:关系文化模型、对立文化模型、实用主义文化模型。

(1) 关系文化模型(relational cultural model)

关系文化模型适用于那些表达了强烈欲望想要与服务提供者维持情感关联的人,即使是在不利的事件中,他们也仍然有很高的情感维持需要。社会结构中关系的破裂(如服务失败)会导致一种情绪失衡或极限状态,这些人想去纠正这种失衡或者状态以恢复情绪依附和自我效能感。对于持有关系文化模型的顾客而言,即使他们责备服务提供者,责备的重点也不是产品或服务,而是在互动中破裂的关系,并且这种责备在理解和包容中会减弱。因此,对于这样的顾客而言,补救过程侧重的不是损害赔偿或者产品替换,而是与服务提供者重建情感关系纽带。他们想与服务提供者共同应对服务失败,帮助服务提供者修复关系中的破裂,能够忍受更强烈的挑战。

针对持有关系文化模型的顾客,企业真诚的道歉对成功的服务补救至关重要,有助于修复受损的关系,因为这样的举措可以让顾客感觉到自己的重要性,有助于修复顾客的自尊感。当这样的顾客经历了一次满意的补救后,他们的忠诚度会增加,这一点与"服务补救悖论"一致。

此外,这样的顾客并不期望一笔横财。只要交易双方的关系是公平的,满意就会一直持续。哪怕服务提供者建立了一种高度不对称的关系,关系导向的顾客还是会表现出原谅、忍耐和包容。与其他类型的顾客不同,关系导向的顾客尤为容易产生自责感、羞愧感,害怕失去尊重。因此,他们可能更加犹豫是否要把自己的体验诉之于众。不过,如果服务提供者总是出现同样的服务失败,即使是关系导向的顾客也会感觉到没有被尊重,最终还是会放弃对提供者保持忠诚的。

(2) 对立文化模型(oppositional cultural model)

持有对立文化模型的顾客在某次产品或服务失败后,容易对服务提供者产生挑衅的看法。对立性的顾客认为,营销者会抓住机会毫不犹豫地对他们进行利用、强迫和控制。因此,他们认为,任何顾客与服务提供者的互动都代表了一个潜在的利用来源。只有在他们感觉到掌控了控制权,且服务提供者满足了他们的补救期望时,这种互动关系才会持续。忠诚只在高度控制时才会发生,这样的顾客不认为"犯错是人类的本能",几乎不会原谅企业的失败,因为他们认为,顾客在互动关系中是弱者和易受到伤害的被利用者。一次服务失败意味着提供者占了上风,因此,对立性的顾客总是处于一种警戒状态,犹豫彷徨,多疑甚至愤世嫉俗。

对立性的顾客认为,服务提供者能够确保一次成功补救的最好办法是让顾客在整个补救情景中能够感觉到掌握了控制权,如向顾客提供一些补救措施供他们选择。选择有助于顾客建立自我控制感。对立性顾客的观点是所有的服务提供者都是狡诈的,顾客与服务提供者之间的互动关系只不过是一场短暂的战斗,双方为控制权而竞争。对立性的顾客不那么具有同情心,不那么容易通过产品和服务的交换来建立社交关系和社交网络。但是在失败之前,这些顾客还是彬彬有礼的,不会表现出敌对。然而,一旦与自我相关的失败发生,就会激发其根深蒂固的文化模型。

学术智库 11-1

感知控制在顾客价值共建和服务补救评价中扮演的角色

基于服务补救中的价值共建,服务补救中通常存在三种感知控制:过程控制、决策控制和信息控制,顾客通过对这三种控制的感知,对服务补救进行评价。有两种心理过程连接着顾客的感知控制与其对服务补救的评价:一方面,顾客希望获得满意的补救结果,强调顾客对经济价值的控制;另一方面,顾客希望在服务补救过程中获得服务提供者的尊重,强调顾客对心理价值的控制。通过这两种途径强化顾客的过程控制、决策控制和信息控制,可以对服务补救评价产生积极的影响。但是,如果企业在进行服务补救时对两种感知控制同时进行强化,并不能带来更优的服务补救评价,这是因为顾客的三种感知控制的关系是互补或替换的。

资料来源:Guo, L., S. L. Lotz, C, Tang, and T. W. Gruen, "The Role of Perceived Control in Customer Value Cocreation and Service Recovery Evaluation", *Journal of Service Research*, 2016, 19(1), 39-56。

(3)实用主义文化模型(utilitarian cultural model)

实用主义文化模型涉及理性、主观效用理论(如期望理论、资源交换)。关系的持续时间依赖于未来收益与终止关系的成本之间的权衡。这样的顾客既不会把服务失败当做是一个攻击,也不会认为这是服务提供者的敌对信号。他们会认为,失败是金钱和时间上的不便。因此,对这些顾客来说,补救成功依赖于服务提供者权宜的能力和为顾客作出补偿的能力。

与这种类型顾客的互动就好比 B2B 互动,双方都不需要情感交换,接下来的互动持续的唯一原因是每一方增加的外在物质利益。对实用主义者来说,自我相关的产品与服务的失败是基于理性来判断的。如果顾客认为是企业的错误而不是外在情况的错误(如天气)导致了服务的失败,那么补救程序应该遵守一系列程序,即从承认问题、解释问题到为顾客作出补偿。如果补救的可能性很小,那么这些顾客不会再投入额外的时间和精力,并会不理会这次失败,而将其看做是沉没成本。因此,失败仅仅被看做是一次资源的损失。

即使这些顾客与企业打交道有很长一段时间了,顾客与企业之间的互动关系仍然不涉及任何关系或情感。时间不会影响关系的类型。实用主义者既不会尊敬服务提供者,也不会诋毁他们。在服务补救中这类顾客也会保持理性,服务补救不太可能出现"服务补救悖论效应",成功的补救并不会增加这类顾客的忠诚,然而,每一次服务失败都会使他们认为增加了未来出现失败的风险。这种类型的顾客保留不是因为顾客对服务提供者有强烈积极的态度,而是基于理性标准的精打细算。三种文化模型的比较如表 11-1 所示。

表 11-1　三种文化模型的比较

	关系文化模型	对立文化模型	实用主义文化模型
顾客类型	关系文化模型适用于那些表达了强烈欲望想与提供者维持情感关联服务的人。	持有对立文化模型的顾客在一次与自我相关的产品或服务失败后,会对服务提供者产生一种很挑衅的看法。	实用主义顾客总是基于理性标准来精打细算,与服务提供者的互动中没有关系或情感投入。
对失败的态度	责备的重点不是产品或服务,而是在互动中可能破裂的关系。	几乎不会原谅服务提供者的失败,因为他们认为顾客在顾客—服务提供者关系中是弱者、易受到伤害的一方。	服务失败不是个人攻击,也不是提供者的敌对信号。失败被认为是金钱上的不便和与时间相关的不便。
补救的关键	补救过程侧重的不是损害赔偿或者产品替换,而是与服务提供者重建情感关系纽带。真诚对成功的服务补救很关键。	确保一次成功的补救的最好办法是让顾客在整个补救情景中能够感觉到掌握了控制权,如向他们提供一些可选择的补救措施。	补救成功依赖于服务提供者权宜的能力和为顾客付出的时间,以及努力作出补偿的能力。

3. 多次服务失败与补救

企业进行服务补救通常仅考虑对单次服务失败采取措施,而忽视了多次服务失败对企业和顾客造成的损失。企业与顾客打交道是持续不断的,顾客很有可能在这种关系中经历多次的服务失败。通过对抱怨顾客在多次服务失败与补救情境下的反应进行分析,发现有四种因素会对二次补救产生影响,它们分别是:①多次服务失败对抱怨者感知的影响;②多种补救结果的影响;③顾客的补救期望、认为失败的严重性、责备归因;④服务失败的时间间隔以及失败的相似性。

(1) 多次服务失败对抱怨者感知的影响

"服务补救悖论"只在很短的时间内有效,在多次服务失败后,"服务补救悖论"是不会发生的。相对于正面绩效而言,负面绩效会对满意与购买倾向产生更大的影响。正因为如此,需要多个正面的体验才能抵消一次负面的体验。根据归因理论,一次的服务失败后紧接着有一个满意的服务补救则有可能产生"服务补救悖论",但是如果服务失败接二连三发生,顾客就会认为企业总是犯错的,进而对稳定性的归因增强。对经历过两次服务失败的顾客来说,即使感知到了两次满意的服务补救,他们对企业的总体满意程度、重购意向和正面口碑的评价相较于失败之前都会降低。如果这样的顾客同时还经历了两次失败的服务补救,此时顾客对企业的总体满意程度、重购意向和正面口碑的评价相较于第二次服务失败后给出的评价会更低。由此可以看出,不满意补救造成的负面影响是毋庸置疑的,但是满意的补救也不是万能的,企业不仅要进行顾客补救,还需要进行问题补救,以从根本上控制服务失败发生的几率。

（2）多种补救结果的影响

在第二次补救后,相较于那些经历了第一次满意的补救和第二次不满意的补救的顾客而言,经历了第一次不满意的补救和第二次满意的补救的顾客,对企业补救的总体满意程度、重购意向和正面口碑的评价更高。而且经历了不满意—满意顺序的顾客从第二次失败到第二次补救对相同因素的评价也会提高,然而,经历了满意—不满意顺序的顾客的评价会降低。以服务态度为例,经历了不满意—满意顺序的顾客对服务态度的评价会提高,而经历了满意—不满意顺序的顾客对服务态度的评价则会降低。

在两次服务失败后,引起第二次补救后顾客的评价从高到低的两次补救结果顺序依次是满意—满意、不满意—满意、满意—不满意和不满意—不满意。

（3）顾客的补救期望、认为失败的严重性、责备归因

相较于正面事件,负面事件更显著,更容易被回忆起来。经历过一次服务失败的顾客在对第二次补救进行预期的时候很有可能考虑到以前的经验。一次的失败还可以被认为是外部原因,不受企业的控制,顾客也只会期望企业有轻微的改善;而当失败再次发生的时候,顾客就会认为服务失败归因具有稳定性和可控性。也就是说经历过两次服务失败的顾客,对第二次失败的补救期望大于对第一次失败的补救期望。经历过满意的第一次补救的顾客可能对企业的评价更高,产生补救悖论,但同时也很有可能把这种表现当做一种信号来上调未来的补救期望;相反对于经历过不满意的第一次补救的顾客,其期望不会上升得那么多;也就是说从第一次失败到第二次失败,经历过满意的第一次补救的顾客的补救期望上升的程度大于经历过不满意的第一次补救的顾客的补救期望上升的程度。

同样的,经历过两次服务失败的顾客,认为第二次失败比第一次失败更严重;而且从第一次失败到第二次失败,经历过满意的第一次补救的顾客在感知失败严重性上增加的程度大于经历过不满意的第一次补救的顾客。

经历过两次失败的顾客,在第二次失败后对企业的责备归因相较于在第一次失败后更强。而且从第一次失败到第二次失败,经历过不满意的第一次补救的顾客的责备归因的增加程度要高于经历过满意的第一次补救的顾客的责备归因的增加程度。

（4）服务失败的时间间隔以及失败的相似性

服务失败的时间间隔以及失败的相似性对经历过两次服务失败的顾客在相同失败因素的评价上没有显著差异,但是在相对短的时间内经历了两次失败的顾客的第二次补救后评价较低,经历了两次相似的失败的顾客的第二次补救后评价也较低。

案例 11-5

"打补丁"惹消费者不满　一汽大众难服众

这或许是进入中国市场 30 年来,一汽大众遭遇到的最严重的信任危机。当支撑起新速腾的后轴出现裂痕时,大众在众多中国消费者心目中坚实、可靠的形象也随之出现裂痕。

针对新速腾后悬架断裂问题,一汽大众给出了解决方案:在新速腾后轴纵臂上安装金属衬板。这种以打补丁的方式实施的召回,非但没有让新速腾断轴事件得以解决,反而让这一事件愈加难以收场。

断轴事件演进路线图

2006 年,速腾轿车在中国大陆发布,凭借较高的性价比和大众品牌的多年积累,速腾很快在激烈的 A 级车市场中成为翘楚。

2012 年,一汽大众将老款速腾使用的多连杆式后悬架改为耦合杆式悬架,有人戏称"从此速腾变'板车'"。但减配后的新速腾,销量反而一路看涨,在 2014 年第一季度,速腾销量达到 67 456 辆。

不过,在此后的一段时间中,陆续有车主反映新速腾的后悬架系统存在问题。

2014 年 1 月,河北唐山网友发表了一篇名为"新买的速腾大梁断了,4S 店不给换车,性命儿戏"的帖子。据他介绍,车辆发生后悬架断裂的时候,车刚买三个月。

2014 年 4 月,网友"牧牛人"在某汽车论坛上发表了一篇名为"速腾大梁断!一车五人险送命!一汽只答应修车"的帖子。据该车主描述,他以 35 公里/小时的速度行驶在一处公路的转弯处时,这辆 2012 年 9 月购买的轿车忽然失去平衡并剧烈震动。在车主下车检查后发现,汽车的后悬架已经断裂。

随着裂痕、锈蚀,甚至断裂等问题的出现,越来越多的车主对新速腾悬架系统的安全性产生了质疑。

2014 年 5 月,一汽大众将新生产的速腾轿车更换为独立悬架。这项既未宣传、也没有提价的增配,让车主们更加深了怀疑。"没有问题,他们改什么?"车主邢乐砚说。

对此质疑,7 月 22 日,一汽大众通过官方微博发布声明,强调"速腾的后悬架断裂问题属于极个别案例",并非设计和制造过程中出现的批量问题。

而对新速腾投诉量的不断增加,也引起了相关部门的重视。8 月 14 日,国家质量监督检验检疫总局缺陷产品管理中心启动了对新速腾后轴纵臂断裂问题的调查。据了解,在调查期间,相关部门曾多次约谈一汽大众,并开展了大量的用户回访、现场调查、缺陷技术分析和专家评估。

10 月 17 日,一汽大众宣布在中国召回装配了耦合杆式后悬架的 563 605 辆新速腾和

17 485 辆大众甲壳虫,解决的方案是在后轴纵臂上安装金属衬板。

一汽大众 10 月份在官方网站上发布了新速腾召回官方详解。一汽大众的杨国旭表示,公司将免费提供对新速腾轿车后悬架系统的检测,如果车主的后轴纵臂确实出现了弯曲等情况,大众将免费为车主更换全新的耦合杆式后悬架。

"没有问题"的召回引质疑

虽然一汽大众决定实施召回,但其并没有承认相关车辆存在技术设计或生产上的缺陷。对于为什么会发生断轴现象,一汽大众把问题归因于"中国驾驶员的驾驶习惯"。

一汽大众中国技术服务人员倪飞乐表示,虽然启动了召回,但新速腾是安全的,耦合杆式后悬架也是安全的。他认为,后轴纵臂弯曲或断裂,是因为车辆在受到撞击等损伤后没有得到及时的诊断和维修。

但业内人士并不认同这样的说法。"碰一下我就得去送修,这不合常理,为什么老款速腾没有这个问题?"

先否认,再召回,让不少消费者对一汽大众的公信力产生了质疑。

不满"打补丁"　消费者欲诉讼维权

一汽大众此前给出的解决方案是在后轴纵臂上安装金属衬板。一汽大众表示,安装衬板后如果再发生后轴纵臂断裂的情况,衬板将"保证车辆行驶的稳定性",并在出现后轴纵臂断裂的情况下发出"持续性的警示噪音",提示车主及时送修。

但消费者对这个方案并不认同。车主杨洋认为,一汽大众既然决定召回,就应该彻底让车主放心,而不是"打补丁","我不知道一块薄薄的金属补丁是否就能保证我的安全,但一汽大众的解决方案不能让我相信自己的车是安全的。"

业内人士认为,从一汽大众的解决方案中可以看出,一汽大众并不敢保证安装了金属衬板的车辆就能够彻底解决后轴隐患。

此外,一汽大众又承诺将新速腾的悬架延保 10 年。不过消费者也不认可,"如果我在高速上开着这样的车断了轴,送了命,10 年延保对我又能有多大意义呢?"一位车主直言。

而对于一汽大众"升级"的召回方案,消费者也并不能满意。

资料来源:马晓成,"'打补丁'惹消费者不满　一汽大众难服众",《经济参考报》,2014 年 10 月 31 日。

四、服务补救悖论

前面的章节中多次出现服务补救悖论,那么服务补救悖论到底是什么? 本小节内容将对服务补救悖论进行解释。

企业常常会遇到这样的情况,许多顾客在遭遇服务失败时会表示不满,然而经过企业提供的高质量服务补救,他们对服务的满意程度会高于那些没有遭遇服务失败的顾客,也更愿意再次购买。换言之,遭遇服务失败后获得成功服务补救的顾客比未遭遇服务失败的顾客更加满意,这就是服务补救悖论。例如,航空公司通常出售多于飞机座位的机票给顾客,以避免空座带来的损失,但是也常常导致许多顾客面临座位满员而无法选座的情况,为解决这一问题,航空公司通常会向这类顾客提供升舱服务,这种服务补救会使顾客更加满意。

然而,服务补救悖论并不表示企业可以主动犯错并用修复来提升顾客满意度。服务补救悖论的发生需要以下条件:①顾客认为失败并不严重;②顾客与企业在之前的交互过程中没有服务失败的经历;③顾客认为失败的原因是不稳定的;④ 顾客认为企业对失败原因的控制能力较小。

显然,只有当服务失败满足以上条件时,服务补救悖论才有可能发生。因此,企业在向顾客提供服务时,避免服务失败才是最安全的策略。当服务失败发生时,企业就需要采取优秀的补救措施以弥补顾客的损失,如果该失败是第一次发生,或者失败并不严重,又或者该失败是不稳定的、企业无法控制,服务补救悖论才有可能产生。

五、服务补救的战略管理程序

1. 财务层面

服务补救工作伴随着一定的成本支出,因此,成本控制是服务补救管理的一项重要内容。服务补救的成本管理需要考虑以下四个方面:

(1) 补偿成本

从顾客角度出发,服务失败的发生及其补救可以看做是一次交换行为。在此过程中,顾客因服务失败的发生而遭受损失,又因服务补救过程中的补偿措施而得到报酬。顾客所获得的补偿收益,即企业所花费的补偿成本。补偿成本可以是物质层面的,如现金奖励、价格折扣、免费再服务、赠品等;也可以是精神层面的,如员工向顾客道歉、承认错误。

(2) 紧急复原成本

服务失败导致顾客无法享受自己所期望的服务,如房间设施损坏导致旅馆顾客无房间可住,遭受此类服务失败的顾客,不仅期望企业进行补偿,还希望企业尽快恢复其原有服务。紧急复原是一件较为困难的服务补救工作,其成本支出也不确定。例如,当顾客因房间设施损坏而不满时,如果酒店有相同的空余房间可供更换,那么复原成本基本只限于客房打扫成本;但是,如果酒店没有房间提供给顾客,那么则需要帮顾客联系附近酒店,并安排人员和车辆将顾客送到目标酒店。

(3) 预测成本

在现实中,服务失败是不可避免的,因此,对可能发生的服务失败进行预测和分析,并设计相应的补救方案,是提高补救效率和成功率的保证。这种对服务失败的预测和补救方案的设计会给企业带来一定的成本。

（4）启动成本

当服务失败发生后,企业需要根据顾客的反馈信息来进行服务补救。但是,正如本节第二小节内容所描述的那样,在遭遇服务失败后,仅有一部分顾客选择主动抱怨。因此,企业需要采取一定的措施来了解顾客对服务的评价,如市场调查、鼓励抱怨等。采取这些措施需要一定的成本支出。

2. 顾客层面

（1）服务补救管理与顾客保留

服务失败往往会造成顾客流失,且大部分顾客会在没有抱怨的情况下直接离开。因此,企业的首要任务是建立好完整的服务质量管理体系,以降低服务失败发生的可能性。较低的服务失败发生率意味着较少的顾客流失。然而服务失败是企业不可避免的,所以企业需要建立一个完整的服务补救体系,从而提高顾客满意度,减少顾客流失。

（2）服务补救管理与顾客忠诚度提升

忠诚的顾客是任何企业都最想得到的顾客,著名的"80/20 法则",即是指企业 80% 的业绩来自 20% 的忠诚顾客,维持和提升顾客忠诚度与企业销售额的增加显著正相关。以提升战略竞争力为导向的服务补救管理应当把服务补救看做是维持与提升顾客忠诚度的重要机遇。顾客忠诚度的维持与提升,关键在于顾客需求偏好的持续满足。顾客在服务补救过程中,需要根据服务失败的原因和顾客类型制定不同的补救策略。

（3）服务补救管理与新顾客吸引

既然服务失败是不可避免的,那么顾客的流失也是必然的,而流失的顾客需要企业吸引新顾客来补充。服务补救对吸引新顾客的贡献主要来自两个方面:一是通过提高老顾客满意度与忠诚度而赢得正面口碑,由此来"呼吁"新顾客的加入;二是借助服务保证的设计与实施来降低顾客感知风险,鼓励其尝试企业的服务。

3. 内部经营流程层面

（1）服务补救与流程持续改善

流程持续改善的能力对于服务企业来说非常重要,这是因为服务的生产与传递是同时进行的。服务失败与服务补救为企业提供了与顾客进行深度交流的机会,企业可以从中获取大量有价值的信息。服务补救在为流程改善提供信息支持的同时,也根据自身的需要在一定程度上指导了流程改善的方向。以紧急复原为例,当顾客向企业对服务失败提出恢复服务的要求时,也是顾客对企业服务补救体系和应变能力的考验。

（2）服务补救与技术引进和创新

服务企业不能忽视技术引进和创新在市场竞争中的关键作用。然而,技术引进和创新不能仅停留在对高科技的迷恋上,还应该从成本和适用性的角度来分析。实践证明,大量适宜技术的引进和创新都是源于服务失败和补救过程。例如,顾客对网络客服回复速度的不满,催生了机器人客服。服务补救与技术引进和创新是一种相互促进的关系,一方面,服务补救可以为企业的技术引进和创新提供宝贵的竞争信息与需求信息;另一方面,技术引进和创新也可以为服务补救效果的保证提供强有力的支持。

案例 11-6

京东智慧客服助力品质购物

网络购物以其足不出户的便捷性受到了大众青睐,成为人们日常购买的重要途径。而高品质的电商购物,离不开高质量的客户服务。在"京东 618"品质狂欢节期间,京东为过亿的订单提供优质购物体验的背后,是京东智慧客服的出色表现。京东通过智慧客服系统、JIMI 智能机器人、IM 咚咚在线客服等应用,凭借京东多年积累的客服运营经验,依托大数据、人工智能、深度学习等技术优势,将优质的客户服务完美呈现。

京东智慧客服系统通过数据挖掘技术,可锁定用户的高可能性诉求场景,对不同用户进行智能预测,快速精准地区分用户所属业务类型、产品分类、售后服务等,为之提供个性化服务。数据统计,在"京东 618"期间进线的客户中,通过智慧客服进线的客户满意度达 91%,较非智慧客服进线的客户满意度提升 3%—5%。客户问题场景匹配度最高达 85%,通过智慧客服系统,IVR(互动式语音应答)可提前确认咨询的订单客户问题,减少了客户描述问题的繁琐程度,解答更高效、处理更专业,并且为用户带来了更好的体验。

资料来源:"京东智慧客服助力品质购物",南都周刊,2016 年 7 月 7 日,http://news.sina.com.cn/o/2016-07-07/204933200516.shtml。

（3）服务补救与顾客化

对顾客需求偏好信息予以识别和管理,是服务补救管理的一项重要内容。开展顾客化的服务补救,是保证服务补救效果的基本条件。所谓顾客化,即对顾客各不相同的需求偏好分别给予针对性的满足。服务组织对于因无法满足顾客需求偏好而导致的服务失败,在进行补救工作时应注意两点:一是要视此为识别顾客需求偏好信息的良好机遇,以便为服务创新提供有价值的顾客信息;二是要认真思索进行顾客化服务补救的可行性。

4. 学习和成长层面

（1）服务补救的动力支持

企业服务补救中的动力支持主要强调员工的忠诚度和能力,优秀的员工是服务补救的根本。在服务企业中,员工扮演着非常重要的角色,他们不仅是服务的生产者,也是服务的传递者,更是服务补救工作中抱怨顾客的接触对象。因此,补救工作对员工的综合素质也提出了高标准的要求,尤其体现在员工的沟通能力和业务能力两个方面。

（2）服务补救的能力支持

企业忠诚的员工来自有效的激励、核心价值观的培养、人性化组织结构与程序的建立；而能力出众的员工来自以终生学习为核心的学习型组织的建立。上述工作可浓缩为学习型组织建设，服务补救需要得到学习型企业的支持，而同时服务补救也可以向企业提供信息来源。要保证服务补救的效果，服务企业必须通过以服务意识为核心的企业文化的培育来给员工以开展服务补救的动力；通过学习型组织的建立来给员工以有效开展服务补救的能力。

■ 本章小结

由于服务的特性，服务失败对企业来说是难以避免的，并且会导致企业顾客的流失。因此，企业需要对服务失败采取及时、有效的补救措施，以减少顾客流失，提高顾客满意度。

服务失败主要由三方面原因造成：①服务提供者；②顾客；③第三方原因。

但是，顾客对服务失败的归因往往是"不公平"的，顾客对服务失败的归因会受到以下三个因素的影响：①控制点；②稳定性；③可控性。

服务失败通常被分为两类：①结果失败；②过程失败。结果失败往往会造成顾客的结果不公平感知；而过程失败则会造成顾客的互动不公平感知。因此，当顾客遭遇结果失败时期望得到结果公平；而当顾客遭遇过程失败时期望得到互动公平。

服务补救指服务提供者应对服务失败时所采取的反应和行动。它与顾客抱怨管理存在两点区别：①服务补救具有即时性特点；②服务补救具有主动性特点。

对于服务失败，企业通常采取两种类型的补救方式：①顾客补救；②问题补救。

在设计服务补救策略时，企业还需要考虑顾客的三种文化模型：①关系文化模型；②对立文化模型；③实用主义文化模型。对于持有关系文化模型的顾客，企业的补救措施偏向于情感关系的重建；而对于对立性的顾客，企业需要提供多种补救措施以增加顾客的控制感；对于实用主义的顾客，企业需要对顾客损失的资源进行弥补。

服务补救的悖论是指获得服务补救的顾客比未遭受服务失败的顾客更满意。但是，只有在以下条件下服务补救悖论才有可能发生：①顾客认为失败并不严重；②顾客与企业在之前的交互过程中没有服务失败的经历；③顾客认为失败的原因是不稳定的；④顾客认为企业对失败原因的控制能力较小。

最后，对于服务补救的战略管理，企业需要从财务、顾客、内部经营流程、学习和成长几个方面来进行。

复习思考题

1. 简述服务失败和服务补救的含义。

2. 服务失败发生的原因是什么?

3. 为什么企业要进行服务补救?

4. 服务补救与顾客抱怨管理的区别是什么?

5. 简述服务补救的文化模型。

6. 什么是服务补救悖论?

课后案例

厦门:航班延误,火冒三丈?

飞机航班晚点有赢家吗?应该没有。至少波及乘客(误了事)、机组人员(耽搁下班时间)、航空公司(经济损失)。

几天前(2014年11月17日),我从厦门乘港龙 KA603 班机返回香港,正点起飞时间是 14:50,抵达时间是 16:30。我坐在经济舱第三排,座位是 24C。由于延误了两小时左右,飞机抵达香港时天已全黑。正点的话,应该是大白天到达,由于延误了两小时左右,到香港时天已全黑了。

机上有一百多名乘客。从被告知延误到最终抵达,整个过程中我没有看到一个乘客抱怨。可能有人会认为是飞机延误时间并不算长。但作为港龙公司的常客,我曾遇到过延误超过三小时的情况,仍然鲜见乘客发怒。为什么?我想,这是因为港龙知道当飞机延误时,如何从做人做事两方面处理好与乘客的关系。

请看我记下的一笔流水账,时间误差应该不超过五分钟。

这里,"做人"讲的是机长,"做事"讲的是机组人员/飞机。

14:00 过后,在候机室内,女机长(制服肩章四条黄色杠)和男副机长(制服肩章三道杠)都坐在我附近的一条长椅上,两个都是外国人(港龙的大部分飞机驾驶员是外国人,但女性机长并不常见)。

15:00 机舱门已经关上。机长广播告知大家,因为流量问题,起飞时间将延误一小时。

15:20 乘务员给乘客送水。

15:45 机长说,仍无法确定起飞时间。

16:05 飞机离开停机位,机长广播告知,只是把位置让出来,希望很快能起飞。

16:20 机员开始给乘客送餐(汉堡包和饮料)。

16:30 机长表示,仍不确定起飞时间,决定加燃油,需要 15 分钟左右,届时服务会受影响,乘客可以不系安全带。

16:51 机长告知大家,5 分钟后可以开发动机,预计 17 点左右起飞。

17:17 飞机离地。

17:47 机长说半小时后将抵达香港机场。

17:50 机员给乘客送水(起飞后仅有的一次)。

18:27 飞机落地。冬日昼短,我向窗外望去,万家灯火。

根据我的经历,三个钟头可能是飞机乘客爆发的一个极限。几年前,我乘一家内地航空公司的班机,从重庆到深圳。开始乘客中只出现"小骚动",然而坐在座位上苦等三个钟头左右后,仍不知何时才能起飞,许多乘客忍无可忍,突然"大发作"。航班延误的原因主要是天气与空中管制。此时乘客最想了解的是航班的动态信息。由于乘务员们不能获得来自塔台管制室的最新消息,在面对乘客关于起飞时间的问询时往往无能为力,导致有些乘客认为她们是在敷衍或欺骗。因此,如果仅靠乘务员去安慰乘客,往往吃力不讨好。港龙深明"以百姓心为心"(《道德经》第四十九章)的道理,由与塔台直接通话的机长直接发布消息,并且,每次消息发布时间的间隔一定不超过一个小时,同时乘务员与乘客保持一定的交流,让焦虑等待、"百无聊赖"的乘客及时了解事情的进展,避免了尖锐对抗。

美国航空数据网站 FlightStates 2014 年 10 月份全球航空公司《正点率表现报告》显示,47 家国际主要航空公司的平均正点率为 78%,而其中中国内地航空公司的正点率全部低于平均水平,即使是正点率最高的国航,其平均正点率也只有 73%。该报告中,准点(on-time)的定义为,飞机在预定到达时间的 15 分钟内,抵达航站楼。

正点率低,相对的乘客"发难率"有可能相对高。怎么办? 2014 年 7 月《人民日报》上有篇文章,标题是"香港航班延误让你恼不起来:滞留有餐券毛毯"。我觉得,港龙的做法值得内地航空公司提倡和学习。

资料来源:周南,《佛光山的星巴克》,北京大学出版社,2015 年,第 80—81 页。

案例讨论题

1. 如何看待港龙航空的服务补救策略?

2. 面对较低的正点率,中国内地航空公司该采取哪些措施来进行服务补救?

服务开发与品牌管理

第十二章 新服务开发与创新

此刻一切完美的事物,无一不是创新的结果。

——穆勒

第一节 新服务开发概述

一、新服务开发的定义

新服务开发(new service development, NSD)作为一个较新的研究领域,其理论体系还并不完善。目前,国内外学者对新服务开发的定义还没有一个明确统一的标准。有学者认为,新服务开发就是服务提供者向消费者提供新的服务产品;也有学者认为,新服务开发不仅是新的服务产品的开发,同时也是新的服务过程的开发;还有学者认为,新服务开发是围绕着服务过程、服务内容和服务系统这些要素所展开的创新活动。随着外界环境的变化,新服务开发的概念仍在不断地被修正。

根据现有的研究成果,我们可以将新服务开发定义为:服务企业在整体战略和创新战略的指引或影响下,或在其他环境要素的推动下,根据消费者和市场需求,通过可行的开发阶段,向企业现有消费者或新消费者提供包含从风格变化到全新服务产品等各种新颖和适用的服务的正式或非正式的服务开发活动,这一服务开发活动形成了现有服务或新服务的价值增值。

对于这一定义,我们可以进行以下几点深入的解释。

第一,新服务开发是在企业的整体战略和创新战略指导下的一种开发活动,这种开发活动主要是有组织和系统性的,但也有可能是一种偶然的、非系统性的活动。例如,某些员工或某个部门可能会为解决某个现实问题而提出创新的概念或思想,并对其进行相应的开发活动,但这些创新的概念或思想仍然会受到企业整体战略和创新战略的影响。有组织、系统性的开发活动将更有助于提高新服务开发的效率。

第二,新服务开发具有相当大的灵活性。新服务开发既可以是在企业统一规划下的,有专门资金、人力、设施等资源配套的正式活动,也可以是基于某个部门或某些员工的创新思想的非正式活动,这些非正式活动并没有专门的资金、人力、设施等配套资源。同时,新服务的开发活动不一定必须经历开发过程的所有阶段,它既可以根据需要跳过某些阶段,也可以几个阶段同时进行。

第三,新服务开发所包含的范围较广,它既包含了创新度最低的服务产品风格变化和产品线扩展,也包含了创新度最强的全新产品开发。

资料 12-1

开放无界　e袋洗获众创新星扬帆起航

2015 年 10 月 22 日—24 日,第五届腾讯全球合作伙伴大会在重庆开幕,58 同城 CEO 姚劲波、搜狗 CEO 王小川、虎嗅创始人李岷、爱奇艺联席总裁徐伟峰、e 袋洗 CEO 陆文勇及爱鲜蜂创始人兼 CEO 张赢等知名人士出席会议。此次大会围绕"互联网+开放"的主题,旨在与全球的科技精英们共同探讨当前与投资和创业相关的所有热门话题,并以此搭建一个交流分享的最佳平台,连接生态链上下游,共同畅谈"互联网+"的未来。

据腾讯方面提供的数据显示,在过去 4 年的开放历程中,腾讯为第三方合作伙伴创造的总分成收益超过了 100 亿,创业公司的总估值超过了 2 000 亿。在大会颁奖晚宴上,作为基于微信平台开发的 O2O 洗衣服务产品 e 袋洗,获得了 2015 年度众创新星称号,其CEO 陆文勇代全体员工上台领奖。

e 袋洗作为占有洗衣市场份额 90% 的 O2O 洗衣企业,一直秉承共享经济的理念,推行众包业务模式,将 C2C 两端供给打通,将自身打造成洗衣服务商和用户的"中转站"。e 袋洗以社区为单位,将洗衣服务众包给周边优质洗衣加工商,将物流配送众包给社区居住人员,即"小 e 管家"。"小 e 管家"充分利用"半熟人经济",挖掘潜在用户,既能保证物流"最后 500 米"配送速度,也能利用小区人员与用户建立良好的互动关系。

此外,e 袋洗也在完善自身产业链及提升服务方式的路上不断向前。为打造极致用户体验,e 袋洗除对洗衣服务商提严格的"365 标准"外,还与全国最优质服务商签约独家协议,保障产品服务质量;并且在售后服务方面,e 袋洗推动与平安财险合作,对先行赔付机制进行投保,强化完善售后解决措施;在深入发展共享经济方面,e 袋洗推出共享基金,投资居家养老服务——陪爸妈、共享私厨——小 e 管饭等项目,打造邻里互助服务共享经济生态圈。

在"互联网+"的风口上,e 袋洗采用简单方便的商业模式,顾客将待洗衣物装进指定洗衣袋里、预约上门取件时间,工作人员将上门取件,并于 72 小时内送回。成立后仅两年,e 袋洗日订单量已突破 10 万,并开通了 27 个城市服务,拥有 500 万用户量,业务线已从洗衣服务拓展至洗鞋服务、高端皮具服饰养护、奢侈品洗护。

资料来源:"开放无界　e袋洗获众创新星扬帆起航",财经网,2015 年 10 月 23 日,http://industry.caijing.com.cn/20151023/3991928.shtml。

二、新服务开发的特点

由于服务产品自身的特点,新服务开发与新产品开发相比,具有以下几点特性:

1. 新服务开发的内涵更为丰富

技术只是新服务开发中的一个维度,除技术创新之外,新服务开发更多的是非技术创新,如在组织上和结构上的创新。新服务开发还包括新知识和信息的产生、处理事物的新途径和方法、服务员工的新行为、新的组织形式以及新的市场开发等。

2. 新服务开发中消费者参与更多,过程更为复杂

与新产品开发相比,新服务开发的一个显著特点就是消费者需要积极参与创新过程。同时,新服务开发的过程包含了许多部门和员工的参与,其中部门与部门、部门与员工以及员工与员工之间都存在较为复杂的交互作用。消费者和其他行为主体的参与使得新服务开发的过程更为复杂。此外,由于新服务开发的实施过程较为灵活,既可以根据需要跳过某些阶段和步骤,又可以几个阶段和步骤同时进行,这也使得新服务开发的过程更为复杂。

3. 新服务开发面临着不全面和主观性的风险

由于人们在描述服务时可能会忽略细节或是服务中他们不熟悉的要素,并且在描述服务时都会因为个人经历不同以及接触服务的程度不同而产生差异,所以在新服务开发的过程中可能会产生不全面和过于主观的风险。

4. 新服务的开发和生产方式具有多样性

服务企业不仅可以根据消费者的需求采用"定制化"的生产方式提供新的服务产品,还可以根据新服务产品的特性采用"标准化"的生产方式提高效率和扩大规模。除此之外,越来越多的服务企业开始将"标准化"与"定制化"整合进一个模块中,采用"模块化"的方式进行新服务的开发和生产。因此,相较于新产品的生产,新服务的开发和生产呈现出多样化的特点。

学术智库 12-1

从创新模式角度理解新服务开发和服务创新

在 B2B 服务行业的中小型企业(SMEs)中,消费者导向和未来市场焦点导向对组织惰性和企业创新上具有不同的影响。根据以往的观察,中小型服务企业通常以消费者为导向进行服务改进和创新,目的是对消费者的需求作出定制化的回应,但这种改进可能会打乱企业原有的创新服务项目计划。在对 217 个中小型服务企业进行的调查中,发现消费者导向会滋长组织惰性,而关注未来市场焦点会使得企业更愿意调拨现有技术和服务组合及流程,并反过来刺激企业创新。因此,区分消费者导向和未来市场焦点导向十分重要,因为中小型企业通常通过这两种导向共同维持企业的现有表现。管理者需要通过对

未来市场焦点的关注和管理活动,来弥补消费者导向的不足。

资料来源:Gremyr, Ida, Lars Witell, Nina Löfberg, Bo Edvardsson and Anders Fundin,"Understand-ing New Service Development and Service Innovation through Innovation Modes", *Journal of Business and Industrial Marketing*, 2014, 29(2), 123-131。

三、新服务开发的分类

1. 根据服务开发的新颖性对新服务开发进行的分类

以服务开发的新颖性为根据,可以将新服务开发分为六种类别。

第一,降低成本:以较低的成本提供与现有服务相似的服务产品;

第二,重新定位:为已有服务重新确定细分市场,或寻找新的市场方向;

第三,现有服务的改进和修正:开发的新服务能够通过提高绩效来取代已有服务;

第四,现有服务线的延伸:对企业已有的服务线进行补充,增加服务的种类;

第五,新服务线:开发新的服务线,对服务提供者来说具有很高的新颖度;

第六,全新服务:开发全新的服务,对服务提供者和消费者来说都具有很高的新颖度。

2. 根据运营管理的需要对新服务开发进行的分类

基于运营管理的角度,可以将企业的新服务开发分为服务市场开发、服务扩充开发、服务过程开发和服务内容开发四种类型。这四种类型的新服务开发活动相互支撑,推动着服务企业的发展。

第一,服务市场开发:重点关注企业的营销策略;

第三,服务扩充开发:重点考虑企业与消费者的交互方式;

第三,服务过程开发:主要思考企业如何再造服务提供的流程;

第四,服务内容开发:最终目标是改善企业核心服务的特性。

3. 根据创新程度对新服务开发进行的分类

根据创新的程度,关注新服务开发分类的微观层面,可以将新服务开发分为根本性创新和附加创新两个大类,每个大类又分为若干小类。

(1)根本性创新包括全新服务、市场产品的替代服务和为现有市场提供新服务

全新服务指为尚未定义的市场提供全新的服务。如由于互联网的普及,网络订票改变了传统的订票方式,改变了航空公司的订票业务服务。

市场产品的替代服务指为现有市场的同类需求提供新的服务,而该市场已存在满足同类需求的产品。如银行利用 ATM 使之成为新的银行货币流动形式。

为现有市场提供的新服务指向组织现有的消费者提供组织原来所不能提供的服务,尽管这种服务在其他市场中已经存在。如书店向消费者提供咖啡和简餐服务,健身房为消费者提供营养课程等。

（2）附加创新包括服务范围延伸、服务改良和风格变化

服务范围延伸指扩大现有的服务产品线。如航空公司增加新的航线，餐厅为消费者增添新的菜单等。

服务改良指改善已有服务的性能，是一种最普遍的新服务开发的形式，包括加快服务过程的执行、延长服务时间、扩大服务内容等。如酒店延长客房的退房时间，或客房中提供一些便利设施等。

风格变化是一种最为显眼的改变形式，并且能够在顾客感知、情感与态度上产生显著影响。这些改变并没有从根本上改变服务，只是改变了服务的外观。如改变服务场所的装潢，改变组织的标志等。

案例 12-1

雅诗兰黛绑定手机终端，智能服务每位会员

在香港雅诗兰黛的内部培训课上，讲师给未来的商务助理们每人发了一个外表时尚的手机。这个手机引起了漂亮女孩们的讨论。难道这是雅诗兰黛给员工的福利？这些学员是为了进驻雅诗兰黛即将开业的专卖店而进行培训的，而她们看到的，就是雅诗兰黛联合锐码软件新推出的智能手机终端系统。

1. 收集信息，智能推荐

这套手持终端可以收集会员的信息，比如皮肤特质、颜色喜好、生日信息等，系统会自动根据会员的要求推荐一些合适的产品。这一功能对商务助理来说，太重要了。因为雅诗兰黛有 400 多个单品，很难详细记住每个单品的功能，并且还要与顾客的肤质对应。有了这套系统，商务助理们就轻松多了，当顾客确定购买某一个产品时，手持终端还会推荐一些配套的产品，帮助顾客进行选择。最后，商务助理可以通过手机终端来确认顾客购买的内容。顾客到收银台只要付款即可，不需要像以往一样通过扫描、确认等过程，大大节约了付款时间。

2. 美容师的预约管理系统

在雅诗兰黛专卖店，常常会有专门的美容师，指导和帮助顾客更好地利用化妆品，增加魅力指数，而这些美容师往往非常忙碌。因此，雅诗兰黛也开发了美容师预约管理系统。商务助理可以通过手机终端，来帮助会员预约美容师。这项活动对于专柜商务助理来说，在以往是无法想象的。他们与专卖店的商务助理一样，能够推荐给会员最好的产品和服务，从而提高销售额。同时，这也减少了会员的麻烦，他们不用像以往那样，反复地通过电话去专卖店预约。

3. 提升顾客体验

在收集了会员的信息后，雅诗兰黛会整理会员的购买信息，针对会员的需求，发布一

系列的活动。过去只是简单地寄出试用装,这种方式很难得到会员的反馈,使得活动效果无法评判。现在系统将手机短信、顾客服务以及活动后体验整合到一起。在寄送试用装时会预先与会员确认,并希望会员通过短信来回复试用信息,甚至鼓励会员通过网络来购买,更多交互信息在方便顾客使用的同时,也给雅诗兰黛带来了新的销售。

4. 会员信息共享

在以往,雅诗兰黛的普通会员是没有会员卡的。专柜不支持会员信息查询。因此,普通会员很难得到实际的优惠。久而久之,往往遗忘了会员身份。这是雅诗兰黛会员计划难以推广的最大原因。而现在可以在后台收集会员信息,针对会员作出各种组合促销活动。会员在专柜购买时,只要报出自己的会员号或者姓名,就可以通过手持终端进行查询,并自动享用会员的折扣价。同时,这一次的消费也会被计入会员消费信息中。

对于专柜商务助理来说,雅诗兰黛的 400 个单品,不可能全部放在柜台。如果有顾客过来购买的时候发现没有货,在以往,商务助理只能告诉顾客下次再来看看,对于顾客来说,可能她今天穿越了整个城市才来到这个柜台前,绝不会再花几个小时过来验证一个希望。因此,雅诗兰黛少了一次销售的机会,更严重的是,这会降低品牌在顾客心中原本美好的形象。

而现在,专柜会员可以通过手机终端来查询这个单品是否有货,最近在什么地方有货,并告知顾客。如果顾客有时间的话,可以稍等片刻,商务助理通过手机终端就可以从最近的柜台调过来。当然,顾客也可以去那里够买。

在雅诗兰黛总部的计划中,将通过两三年的时间来推广这套系统。届时,所有的会员信息都在总部进行整合。雅诗兰黛的会员不管在任何地方购买产品,商务助理都能够通过系统获取会员信息,并根据信息提示来提供优质服务。

同时,对会员的关怀计划,也将大大提高顾客的忠诚度,从而提高消费,促进雅诗兰黛的销售。可以预见的是,这套系统将成为雅诗兰黛在未来几年的核心竞争力。

资料来源:邹雨来,"雅诗兰黛绑定手机终端,智能服务每位会员",《信息与电脑》,2010 年第 10 期。

第二节　新服务开发战略

一、组织导向的新服务开发

新服务开发需要企业对一系列的资源进行重组以获取针对问题的新的解决办法,因此对创新资源的投入是启动新服务开发的重要和基本条件。组织导向的新服务开发需要企业着眼于企业内部,从自身资源方面对新服务开发进行考量,包括对资金、技术和员工的投入。

1. 资金投入

新服务开发各阶段所需的资金投入需要企业拥有筹资能力和对资金的运用能力。筹资能力主要包括企业寻求稳定资金来源的能力,以及筹集资金的速度和持久能力。首先资金的来源渠道必须较为稳定、信誉较高,对于新服务开发中的进度安排能够匹配并合理分配,其次这些资金也需要为新服务开发的后续发展提供持久的保证。然而,许多金融机构和政府公共部门对新服务开发还没有充分的认识和了解,对企业的支持力度并不够。因此服务企业还需要通过自身的内部资金或从其他渠道获取的资金来进行新服务开发工作。此外,在资金的运用上,企业也需要避免重复浪费,确保新服务开发的重点部分有充足的资金投入,以保证新服务开发活动能够顺利进行和完成。

2. 技术投入

新服务开发所需要的技术投入包括对技术的跟踪、选择、最终采纳、组合和改进。目前来说,服务企业所采用的技术主要还是来自制造业,因此需要服务企业对这些技术进行跟踪、选择、最终采纳、组合并改进。不过,在某些情况下,服务企业只需要经过其中的某些步骤就能满足新服务开发过程中对技术的需求。企业必须能够持续、系统地监测目前所出现的新技术,特别是与本行业相关的技术,并根据自身的新服务开发的需求进行分析和改进,使之适应新服务开发活动的需要。

3. 员工投入

组织导向的新服务开发还需要企业通过外部招聘以及内部培养等方式对符合新服务开发条件的员工进行投入。企业能否招聘到合格的员工,能否通过员工培训提升员工的创新和开发能力,对于新服务开发活动能否顺利实施至关重要。对于服务企业而言,首先需要制定严格和高标准的招聘程序,挑选高素质和与企业文化相匹配的员工。其次,需要对新进员工和已有员工进行培训,使他们能够掌握新服务开发所需的技能。同时,在新服务开发的过程中,人员的调配也非常重要,服务企业需要根据员工的自身特点将合适的人安排在合适的岗位上,最终确保新服务开发的顺利进行。

二、消费者导向的新服务开发

与组织导向中强调企业内部创新不同,消费者导向致力于满足消费者的需求并提升消费者满意度和消费者价值。企业基于消费者导向进行的新服务开发可以有效把握消费者需求,提高新服务开发效率,降低新服务开发的不确定性。

1. 识别消费者需求

从企业的角度出发通常难以全面了解消费者对服务产品的需求,而企业所惯用的结构化的调查问卷也难以发现预期外的消费者需求,从而无法深入理解消费者的需求。消费者导向的新服务开发需要在服务企业中,充分发挥与消费者直接接触的相关部门和工作人员的作用,鼓励一线服务员工与消费者进行交流,获取和识别消费者对服务产品的真实、全面的需求。

2. 赢得高程度的消费者满意

已有研究表明,不同层次的消费者会对整体的消费者满意度水平产生不同的影响。在以消费者为导向的新服务开发中需要充分考虑消费者需求权重的影响,得出各项新服务的重要性指标。如果服务企业能够在新服务的开发中首先满足重要性程度较高的消费者需求,也就能够提升整体的消费者满意度。

3. 对新服务概念进行可行性研究

已有研究证实,消费者导向越高,企业越难以实行突破性的创新。因此,企业在进行以消费者为导向的新服务开发时,也需要从企业视角审视新服务开发的概念,根据资源条件和消费者满意度对新服务开发概念进行可行性分析,确定最终的开发方向和内容,而不是盲目迎合消费者的需求。

学术智库 12-2

新服务开发中的消费者导向与未来市场焦点

从创新模式的角度可以解释为什么制造企业的新服务开发往往是在一个特设的基础上实现的,同时也能解释如何通过创新模式进行服务创新。在一项调查研究中,研究人员采访了来自机械行业的制造企业中的 17 名关键知情人,并基于这些访问,对三个制造企业中的三项服务创新进行了深入研究。研究发现,当服务与产品分别进行开发时,新服务开发的过程往往更有组织。在开发过程中,不同程度的结构受益于不同的创新模式,这说明综合的服务开发非常具有挑战性。此外,在取得市场成功之前,新服务开发往往遵循创新模式的轨迹。有些创新模式会在新服务开发过程中出现,而有些则不会。新服务开发中一个成功的因素是创新模式和新服务开发过程之间的匹配,而不是新服务开发过程本身。

资料来源:Hillebrand, Bas, Ron G. M. Kemp, and Edwin J. Nijssen, "Customer Orientation and Future Market Focus in NSD", *Journal of Service Management*, 2011, 22(1), 66-84。

三、互动导向的新服务开发

互动导向可以划分为顾客观念、互动响应能力、顾客授权和顾客价值管理等四个维度。

1. 顾客观念

顾客观念指企业应基于个体,而不是群体层面对市场进行细分。基于个体层面对市场进行细分有助于企业更好地把握顾客的特殊需求和顾客之间的需求差异,通过一对一的定制化和个性化服务方案来提高新服务开发的成功率。

2. 互动响应能力

互动响应能力指企业在交易过程中收集信息以对顾客需求进行分析、预测和差异化响应的能力。互动导向指导企业在交易过程中详细收集顾客信息以建立完善的数据库,通过大数据挖掘实现对顾客需求的动态把握以提高新服务开发的市场敏捷性。

3. 顾客授权

顾客授权指企业对顾客在参与的方式和程度方面的管理。新服务开发中的互动导向对顾客参与的程度和水平提出了较高的要求。因为互动导向正是要求企业对顾客充分授权,允许顾客自由选择交易的方式,并且鼓励顾客向他人分享关于产品、服务和政策等多方面的信息,虚心接受顾客的意见和建议等,激励顾客在更广范围和更深层次上积极参与,为新服务开发提供指导。

4. 顾客价值管理

顾客价值管理指企业对个体顾客价值大小的衡量与预测。通过对顾客价值的管理,能够帮助企业参考顾客价值大小对其制定差异化和个性化的服务营销方案,并对有限的资源进行合理配置,有利于提高新服务开发的效率。

新服务开发的过程也是企业与顾客互动的过程,顾客的需求、知识和体验是新服务开发所依赖的至关重要的资源。另外,新服务开发还是一个复杂的过程,其成败的关键往往在于企业能否动态把握消费的独特需求和需求变化的规律。因此,互动导向为企业如何激励顾客参与和如何对交互中的顾客进行管理等提供了良好的参考价值。

案例 12-2

新加坡航空:服务创新的典范

自 1972 年成立以来,新加坡航空公司(以下简称"新航")实现了连续 38 年盈利。在航空业这个时常经历低迷时期的行业,新航却"独善其身",其年度经营从未出现过亏损。通过将自己定位于高品质的经济型航空公司,兼顾差异化和成本领先这两大战略,新航最终以廉价航空公司的成本水平,为顾客提供了卓越的服务。新航把低成本高效益的卓越服务这一价值观,融入了一个独特的、自我强化的动态体系中,并落实到行动中。

这一动态体系的五大支柱分别为:

1. 持续的服务创新

新航专门设有一个服务开发部门,在服务创新正式推出之前,由它负责对服务创新进行优化和测验。在新航,任何尝试失败,或创新在实施几个月后被取消,都被视为很正常的事情。这一独特的企业文化为新航的持续创新和发展提供了强劲的支持。

2.全方位创新

新航的目标并非要在每一个子系统上远远胜于对手,而是要比竞争对手都好一点点。这不仅需要持续创新,而且也需要全面创新。新航实施了一项被称为"40—30—30法则"的全面创新:40%的资源用于员工培训和激励上,30%用于过程和程序的评审上,30%用于新产品和新服务创意的开发上。

3.深入骨髓的利润意识

新航的员工意识到了注重利润和成本效益的必要性,因此能够妥善处理卓越服务目标和利润目标之间的冲突。任何被提议的创新,都会在利益与成本之间进行仔细权衡,在满足顾客的同时采用低成本高效益的方式。在日常工作中,新航的员工们也时刻谨记着在不牺牲顾客服务质量的前提下减少浪费。

4.明确的职业生涯规划和全面培训

新航的员工都有目标明确的培训和发展规划。新招聘的空乘人员都要接受为期4个月的培训。空乘人员的培训内容不仅包括职业技能,还包括人际交往和个人仪态等软技能。

5.发挥战略协同效应

新航拥有27家子公司,子公司提供的价值给新航带来了战略协同优势。

这五大支柱形成了一个自我强化的动态体系,给顾客提供高质量的产品和服务的同时,并没有带来成本的上升。低成本与差异化战略的结合,使新航保持了强大而又可持续的竞争优势。

资料来源:林美珍,"服务性企业的服务创新问题——以新加坡航空公司为例",《中国人力资源开发》,2011年第2期。

四、新技术在新服务开发中的应用

1.物联网

物联网(internet of things,IOT)是通过各种信息传感设备,如传感器、射频识别(RFID)技术、全球定位系统、红外线感应器、激光扫描器、气体感应器等各种装置与技术,实时采集任何需要监控、连接、互动的物体或过程,采集其声、光、电、热、力学、化学、生物、位置等各种需要的信息,与互联网结合形成一个巨大的网络。其目的是实现物与物、物与人、所有物品与网络的连接,以方便识别、管理和控制。

现在,许多城市和企业都致力于将物联网技术应用于服务的各个方面。例如,上海移动的车务通在2010年"世博会"期间全面运用于上海公共交通系统,以最先进的技术保障世博园区周边大流量交通的顺畅。目前,物联网的应用领域主要有:制造、零售、物流、医疗、身份识别、军事、防伪安全、资产管理、交通、食品、图书、动物等。未来,各行各业的服务企业都可以利用物联网技术进行新服务开发,这将极大地改善人们的生活质量。

2. 云技术

云技术(cloud technology)指基于云计算商业模式应用的网络技术、信息技术、整合技术、管理平台技术、应用技术等的总称。网络系统的后台服务需要大量的计算、存储资源,如视频网站、图片类网站和更多的门户网站。伴随着物联网行业的高度发展和应用,将来每个物品都有可能存在自己的识别标志,都需要传输到后台系统进行逻辑处理,不同程度级别的数据将会分开处理,各类行业数据都需要强大的系统后盾支撑,这些都需要通过云计算来实现。

现在,最简单的云计算技术在网络服务中已经随处可见,例如搜索引擎只需要使用者输入简单的关键词就能够获取大量信息。由于网络服务已经大量普及,在企业未来的新服务开发中,都可以通过各种方式转移和改变现有的服务线和服务产品,以适应云计算服务的需求,提高资源的利用率,降低管理与维护负担,为顾客开发智慧服务。

3. 大数据

大数据(big data)指无法在一定时间范围内用常规软件工具进行捕捉、管理和处理的数据集合。研究机构高德纳咨询公司(Gartner Group)将大数据定义为"需要通过新处理模式才能掌握的海量、高增长和多样化的信息资产,并且具有更强的决策力、洞察发现力和流程优化能力"。大数据具有海量的数据规模、快速的数据流转、多样的数据类型和价值密度低四大特征。大数据与云计算是密不可分的,就像是一个硬币的正反面。

目前对大数据的应用已经非常广泛。例如,洛杉矶警察局和加利福尼亚大学合作利用大数据预测犯罪的发生,Google 流感趋势(Google Flu Trends)利用搜索关键词预测禽流感的散布。服务企业,尤其是移动服务企业,在新服务开发的过程中也应该充分利用大数据和云技术对顾客的需求进行深入和全面的探索,从顾客的整合、数据的重构、服务模式的挖掘、检索方式的变化等方面,对新服务开发进行思考。

资料 12-2

互联网 + 政务服务——有车挡路不着急,APP 上"一键挪车"

开车出门最怕什么?怕堵车,怕没地方停车,更怕碰上乱停的车挡住去路。要是对方的车上留着挪车电话还好,要是没有,除了干着急,就只能呼叫警察了。

于是,"浙江政务服务网"APP 对接浙江公安的掌上 110 平台,开发出了"一键挪车"的小功能,解决了生活中的这个小麻烦。

APP 上的挪车功能覆盖全省,只要挡住你去路的车是浙江牌照,你就可以通过 APP 输入其车牌号,接下来的事就交给系统。系统会自动定位你所在的位置,自动帮你用电话和短信联系对方车主。

成功联系上车主后,APP 会给你发来一条反馈信息,告知你车主会在 15 分钟内到达现场并挪车。

如果在这个过程中,车主提前出现了,你只要在 APP 界面上选择"对方挪车了"即可。如果你计划有变,也可点击界面右上角的"取消"按钮,系统会向你确认是否要取消挪车。

资料来源:冯怡,"上半年浙江新推 10 项互联网便民服务,大数据搞定小生活",浙江在线,2016 年 8 月 19 日,http://www.zjol.com.cn/05zjol/system/2016/08/19/021270411.shtml。

第三节　服务产品组合

随着服务市场的发展和消费者的日趋成熟,服务产品组合(servicing product package)的概念应运而生并取得了较快的发展。服务产品组合就是在某种环境下提供的一系列产品和服务的组合,通过不同的产品和服务来满足消费者的需求。

一、基本的服务产品组合

基本的服务产品组合包含三个层次的服务,分别是核心服务、便利服务和支持服务。

1. 核心服务

核心服务也叫主服务,是企业在市场上存在的主要理由。核心服务通常是消费者可以感知到的、所得到的和所追求的构成服务产品的核心利益。例如,餐厅的核心服务就是提供饮食,而酒店的核心服务就是提供住宿。

2. 便利服务

便利服务指企业为消费者能够接受核心服务而提供的与之配套的服务,目的是便于消费者使用或消费核心服务,通常包括各种辅助物品和有形产品以及相关的辅助服务等。如果没有便利服务,消费者就没有办法消费核心服务。例如,餐厅和酒店为消费者提供的大厅服务。

3. 支持服务

支持服务与便利服务相同,也是一种附加的服务。但支持服务与便利服务不同的是,支持服务不在于使顾客对核心服务的消费或者使用更加便利,而是在于它能够增加服务的价值,从而将该企业的服务与竞争对手提供的服务区别开来。支持服务是产生服务差异化的主要源泉之一。例如,酒店提供的按摩休闲服务。

需要注意的是,有些情况下服务产品组合中的便利服务和支持服务的区别并不十分明显。例如,民航长途飞行中的餐饮服务是便利服务,但在短途中是支持服务。

二、广义的服务产品组合

广义的服务产品组合就是把基本的服务产品组合与服务的可接近性、消费者与服务组织的互动性以及消费者参与的程度等因素融合起来,在企业提供服务的同时,也将消费者的感知纳入考虑范围,如图 12-1 所示。

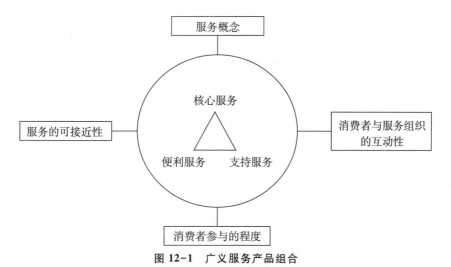

图 12-1 广义服务产品组合

资料来源:Surprenant, Carol F., *Add Value to Your Service*:*The Key to Success*, American Marketing Association, 1987, 83。

1. 服务的可接近性

服务的可接近性指消费者获取服务的难易程度,如营业时间的长短、服务地点是否方便到达、服务人员的技术是否熟练等。根据现有的研究,消费者认为服务的可接近性主要包括四个方面:地点的可接近性、消费者对服务地点有形资源进行利用的便利性、与消费者接触的服务人员的数量及其能力,以及消费者参与的轻松程度。

2. 消费者与服务组织的互动性

在整个服务过程中,消费者必须保持与服务提供者的互动,例如员工与消费者的接触、了解如何使用服务工具等。消费者与服务组织的互动,不但能让服务组织更好地了解自己,也能进行自我调整,以便适应企业的运营系统,最终为其提供更好的服务。消费者与服务组织的互动性主要包括四个方面:消费者与服务接触人员的互动、消费者与服务支持部门的互动、消费者与其他消费者的互动,以及消费者与服务系统的互动。

3. 消费者参与的程度

消费者参与的程度表明了消费者对自己所感知的服务努力和投入的程度。如果消费者对服务企业所提供的服务没有兴趣,就不会参与到服务中,服务企业的服务质量就会因为消费者的不积极参与而有所下降。因此消费者参与的程度也表明了企业所提供的服务对消费者的吸引力的大小。消费者参与的程度主要包括三个方面:消费者对服务产品的理解、消费者的知识和能力,以及消费者对现场场景的感知。

三、服务产品组合的开发

服务产品组合的开发是一个动态的过程,需要服务企业对目标市场和目标消费者的

需求进行评估,并将消费者需要的服务特性纳入服务产品开发中去。一般来说,这个过程需要按照以下步骤进行:

(1)评估消费者的利益需求。广义的服务产品组合的开发首先必须要对消费者的利益进行评估,这样才能在服务产品组合的开发过程中结合消费者对服务的整体体验。

(2)明确广义服务产品组合的所有特点。明确服务产品组合的特点是进行下一步规划的基础,因为这些特点与服务概念是紧密相关的,包括服务组合、服务生产和传递、企业形象以及市场沟通方面的内容。

(3)界定服务概念,开发基本服务产品组合中的核心服务、便利服务、支持服务和基本服务产品组合中的产品,并对服务的可获得性、互动性和顾客参与性等要素作出规划。明确了服务产品组合的所有特点之后,服务企业需要按照服务的概念来规划服务产品组合,即组合中核心服务、便利服务和支持服务的相关服务产品。之后,开发通过流程来加以具体化的服务产品组合,可以确保服务的可接近性,同时也能按照统一的标准来决定消费者与企业的互动性和消费者的参与程度。

(4)作出支持性的营销传播计划。企业需要对支持性的市场沟通活动作出计划,因为市场沟通能够让消费者了解到企业所提供的服务,并且说服消费者来接受这些服务。同时,通过有效的市场沟通,企业还能在消费者的消费过程中对他们施加良好的影响,建立并强化良好的企业形象。

(5)进行内部营销。如果一个具体的服务产品组合的可接近性、互动性和消费者的参与程度都是良好的,那么企业就需要准备好通过广义服务产品组合的生产和传递来为消费者提供他们所期望获得的利益,也就是进行内部营销。

案例 12—3

网易微博的组合拳

网易的战略规划是要将网易已有的成熟而独立的产品通过微博关联起来,从而带给用户更好的体验。与同类微博相比,网易微博的部分产品具有差异化的竞争优势,部分产品则在同质化产品竞争中可以给用户提供更好的服务和体验。

在具备差异化竞争优势的产品中,网易邮箱无疑是第一个。网易靠邮箱起家,这些无须赘述。目前,网易微博是四大门户中唯一设置邮箱微博,并将邮箱微博与网易微博实施信息同步的网站。进入邮箱,用户可以在主页"邮箱推荐"一栏里看到位于右下角"网易微博"的链接。而点击左侧任务栏收件箱下的"网易微博",即可在邮箱里直接上微博。假如你用 niwota@163.com 开通了微博,你就可以给你通讯录里的好友发一封信,说我已经开通微博了,你来关注我吧。

魔兽微博是网易微博平台上最受欢迎的关联产品。据悉,魔兽官网开通魔兽微博后,玩家可以通过微博获取实时资讯、结识玩家、组织活动、获取虚拟奖品和现实奖品等。

跟帖是网易甚具特色的产品。然而因为具有众多楼层,跟帖便不容易被传播。网易设计的一套程序可以将跟帖自动截图,一键转发微博。在新技术的运用上,网易也不缺乏前瞻性,网易八方与微博的关联,使得用户在网易八方上签到的具体内容可以同步到网易微博上。关于相册,网易打算做的是图片分享和评论同步。图片分享是指,你在相册上看到的图片,可以分享到微博。你在相册里发的照片,也可以同步到微博。对每个照片的评论,不同的界面间是可以互相读取的。

微博控一定对"我可能认识的人""猜你认识""可能感兴趣的人"这样的推荐服务不会感到陌生。尽管各家叫法不一,服务的内容在本质上却是相同的,都是调用数据库里的数据进行计算,找出最有可能与用户认识的人进行推荐。比如,新浪微博首页右下方会给出九个"可能感兴趣的人",当鼠标划过头像时,会显示"你们有相同标签""你们离得很近""你们可能都在北京海淀区"等字样。这些字样正是新浪进行数据计算和抓取的依据。对此,网易微博会将跟帖、游戏、邮箱、相册、网易八方等数据库的信息综合进行计算,这样抓取出来的数据准确率将更高,这也意味着被推荐用户与原用户相识的概率会更大。

虽然网易微博落后于新浪和腾讯是不争的事实,然而,其巨大的潜力却也让人不敢小觑。

资料来源:孙晓红,"网易微博:组合拳",《互联网周刊》,2010 年第 21 期。

第四节 新服务开发的工具

一、新服务开发的工具概述

新服务开发的工具指对支持和提高新服务开发过程的一种描述精确的框架、过程、系统或方法。目前,有学者将新服务开发的工具分为三类:同化方法、区别方法和综合方法。

同化方法强调,在新产品开发方面的方法可以很容易运用到新服务开发中去,而成功的服务和制造企业的相似实践为同化方法提供了依据。这些方法主要有标杆管理法、情景规划法、小组座谈、头脑风暴、概念测试、质量功能展开(quality function development, QFD)以及结构分析和技术设计。

与同化方法的观点不同,区别方法认为,新服务开发有许多独特的特点,因此其开发过程需要单独设计,而不能直接运用新产品开发的方法和工具。正是由于新服务的无形性,导致新服务开发过程中了解消费者的潜在需求变得更加困难。此外,新服务开发中需要强调消费者与企业员工之间的互动关系。目前区别方法主要有服务蓝图(service blueprint）和 SERVQUAL。

　　综合方法提倡将服务和产品中的相关概念相融合，因为新服务开发中所要求的许多特殊性也适用于新产品开发，反之亦然。现有的大多数关于新服务开发工具的研究都是将某一个特定的工具进行单独分析，但事实上没有一个工具可以解决企业在新服务开发中所遇到的所有关键性问题。因此，这种方法提出将新产品开发工具和特定的服务开发工具相结合。

　　表 12-1 介绍了上文中提到的主要的新服务开发工具以及它们的目标和优缺点。

表 12-1　常用新服务开发工具的目标、优点和局限性

新服务开发工具	目标	优点	局限性
标杆管理法	将最好的新服务开发实践作为标杆	能够有力地促进和帮助企业学习	难以选择合适的标杆
情景规划法	预测未来的风险和需求	帮助建立先动优势	难以估计未来的需求
小组座谈	了解消费者对新服务概念的意见	低成本，易于实现	小组可能不具有代表性
头脑风暴	收集有创意的新服务概念	有助于小组成员分享想法	可能会产生有创意但没有意义的想法
概念测试	识别有前途的新服务概念，并纳入未来的考虑范畴	易于实现	没有一个最好的决策规则来预测市场接受度
质量功能展开	将消费者需求转化为新的服务说明	提供行动导向的指导方针，并在设计过程中考虑质量	使用复杂，并要求广泛的跨功能的部门参与
结构分析和技术设计	在规划服务过程时清晰定义了责任	能够缜密地表达高层次问题和想法	难以对已发现的问题提供解决方法
服务蓝图	阐明服务概念，使服务交付过程系统化	有利于设计强调效率和减少时间的服务过程	太过于关注标准化和个人经验
SERVQUAL	测量消费者对服务质量的看法	容易发现服务质量的优势和劣势	难以对缩小已有的缺口提供指导

　　资料来源：Jin, Dayu, Kah-Hin Chai, and Kay-Chuan Tan, "Organizational Adoption of New Service Development Tools", *Managing Service Quality：An International Journal*, 2012, 22(3), 233-259。

　　在上文中所列举的新服务开发的工具中，质量功能展开、服务蓝图和 SERVQUAL 是服务企业最常用的几种开发工具，SERVQUAL 在本书第九章中已经展开介绍，接下来将会介绍质量功能展开和服务蓝图的具体内容、使用步骤以及实例。

二、质量功能展开

1. 质量功能展开的定义和发展

质量功能展开指集成消费者的要求于产品及服务设计之中的结构性方法,是一种通过关注消费者满意度开发设计质量、并将消费者需求转化为设计目标和整个生产阶段的主要质量保证点的系统方法。

质量功能展开方法起源于 20 世纪 80 年代,最早在日本被运用于三菱电气公司的神户造船厂,随后被广泛应用到制造业和服务业,取得了显著的成效。

2. 质量功能展开的步骤

(1) 确定项目目标

确定正确的目标能够帮助企业确定什么是应该完成的。它通常是以问题的模式出现,而不是一个具体的描述。通过对消费者对这些问题的回答作出定量分析,最终确定企业的项目目标。

(2) 确定消费者需求

企业需要使用目标中的问题对消费者进行调查,尽可能获得所有的消费者需求,真正由消费者来确定产品或服务的系列特征,并对消费者需求进行分类。

(3) 评估消费者需求的重要程度

企业需要对消费者的各项需求进行价值评定,以确定它们的相对重要性。这一步应该由消费者来完成。

(4) 消费者竞争性评估

这一步同样需要消费者来完成,消费者需要根据自身使用产品或服务的经历,来评定企业所设计的产品或服务与竞争对手在满足其各项需求上的差别。

(5) 服务要素改进

企业需要确定实现消费者需求的方法,对目前服务要素进行改进。通常一个需求可以有多种解决和改进的办法,企业需要将它们一一列入质量屋(house of quality)中。

(6) 确定目标方法和相关矩阵

企业需要对每种解决和改进方法进行量化处理,并判断完成它们的困难程度。之后对于这些解决和改进方法进行初步过滤,在质量屋的屋顶体现各种解决方法之间存在的关系,指明哪些方法需要更多的研究和努力。

(7) 技术性评估

企业需要对本公司和竞争者在同一个方法上的完成情况进行评估和比较,知道有哪些部分需要继续努力超过竞争对手,哪些部分可以维持原有水平。

(8) 分析可能性因素

技术人员需要对各种解决和改进方法成功的可能性因素进行分析,对实现这些方法的难易程度作出估计。

（9）确定关系矩阵

关系矩阵是一个明确产品或服务特性与实现消费者需求方法之间的系统手段。企业需要分析方法和需求之间的关系，判断方法是否能够有效帮助企业满足消费者需求。

（10）计算绝对数与相对数

技术人员通过计算得出需要细化的项目或企业应重点采取的措施。

3. 质量屋

由于质量功能展开方法需要了解消费者的需求，然后采用逻辑方法来确定如何运用可用资源以最佳方式来满足消费者的需求。质量功能展开方法所使用的工具是矩阵，称为质量屋（如图 12-2 所示）。质量屋的左侧列出了消费者需求，包括主要需求、详细内容和各需求的重要性评估。质量屋的顶部是技术需求属性关系，用来表示消费者需求和技术需求的相关程度。质量屋的右侧是来自消费者角度的满意度评价。质量屋的底部是各项技术需求的目标值，也是质量功能展开方法的主要输出，将会构成下一层质量屋的需求。

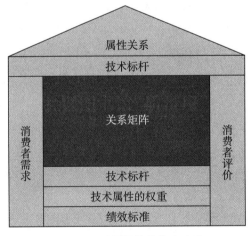

图 12-2　质量屋的结构和内容

资料 12-3

社区图书馆"质量屋"

社区图书馆服务设计指社区图书馆通过一定的调查和选择而设计出服务，从而有利于降低图书馆的总体服务成本，提高图书馆的流通率、借阅率等的一个规划过程。

图 12-3 是运用质量屋开发新服务的一个完整的质量功能展开过程。以下以一个社区图书馆为例，对质量屋服务设计全过程进行简要的阐述。

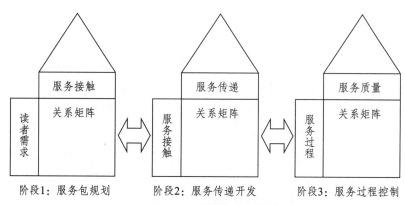

阶段1：服务包规划　　　　阶段2：服务传递开发　　　　阶段3：服务过程控制

图 12-3　质量屋中的服务包

第一个屋是将读者需求与关键服务接触建立关联,将服务组合和服务概念作为中介。一个社区图书馆,其服务概念可以根据目标读者需求界定为高接触的服务,即在期望的服务接触中,读者能够备受关注地接受高品质的服务。

第二个屋将服务接触与服务传递建立关联,分析这些服务接触中有哪些要素是服务传递中所必需的。社区图书馆必须针对由第一个屋确定下来的每项关键服务接触开发下一个质量屋。

第三个屋是将服务过程与服务质量建立关联,分析通过哪些服务质量监控措施实现对服务过程的控制,其目的是保证读者在接触的关键时刻都能获得预期的满意服务。

社区图书馆质量屋的具体构建步骤如下:

第一步,界定关键读者需求属性,即用户期望。在图 12-4 中质量屋的左边,列出了读者认为很重要的三个关键需求属性:便捷服务、精确性和礼貌行为,并可以对这些关键需求属性作进一步的细分,从而更为完整、具体地界定目标读者的需求。

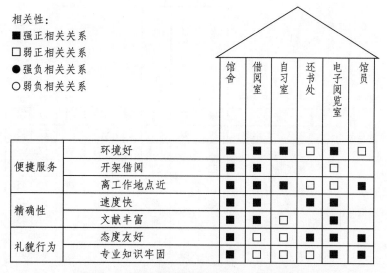

图 12-4　社区图书馆质量屋 1 中的服务接触

第二步，根据读者需求，描述图书馆的服务接触要素。读者需求可能对读者总体服务质量感知评价产生积极或消极的影响，将这些相应的服务接触列在图12-4中质量屋右边的顶部区域。

第三步，标识出用户的需求属性与服务接触间的相互关系。图12-4中的右下角将读者需求属性与服务接触联系起来。强正相关关系、弱正相关关系、强负相关关系、弱负相关关系也可以用不同的分值来表示。

第四步，界定关键读者需求属性，再次确认读者需求期望。图书馆通过更深入的读者调查研究可以分析出四个关键读者属性：便捷服务、精确性、特色服务和礼貌行为，如图12-5所示。其中，图书馆通过分析识别出特色服务这一潜在属性，能够使服务设计得到关键性的改进。因此，图书馆应该将特色服务整合到服务组合中来，如图12-6所示。

第五步，对用户各项需求属性的重要性进行评估，赋予用户各项期望权重。图12-5中质量屋右下角的符号说明了用户不同需求属性的相对重要性程度。

第六步，确定需要开发的服务特性。在图12-5中列举了质量屋服务接触中的六个相应特性，即借书系统、网络化服务、馆员知识水平、馆员技能水平、馆员配备数量、催缴还系统。

第七步，将读者需求属性与相应的服务特性连接起来。图12-5中间的主体部分说明了读者需求属性与特定的服务特性之间的内在联系。从质量功能展开规划中可以看出，馆员的友善态度对读者来说是一项重要的读者需求属性。

第八步，对服务特性之间的相互关系进行评估。在构建社区图书馆的过程当中，服务特性之间的相互关系评估结果见图12-5中质量屋的屋顶部分。

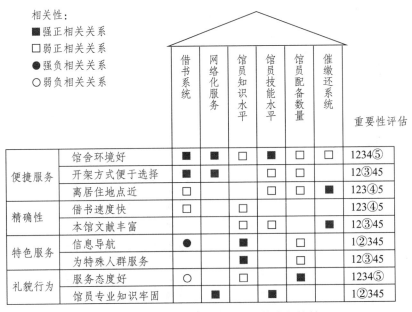

相关性：
■ 强正相关关系
□ 弱正相关关系
● 强负相关关系
○ 弱负相关关系

		借书系统	网络化服务	馆员知识水平	馆员技能水平	馆员配备数量	催缴还系统	重要性评估
便捷服务	馆舍环境好	■	■	□	■	□	□	1234⑤
	开架方式便于选择	■	■		□	□		12③45
	离居住地点近	□			□	□	■	123④5
精确性	借书速度快	□		□				123④5
	本馆文献丰富					□	■	12③45
特色服务	信息导航	●		■		□		1②345
	为特殊人群服务			■		□		12③45
礼貌行为	服务态度好	○		□		■		1234⑤
	馆员专业知识牢固		■		■			1②345

图12-5　社区图书馆质量屋2中的服务接触

相关性：
■ 强正相关关系
□ 弱正相关关系
● 强负相关关系
○ 弱负相关关系

		馆舍	借阅室	自习室	还书处	电子阅览室	馆员
便捷服务	环境好	■	■	□	■	□	□
	开架借阅	■	■		□	□	■
	离居住地点近	□		□	□	□	
精确性	速度快	■		□			
	文献丰富	□		□			
特色服务	信息导航	■			□	□	
	为特殊人群服务	□					■
礼貌行为	态度友好	■	□	□	□		■
	专业知识牢固	■	■	□			■

图 12-6 修正的社区图书馆质量屋 2 中的服务包

至此，质量屋服务设计过程就已基本结束，作为一个完整的服务设计过程，还必须考虑到服务的控制问题，这就是第三个质量屋。这一阶段的主要任务是将第二个质量屋的相应服务特性，直接与服务过程和质量控制措施连接起来，从而保证有效传递那些读者认为很重要的需求属性。

资料来源：杨溢、周倩，"社区图书馆'质量屋'服务设计方法研究"，《四川图书馆学报》，2016 年第 1 期。

4. 质量功能展开的局限性

（1）质量功能展开太过注重评分机制，人们因而容易拘泥于方法本身，而忽略了所需要解决的真正问题。

（2）质量功能展开的过程太过烦琐和细节化，技术人员在细节问题上需要花费大量的时间和精力，最终有可能导致企业丧失市场机会。

（3）由于技术人员需要对矩阵中的每个元素都进行判断，工作量非常巨大，并且过大的矩阵也容易导致在实际工作中不容易实施，最终降低质量功能展开的运用效率。

三、服务蓝图

"蓝图"一词来自传统的制造行业，例如房屋、轮船的制造中常常需要运用蓝图设计。后来，这一方法也被运用于工业工程、软件工程等多种领域，用于阐述问题的构成、特征、工作的顺序、流程和从属关系等，通过系统的方式把一件复杂的事情完整并清晰地展示出来。

1. 什么是服务蓝图

流程图是用来分析和管理复杂生产过程,提高企业运营效率的一项最常用的技术。而服务运营过程的流程图,通常被称为服务蓝图。由于服务的交付过程包含了与消费者的互动过程,服务蓝图能够让企业的管理人员了解到企业运营系统中有哪些部分是消费者可见的,因而能够对服务功能系统中影响消费者感知的部分作出改进。

2. 服务蓝图示例

图12-7展现了一个简单的自助餐厅的服务流程,这个流程假设整个运营过程都是对消费者可见的,图中每一个方框都代表一个步骤,整个流程没有库存,但过程中的每一个步骤都表明了消费者在到达下一个柜台前需要在队伍中等待的时间。

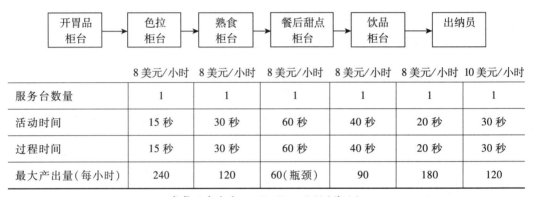

	8美元/小时	8美元/小时	8美元/小时	8美元/小时	8美元/小时	10美元/小时
服务台数量	1	1	1	1	1	1
活动时间	15 秒	30 秒	60 秒	40 秒	20 秒	30 秒
过程时间	15 秒	30 秒	60 秒	40 秒	20 秒	30 秒
最大产出量(每小时)	240	120	60(瓶颈)	90	180	120

每餐服务成本 = 50/60 = 0.83(美元)

图 12-7　简单的自助餐厅的服务流程

根据这个服务蓝图,我们可以计算出每餐服务成本,就是餐厅提供每餐饭需要支付的劳动力成本。

首先,用户活动时间除以服务台的数量,得到过程时间。然后,根据过程时间计算每一服务台的每小时最大产出量,即一个小时内每个服务台所能服务的最大消费者数量。最后,计算出每餐的服务成本,并在这个过程中考虑服务的瓶颈,采用最低的每小时最大出产量。

一旦识别出系统中的瓶颈,即系统中需要消费者等待时间最长的点,我们就可以针对这一瓶颈,解决等待时间的问题,例如增加一个额外的服务台。图12-8展示了优化过后的自助餐厅服务蓝图。在这个服务蓝图中,尽管劳动力成本上涨,但每餐服务成本是在下降的,因为在相同的时间内,通过系统的消费者数量增加了。

3. 服务蓝图的基本组成

服务蓝图的组成部分包括前台和后台两部分,前台和后台之间通过视觉界线作为分隔。其中,前台包括消费者行为和可见员工行为,后台包括不可见员工行为和支持过程。

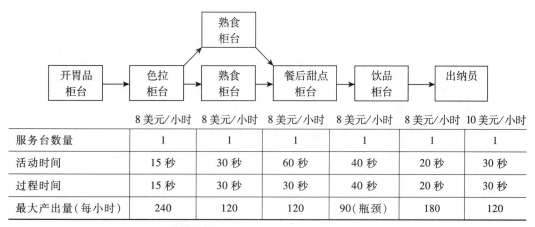

每餐服务成本 = 58/90 = 0.64（美元）

图 12-8　优化过后的自助餐厅的服务流程

	8 美元/小时	8 美元/小时	8 美元/小时	8 美元/小时	8 美元/小时	10 美元/小时
服务台数量	1	1	1	1	1	1
活动时间	15 秒	30 秒	60 秒	40 秒	20 秒	30 秒
过程时间	15 秒	30 秒	30 秒	40 秒	20 秒	30 秒
最大产出量（每小时）	240	120	120	90（瓶颈）	180	120

前台指消费者可以看到的行为部分，包括消费者自身的行为和可见的员工行为。消费者行为主要包括搜寻、预定、购买、付费、使用、评价等。在自助餐厅中，消费者进店、就座、自助取餐、用餐及结账离店都属于消费者行为。可见的员工行为包括消费者可以看到的服务人员的表情、听到的服务人员的语言，甚至感知到的服务人员对待他人的情绪和态度。由于可见的员工行为是直接暴露在消费者面前的，消费者能够亲身感受到这些服务人员的行为的影响，并以此形成消费者对服务质量的判断。例如，自助餐厅中员工所提供的迎宾服务、引导座位、补充餐点、帮助清理桌面以及收银等行为。

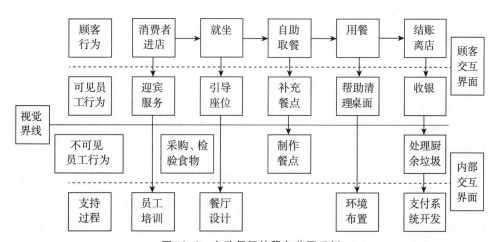

图 12-9　自助餐厅的服务蓝图示例

后台与前台不同，它不是消费者能够看到的部分，但同样起到十分重要的作用。不可见的员工行为也是经由服务组织的员工来完成的，同样也会对消费者的服务感知产生影响。虽然这些行为发生在后台，消费者无法亲眼看到，但有时也能通过其他的感官接触到。如在自助餐厅中，后台员工的采购和检验食物、制作餐点和处理厨余垃圾等都是不可见的员工行为，但消费者也能感知到这些行为的质量。后台中的支持过程指支持员工服务的各种行为和步骤,例如员工的技能培训、各种软件系统的开发维护、设备检修保养等。在自助餐厅中,员工培训、餐厅设计、环境布置和支付系统的开发都是重要的支持过程。

前台与后台之间的视觉界线是一条十分关键的分界线,它将消费者可视的服务和不可视的服务分隔开来。有时,一名服务人员既能为消费者提供可视的服务,也能为消费者提供不可视的服务。通过服务蓝图能够清晰地看到哪些服务是消费者能够直接感知的,从而为提升消费者的感知服务质量提供了重要的支持信息。

在服务前台,消费者行为和可见的员工行为通过消费和交互界面来进行接触,服务组织的外部行为和内部行为在这个界面上相互影响和相互作用。而在服务后台,不可视的员工行为和支持过程通过内部交互界面来进行关联,这个界面将消费者不可见的员工行为与服务组织用来辅助和支援员工服务的各类人员和设备加以划分。

4. 服务蓝图的作用

整个服务过程是复杂的行为结合体,任何一个行为的偏差和失误都有可能导致服务失败的产生,而即使是精心设计或具有丰富的经验都不足以将所有的服务漏洞堵住。

一般来说,服务失败产生的原因主要有两种。一种是服务误差,例如当消费者来电咨询时,如果没有得到恰当的信息,就会触发服务误差,而这种误差很有可能不能及时被服务提供者发现。另一种是服务延时,例如消费者来电咨询的时候经历了长时间的等待并转至留言信箱,最后仍未得到满意的解答,消费者一定会对服务提供者产生失望。这时,精心设计的服务蓝图能够帮助企业减少出现服务失败的可能性,提高消费者感知的服务质量。

通过服务蓝图,服务企业能够详细调查服务过程的每一个步骤,并为每一个步骤都提供预先设计好的标准服务方案和应急方案,确保每一位消费者都能得到满意的服务。这个标准的服务方案需要包含服务出现的时间、服务出现的地点、适时出现的服务人员和服务中精心编排的动作及服务用语。

5. 建立服务蓝图

(1) 服务企业首先需要从服务人员和消费者那里获取行为剧本

由于管理者往往只能从自身角度对接下来事情应该如何发展作出认识,并不能意识到消费者对服务的感知,而往往是消费者的这些感知影响着实际的服务接触质量。与此同时,对服务人员行为模式的研究,也有助于管理层识别出服务系统中那些消费者不能看见的部分。消费者对服务的感知和服务人员的行为模式对于建立服务蓝图而言都是至关重要的。

这些行为剧本包括从消费者角度出发的,进入一家服务部门后消费者的一系列行为,引导着消费者对信息的解释、对服务期望的改变,以及对适宜行为模式的设计。与之类似,服务员工也有在与消费者发生互动时用以指示其自身行为的行为剧本。

获取双方的行为剧本之后,管理者就能够设计出一幅双方服务蓝图(two-side blueprint），用来诠释服务员工和消费者及其各自行为剧本的相关情况，并将他们在服务接触过程中的行为先后顺序进行排列，制定出一套剧本规范。

（2）服务企业需要识别出服务过程中有可能导致系统发生错误的环节

通过询问消费者和服务员工，能够进一步了解到影响消费者满意度的具体因素，从而将可能的服务失败点隔离出来进行处理。通过分析这些服务失败点，并指导服务员工在不可避免的服务失败发生时应该采取的反应和措施，能够在很大程度上降低服务失败所带来的严重后果。

（3）服务企业需要设计具体的服务执行时间框架

由于大部分的服务系统的成本要素都与完成该项服务所需要的时间紧密相关，服务企业管理者必须建立起标准的服务执行时间规范。这样一来，管理者能够根据给定的维持系统运行所需投入的成本来分析系统的盈利情况。在以后系统中的个别要素或多个要素发生改变时，服务蓝图也能够帮助管理者推测这些改变对服务系统盈利状况的影响。

本章小结

新服务开发指服务企业在整体战略和创新战略的指引或影响下，或在其他环境要素的推动下，根据顾客和市场需求，通过可行的开发阶段，向企业现有顾客或新顾客提供包含从风格变化到全新服务产品等各种新颖和适用的服务的正式或非正式的服务开发活动，它形成了现有服务或新服务的价值增值。新服务开发与新产品开发相比，也具有自身的特性。依据不同方法，可以对新服务开发进行不同的分类。

新服务开发战略主要分为组织导向、消费者导向和互动导向。组织导向的新服务开发需要企业着眼于企业内部，从自身资源方面对新服务开发进行考量，包括对资金、技术和员工的投入。消费者导向致力于满足消费者的需求并提升消费者满意度和消费者价值。企业基于消费者导向进行的新服务开发可以有效地把握消费者的需求，提高新服务开发效率，降低新服务开发的不确定性。互动导向主要关注顾客观念、互动响应能力、顾客授权和顾客价值管理这四个维度。新技术如物联网、云技术、大数据也在新服务开发中起到了重要作用。

服务产品组合就是在某种环境下提供的一系列产品和服务的组合，通过不同的产品和服务来满足消费者的需求。基本的服务产品组合包含三个层次的服务，分别是核心服务、便利服务和支持服务。广义的服务产品组合就是把基本的服务产品组合与服务的可接近性、消费者与服务组织的互动性以及消费者参与的程度等因素融合起来，在企业提供服务的同时，也将消费者的感知纳入考虑范围。

新服务开发的工具指对支持和提高新服务开发过程的一种描述精确的框架、过程、系统或方法。同化方法主要有标杆管理法、情景规划法、小组座谈、头脑风暴、概念测试、质量功能展开以及结构分析和技术设计。区别方法主要有服务蓝图和SERVQUAL。综合方法提倡将服务和产品中的相关概念相融合,因为新服务开发中所要求的许多特殊性也适用于新产品开发,反之亦然。目前企业中最常用的新服务开发工具主要是质量功能展开、服务蓝图和SERVQUAL。

质量功能展开指集成消费者的要求于产品及服务设计之中的结构性方法,是一种通过关注消费者满意度开发设计质量、并将消费者需求转化为设计目标和整个生产阶段的主要质量保证点的系统方法。

而服务运营过程的流程图,通常被称为服务蓝图。由于服务的交付过程包含了与消费者的互动过程,服务蓝图能够让企业的管理人员了解到企业运营系统中有哪些部分是消费者可见的,因而能够对服务功能系统中影响消费者感知的部分作出改进。

❓ 复习思考题

1. 简述新服务开发的内涵。
2. 新服务开发与新产品开发有哪些区别?
3. 新服务开发的战略包括哪些内容?
4. 简述基本的服务产品组合和广义的服务产品组合的内容。
5. 新服务开发的工具主要有哪些?
6. 简述服务蓝图的基本组成。

课后案例

迪士尼的服务创新之道

从最初的米老鼠到唐老鸭、小飞侠,再到阿拉丁、狮子王,迪士尼为我们塑造了一个个银幕上各具特点的动画形象;从最初的动画制作到音像、图书、玩具等衍生品生产,再到在大众网络传媒上播出并制作各类电视节目,迪士尼在百年经营中成功构建了一个完整的服务产业链。正如迪士尼首席行政官迈克尔·埃斯纳所说:“创造性思维为企业成长提供了所需的燃料,对新思维的执著追求是成功的金钥匙。”迪士尼将服务创新的理念融入了企业的每一个决策、每一步运营之中。

开放的服务创新集成平台

从本质上看,迪士尼是一个以电影和主题公园为载体的创新集成平台。为了强化创新平台的延续性,迪士尼公司内部有一个专门的研发创意机构——华特·迪士尼创意工程公司,主要负责迪士尼度假地、主题公园、景观房产等从概念形成到建设安装所涉及的一切工作。不管是借助电影还是主题公园,满足小朋友的需求是迪士尼最终的价值所在,也是其创新集成平台的起点。于是,为了了解世界各地小朋友的所想,迪士尼在世界各地设立分支机构,举办形式多样的活动,然后把创新的剧本和节目返回到分支机构收集反馈意见,以此确定节目主题、项目和剧本。此外,迪士尼还会根据不同国家和地区的文化差异对节目进行本土化改造,确保能够准确地把握各国观众的心理差异,充分照顾到他们的思想和风俗习惯。在掌控消费者需求之后,迪士尼将集成各种要素以满足这种需求。如《狮子王》《玩具总动员》等轰动一时的卡通片中被发挥得淋漓尽致的电脑技术,吸引和造就世界顶级动画大师进而形成无法替代的创新团队,推陈出新的迪士尼乐园服务项目等。截至 2011 年,迪士尼创意公司拥有 100 多项专利技术,涵盖乘骑系统、特技效果、交互技术、现场娱乐、光纤技术和音效系统等领域。

联动产业链中所有的创新要素,打造无可匹敌的集成创新服务平台是迪士尼商业模式的核心所在。然而,创新意味着风险,也意味着可以容忍失败,那么迪士尼是如何确保服务创新并有效避免出现混乱,既容忍错误又不给消费者带来负面影响的呢？ 回到管理本身,其坚实的内部控制系统功不可没。

科学的创新流程和制度

无论是服务创新平台框架,还是创新元素在平台内的流动,抑或是服务创新平台与顾客的结合界面,这些都需要科学的流程和制度强化服务创新的稳定性、持续性和有效性。作为服务创新的固化剂,迪士尼富有特色的流程和制度让它的服务创新不断公式化,成为企业运营最基础的元素之一。

依靠"创新知识管理流程",迪士尼的服务创新不再简单地表现为个体的、毫无依据的凭空想象过程,而是形成了经过长期实践被证明行之有效的业务流程、知识管理和创作框架。比如每一个参与剧本编写、动画设计、采编剪辑、录制合成的工作人员,都能在自己负责的环节上借鉴所有整合提炼好的知识资源,并在一定的业务规则指导下,有条不紊地输出智慧。又如迪斯尼多年都坚持采用"三三制"原则,即每年都要淘汰 1/3 的硬件设备,新建 1/3 的新概念项目,保留 1/3 的特色项目,这也响应了迪士尼的一个著名口号——"永远建不完的迪士尼"。在这种制度要求下,企业管理者必须结合游客的满意度以及市场未来的发展前景,每年对现有服务项目进行细致的审核,这样的审核让迪士尼的核心项目持续优化,同时也最大效率地满足了顾客需求。

但凡有利于整合平台创新元素的关键节点和环节,迪士尼都借助流程和制度将其固化,然而,过度的固化很有可能会导致僵化,还需要借助组织文化的力量。

强而有力的创新文化

尽管在迪士尼风雨兼程的发展历史中,人类社会的技术革命、艺术创新、行业变迁、经营管理体制、社会环境等方面都发生了巨大改变,但迪士尼"快乐为上"的核心价值观坚不可摧。以电影和迪士尼主题乐园为主要载体、以迪士尼电影为集中表现,迪士尼引导消费者参与了舞蹈、电影配音、小型电视片制作等活动,以及升空、跳楼、攀登绝壁等各种绝技的拍摄,让消费者真正感受到了迪士尼的快乐。

此外,为了确保每位员工在举手投足间都能传递出快乐,加入迪士尼主题公园后,每位员工必须参加"迪士尼大学",接受严格而细致的培训,例如学习拍照、给婴儿包尿布和如何辨识方向等。如果迪士尼的员工碰到小朋友问话,都要蹲下来微笑着和他们交流,甚至做到眼睛要和小朋友的眼睛保持在同一高度。可以说,严格培训后的员工和游客共同营造了"迪士尼乐园"的欢乐氛围,微笑、眼神交流、令人愉悦的行为、特定角色的表演,种种细节之处和迪士尼的其他元素一起构成了快乐的迪士尼产品。

资料来源:帅萍、康佳文,"迪士尼开放式服务创新启示",《销售与市场(管理版)》,2011 年第 8 期。

案例讨论题

1. 迪士尼是如何进行新服务开发的?
2. 迪士尼的创新服务策略对同类企业有哪些启示?

第十三章　服务品牌化管理

真正的挑战不在于创作一则广告,而在于让媒体讨论你的品牌。

——菲利普·科特勒

第一节　服务品牌概述

一、服务品牌的内涵

品牌在企业营销活动中有着重要的地位。对于服务业来说,品牌更具有特殊的意义。在制造业产品技术日益趋同的背景下,许多企业的竞争重点已经转移到服务上来。进入21 世纪以来,国内外的许多企业都在积极打造自己的服务品牌。

2005 年,上海大众汽车有限公司首次推出了全新的服务品牌"Techcare 大众关爱",目的是全方位向顾客提供专业和贴心的服务,这也是我国推出的第一个汽车服务品牌。随后,各大汽车企业纷纷推出了自己的服务品牌,如 2006 年奇瑞汽车股份有限公司推出的服务品牌"快·乐体验",海马汽车有限公司推出的服务品牌"蓝色扳手",2007 年北京奔驰-戴姆勒·克莱斯勒汽车有限公司与克莱斯勒(中国)汽车销售有限公司在北京推出的"克莱斯勒/Jeep"系列产品服务品牌"关爱随行"等。

目前对服务品牌的研究仍然处于起步阶段,虽然已有不少学者从不同的角度对服务品牌进行了研究,但还没有形成一个统一的服务品牌的定义。

美国市场营销协会将品牌定义为一种名称、术语、标记、符号或设计,或是它们的组合运用,其目的是借以辨认某个销售者或某群销售者的产品和服务,并使之与竞争对手的产品和服务区别开来。

芬兰学者克里斯琴·格罗鲁斯针对美国市场营销协会对品牌的定义,从服务的角度提出了两点反对的意见。第一,虽然美国市场营销协会对品牌的定义指出了名称、术语、符号等特征,但这个定义中却忽略了服务的关键特征,也就是服务是一种过程,而这种消费者消费服务的过程恰恰是某一服务区别于其他服务的重要特质,也是消费者形成对该服务品牌的印象的重要因素。因此,虽然名称、术语、符号等特征也是服务品牌的重要组成要素,但服务过程应该位于服务品牌的核心。第二,美国市场营销协会对品牌的定义排除了消费者。对于有形产品而言,企业可以通过一系列传播手段来塑造品牌形象,这是因为消费者并不参与生产环节,消费者对有形产品的消费是一种结果消费。但在服务环境中,服务的过程,即消费者消费的过程却是品牌的核心,因此对外借助媒体进行传播和沟通是基于优质服务的品牌传播策略。

国内学者提出,服务品牌指在经济活动中,通过商品或劳务的服务过程来满足消费者的心理需求,以提供服务而不是产品为主要特征的品牌,如商业服务品牌、金融服务品牌、旅游服务品牌等。还有学者认为,服务品牌是企业个性化服务的标志,由服务品牌商标、品牌项目、品牌企业构成,其核心是提供这种优质服务的企业。此外,出色的服务品牌能够起到展示服务内涵、质量和价值的作用。

综上所述,在定义服务品牌时应更侧重于服务的过程、在此过程中消费者的感受,以及消费者基于这种感受对企业品牌形象的认知。因此,服务品牌指在经济活动中,企业通过商品或劳务的服务过程来满足消费者需求的一种特殊品牌形式,并通过提供高质量的服务过程来提升消费者满意度的特征标志。

资料 13-1

万达推出教育服务品牌:优学空间正式启航

2017 年 4 月 23 日,大型共享教育服务平台——优学空间上海江桥万达(专题阅读)广场店开业盛典暨教育嘉年华在江桥万达广场隆重举行,这标志着嘉定地区全新的教育服务平台正式启动。

优学空间是万达网络科技集团旗下的全新教育服务品牌,以满足大众教育培训需求为核心,充分整合各类品牌教育培训机构及优质师资资源,依托线下实体优学空间,同步提供线上教育系统,打造线上线下融合的"教育培训 + 互联网"服务平台,涵盖少儿教育、学科教育、成人教育、社会培训四大业务领域,将有效地帮助教育培训机构、教育创业者实现更快速的发展。

万达网络科技集团副总裁徐辉表示:优学空间的商业模式是对中国教育领域提供专业服务的新型探索,糅合了"共享"和"众创"经营理念,设有类型丰富、功能齐全、时尚美观的教室,以"教育空间分时租赁"的形式对外开放,教育从业者共享教育空间资源,以小时起租,大大降低了管理经营成本,让教育经营变得更加简单;优学空间同时提供创业辅导、金融、法律、人力资源、财务等专业的增值服务,帮助教育培训机构和教育创业者有效解决发展中的定位问题、资金问题、管理问题,最终让那些优秀的教育培训机构和教育创业者实现快速发展。

优学空间拥有独立的 App 和网站,将优质师资力量与课程内容进行直观而丰富的展示,并与线下门店面对面的教学体验形成良好互动,辅以万达广场丰富的客流,从而实现"教育培训 + 互联网"线下线上的完美融合,让教与学都成为一种享受。

此外,优学空间也是一个跨年龄段、跨行业的综合学习平台,覆盖了少儿教育、学科教育、成人教育、社会培训四大领域,无论是幼儿、少儿,还是大中小学生,甚至是职场人士、社会人群、退休老人都能够在这里找到适合自己的学习内容,也为社区培训、企业培训、社会培训提供了一个良好的培训交流空间。

消费者对教育的刚性需求毋庸置疑,但目前国内教育培训市场存在质量良莠不齐、用户体验褒贬不一等诸多问题,让消费者面对教育培训无所适从。而优学空间遴选优质教育资源,真正提升用户学习体验,致力于实现"让资源得以共享,让教育更加公平,让学习者快乐学习,让教育者享受教育"的发展目标。

资料来源:赢商网,http://news.winshang.com/html/061/3559.html。

二、服务品牌与产品品牌的区别

品牌可以用来识别企业的产品或服务的名称、术语、标记、符号、图案或上述各要素的组合,而企业的产品品牌与服务品牌有所不同。例如,上海大众汽车有限公司拥有Santana、Passat、Polo、Touran、Golf 等产品品牌,而"Techcare 大众关爱"才是该公司的服务品牌。服务品牌与产品品牌的区别主要体现在以下几个方面(如表13-1 所示):

表 13-1　服务品牌与产品品牌的区别

	产品品牌	服务品牌
品牌要素	产品核心功能、价格、包装、用途和使用者形象	无形服务、服务环境、员工形象、品牌名称、价格和情感
接触点	产品本身,广告和促销等基本营销活动	广告和促销等基本营销活动、服务环境、员工形象和服务设施等有形展示
与消费者的关系	主要通过产品维系	主要通过关系和归属感维系
品牌诉求	来自产品质量和销售人员与消费者之间的良好沟通	来自企业与消费者之间、企业与员工之间的情感共鸣
消费者的感知和评价	来自产品的具体功能,贯穿于购买前、购买使用中和使用后的整个过程	主要来自接受服务的过程体验,主要存在于服务过程和服务后
管理主体	品牌经理	企业高层管理层和全体员工

1. 包含的品牌要素不同

产品品牌所包含的品牌要素主要有产品核心功能、价格、包装、用途和使用者形象等,而服务品牌所包含的品牌要素主要有无形服务、服务环境、员工形象、品牌名称、价格和情感等。由此可以看出,服务品牌所涵盖的品牌要素要比产品品牌更多,也更复杂。

2. 接触点的数量不同

产品品牌与消费者的接触点主要是产品本身,以及广告和促销这类基本营销活动。而服务品牌则与顾客有更多的接触点。除了广告和促销的基本营销活动,服务环境、员工形象和服务设施等有形展示都是消费者的品牌接触点,因此保证服务品牌沟通的一致性对服务企业来说尤为重要。由于消费者在购买之前无法感知和评价服务的质量,所以服务品牌沟通实际上就是一种品牌承诺,而这种品牌承诺会影响消费者对服务的期望。如果服务品牌承诺与顾客实际感知的服务质量无法取得一致,就会引起消费者的不满。因此,除需增强品牌的沟通外,服务企业还需提供与顾客期望相一致的服务,把握品牌沟通的一致性和适宜性,这也是服务企业品牌管理的关键。

3. 与消费者的关系不同

成功的产品品牌主要来自优秀的产品质量和良好的宣传推广。而成功的服务品牌主要来自对关系的维护,将关系营销的理念运用到服务品牌的塑造和传播中是服务营销手段逐渐成熟的表现。由于消费者对服务品牌的认知主要来源于服务本身的过程,注重企业与消费者之间的互动交流,维护企业与消费者的关系有利于增加消费者感知的服务质量,通过重视和加强服务接触的正面效应,能够为消费者带来良好的服务体验。不仅如此,维护消费者关系有助于增强消费者对服务质量的可预期性,减轻消费者对难以预期的服务质量存在的心理负担,因而消除了这种心理成本,也为企业减轻了与消费者之间的沟通成本。成功的服务品牌通过对关系的维护不仅能够留住老顾客,也能够通过已有消费者的口碑效应,减少吸引新的顾客的启动成本和之后的服务过程中的服务运行成本。

4. 品牌诉求不同

产品品牌的情感纽带主要来自产品质量和销售人员与消费者之间的良好沟通。优秀的服务品牌需要建立起与消费者之间的情感共鸣,从而强化消费者对品牌的归属感,建立消费者的品牌忠诚度。为建立起这种共鸣,服务企业需要对客户体验从体验强度、丰富程度和独特程度上进行积极塑造、精心设计和规划,增加服务中消费者的积极体验。不仅如此,服务品牌的塑造还需要加强企业与服务员工之间的情感共鸣,在员工中建立起与企业品牌文化相一致的服务文化和品牌价值观,激励员工自觉、主动地采取与服务品牌价值观相一致的行为,最终保证消费者对服务品牌的认同和忠诚。

5. 消费者对品牌的感知和评价不同

一般来说,产品品牌的感知和评价来源于产品的具体功能,贯穿于消费者的整个消费过程,即购买前、购买使用中和使用后等各个阶段。但服务产品的无形性使得消费者无法在购买前就对服务产品作出评价。消费者对服务品牌的感知和评价主要来自他们在接受服务时的所得和他们接受服务的过程,员工的态度和行为、其他消费者的态度,以及其他许多外部因素都会影响消费者在消费过程中对服务品牌的感知和评价。

6. 进行品牌管理的主体不同

在品牌管理上,产品品牌通常由品牌经理来管理,管理的内容主要是产品的基本营销活动。而服务品牌的管理需要站在企业品牌战略的高度,由企业高层管理层进行管理,协调营销和人力资源管理部门共同实施企业整体品牌战略。而服务品牌管理中需要强调的是服务企业文化中的员工管理,建立顾客导向型的服务文化和品牌价值观,在招聘员工时就需要挑选认同这些价值观的员工，并对员工进行服务品牌价值观的培训，激励他们自觉、主动地采取与该价值观相一致的行为，从而确保消费者对服务品牌的认同。

案例 13-1

顾家家居首推行业服务品牌

2016 年 3 月 13 日，顾家家居服务升级发布会暨"第四届家居修养节"启动大会在浙江杭州盛大举行。顾家家居现场发布了家居行业首个服务品牌"顾家关爱"，并签署了"共筑质量诚信"承诺书。

首推行业服务品牌　服务内容全线升级

发布会现场，顾家家居推出了家居行业首个服务品牌"顾家关爱"。在家居行业白热化竞争的今天，服务已成为企业竞争的关键因素。目前，我国家居市场尚未出现一个拥有完整服务体系的企业，顾家家居服务品牌"顾家关爱"的推出，正好弥补了国内家居服务品牌的空缺。

"顾家关爱"带来的是顾家家居服务内容的全新升级，顾家在行业内一直处于服务领先品牌，早在 2013 年就开展免费沙发保养活动，此次升级将原先的单品类家具保养扩展至全屋免费保养，品类实现全覆盖，会员可享受终身保养政策。据业内人士介绍，"服务一直是家居企业间竞争的筹码，服务的好坏更是赢得消费者信赖的关键因素。顾家家居此次推出的服务品牌'顾家关爱'，开创了行业先河。"

携手中国质量万里行　共筑行业诚信品牌

目前，市场上缺乏诚信、欺骗消费者的现象并不少见，坚持质量、诚信的精神就显得难能可贵。顾家家居成立至今 34 年间，始终秉承着独有的"匠人"精神，通过严苛的产品制作工艺，发展到今天，在国内家居品牌中占有重要地位，这样的坚持实属罕见。坚持质量为本、诚信经营、以品质取胜，积极履行企业的社会责任，是顾家家居的庄严承诺。

顾家服务全国接力　高管、经销商齐上阵

来自权威数据统计发现，消费者对家居产品的服务考量，已成为购买决策过程中仅次于品质、价格之外的最重要因素。为给消费者提供更好的产品体验和服务增值，顾家家居自 2013 年开始在全国开展免费沙发清洗保养，得到了广泛认可。三年间，顾家家居已陆续为十万用户送去免费的沙发保养。自 2015 年开始，顾家家居高层领导加入了免费沙发保养行列，纷纷化身"沙发清洁工"，走入消费者家庭，深入实施"以客户为本、服务客户"的企业发展策略，在业内一度引发热议。发布会现场，顾家家居向客户承诺，今后每月都会有高层领导上门为客户进行家居保养，这项服务会一直坚持下去。

顾家家居服务做得如此成功，得益于企业对服务客户的认可。上至高层领导，下至门店一线员工都积极参与到服务客户的行列。大会现场，顾家家居向全国客户服务标兵送出了"保养服务专车",以鼓励更多的经销商积极投入客户服务中。

　　资料来源:程省,"顾家家居首推行业服务品牌",《中国质量万里行》,2016年第4期。

第二节　服务品牌化

　　与产品品牌不同,服务品牌化应当在把握品牌内涵演化及其建设重点与发展趋势的基础上,结合自身特性加以推进。因此,自20世纪90年代以来,许多学者都从不同的角度对服务品牌化进行了研究,并建立了模型。其观点主要分为以体验为核心的服务品牌化和以关系为核心的服务品牌化。

一、以体验为核心的服务品牌化

1. 贝瑞的服务品牌化模型

　　美国著名服务营销学家伦纳德·L.贝瑞在2000年通过对14个成熟且表现优异的服务企业进行研究,在与产品品牌化过程进行对比的基础之上,提出了服务品牌化模型,如图13-1所示。这个模型强调了消费者体验在服务品牌化过程中具有重要的作用。贝瑞指出,对于产品营销来说,企业的品牌主张和外部品牌传播是品牌资产的主要决定因素。但对于服务营销来说,尽管企业的品牌主张和外部品牌传播对品牌知名度有所影响,但消费者的服务体验在品牌内涵与品牌资产形成的过程中起到了关键作用。对于产品品牌而言,消费者体验的来源是产品本身;但对于服务品牌而言,企业通常作为一个整体被视为服务体验的提供者。

图13-1　贝瑞的服务品牌化模型

　　资料来源:Berry, L. L.," Cultivating Service Brand Equity," *Journal of the Academy of Markeing Science*, 2000, 28(1), 130。

2. 普拉哈拉德的服务品牌共创体验理论

　　哥印拜陀·克利修那·普拉哈拉德在2004年提出,传统的产品品牌化过程,往往会根据不同的市场细分以及产品空间特点,对产品和品牌进行差异化的设计,进行品牌定位,然后通过沟通来展示与这一特定产品相关的形象和特性,通过广告和营销来劝说企业的目标消费者群体来购买这些产品。

　　然而,随着科技的发展和互联网的普及,消费者拥有了更多的主动权。消费者通过网络自发地结成不同的群体,他们拥有作出成熟消费决策所必需的信息,因此能够通过自己的方式来获取自己需要的价值,同时影响其他消费者的体验,并由他们来决定如何同企业进行交易。在这个背景下,品牌是以越来越多的个体在社会网络中所获得的个性化体验为基础发展起来的。个人消费者承认这些品牌,并且赋予了这些品牌特殊的内涵,然后企业再运用广告和营销手段来强化和支持这些已经建立起来的品牌识别。这些品牌识别是通过兴趣社区中的口碑途径建立起来的。因此,当企业向新的机会空间过渡时,共同创造体验和品牌相互交融,最终形成共同的创造体验本身,也就是品牌。而对于服务企业而言,服务本身的特性就决定了这种体验是由消费者和服务提供者共同创造的,因此更需要企业注重这种服务体验的质量和价值,这也是服务品牌与产品品牌所不同的地方。如果服务企业能够持续不断地创造出吸引消费者的体验环境,服务品牌也就能够不断地维持下去。

二、以关系为核心的服务品牌化

1. 赖利和彻纳东尼的服务品牌关系理论

弗朗西丝卡·赖利和莱斯利·德·彻纳东尼在 2000 年提出的服务品牌关系理论主要是基于品牌与消费者的关系以及品牌与员工的关系视角,他们比较了产品品牌化与服务品牌化的过程,认为服务品牌作为一个整体的过程,开始于服务企业与员工之间的内部关系,然后经过企业与消费者的外部沟通,最后在消费者与员工(服务提供者)之间的互动中活跃起来。赖利和彻纳东尼认为,服务品牌化的过程不仅要关注外部关系,同时也需要关注内部关系以及消费者和员工之间的互动关系。这一点与产品品牌化是不同的,因为产品品牌化的过程主要关注的是外部关系。根据他们的理论,企业的外部关系、内部关系以及消费者和员工之间的互动关系形成了一个三角关系,而这个三角关系的支点就是服务品牌。

根据传统的产品品牌化观点,一个品牌由一系列认知组成,从而将某一产品与其他竞争者区别开来。品牌的强度则取决于这些认知的一致性、积极性以及被消费者认可的程度。为了增强品牌的强度,企业管理者需要为消费者塑造这些认知,从而使目标消费者用积极的词语来联想该品牌。而在服务品牌化中,服务的提供者需要将营销人员沟通的品牌承诺转化为品牌现实。因此,服务品牌化不仅需要建立营销人员与消费者之间的关系,还需要建立企业与员工之间的更深层次的关系。消费者对品牌的体验以及员工对服务的提供都是在服务提供者与消费者之间的互动过程中完成的,因此服务品牌化还需要服务的提供者与消费者之间建立与品牌价值相适应的关系。当优质服务被体验或品牌承诺被实现时,消费者就被鼓励与服务提供者和服务企业建立起长期的关系。

2. 普罗狄等的服务品牌整合三角关系理论模型

品牌可以被看做是一种承诺。贝瑞曾提出,一个强势的服务品牌本质上是一种对未来满意的承诺,顾客与品牌之间的关系是一种"互惠、相互交换和履行承诺"的关系。因此,服务品牌创造价值的过程可以被看做是建立、保持与实现承诺的一个过程,这个过程被称为服务价值三角,也被称为三个承诺框架。

　　罗德里克·J.普罗狄等在 2009 年根据之前学者的研究理论,结合服务价值三角框架,提出了服务品牌—关系—价值三角(service brand-relationship-value triangle, SBRV)的概念模型。在这个模型中,服务品牌在促进、协调、实现与承诺相关价值的过程中发挥着核心的作用,被用于企业的消费者以及其他利益相关者共同创造价值。这个模型将服务品牌共创体验理论、品牌关系理论融入服务价值三角框架,形成了服务品牌整合三角关系理论,也是服务品牌化的重要理论模型,如图 13-2 所示。

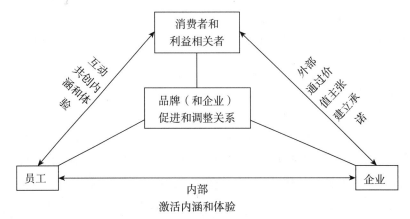

图 13-2　普罗狄等的服务品牌整合三角关系理论模型

资料来源:Brodie, R. J., J. R. M. Whittome, and G. J. Brush, "Investigating the Service Brand: A Customer Value Perspective", *Journal of Business Research*, 2009, 62(3), 345-355。

学术智库 13-1

微型工业服务企业的品牌化行为

　　对于微型工业服务企业而言,企业内部和外部的品牌化行为能够帮助企业建立品牌认同和形象,包括几项关键的建立企业品牌的行为:定义企业价值观和经营理念,设计、管理和稳固服务过程,利用全面的企业沟通,利用社交网络,以及激活和保持利益相关者并利用他们的反馈信息。工业服务企业的规模往往很小,但由于它们在一个具有动态市场趋势的环境中运作,品牌的竞争力至关重要。第一,定义企业价值和经营理念是发展企业品牌标识的核心,因为这与所有的品牌活动相关。第二,设计和管理服务流程是提高企业凝聚力的关键。第三,通过利用整体的企业沟通,可以开发出一个从头至尾相一致的品牌形象。第四,通过网络,企业可以获得补充资源,推动品牌的推广。第五,通过利用利益相关者的参与和反馈意见,企业能够更好地开发其品牌。

　　资料来源:Sandbacka, Jenny, Satu Nätti, and Jaana Tähtinen, "Branding Activities of a Micro Industrial Services Company", *Journal of Services Marketing*, 2013, 27(2), 166-177.

第三节　服务品牌战略

一、构建鲜明的品牌个性和丰富的品牌形象

鲜明的品牌个性能够帮助人们有效地认识品牌,因此建立品牌个性对服务品牌塑造有重要意义。如果一个品牌在消费者眼中没有个性,这个品牌就很难与顾客发生联系。虽然服务本质上是抽象的,但在战略性品牌分析的基础上,服务品牌需要有一个丰富而清晰的品牌个性,明确品牌所代表的是什么,以此在消费者心目中建立起与其他企业相区别的品牌关系。例如,招商银行凭借持续的金融创新、优质的客户服务、稳健的经营风格,已发展成为我国最具品牌影响力的商业银行之一。

在建立起鲜明品牌个性的基础上,结合丰富生动的品牌形象会使消费者对服务品牌产生更加深刻的印象。将服务品牌拟人化,品牌形象将更加丰富和有趣。我国大部分银行的 logo 几乎都是钱眼的变形,品牌沉稳有余而个性不足,而巴黎国民银行的 logo 是一排小鸟状的星星,代表着一种帮助顾客梦想成真的服务精神,传递着一种让人愉快的想象力。

二、使服务有形化、标准化、个性化

使服务有形化和标准化,是服务企业创立品牌服务的基础。这需要企业在服务品牌化的过程中,使用全方位的品牌要素,如品牌名称、服务外观、品牌标识、口号等。虽然服务主要是无形的,但通过对品牌要素的设计和使用,将会使消费者在消费服务的过程中产生重要的品牌回忆。例如,作为品牌核心要素的品牌名称应易于记忆和发音,使消费者迅速进行品牌区别,产生相应的品牌联想,引起对品牌含义的共鸣;而服务外观,如环境设计、接待区域、服务人员着装、附属材料等对形成消费者的品牌认知也会产生重要影响;其他品牌要素,如标识、任务和口号等,也都能够通过设计来辅助品牌名称和品牌形象,向消费者展示品牌,建立品牌认知和品牌形象。这些品牌要素的使用都将使无形的服务更为有形、具体和真实。

与此同时,个性化的定制服务也将对服务品牌化起到重要作用。随着市场需求多样化、个性化的特点日趋明显,20 世纪曾在制造业占据统治地位的大规模生产模式已无法适应市场环境。特别是在服务业,个性化的定制服务能够使企业更有效率地为消费者提供服务,也能够使消费者更快捷地享受到适合自己的服务。服务企业可以向消费者提供除核心服务以外的其他附加服务选项,让消费者自己来选择需要和喜欢的附加服务配置,使消费者形成独特和难忘的服务体验,以此形成对品牌的认知和记忆。

资料 13-2

星巴克独特的顾客服务

星巴克把咖啡做成了与众不同的、持久的、有高附加值的品牌,它成功的秘诀就在于它独特的品质、营销手段和品牌战略。而星巴克独特的顾客服务是其成功的重要因素之一。这些独特的顾客服务包括让人们享受浪漫、满足顾客的不同口味、引起顾客的好奇心,以及与顾客建立情感。

(1) 让人们享受浪漫

星巴克店,是能够安静悠闲地约会、聊天的最佳场所,悠扬的音乐并不妨碍顾客的谈话,室内灯光明亮。在这里可以品尝到世界上各种高品质的咖啡,在轻柔的音乐和明亮的灯光下与心爱的恋人、朋友知己畅所欲言,这样的咖啡店肯定会给人们留下美好的回忆,也满足了现代生活中人们对情调的追求。

(2) 满足顾客的不同口味

星巴克咖啡的最大特点之一就是品种的多样性。在星巴克点咖啡,有诸如低咖啡因咖啡、低脂奶咖啡、添加奶油的咖啡等多种选择。产品的种类多能够充分满足顾客的个性化需求,饮品单中有咖啡的口味和咖啡量的说明,可以给人增添愉悦感和满足感。星巴克的咖啡杯也非常符合个性化的需求,别具一格。

(3) 引起顾客的好奇心

星巴克采用与众不同的方法去接近顾客。它们并不热衷于抢走麦斯威尔的顾客,也没有致力于构筑庞大的流通渠道,更没有为了知名度而挥霍数千万美元制作广告,而是通过初期的间接宣传引起顾客的好奇心,让顾客在不经意中认识了品牌。星巴克在短时间内就把一个区域性品牌发展到全国范围,进而使之成为世界知名品牌。

(4) 与顾客建立情感

服务员在给每一位顾客精心调制咖啡的同时,还会向顾客热诚地介绍咖啡的种类与起源等相关内容,这样在与顾客进行交流的过程中,将自然而然地产生一种亲密感。与顾客只能在结账台上才能够和服务员碰面的服务相比,其会使顾客产生再次光顾的念头。

资料来源:韩润润,"星巴克品牌塑造剖析",《商场现代化》,2008 年第 6 期。

三、品牌内化

实现服务品牌化需要关注企业内部,即实现品牌内化。这是因为服务企业将服务提供给消费者时,需要优秀的员工来传递和兑现企业的承诺。因此,只有当服务企业员工了解了服务品牌,认识到服务品牌承诺的具体属性后,才能将这些服务品牌的价值顺利传递给顾客。如果员工没有形成一致的品牌认识,没有清晰的品牌承诺,组织内部沟通不充分,就不能顺利成功地实现品牌承诺,传递品牌价值。

品牌内化包括向员工解释和宣传品牌,让员工分享品牌背后的探索和策略,创造性地与员工交流品牌,训练员工使他们的行为能够增强品牌权益,奖励为品牌的发展作出贡献的员工,并且让员工参与到培育和建设品牌的工作中去。如光大银行上海分行在员工中推行"勤俭"理念后,就锤炼出一种有整体感的服务作风,即这家分行出来的人员都特别勤快,都是"小跑步"式的办事人员。简言之,品牌内化需要服务企业将品牌有效地传递给员工,让员工相信品牌及其价值,并成功地把组织的每项工作与品牌价值的传递联系起来。

需要注意的是,品牌内化是一个企业战略层面的概念,因此需要服务企业在战略层面上理解和实施品牌内化,这样才能完成整个品牌内化的过程。这个过程始于品牌识别,通过各种方式让员工理解品牌理念和品牌承诺,最后让员工参与到品牌内化中去。这个过程中始终需要企业战略层面的管理和执行,同时需要企业制度上的保证和组织的配合,例如制订品牌培训计划、建立品牌激励机制、设立专门的品牌管理组织等。只有在全企业范围内开展品牌内化,才能实现最终的品牌化目标。

案例 13-2

顺丰速运:力求塑造"知行合一"的价值观

价值观是企业的灵魂和精神所在,是企业构建竞争优势、稳健发展的支柱,它支撑企业赢得客户和未来,不仅是员工的共同信念,也是全体顺丰人的承诺与实践。公司成立以来,价值观一直是顺丰速运文化的核心;让价值观的内涵通过员工的所想、所行体现出来,形成一股精神力量,深深熔铸在公司的凝聚力、竞争力、生命力之中是顺丰人的共同追求。

记者在顺丰速运公司采访了解到:"FIRST"是顺丰速运核心价值观的英文简写,分别取诚信(faith),正直(integrity),责任(responsibility),服务(service),团队(team)的首个字母组合而成。在这种核心价值观的昭示下,公司既希望让正确的处事态度渗透到公司每一位员工的心中,凝聚前进的合力,也希望通过员工的一言一行将公司的价值观传递给顾客,让顾客感知到顺丰速运内外一致的品牌形象,让顺丰速运在服务中改善、完美自己,成为最值得信赖和尊敬的速运公司。在公司发展的过程中,顺丰人始终秉承诚实做人、认真做事的价值取向。

作为一家有理想、有追求、有高度社会责任感的企业公民,顺丰速运在推动快递业务高速发展的同时,积极致力于创造更多的社会效益,公司致力于为员工提供一份满意和值得自豪的工作,为社会创造众多的就业机会,顺丰速运承担了更多的社会责任。

资料来源:吉喆、苏云峰,"顺丰速运:中国民族速递品牌的骄傲",《财经界》,2011 年第 9 期。

学术智库 13-2

品牌内化：从社会认同和社会交换视角将员工转变为品牌冠军

根据社会认同和社会交换理论,企业可以通过采用更广阔的组织视角,将品牌内化的成果(员工—品牌匹配,品牌知识和品牌信念)和员工感知的组织支持联系起来,并形成了一系列员工的品牌建设行为。在这个过程中,组织认同起到了关键的中介作用。一个来自主要的零售银行员工数据的横向和纵向分析表明,企业认同对员工成为品牌冠军具有重要的激励作用,而这个过程主要受到品牌内化成果的中介作用。当组织认同程度较低时,员工感知的组织支持(作为在以交换为基础的员工—组织关系中的一个重要质量指标)会形成另一种动力,即他们所供职企业的品牌建设行为的外部动力;而当组织认同程度较高时,员工感知的组织支持会提升员工在品牌发展中自觉参与的程度,并形成积极的口碑。因此,在实际管理中将员工转变为品牌冠军的过程中的员工—组织关系十分重要。

资料来源：Walter, Benjamin von, Daniel Wentzel, and Torsten Tomczak, "Internal Branding: Social Identity and Social Exchange Perspectives on Turning Employees into Brand Champions", *Journal of Service Research*, 2016, 17(3), 310-325。

四、建立员工买入(知识买入和情感买入)和雇主品牌化

1. 员工买入管理

基于品牌内化的相关研究,最大限度的员工理解(知识买入,intellectual buy-in)和承诺(情感买入,emotional buy-in)能强化服务品牌和商业业绩,是品牌成功的发动机。他们还开发了知识—情感买入矩阵,展示了管理者怎样通过更好地使用内部沟通强化员工买入,进而改善业绩,增加"冠军"员工是战略性建议之一。

员工对品牌战略的理解,即知识买入,会改善组织的知识资本。借助对品牌战略的理解,员工会自觉评价他们的行动能否更好地传递品牌和增值品牌。要让顾客对品牌产生功能性和情感性的反应,前提是必须品牌内化,让员工产生情感反应并传递品牌承诺。

而员工承诺,即情感买入,将会驱动组织的情感资本。承诺是指维持一个有价值的关系的持久要求。一个员工的承诺产生了组织中的个人身份、心理归属,关心组织的未来福利和忠诚。员工承诺因产业而不同,随资历而增长。

员工在传递和实现品牌承诺中的关键角色可以通过服务营销三角形来理解,服务的三个重要参与者位于三角形的三个顶点上:企业、顾客和员工,这也构成了三个关键关系:企业—员工(内部营销)、企业—顾客(外部营销),以及员工—顾客(互动营销)。整个企业对外部顾客的品牌承诺同时体现为企业对内部员工的品牌承诺,员工和顾客在对品牌

承诺的传递中存在互动关系,该三角形表明品牌构建不仅存在于企业和顾客之间,还存在于企业和员工之间。因此,品牌成功的要件是团队活动的协调一致,这就需要建立一种适当而强烈的企业文化,以文化支撑品牌,借助内部沟通促进员工对品牌价值的承诺,从而使他们能够按照企业需要的方式行动。

研究表明员工态度和企业业绩有相互直接的联系,如员工承诺、工作满意和企业业绩(即营利和生产能力)。员工承诺的重要性也在研究中得到了证实。

2. 雇主品牌化

雇主品牌化指"企业采取的传达给当前和未来员工这是工作的理想场所的一些努力"。雇主吸引力指"为特定组织而工作的潜在员工看得到的预想利益"。具体来说,发展强势的雇主品牌需要五步:一是理解组织;二是创造一个对员工的具有吸引力的承诺,并反映出企业品牌对消费者的承诺;三是发展测量品牌承诺实现程度的标准;四是联盟所有人的行为用于支持和强化品牌承诺;五是执行和测量。

相较于雇主品牌差的企业,强势的雇主品牌能够潜在地降低员工的获取成本、改善员工关系、增加员工保留率,以及节省薪水。雇主品牌形象的两个维度与潜在员工的就业决定相关,这两个维度分别是对企业的总体态度和感知到的工作属性。因此,一个强势的雇主品牌通过企业持续的雇主品牌化努力来实现该企业和品牌的差异化,这有利于吸引员工和满足员工,也是实现内部营销所倡导的内部顾客满意的保证。

雇主吸引力的评价和管理可借助五个维度来操作:兴趣价值、社会价值、经济价值、发展价值和应用价值。

第一,兴趣价值指雇主借助提供令人兴奋的工作环境、新奇的工作实践来激发员工的创造力对员工产生吸引力的程度。

第二,社会价值指雇主借助提供有趣、愉快、良好的同事关系和具有团队氛围的工作环境对员工产生吸引力的程度。

第三,经济价值是指雇主借助提供超过平均水平的薪水、奖金补贴、工作保险和提升机会对员工产生吸引力的程度。

第四,发展价值指雇主借助提供认知、自我价值和自信、职业强化体验和未来就业跳板对员工产生吸引力的程度。

第五,应用价值指雇主借助提供应用和传授所学知识的机会、员工导向和人本主义环境对员工产生吸引力的程度。

五、提升消费者感知的服务质量

由于服务产品的无形性,消费者对服务的体验决定了消费者感知的服务质量好坏,如果企业能够持续提供高质量的服务,消费者就能够在服务消费中积累满意,最终产生品牌忠诚。所以,提升消费者感知的服务质量对于服务品牌塑造具有重要意义。在消费过程中,消费者会根据感知的服务质量与自己的期望进行对比,对服务进行综合性的价值判断,而服务的质量水平对消费者满意的评价有着积极的影响。服务企业要提高消费者感知的服务质量,首先需要识别与服务质量相关的属性。

例如,在一场戏剧表演中,观众对演员的满意度、演员的专业水平和表演态度等都会影响观众对服务质量的感知,从而影响观众对该戏剧服务企业的品牌满意度和品牌信任。识别与服务质量相关的属性后,服务企业可以通过改善消费者在各个服务环节的体验,提升消费者感知的服务质量,从而提升消费者的满意度和对品牌的信任程度,最终塑造强大的服务品牌。

资料 13—3

"乐行南昌"

"乐行南昌"是南昌交警网上服务的代表品牌,是南昌交警在新媒体时代下服务群众的重要窗口和征集民意、民情、民智的主要平台。其中,"乐行南昌"微信公众平台自 2012 年 11 月 28 日正式开通,群众可以直接通过微信与值班民警语音对话,寻求帮助。截至 2016 年 5 月,共发布政务微信 1 272 条,总阅读量达 2 571 万人次,分享转发量达 315 万人次,点赞达 6 万人次,吸引 30 万人关注,每日新增"粉丝"近 450 人,每日解答"粉丝"问题近 540 人次,日菜单访问量突破 34 000 人次。

"乐行南昌"微信公众平台主要采取"三 +"组合模式,即"平台值班 + 专家后援团 + 指挥中心"模式:平时安排民警网上值守,后设强大的"专家后援团",遇到网友咨询求助,立刻有车管、秩序、法制、事故等部门民警支招;对于网友反映的路面交通秩序问题或车辆交通违法举报,经平台工作人员初步核实后,由指挥中心立即通知路面执勤民警进行管理和查处。文字、图片、语音、视频同步的回复方式,快速、便捷、周到的回复效果,让网友感到分外贴心。网友小强说:"交管局开通微信说明交通管理者正在为做好南昌交管工作积极作为。"2015 年,"乐行南昌"荣获了江西最值得关注的十大微信公众号荣誉称号。

资料来源:王伟,"南昌:创新管理理念 打造服务品牌",《道路交通管理》,2016 年第 5 期。

六、提升情感共鸣,将体验和意义联想作为重要的品牌要素

在服务过程中,企业除了需要注意服务的环境、态度等因素,还需要建立起与消费者之间的情感联系,因为品牌的力量也来自消费者感情上的投入。优秀的品牌总是能够建立起与消费者之间的情感共鸣,从而强化消费者对品牌的归属感,建立消费者的品牌忠诚度。为建立起这种共鸣,服务企业需要对顾客体验从体验强度、丰富程度和独特程度上进

行积极塑造、精心设计和规划,不仅要避免消费者产生消极的体验,还要增加服务中消费者的积极体验。

例如,由中国建设银行信用卡中心推出的"My Love"信用卡主要面向年轻时尚人群,以"我的最爱,我的卡"为主题,客户可自行选择最值得纪念、最值得展示的形象和场景作为信用卡卡面,并通过互联网等渠道自行编辑设计信用卡卡面,充分展现自我个性,强调信用卡与客户情感的联系,建立情感共鸣。

品牌体验指利益相关者在与品牌接触的过程中形成的感知,并与品牌预期进行比较,从而形成对品牌满意与否的判断。如果品牌体验超出预期,能够给消费者带来惊喜,则有利于品牌形象的树立与品牌信任关系的建立。当消费者选择并评价服务体验时,他们所依赖的是嵌入在服务过程表现中的众多线索。他们依据服务的技术表现(功能线索)来感知服务的功能质量,依据与服务相关的有形资产(结构线索)以及服务提供者的行为和外观(人文线索)来感知服务的情感质量。这些嵌入在服务过程表现中的众多线索及其所传递的信息形成了消费者的整体感知和体验。因此,服务品牌化过程中应当重视对各类品牌体验线索的管理,将消费者体验作为重要的品牌要素,从而给消费者创造一个独特而难忘的体验。

有学者提出,在服务过程中,服务提供者向消费者传递了关于服务品牌的信息,这些信息以结点的形式存在于消费者的大脑中,并且形成了该品牌在消费者大脑中的品牌联想集合,构成了一个联想网络,这就是一种"基于消费者的品牌资产"。因此,一个品牌的内在价值在于该品牌的联想集合。使消费者建立关于品牌的联想也是服务品牌内化的重要方式之一。一方面,消费者利用品牌联想作出产品购买决策或品牌分区;另一方面,企业也利用品牌联想区分、定位和扩展品牌,通过创造指向品牌的积极态度和情感来构建积极有力的消费者品牌联想,以此区别于其他的竞争品牌。

从建立品牌联想开始,联想会基于消费者直接或间接的经验,在联想内容、数量和稳定性上随时间发生变化。因此,服务企业必须根据品牌联想的产生、变化及其与消费者行为关系的内在规律来建构消费者的品牌联想。同时,服务企业需要让品牌联想达到足够的强度,以使消费者在购买服务时能够轻易回忆或再现服务的相关信息,以作出决策。此外,最重要的是要建立态度水平或内隐的深层次联想,以产生消费者品牌忠诚。

案例 13-3

夏威夷航空:建立情感的联结

2016 年年初,夏威夷航空推出了 360 度全方位整合市场传播"飞·常美好",通过创意视频向中国消费者介绍了夏威夷航空所坚持的独特而真实的 Aloha 精神。

视频的创意来自品牌市场营销团队与中国消费者的交流结果——对于中国消费者来

说,在夏威夷旅游及搭乘夏威夷航空是一种怎样的体验,意义是什么,有哪些需求。最终,夏威夷航空总部的营销人员和中国团队、中国市场的代理合作伙伴达成了共识:"让代表夏威夷的 Aloha 精神与中国乘客产生共鸣",围绕这个理念,为中国市场定制了整合市场传播"飞·常美好"及广告视频。

在接受《成功营销》记者专访时,夏威夷航空公司市场营销高级副总裁阿维·曼尼斯(Avi Mannis)表示:"我们在广告中希望传递的是到夏威夷旅游及搭乘夏威夷航空体验的精神层面的收获,让消费者对品牌的认知不仅仅是功能层面的,更有情感的联结。"

在广告投放的媒介选择上,除了平面广告、楼宇广告等,"飞·常美好"在社交媒体上的投入占比较大,因为不仅要让消费者看到这种"体验",更要让其参与其中并产生交流。例如夏威夷航空与线上旅游社区蚂蜂窝合作,邀请中国知名旅游达人前往夏威夷探索 Aloha 精神本源,并与成千上万的蚂蜂窝用户分享亲身体验。用户可看到来自他们行程的实时更新。旅游达人每天都会在夏威夷完成一系列挑战,比如学习草裙舞,弹奏尤克里里,以及在夏威夷航空行政主厨的指导下制作为夏威夷航空航餐带来灵感的创新料理等。

"从踏上夏威夷航空的那一刻起,我便感受到了浓郁的夏威夷风情。通过体验夏威夷标志性的草裙舞、自然健康的海洋生态,以及夏威夷航空独特的待客理念和空乘服务,我对夏威夷航空所秉承的 Aloha 精神有了更深刻的理解,那就是人们发自内心,对他人、对世界的热情,善意和关爱",环球旅游博主"榛美去"兴奋地描述着在夏威夷航空和蚂蜂窝联合出品的"Go! Aloha! 夏威夷奇遇挑战"之旅中的见闻。

旅行作家"超级小包子"也在社交媒体上与大家分享了他的感触:"碧海蓝天下,我学习调酒,烘焙咖啡,弹奏尤克里里,甚至与夏威夷航空主厨一起烹饪。而在这次旅程中,让我回味无穷的远不止这些,更有夏威夷无处不在的 Aloha 精神。夏威夷航空将这种代表热情、友善和关爱的 Aloha 精神融入了企业文化与服务中,让我们作为客人,在旅途中无时无刻都倍感贴心。"

以前,中国消费者对夏威夷航空品牌的认知是"友好、热情,对休闲旅游者来说性价比较高",随着此次"飞·常美好"市场传播活动的深入,以及夏威夷航空不断推出新的产品,例如在机上配备 180 度平躺座椅等,"我们希望在原有客户的基础上增加高端客户,消费者不仅仅是因为我们友好、热情,而且是因为夏威夷航空所提供的更好的体验而选择我们,"阿维·夏尼斯说道。

资料来源:谢园,"夏威夷航空　如何讲述品牌故事",《成功营销》,2016 年 Z3 期。

第四节　服务品牌的传播策略

一、服务品牌的服务承诺

许多学者都认为服务是一种承诺,而服务品牌要想实现自己对消费者的承诺就需要外部营销、内部营销和互动营销的有机配合。对于服务企业而言,这三种营销活动都是建立并维持顾客关系、培养顾客忠诚和传播品牌形象所必需的活动。在这个过程中,服务企业、消费者和服务的实际提供者(企业员工)三者之间的关系形成了一个三角,任何一种营销活动都是不可或缺的(如图13-3所示)。

服务承诺指服务机构通过人员推销、广告和公关宣传等沟通活动向消费者预示服务质量或服务效果,并对服务质量或服务效果予以一定的保证。服务品牌的人员推销、广告和公关宣传等沟通活动,实质上都是对自己的服务质量作出承诺,因此服务营销管理实质上就是需要处理好服务品牌对消费者作出承诺、保持承诺和兑现承诺的问题。

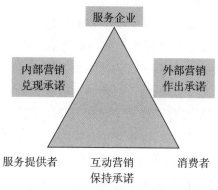

图 13-3　服务品牌的服务承诺

资料来源:张贤平、陈丽娟,《服务品牌传播》,北京:北京大学出版社,2010年,第156页。

1. 外部营销:作出承诺

外部营销就是服务企业根据消费者的期望以及服务提供的方式,向消费者作出承诺的过程。传统的营销方式,包括广告、促销、降价等都是品牌外部营销的手段。由于服务品牌不同于一般的产品品牌,针对服务品牌的特殊性,服务企业还可以通过其他因素向消费者传达承诺,例如服务人员、设施的设计和布置以及服务过程本身等,这些因素都有助于与消费者进行沟通,并建立起消费者的期望。通过这些外部营销的方式,服务企业必须和消费者建立起一致和现实的承诺,因为一旦承诺过高而无法满足,服务企业与消费者之间的关系就会变得脆弱。

2. 互动营销:保持承诺

在作出承诺之后,这些承诺必须得到保持。服务承诺通常是由企业的员工或其他服务提供者来保持或破坏的。互动营销指服务人员与消费者之间的实际相互接触中的营销活动,是在服务被产生和消费的那一瞬间发生的营销。在这一过程中,需要员工和消费者的有效沟通和交流,一方面,员工的服务能力和工作态度非常重要;另一方面,消费者的主动权也决定了互动营销是否能够成功。消费者与组织的任何一次相互作用,都是对服务的可靠性的检测。

在互动过程中,服务人员与消费者通过各种沟通的桥梁结合在一起,消费者也因此能够得到细致的个性化服务。积极的互动通常具有依赖、重视、反应、尊重和加强信心这几个特征。消费者希望得到重视,希望服务品牌是可信赖的和反应迅速的,服务人员对消费者以礼相待,才能加强消费者对服务企业的信心和支持。如果不能满足消费者的需求,服务人员的行为就会和消费者的期望越来越远。

一般来说,互动营销的主要方式有调查、填写订单、发布新闻、成立建议委员会,以及设立处理投诉、建议的电子邮箱等。除此以外,建立可追踪企业与消费者互动关系的数据库也是当今时代保证互动营销良好进行的必要手段。

3. 内部营销:兑现承诺

内部营销主要是针对服务人员(服务企业员工)的,目的是使服务人员和服务系统按照外部营销中的承诺向消费者提供服务,从而兑现服务企业的承诺。要想服务人员持续兑现承诺,需要服务企业向服务人员提供良好的服务,满足他们在物质上和精神上的需求,改善与他们的关系,并对良好的服务行为给予奖励等。优秀的内部营销可以说是企业成功进行外部营销的先决条件。企业的内部营销过程也是形成和保持服务文化的重要有效途径。由于服务人员在服务过程中扮演着重要的角色,企业需要将服务理念传递给服务人员,使他们认同服务品牌的价值,这样才能真正和消费者产生情感的联结。

内部营销的主要手段包括做好服务人员的招聘工作、为服务人员提供良好的发展环境、提供内部支持和服务,以及留住服务人才等。

资料 13-4

“不负众托”是梅赛德斯-奔驰卡车的品牌承诺

2014 年 4 月 18 日,“2014 梅塞德斯-奔驰卡车品牌盛典”在天津举行。梅赛德斯-奔驰卡车面向中国市场发布了全新的品牌主张——“不负众托”。

“不负众托”传达的是梅赛德斯-奔驰卡车的品牌承诺,承诺为客户提供出色可靠的卡车产品和优质服务,戴姆勒股份公司董事会成员、戴姆勒大中华区董事长兼首席执行官唐仕凯表示,凭借强大的产品阵容、互信的合作伙伴和深厚的业务基础,我相信梅赛德斯-奔驰卡车在华业务将更上一层楼,为戴姆勒在中国的全面可持续发展作出重要贡献。

“可靠、高效和安全是卡车行业的关注核心,而‘不负众托’是我们的承诺,承诺客户无论在任何情况下都可信任奔驰卡车。这不只是关于卡车产品的承诺,更多的是我们团队的承诺,不管出现什么问题,我们都会在第一时间帮助用户解决。"戴姆勒卡客车(中国)有限公司总裁兼首席执行官罗伯特·法伊特(Robert Veit)表示,"无论何时何地,奔驰卡车全体员工和我们的出色产品都将与用户一道承担每一次托付,成为用户最可信任的伙伴。'不负众托'是奔驰卡车在华长期发展的基石,我们将继续与中国经济共发展,为用户提供最具性价比的产品和服务。"

资料来源:晓雨,"'不负众托'是一个承诺——梅赛德斯-奔驰卡车发布全新品牌主张",《商用汽车》,2014年第9期。

二、服务品牌的沟通传播

服务沟通就是服务企业有计划地通过各种媒体向通过市场细分选定的目标消费者或目标服务对象传播服务信息或服务项目消费理念,以在更大范围内唤起消费者的注意,取得吸引眼球的效果,从而达到说服消费者实施消费行为的一种手段。服务沟通最基本的功能就是通过服务消费理念的沟通,传播有关服务产品的信息,将某一服务产品与其他服务产品区别开来,让消费者能够识别,并对这一服务产品产生感性的认识和了解。例如,麦当劳的广告作品中出现的金色"M",作为醒目的识别标志,让消费者能够迅速识别和有效记忆。

服务品牌沟通传播的主要策略有以下几点:

1. 将无形的服务有形化

虽然服务是无形的,但如果能将相关的有形事物与所提供的服务关联在一起,建立两者之间的内在联系,就能让消费者更容易理解。在服务产品的沟通过程中,需要将注意力集中在有形的事物上,以便提供关于无形服务的性质和质量的信息。这些有形的事物包括提供服务的员工、服务传递的场所、服务的相关有形设施等。例如,麦当劳广告中所呈现的干净整洁的餐厅和服务人员亲切的微笑等。

除此之外,采用有形的比喻也能让无形的诉求更容易被人接受。例如保险公司的广告中常常会出现这样的广告语:"与你携手共进""在旅行者公司的保护伞下""覆盖全国的保护毯"等,这些语句中的"手""伞"和"毯"都是有形的事物,但都给了消费者保护的感觉。将这些象征物与其附带的生动形象的信息相结合,就能让消费者更容易理解和解读服务企业所提供的服务的内涵,接受沟通所传播的信息,因此产生消费的欲望,并进行消费行为。

2. 使用戏剧化的表现形式和生动形象的信息加工

服务沟通在传播中如果将企业所提供的服务内涵和消费者能够得到的利益,以戏剧化的形式表现出来,就能够帮助消费者更好地接受和理解服务内涵。与此同时,借助戏剧化的形式,不仅能增强沟通的吸引力和关注度,也能更好地描绘出整个服务过程,让消费者产生身临其境的感觉,给消费者带来更强烈的真实感和可信度,增强沟通的说服力。

与此类似,生动形象的信息加工有利于吸引消费者的注意力,加深消费者的记忆。优秀的沟通既不是夸大,也不是虚饰,而是竭尽所能让沟通传播的信息单纯化、清晰化、戏剧化,使它在消费者的脑海里留下深刻而难以磨灭的记忆。例如,耐克的广告语"Just Do It",利用生动形象的语言,表达出了耐克独特的品牌形象。

3. 以情感为诉求重点并注重情感沟通

以情感人的情感性原则就是让广告具有感染消费者的魅力,从而实现有效沟通的创意原则。由于消费者在服务中所获得的更多是心理层面的满足,服务产品的沟通也应该适应消费者的心理,打动消费者的内心。因此,只有在沟通创意中注入情感因素,才能引起消费者的共鸣,收到良好的沟通效果。

例如,台湾中华航空在广告中注重情感的诉求,将最珍贵的情感之一"友谊"作为诉求的核心,扣住中华传统文化中的"惜缘"心理,通过营造友好的氛围来满足消费者对友谊的向往和渴望,并让消费者感受到中华航空公司的亲切友好与彼此间珍贵的缘分。这种美好的情感因素能够感动消费者,让消费者在情感共鸣中接受其中传播的信息,实现良好的传播效果。

4. 使用口碑营销和病毒营销并充分利用社交媒体

相较于有形产品而言,服务产品具有较高的不确定性,因此消费者会更多地依赖个人来源的信息,而不是非个人来源的信息,以减少可能的风险。因此,服务企业需要建立口碑营销网络,让满意的消费者将该服务及服务品牌推荐给其他亲友。此外,病毒营销也是在互联网时代最为人们重视的一种营销策略和营销思想。病毒营销具有精准性,能够嵌入在消费者喜欢的内容中,引起目标人群的共鸣,内容有趣独特,传播方式简单,能够瞬间抓住人群的注意力;同时,其传播成本较低,摒弃了传统的单向传播方式,人人都是接受者,人人也都是传播者。服务企业能够通过病毒营销,快速传播品牌体验和品牌利益。

基于互联网社交的发展,社交媒体已经成为消费者交流信息的途径,消费者之间可以通过这些社交网络进行交互沟通。由于社交媒体的发展已经影响到消费者购买行为的很多方面,服务企业和消费者可以通过网站、微博、微信等社交媒体来创造和传播服务品牌,听取消费者的言论和建议,作出相应的回应和改进。

5. 在传播中突出服务员工

有学者认为,与消费者直接打交道的企业员工是服务沟通最重要的第二受众。在沟通传播中突出正在工作和解释服务的员工,对于第一受众(消费者)和第二受众(企业员工)都是有效的,因为这样的沟通能够突出员工的重要性。当企业在沟通传播中奖励表现优异的员工时,其他的企业员工就会以他们为榜样和标杆,进而为消费者提供更好的服务。

第五节　消费者—品牌关系管理

近年来,国内外许多学者对消费者与品牌之间的关系展开了研究,旨在将服务品牌营销效果最大化。消费者—品牌关系(consumer-brand relationships)指消费者与品牌之间的心理上的纽带,建立消费者—品牌关系能够培养目标消费者强烈和持久的品牌忠诚度。

根据现有研究,消费者—品牌关系中有三个主要的理论模型:品牌关系质量(brand relationship quality, BRQ)、关系承诺(relationship commitment, RC)和品牌至爱(brand love, BL)。

一、品牌关系质量

苏珊·福尼尔于1994年最早提出了品牌关系质量模型,并将品牌关系质量定义为:作为一种基于消费者的品牌资产测量,它反映消费者与品牌之间持续联系的强度和发展能力。品牌关系质量是判断消费者与品牌之间关系如何的一个重要指标,包括关系强度和关系时间长度两个部分。关系强度主要强调消费者与品牌之间关系的深度,包括对品牌的亲密程度和信任程度等。关系时间长度则体现在承诺和品牌忠诚度上,因此如果品牌对品牌忠诚的消费者给予更多的承诺,则品牌与消费者的关系也会更持久。

此外,福尼尔将品牌关系质量分为六个维度:伙伴质量(认知信念)、相互依赖(行为约束)、亲密性(支持信念)、承诺(态度约束)、自我联结(社会情感纽带)和爱与激情(情绪纽带)。

第一,伙伴质量指消费者对品牌的评价和对产品的感受,主要由五个要素组成:①消费者感受到品牌对自身具有正面的影响力,即感觉到自己被需要、被关怀、被尊重和被聆听;②消费者认为该品牌是可靠和可信的,同时是可预测的;③消费者认为该品牌会遵守"隐含"的规则和契约;④该品牌能够传达消费者所渴求的信念;⑤消费者认为品牌会为其行动负责。

第二,相互依赖包含了三种方式:消费者与品牌之间频繁的互动、消费者增加参与品牌的相关活动的范围和广度,以及消费者与品牌之间互动虽不频繁但是具有强度。强烈的品牌关系可以通过消费者与品牌的相互依赖程度来衡量和区分。

第三,亲密性指消费者对品牌绩效有信心,因而认为该品牌不可替代,且优于其他的竞争品牌。一般来说,亲密性越高,消费者—品牌关系的持久度越高。

第四,承诺指消费者对关系所持态度的稳定性。越强烈的品牌关系通常存在越高的承诺。在营销中,承诺被视为一种意图,用以维护品牌关系未来的持久性和稳定性。

第五,自我联结反映了品牌传达重要的自我关心、任务或时间的程度,并且表达了自我的重要部分。

第六,爱与激情是消费者与品牌之间的情绪纽带,指消费者与品牌之间情感联系的强度和深度,是强烈的品牌关系的核心。在品牌关系质量维度中,爱与激情代表了品牌对消费者具有强烈的吸引力和影响力,并且消费者也对该品牌具有独特和依赖的情感,而不仅仅只是一般程度的品牌偏好。

品牌关系质量从认知、支持、社会情感、情绪和行为等维度,来定义这些关系的组成要素,以期并最终实现持久的品牌忠诚度。

二、关系承诺

关系承诺指由于交易主体之间存在相互的利益关系,因而每一方都愿意保持长久关系,愿意投入成本和精力来维护和保持关系。在长期的关系中,承诺是社会性资源关系交易中使得交易双方相互依存的一个重要因素。消费者关系承诺在理论上是指,消费者认为自己与品牌之间的关系是值得投资的,并且愿意保持关系的持久和稳定。因此,消费者对品牌的关系承诺,其主要目的是实现投资利益的最大化。在关系承诺中,消费者通常不会寻求其他的同类型竞争品牌,而会尽自己最大的努力和投资来维持现有的与品牌之间的关系。

消费者之所以愿意维持与品牌之间的关系,是由于消费者的经济动机和情感动机。同时,由于关系承诺具有内在的时间持续的要求,所以关系承诺只有始终如一才具有意义。关系承诺主要具有三个维度:经济性维度、情感性维度和时间性维度。

第一,经济性承诺表明了关系中消费者的经济动机,即消费者在关系中权衡着成本和收益。它的产生是由于关系中企业的独特投资,或者缺乏相应的竞争者和替代者,导致消费者需要支付较高的转换成本才能终结当前的关系。因此,在发展和维持消费者—品牌关系的过程中,通过对消费者从关系中付出的显性成本与所获得的收益进行评价,可以评估消费者对关系的经济性承诺的高低程度。

第二,情感性承诺超越了单纯意义上的功利性价值,表示了消费者对企业和品牌的一种情感性导向,以及与企业价值观的相匹配性。也有学者认为,情感性承诺指具有情感归属的消费者在维持关系时具有的一种持续性的意愿。如果消费者与企业和品牌之间具有共同的目标、价值观和情感归属,那么他们之间就更容易拥有更为持久的关系。情感性承诺在交易关系中起着十分重要的作用。

第三,时间性承诺体现了长期关系承诺的本质,因此,在这种关系中,企业需要深入地融入进来,关系也就具有持久性和长期性的本质。由于关系承诺的时间性维度,消费者流失率才可以降低,企业才更倾向于协同工作,最终实现共同目标。合作、降低机会主义行为等都是长期和连续性的承诺,都有助于企业实现绩效。

关系承诺在维持消费者—品牌关系中已经得到大量的实践和证明,也已经有学者将这一模型应用于服务品牌的建立和营销中去。关系承诺是关系承诺模型中的一个关键性的中介要素,关系满意度、关系终止成本、关系信任以及关系投资,都是通过关系承诺的中介作用来影响品牌忠诚度的。

三、品牌至爱

品牌至爱是指消费者对满意品牌产生的情感上的依恋,这种依恋包含了对品牌的积极评价、依恋和热情。品牌至爱中有两个核心的组成部分,分别是消费者满意和消费者对品牌狂热的情感依恋。在品牌至爱模型中,消费者对品牌所持有的热情和喜爱是品牌忠诚度的主要驱动力,这种喜爱类似于人际关系中所存在的浪漫情感。

由于消费者—品牌关系是建立在品牌拟人化的基础之上的,从而可以将人与品牌的关系与人际关系进行类比。企业和消费者通常会赋予某种产品以人的特性,例如研究发现,李维斯的经典501牛仔裤具有浪漫、性感、独立、叛逆等人格特点。同时,人际关系中的爱会使双方出现身份的融合,一方的自我感知会包含另一方。与此类似,消费者的人格和品牌之间也会出现融合,这让消费者和品牌之间建立了情感关联,最终强化二者之间的关系。

此外,品牌至爱与品牌情感是不同的。品牌情感包含了正向和负向的八种情感,正向情感包括满足、快乐、喜爱和骄傲,而负向情感则包括愤怒、哀伤、恐惧和羞愧。品牌至爱指消费者对满意产品和品牌的情感依恋,包含的更多的是正向的情感,同时还包含品牌情感中所没有的品牌与消费者自我身份的同化过程。

品牌至爱和品牌忠诚也有所不同。尽管不同学者对品牌忠诚的定义和理解有所不同,但大多数学者都采用重复购买行为来衡量消费者对品牌的忠诚度。这种操作性的定义观点,强调的大多是情感和情绪之外的因素,特别是外显行为,而品牌至爱更多的是关注情绪和情感等要素。

四、消费者—品牌关系模型

基于上述三种理论模型,学者蔡树培(Shu-pei Tsai)提出了如图13-4所示的品牌关系管理模型。在这个模型中,有八个原因变量(功利属性的满意度、情感属性的满意度、品牌转换成本、独特性、特权、信任、自我概念联结和愉悦),两个中介变量(服务品牌承诺和服务品牌至爱)和一个结果变量(服务品牌忠诚度)。

1. 原因变量

功利属性的满意度:消费者对服务品牌的功利性和功能性好处感到满意。

情感属性的满意度:消费者对服务品牌所提供的关怀、关注和回应感到满意。

品牌转换成本:消费者从一个品牌转换到其他替代品牌所需的经济成本和心理成本。

独特性:来自服务品牌中服务接触所感知到的独特性和卓越。

特权:来自服务品牌中服务接触所感知到的特权与特殊待遇。

信任:品牌所展示出来的信誉、诚信和诚实。

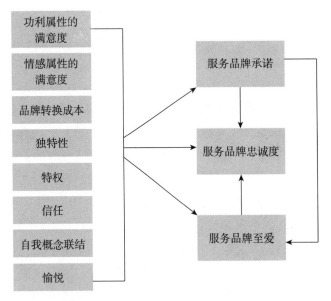

图 13-4　消费者—品牌关系管理模型

资料来源：Tsai, Shu-pei, "Strategic Relationship Management and Service Brand, Marketing", *European Journal of Marketing*, 2011, 45(7/8), 1202。

自我概念联结：消费者所认同的服务品牌的象征意义和形象。

愉悦：服务品牌所提供的快乐和愉悦的经历。

2. 中介变量

服务品牌承诺：对品牌在认知上和情感上的承诺。

服务品牌至爱：对品牌的强烈情感，类似于在人际关系中的浪漫感情。

3. 结果变量

服务品牌忠诚度：对服务品牌的再购意愿，并且愿意将该品牌推荐给他人。

在这个模型中，八个基本的原因变量分别来自前文中品牌关系质量、关系承诺和品牌至爱的理论模型，共同构成了消费者—品牌关系的基础。其中，根据关系承诺模型，功利属性的满意度、情感属性的满意度、品牌转换成本、独特性、特权、信任主要影响服务品牌承诺；而根据品牌至爱模型，情感属性的满意度、独特性、特权、信任、自我联结和愉悦主要影响服务品牌至爱。

关系承诺中情感性的承诺表明了消费者对品牌的一种情感性导向，因此会对服务品牌至爱产生积极的影响，即关系承诺越强烈，品牌至爱中消费者对服务品牌的满意度和依恋程度就越高。而服务品牌承诺和服务品牌至爱最终都会对服务品牌的忠诚度产生积极作用。

对服务企业而言，要做好服务品牌营销，首先需要建立消费者—品牌关系。也就是说，消费者与服务品牌之间的关系并不仅仅通过服务交易本身建立，还需要考虑社会交换、人际交往和象征意义。值得注意的是，消费者—品牌关系的建立过程也说明了在服务产品和服务过程中,情感愉悦、认知刺激、心理成长、自我表达和公共意识都十分重要。在这个过程中,追求稳固的服务品牌承诺,培养消费者的服务品牌至爱,最终实现消费者的品牌忠诚,打造良好的消费者—品牌关系。

本章小结

服务品牌指在经济活动中,企业通过商品或劳务的服务过程来满足消费者需求的一种特殊品牌形式,并通过提供高质量的服务过程来提升消费者满意度的特征标志。服务品牌与产品品牌的区别主要体现在以下几个方面:包含的品牌要素不同、接触点的数量不同、与消费者的关系不同、品牌诉求不同、消费者对品牌的感知和评价不同,以及进行品牌管理的主体不同。

许多学者都从不同的角度对服务品牌化进行了研究,并建立了模型。其代表人物和观点主要分为以体验为核心的服务品牌化和以关系为核心的服务品牌化。前者包括贝瑞的服务品牌化模型和普拉哈拉德的服务品牌共创体验理论,后者包括赖利和彻纳东尼的服务品牌关系理论和普罗狄等的服务品牌整合三角关系理论模型。

服务品牌化战略包括构建鲜明的品牌个性和丰富的品牌形象,使服务有形化、标准化、个性化,品牌内化,建立员工买入(知识买入和情感买入)和雇主品牌化,提升消费者感知的服务质量,以及提升情感共鸣,将体验和意义联想作为重要的品牌要素。

服务是一种承诺,而服务品牌要想实现自己对消费者的承诺就需要外部营销、内部营销和互动营销的有机配合。外部营销就是服务企业根据消费者的期望以及服务提供的方式,向消费者作出承诺的过程。在作出承诺之后,这些承诺必须得到保持。互动营销指服务人员与消费者之间的实际相互接触中的营销活动,是在服务被产生和消费的那一瞬间发生的营销。内部营销主要是针对服务人员(服务企业员工)的,目的是使服务人员和服务系统按照外部营销中的承诺向消费者提供服务,从而兑现服务企业的承诺。

服务沟通就是服务企业主有计划地通过各种媒体向通过市场细分选定的目标消费者或目标服务对象传播服务信息或服务项目消费理念,以在更大范围内唤起消费者的注意,取得吸引眼球的效果,从而达到说服消费者实施消费行为的一种手段。服务品牌沟通传播的策略主要包括将无形的服务有形化,使用戏剧化的表现形式和生动形象的信息加工,以情感为诉求重点并注重情感沟通,使用口碑营销和病毒营销并充分利用社交媒体,以及在传播中突出服务员工。

消费者—品牌关系指消费者与品牌之间的心理上的纽带,建立消费者—品牌关系能够培养目标消费者强烈和持久的品牌忠诚度。消费者—品牌关系中有三个主要的理论模型:品牌关系质量、关系承诺和品牌至爱。品牌关系质量从认知、支持、社会情感、情绪和行为等维度,来定义这些关系的组成要素,以期并最终实现持久的品牌忠诚度。关系承诺是关系承诺模型中的一个关键性的中介要素,关系满意度、关系终止成本、关系信任以及关系投资,都是通过关系承诺的中介作用来影响品牌忠诚度的。在品牌至爱模型中,消费者对品牌所持有的热情和喜爱是品牌忠诚度的主要驱动力,这种喜爱类似于人际关系中所存在的浪漫情感。

根据消费者—品牌关系模型,服务企业可以首先建立消费者—品牌关系的基本要素,即功利属性的满意度、情感属性的满意度、品牌转换成本、独特性、特权、信任、自我概念联结和愉悦,然后追求稳固的服务品牌承诺,培养消费者的服务品牌至爱,最终实现消费者的品牌忠诚。

❓ 复习思考题

1. 什么是服务品牌? 与产品品牌有什么区别?
2. 简述贝瑞的服务品牌化模型。
3. 简述服务品牌化战略。
4. 什么是服务承诺? 如何实现服务承诺?
5. 简述服务品牌沟通传播的主要策略。
6. 消费者—品牌关系中包含的基本要素有哪些? 如何建立消费者—品牌关系?

课后案例

服务是苏宁的"唯一"产品

在全中国建立 191 个售后服务中心,售后服务网点突破 5 500 家,一、二线城市售后服务网点覆盖率达 100%,三、四线城市售后服务网点覆盖率超过 98%,苏宁售后服务品牌——苏宁帮客正以独特的经营模式构建出庞大的售后服务帝国。作为苏宁帮客目前主要的掌舵人,苏宁售后服务公司副总经理李福全在延续苏宁集团以"服务"为核心竞争力发展理念的同时,也将对互联网的更多思考融入苏宁帮客的发展中来。2015 年下半年,苏宁帮客工单翻了近三倍,但李福全认为这才只是开端。

26 年心血的厚积薄发

在苏宁帮客高速增长的背后,是苏宁 26 年心血的厚积薄发。和很多优秀的企业一样,苏宁的崛起历程中少不了创始人的勤奋,与很多优秀公司不同的是,苏宁很早就将"服务"作为企业的核心竞争力来打造。26 年前,苏宁还只是一个做空调专营的小公司,用户对空调的安装与售后服务都有着强烈的需求,但当时并没有专门经营这方面(售后服务)业务的公司。李福全强调说,"这是历史的机遇。当真正进入售后服务领域以后,苏宁发现,家电销售与售后服务关联性非常强,把握住时代的机遇才能成为这个领域的领头羊。"

伴随空调业务的发展,苏宁的售后服务越做越大。据李福全介绍,2000年,苏宁开始向家电全品类扩张,不仅满足消费者对彩电、"冰洗空"以及小家电的售后服务需求,而且经营范围越来越广,如今已涉及智能硬件、数码3C、智能家居以及汽车等领域。

时代在变,不变的是苏宁的核心价值观。李福全多次强调:"服务一直是苏宁最核心的价值,是苏宁的唯一产品。用户满意是苏宁一直追求的终极目标,更是驱动苏宁发展壮大的动力源泉。"苏宁帮客正是苏宁集团26年厚积薄发的硕果之一。

转变思维,创新发展结硕果

无论是"自营"还是做"平台",苏宁都是基于用户的需求作出科学的选择。"过去,苏宁帮客自营成分较多,是苏宁内部的一个服务部门。但在七八年前,我们将其打造成了一个服务平台。"李福全说,"通过开放的服务平台,可以将苏宁自营的管控力强、服务产品开发能力强以及服务营销能力强等优势放大。平台的优势显而易见,兼具流量大、模式灵活以及整合能力强等特点。通过将二者结合,苏宁紧密地将上游工厂、下游服务商以及材料、配件供应商之间的业务融合,从而实现整个行业的共赢。"

这样的成就并非一蹴而就的,苏宁帮客在转型过程中也遇到过难题。"最难的是转变思维。"李福全说,"苏宁有不少工作人员的思维停留在20年前,认为服务就是做保障,这种不知变通、固化的思维让他们还停留在售后服务体系的初级阶段,很难为当代用户提供满意的服务。我们现在要去考虑用户的感受,以及考虑如何围绕用户的需求去做好服务。"

李福全列举了一个生动的例子来说明售后经营模式转变的重要性。"用户装完空调,有没有后续的维保、维修需求?在北上广打拼而租房的年轻人有没有赁租家电的需求?安装空调的过程中,能否了解到用户对其他产品的需求?苏宁帮客能为他们提供哪些服务?"李福全强调说,"通过思考,去了解用户的痛点,并为用户提供一系列的解决方案是新时代售后服务人员要做的事情。"

服务产品化创造更大价值

将服务产品化意味着什么?意味着用户的一切需求,苏宁帮客都能用标准化的产品和服务去满足。李福全说:"过去是通过维修措施去界定服务的价值,如今苏宁帮客是通过研究用户的需求和行业特点,把非标准化的东西做成标准化的服务产品,让用户感受到非常明确的产品性质,包括价格、服务的承诺等。"

如何通过服务产品化为服务商创造用户价值?李福全重点谈了三个方面的看法。首先是产品定位,李福全表示,家电已不是简单、传统的空调、彩电、冰箱、洗衣机,包括用户家里的灯、马桶,甚至音箱等,都有可能是通过互联网技术连接起来的服务网络内的要素。在智能化的空间里,我们很难用过去单一的思维考虑服务的产品定位。所以,如今的售后服务要站在一个更大的空间和格局里看,要用更大的视野和更广泛的空间去想象。

其次是服务产品对服务商的价值。李福全认为,随着售后服务行业的发展,社会用工成本提升、工厂毛利润下降,靠单一的劳务费的提升,很难维持服务商的经营。"幸运的是,在共享、融合、跨界、整合的互联网时代,苏宁帮客围绕整个产品链,丰富了服务产品,增加了附加值。"李福全说,"通过开发用户,提升客户对我们服务商的贡献,就是我们所谓的客单价。客单价不是订单上的宰客,而是通过与用户之间的黏性与经营,提供一个用户对我们整体经营的贡献。"

最后是创造用户价值。苏宁帮客在整个售后服务行业有大量的客户,并且每天都在创造新客户,同时,再丢掉老客户。李福全解释说,很多工作人员习惯把订单的完成作为工作的结束,这恰恰是售后服务行业里存在多年的一个弊端。他强调:"今天,服务的结束就是苏宁帮客经营客户的开始。"在互联网大潮下,苏宁帮客整个服务的经济是由物到人的经济,是社群的经济,是融合的经济,也是一个共享的经济。

致力于提供极致服务

作为售后服务行业O2O模式的先行者,苏宁帮客在服务产品的研发与拓展上成就显著。李福全表示:"苏宁帮客已经推出了一系列的生活服务。从小狮净洗、苏宁售后服务市场、聚财网、帮客租、易回收、清新博士,到帮客家,苏宁帮客致力于为消费者提供极致服务,让消费者享受轻松生活。"

据了解,得益于苏宁线下门店的先天优势,苏宁帮客发展迅速,不仅推出了送装一体、材料卡、清洗套餐等众多深受消费者好评的创新服务,还将业务范围从单纯的家电送装、电子产品维修、保养,拓展到了汽车业务、家居清洗、服务产品销售等领域。苏宁帮客进一步发挥O2O模式的优势,将线上支付、线下体验的运营模式运用在新推出的七项服务产品上。短短几年间,苏宁帮客已全面布局售后服务市场。

在很多业内人士看来,在"互联网+"时代,传统服务"劳务公司+作业单元"的运作方式已远远不能满足用户的需求。苏宁帮客推出的一系列具有互联网思维的新型服务,这种时代衍生的产物势必更具生命力,在未来的服务市场上或将占据半壁江山。

资料来源:李志刚,"服务是苏宁的'唯一'产品——访苏宁售后服务公司副总经理李福全",《电器》,2016年第5期。

案例讨论题

1. 苏宁是怎样创建自己的服务品牌的?

2. 请从服务产品化的角度解释一下苏宁的品牌化策略。

3. 苏宁帮客带给我们哪些启示?

参 考 文 献

[1] 〔德〕索斯顿·亨尼格-索罗著;罗磊译.关系营销:建立顾客满意和顾客忠诚赢得竞争优势(最新版)[M].广州:广东经济出版社,2003.

[2] 〔芬〕克里斯廷·格罗鲁斯著;韩经纶等译.服务管理与营销——基于顾客关系的管理策略[M].北京:电子工业出版社,2002.

[3] 〔美〕瓦拉瑞尔·A.泽丝曼尔,〔美〕玛丽·乔·比特纳,〔美〕德韦恩·D.格兰姆勒著;张金成,白长虹等译.服务营销:第6版[M].北京:机械工业出版社,2015.

[4] 〔美〕K.道格拉斯·霍夫曼,约翰·E.G.贝特森著;范秀成译.服务营销精要概念、战略和案例:中文改编版[M].北京:北京大学出版社,2008.

[5] 〔美〕贝恩特·施密特著;冯玲,邱礼新译.顾客体验管理:实施体验经济的工具[M].北京:机械工业出版社,2004.

[6] 〔美〕科特勒,阿姆斯特朗著;楼尊译.市场营销原理[M].北京:中国人民大学出版社,2010.

[7] 〔美〕科特勒,〔美〕凯勒著;王永贵等译.营销管理:第13版[M].上海:格致出版社,2009.

[8] 〔美〕马克·戴维斯,贾内尔·海内克著;王成慧,郑红译.服务管理——利用技术创造价值[M].北京:人民邮电出版社,2006.

[9] 〔美〕约翰·E.G.贝特森著;邓小敏等译.管理服务营销:服务型企业营销管理实用指南:第4版[M].北京:中信出版社,2004.

[10] 柏豪,蔡礼彬.基于服务剧场理论的民族节庆活动真实性研究[J].西北民族大学学报(哲学社会科学版),2015,(03):8—121.

[11] 曹忠鹏,赵晓煜,代祺.顾客继续使用自助服务技术影响因素研究[J].南开管理评论,2010,13(03):90—100.

[12] 陈洁,丛芳,康枫.基于心流体验视角的在线消费者购买行为影响因素研究[J].南开管理评论,2009,12(02):40—132.

[13] 陈晓红,张戈零.消费者情绪对口碑传播意愿的影响[J].消费经济,2005,(03):59—62.

[14] 陈欣.心流体验及其研究现状[J].江苏师范大学学报(哲学社会科学版),2014,40(05):5—150.

[15] 陈晔,白长虹,吴小灵.服务品牌内化的概念及概念模型:基于跨案例研究的结论[J].南开管理评论,2011,14(02):44—51+60.

[16] 程龙生.服务质量评价理论与方法[M].北京:中国标准出版社,2011.

[17] 崔楠,胡洋红,徐岚.组织中的角色压力研究——整合研究框架及未来研究方向[J].软科学,2014,28(09):6—82.

[18] 范秀成,杜琰琰.顾客参与是一把"双刃剑"——顾客参与影响价值创造的研究述评[J].管理评

论，2012，24(12)：64—71.

[19] 范秀成.顾客体验驱动的服务品牌建设[J].南开管理评论，2001，(06)：16—20.

[20] 郭红丽，袁道唯.客户体验管理：体验经济时代客户管理的新规则[M].北京：清华大学出版社，2010.

[21] 韩经纶，韦福祥.顾客满意与顾客忠诚互动关系研究[J].南开管理评论，2001，(06)：8—10+29.

[22] 韩梅.顾客价值导向的服务品牌构建路径研究[J].中央财经大学学报，2007，(10)：84—90.

[23] 何会文.基于战略竞争力的服务补救管理体系[M].天津：南开大学出版社，2006.

[24] 何佳讯.品牌关系质量本土化模型的建立与验证[J].华东师范大学学报(哲学社会科学版)，2006，(03)：6—100.

[25] 胡左浩.服务特征的再认识与整合服务营销组合框架[J].中国流通经济，2003，(10)：48—52.

[26] 黄静.品牌营销：第2版[M].北京：北京大学出版社，2014.

[27] 黄林.海底捞的顾客体验与服务利润链[J].销售与市场(管理版)，2010，(03)：8—86.

[28] 黄敏学，周学春.顾客教育、就绪和参与研究：以基金为例[J].管理科学，2012，25(05)：66—75.

[29] 贾薇，李海强，吴成亮.基于顾客导向的新服务概念开发研究[J].软科学，2015，29(11)：7—83.

[30] 贾薇，张明立，李东.顾客参与的心理契约对顾客价值创造的影响[J].管理工程学报，2010，24(04)：20—8+13.

[31] 姜陆，金玉芳.基于偏好理论的自助服务使用行为影响因素研究[J].管理评论，2016，28(04)：11—201.

[32] 姜晓庆，田圣炳.宜家体验营销实证研究[J].销售与市场(管理版)，2010，(08)：28—31.

[33] 李雷，赵先德，杨怀珍.国外新服务开发研究现状述评与趋势展望[J].外国经济与管理，2012，34(01)：36—45.

[34] 林建煌.服务营销与管理[M].北京：北京大学出版社，2014.

[35] 蔺雷，吴贵生.新服务开发的内容和过程[J].研究与发展管理，2005，(02)：9—14.

[36] 蔺雷，吴贵生.服务创新：第2版[M].北京：清华大学出版社，2007.

[37] 刘建新，孙明贵.顾客体验的形成机理与体验营销[J].财经论丛(浙江财经学院学报)，2006，(03)：95—101.

[38] 刘林青，雷昊，谭力文.从商品主导逻辑到服务主导逻辑——以苹果公司为例[J].中国工业经济，2010，(09)：57—66.

[39] 刘艳彬，袁平.网络时代营销理论的新发展：互动导向[J].税务与经济，2010，(04)：9—15.

[40] 楼永俊.4Cs理论视角下的全渠道零售发展策略[J].商业时代，2014，(07)：4—23.

[41] 楼尊，卜笑岚.服务保证中顾客欺骗行为实证研究[J].管理评论，2012，24(05)：9—102.

[42] 卢俊义，王永贵.顾客参与服务创新与创新绩效的关系研究——基于顾客知识转移视角的理论综述与模型构建[J].管理学报，2011，8(10)：74—1566.

[43] 彭星闾，杜鹏.4R营销理论浅析[J].经济论坛，2002，(15)：1—40.

[44] 彭艳君，景奉杰.服务中的顾客参与及其对顾客满意的影响研究[J].经济管理，2008，(10)：6—60.

[45] 彭艳君.服务中的感知控制、顾客参与和顾客满意[J].市场营销导刊，2009，(04)：19—24.

[46] 彭艳君.顾客参与量表的构建和研究[J].管理评论，2010，22(03)：78—85.

[47] 邱玮,白长虹.国外员工品牌化行为研究进展评价[J].外国经济与管理,2012,34(06):49—56.

[48] 商迎秋,祝合良.强势服务品牌创建路径[J].中国流通经济,2015,29(03):94—100.

[49] 田宇,杨艳玲.互动导向、新服务开发与服务创新绩效之实证研究[J].中山大学学报(社会科学版),2014,54(06):8—202.

[50] 涂海丽,唐晓波.微信功能需求的 KANO 模型分析[J].情报杂志,2015,34(05):9—174.

[51] 汪纯孝.服务剧本与餐馆面对面服务[J].旅游研究与实践,1994,(03):6—14.

[52] 汪涛,望海军.顾客参与一定会导致顾客满意吗——顾客自律倾向及参与方式的一致性对满意度的影响[J].南开管理评论,2008,(03):4—11+9.

[53] 汪涛,徐岚.顾客资产的构成与测量[J].经济管理,2002,(24):48—52.

[54] 汪涛,岳劲.创新理论的新发展:顾客参与创新[J].黄冈师范学院学报,2008,(05):8—24.

[55] 王风华.服务补救策略有效性研究:服务失败情形的影响[M].北京:企业管理出版社,2013.

[56] 王海燕,张斯琪,仲琴.服务质量管理[M].北京:电子工业出版社,2014.

[57] 王新新,陈润奇.流体验理论在网络购物中的应用:研究现状评介与未来展望[J].外国经济与管理,2010,32(11):7—50.

[58] 王永贵.服务营销[M].北京:北京师范大学出版社,2007.

[59] 韦福祥.服务营销学[M].北京:电子工业出版社,2013.

[60] 韦夏.体验型服务的感知异质性对分割定价效果的影响研究[J].营销科学学报,2013,9(3):18—106.

[61] 卫海英,骆紫薇.中国的服务企业如何与顾客建立长期关系?——企业互动导向、变革型领导和员工互动响应对中国式顾客关系的双驱动模型[J].管理世界,2014,(01):19—105.

[62] 温韬.顾客体验对服务品牌权益的影响机理——基于百货商场的实证研究[J].管理评论,2007,(11):24—9+63.

[63] 吴建祖,张玉征.新服务开发研究综述[J].科技进步与对策,2010,27(14):60—156.

[64] 吴金明.新经济时代的"4V"营销组合[J].中国工业经济,2001,(06):5—70.

[65] 吴强军.顾客关系承诺的形成机理与理论模型[J].浙江大学学报(人文社会科学版),2004,(04):78—84.

[66] 吴太强.7 天连锁酒店关系营销研究[D].厦门大学,2013.

[67] 吴小梅,郭朝阳.心流体验概念辨析与测量评析[J].现代管理科学,2014,(04):10—108.

[68] 吴小梅,郭朝阳.心流体验研究方法评述[J].现代管理科学,2014,(05):6—104.

[69] 夏晓云,汪筱兰.餐饮行业体验营销策略研究——以"海底捞"为例[J].东方企业文化,2012,(19):224+190.

[70] 熊巍,王舒盼,潘琼.微信移动社交用户心流体验对用户粘性的影响研究[J].新闻界,2015,(07):13—8+59.

[71] 熊英.服务补救管理研究[M].武汉:中国地质大学出版社,2008.

[72] 徐岚,崔楠.服务参与中的顾客社会化:策略、机制与后果[M].北京:科学出版社,2017.

[73] 徐岚,方国斌,崔楠.保险业顾客社会化策略研究[J].保险研究,2012,(11):77—82.

[74] 徐岚,孔媛媛,崔楠等.知识密集型服务中顾客社会化对顾客任务承诺和满意度的影响研究[J].管理学报,2015,12(10):52—1554.

［75］徐岚. 顾客资产的获得与保留［J］. 经济管理，2004，（04）：67—73.

［76］徐岚. 消费者参与企业创造的心理机制研究［M］. 武汉：武汉大学出版社，2011.

［77］杨强，庄屹. 服务便利对消费者重购意愿的影响研究——以消费者情绪为中介变量［J］. 大连理工大学学报（社会科学版），2014，35（04）：39—43.

［78］杨永恒，王永贵，钟旭东. 客户关系管理的内涵、驱动因素及成长维度［J］. 南开管理评论，2002，（02）：48—52.

［79］杨勇，马钦海，张俊秀，等. 多观点情绪劳动对顾客价值共创行为的作用路径研究［J］. 管理评论，2015，27（10）：95—107.

［80］姚山季，来尧静，王永贵. 服务业顾客参与及其结果影响研究综述［J］. 商业时代，2011，（05）：1—20.

［81］余晓钟，冯杉. 4P、4C、4R 营销理论比较分析［J］. 生产力研究，2002，（03）：248—9+63.

［82］俞林. 品牌信任、顾客满意及关系承诺［J］. 中国流通经济，2015，29（03）：7—101.

［83］翟家保，徐扬. 服务业中顾客参与研究综述［J］. 科技进步与对策，2009，26（10）：60—156.

［84］詹志方，王辉. 基于消费者体验的服务品牌化方法［J］. 消费经济，2005，（02）：37—40.

［85］张戈零，陈晓红. 消费者情绪对总体满意度的影响［J］. 中国流通经济，2006，（02）：49—52.

［86］张洁，蔡虹，赵皎卉. 网络虚拟环境下基于 DART 模型的顾客参与价值共创模式研究——以日本企业无印良品为例［J］. 科技进步与对策，2015，32（18）：88—92.

［87］张立荣，管益杰，王詠. 品牌至爱的概念及其发展［J］. 心理科学进展，2007，（05）：51—846.

［88］张贤平，陈丽娟. 服务品牌传播［M］. 北京：北京大学出版社，2010.

［89］张懿玮，徐爱萍. 服务企业顾客期望的动态调整：挑战与对策［J］. 哈尔滨商业大学学报（社会科学版），2012，（06）：67—70.

［90］张跃先，马钦海，刘汝萍. 期望不一致、顾客情绪和顾客满意的关系研究述评［J］. 管理评论，2010，22（04）：56—63+46.

［91］赵鑫，王淑梅. 顾客参与、感知服务质量对顾客心理契约的影响研究［J］. 东北大学学报（社会科学版），2013，15（02）：9—154.

［92］郑豪杰. 从产品到服务：教育出版商业模式创新［J］. 中国出版，2011，（13）：5—32.

［93］周冬梅，鲁若愚. 服务创新中顾客参与的研究探讨：基本问题、研究内容、研究整合［J］. 电子科技大学学报（社科版），2009，11（03）：26—31+46.

［94］周建设. 顾客体验对品牌关系的影响研究——以商场购物为例［M］. 北京：经济管理出版社，2010.

［95］周南. 佛光山的星巴克《道德经》的启示［M］. 北京：北京大学出版社，2015.

［96］周南. 要钱还是要命?《道德经》的启示［M］. 北京：北京大学出版社，2012.

［97］周筱莲，孙峻，庄贵军. 关系营销理论在中国的几种观点之比较研究［J］. 西安财经学院学报，2016，29（03）：7—60.

［98］周鑫华. 基于中国文化的关系营销研究［J］. 商业研究，2011，（03）：4—30.

［99］庄贵军，席酉民. 关系营销在中国的文化基础［J］. 管理世界，2003，（10）：98—109+56.

［100］ALBERT C，ARTHUR H M，PIERRE R B. Service quality and satisfaction——the moderating role of value［J］. European Journal of Marketing，2000，34（11/12）：52-1338.

[101] ANTONIDES G, VERHOEF P C, VAN AALST M. Consumer perception and evaluation of waiting time: a field experiment[J]. Journal of Consumer Psychology (Lawrence Erlbaum Associates), 2002, 12 (3): 193-202.

[102] AVERILL J R. Personal control over aversive stimuli and its relationship to stress[J]. Psychological Bulletin, 1973, 80(4): 286-303.

[103] BAER M, OLDHAM G R. The curvilinear relation between experienced creative time pressure and creativity: moderating effects of openness to experience and support for creativity[J]. Journal of Applied Psychology, 2006, 91(4): 70-963.

[104] BERRY L L, SHOSTACK L, and UPAH G D. Emerging perspectives of services marketing. In BERRY L L(Ed.) Relationship Marketing[M]. Chicago: American Marketing Association, 1983: 8-25.

[105] BERRY L L, PARISH J T, CADWALLADE S, SHANKA V, DOTZEL T. Creating new markets through service innovation[J]. MIT Sloan Management Review, 2006, 47(2): 56.

[106] BERRY L L, SEIDERS K, GREWAL D. Understanding service convenience[J]. Journal of Marketing, 2002, 66(3): 1-17.

[107] BERRY L L, WALL E A, CARBONE L P. Service clues and customer assessment of the service experience: lessons from marketing[J]. Academy of Management Perspectives, 2006, 20(2): 43-57.

[108] BERRY L L. Cultivating service brand equity[J]. Journal of the Academy of Marketing Science, 2000, 28(1): 128.

[109] BLUT M, CHOWDHRY N, MITTAL V, et al. E-service quality: a meta-analytic review[J]. Journal of Retailing, 2015, 91(4): 679-700.

[110] BOHLING T, BOWMAN D, LAVALLE S, et al. CRM implementation[J]. Journal of Service Research, 2006, 9(2): 94-184.

[111] BRAKUS J J, SCHMITT B H, ZARANTONELLO L. Brand experience: what is it? how is it measured? does it affect loyalty? [J]. Journal of Marketing, 2009, 73(3): 52-68.

[112] CARBONE L P, HAECKEL S H. Engineering customer experiences[J]. Marketing Management, 1994, 3(3): 8-19.

[113] CARSTENSEN L L, ISAACOWITZ D M, CHARLES S T. Taking time seriously: A theory of socioemotional selectivity[J]. American Psychologist, 1999, 54(3): 82-165.

[114] CHA M-K, YI Y, BAGOZZI R P. Effects of customer participation in corporate social responsibility (csr) programs on the csr-brand fit and brand loyalty[J]. Cornell Hospitality Quarterly, 2015, 57(3): 49-235.

[115] CHASE R B, DASU S. Want to perfect your company's service? use behavioral science[J]. Harvard Business Review, 2001, 79(6): 78-84.

[116] CHAUHAN V, MANHAS D. Dimensional analysis of customer experience in civil aviation sector[J]. Journal of Services Research, 2014, 14(1): 75-99.

[117] CHERINGTON P T. Elements of Marketing[M]. United States: The Macmillan Company, 1920.

[118] CHO Y K. Service quality and price perceptions by internet retail customers: linking the three stages of service interaction[J]. Journal of Service Research, 2014, 17(4): 45-432.

［119］CHRISTIAN G. A service quality model and its marketing implications［J］. European Journal of Marketing, 1984, 18(4): 36-44.

［120］CHRISTOPHER M, ANDRE S. Understanding customer experience［J］. Harvard Business Review, 2007(2): 1-15.

［121］CONSTANTIN J A, LUSCH R F. Understanding Resource Management［M］. The Planning Forum. Oxford, OH. 1994.

［122］COPELAND M T. Marketing Problems［M］. New York, Chicago etc.: A. W. Shaw company, 1920.

［123］CSIKSZENTMIHALYI, M. Creativity: flow and the psychology of discovery and invention. new york: harper collins［J］. Gifted Child Quarterly, 1997, 41(3): 6-114.

［124］DATTA H, FOUBERT B, VAN HEERDE H J. The challenge of retaining customers acquired with free trials［J］. Journal of Marketing Research (JMR), 2015, 52(2): 34-217.

［125］DAYU J, KAH-HIN C, KAY-CHUAN T. Organizational adoption of new service development tools［J］. Managing Service Quality: An International Journal, 2012, 22(3): 59-233.

［126］DE CHERNATONY L, DALL'OLMO RILEY F. Experts' views about defining services brands and the principles of services branding［J］. Journal of Business Research, 1999, 46(2): 92-181.

［127］DRUCKER P F. The Practice of Management［M］. New York: HarperBusiness, 2007.

［128］DUNCAN T, MORIARTY S E. A communication-based marketing model for managing relationships［J］. Journal of Marketing, 1998, 62(2): 1-13.

［129］ENNEW C T, BINKS M R. Impact of participative service relationships on quality, satisfaction and retention: an exploratory study［J］. Journal of Business Research, 1999, 46(2): 32-121.

［130］EVERT G. Relationship marketing and a new economy: it's time for de-programming［J］. Journal of Services Marketing, 2002, 16(7): 9-585.

［131］FITZSIMONS G M, CHARTRAND T L, FITZSIMONS G J. Automatic effects of brand exposure on motivated behavior: how apple makes you "think different"［J］. Journal of Consumer Research, 2008, 35(1): 21-35.

［132］FREI F X. Breaking the trade-off between efficiency and service［J］. Harvard Business Review, 2006, 84(11): 92-101.

［133］FRIE R. Understanding Experience: Psychotherapy and Postmodernism［M］. London: Routledge, 2003.

［134］FRSTER J, FRIEDMAN R S, LIBERMAN N. Temporal construal effects on abstract and concrete thinking: consequences for insight and creative cognition［J］. Journal of Personality and Social Psychology, 2004, 87(2): 89-177.

［135］GENTILE C, SPILLER N, NOCI G. How to sustain the customer experience［J］. European Management Journal, 2007, 25(5): 395-410.

［136］GIUDICATI G, RICCABONI M, ROMITI A. Experience, socialization and customer retention: lessons from the dance floor［J］. Marketing Letters, 2013, 24(4): 402-409.

［137］GRONROOS C. From marketing mix to relationship marketing: towards a paradigm shift in marketing［J］. Asia-Australia Marketing Journal, 1994, 2(1): 9-29.

［138］GRONROOS C. Service quality: the six criteria of good perceived service［J］. Review of Business,

1988, 9(3): 10.

[139] GROVE S J, FISK R P, DORSCH M J. Assessing the theatrical components of the service encounter: a cluster analysis examination[J]. Service Industries Journal, 1998, 18(3): 35-116.

[140] GROVE S J, FISK R P. The service experience as theater[J]. Advances in Consumer Research, 1992, 19(1): 61-455.

[141] GROVE S, FISK R, LAFORGE M. Developing the impression management skills of the service worker: an application of Stanislavsky's principles in a services context[J]. Service Industries Journal, 2004, 24 (2): 1-15.

[142] GUMMESSON E. Broadening and specifying relationship marketing[J]. Asia-Australia Marketing Journal, 1994, 2(1): 31-43.

[143] HABEL J, ALAVI S, SCHMITZ C, et al. When do customers get what they expect? understanding the ambivalent effects of customers' service expectations on satisfaction[J]. Journal of Service Research, 2016, 19(4): 79-361.

[144] HARMELING C M, PALMATIER R W, HOUSTON M B, et al. Transformational relationship events [J]. Journal of Marketing, 2015, 79(5): 39-62.

[145] HART C W L, HESKETT J L, SASSER JR W E. The profitable art of service recovery[J]. Harvard Business Review, 1990, 68(4): 56-148.

[146] HENDERSON M D, TROPE Y, CARNEVALE P J. Negotiation from a near and distant time perspective [J]. Journal of Personality and Social Psychology, 2006, 91(4): 29-712.

[147] HERINGTON C, WEAVEN S. E-retailing by banks: e-service quality and its importance to customer satisfaction[J]. European Journal of Marketing, 2009, 43(9/10): 31-1220.

[148] HESKETT J L, JONES T O, LOVEMAN G W, et al. Putting the service-profit chain to work[J]. Harvard Business Review, 1994, 72(2): 70-164.

[149] HOFFMAN D L, NOVAK T P. Marketing in hypermedia computer-mediated environments: Conceptual foundations[J]. Journal of Marketing, 1996, 60(3): 50.

[150] HOMBURG C, WIESEKE J, HOYER W D. Social identity and the service-profit chain[J]. Journal of Marketing, 2009, 73(2): 38-54.

[151] HUGO S, OLSNE B. Service branding: suggesting an interactive model of service brand development [J]. Kybernetes, 2014, 43(8): 23-1209.

[152] IMHOFF R, ERB H-P. What motivates nonconformity? uniqueness seeking blocks majority influence [J]. Personality and Social Psychology Bulletin, 2009, 35(3): 20-309.

[153] JACOBY J, KAPLAN L B. The Components of Perceived Risk; Proceedings of the Advances in Consumer Research, 1972, 3.

[154] JING W, CALDER B J. Media transportation and advertising[J]. Journal of Consumer Research, 2006, 33(2): 62-151.

[155] JOHNE A, STOREY C. New service development: a review of the literature and annotated bibliography [J]. European Journal of Marketing, 1998, 32(3/4): 184.

[156] JOHNSTON R. Service failure and recovery: impact, attributes and process[J]. Advances in Services

Marketing and Management: Research and Practice, 1995, 4: 28-211.

[157] JORGE T, LIA P, NUNO J N, et al. Customer experience modeling: from customer experience to service design[J]. Journal of Service Management, 2012, 23(3): 76-362.

[158] KANO N, SERAKU N, TAKAHASHI F. Attractive quality and must be quality[J]. The Journal of Japanese Society for Quality Control, 1984, 41(2): 39-48.

[159] KEH H T, PANG J. Customer Reactions to Service Separation[J]. Journal of Marketing, 2010, 74(2): 55-70.

[160] KELLEY S W, DONNELLY J H, SKINNER S J. Customer paticipation in service production and delivery[J]. Journal of Retailing, 1990, 66(3): 315-335.

[161] KELLEY S W, DONNELLY JR J H, SKINNER S J. Customer Participation in Service Production and Delivery[J]. Journal of Retailing, 1990, 66(3): 315.

[162] KELLOGG D L, NIE W. A framework for strategic service management[J]. Journal of Operations Management, 1995, 13(4): 37-323.

[163] KOHLI A K, JAWORSKI B J. Market orientation: the construct, research propositions, and managerial implications[J]. Journal of Marketing, 1990, 54(2): 1-18.

[164] KOTLER P. Marketing Management: Analysis, Planning, and Control[M]. Englewood Cliffs, NJ: Prentice-Hall, 1967.

[165] KRUGMAN H E. Television program interest and commercial interruption[J]. Journal of Advertising Research, 1983, 23(1): 3-21.

[166] LAKOFF G. Metaphors we live by[M]. London: The University of Chicago Press, 1980.

[167] LEE A Y, LABROO A A. The effect of conceptual and perceptual fluency on brand evaluation[J]. Journal of Marketing Research (JMR), 2004, 41(2): 65-151.

[168] LESLIE DE C, SUSAN S H. The criteria for successful services brands[J]. European Journal of Marketing, 2003, 37(7/8): 118-1095.

[169] LEVITT T. Marketing myopia[J]. Harvard Business Review, 1975, 53(5): 26-183.

[170] LILJANDER V, ROOS I. Customer-relationship levels—from spurious to true relationships[J]. The Journal of Services Marketing, 2002, 16(7): 593-614.

[171] LUSCH R F, VARGO S L. Service-dominant logic: reactions, reflections and refinements[J]. Marketing Theory, 2006, 6(3): 8-281.

[172] LUSCH R, VARGO S, TANNIRU M. Service, value networks and learning[J]. Journal of the Academy of Marketing Science, 2010, 38(1): 19-31.

[173] MAKLAN S, KLAUS P. Customer experience[J]. International Journal of Market Research, 2011, 53(6): 92-771.

[174] MARSHALL A. Principles of Economics[M]. New York: Prometheus Books, 1997.

[175] MARTILLA J A, JAMES J C. Importance-performance analysis[J]. Journal of Marketing, 1977, 41(1): 9-77.

[176] MATHWICK C, RIGDON E. Play, flow, and the online search experience[J]. Journal of Consumer Research, 2004, 31(2): 32-324.

[177] MCCARTHY E J. Basic Marketing: A Managerial Approach[M]. McCarthy: Irwin, 1990.

[178] MCKITTERICK J B. What Is the Marketing Management Concept? [M]. the Frontiers of Marketing Thought and Science. Chicago: American Marketing Association. 1957: 71- 81.

[179] MEYER C, SCHWAGER A. Understanding customer experience[J]. Harvard Business Review, 2007, 85(2): 26-116.

[180] MILLER E G, KAHN B E, LUCE M F. Consumer wait management strategies for negative service events: a coping approach[J]. Journal of Consumer Research, 2008, 34(5): 48-635.

[181] MOREAU C P, DAHL D W. Designing the Solution: The impact of constraints on consumers' creativity [J]. Journal of Consumer Research, 2005, 32(1): 13-22.

[182] MULLEN J E. Lifestreaming as a life design methodology[D]. University of Texas at Austin: Digital Repository, 2010.

[183] NARVER J C, SLATER S F. The effect of a market orientation on business profitability[J]. Journal of Marketing, 1990, 54(4): 20-35.

[184] NOVAK T P, HOFFMAN D L, YIU-FAI Y. Measuring the customer experience in online environments: a structural modeling approach[J]. Marketing Science, 2000, 19(1): 22.

[185] NYSTROM P H. Economics of Retailing[M]. United States: The Ronald Press Company, 1915.

[186] OTNES C C, ILHAN B E, KULKARNI A. The language of marketplace rituals: implications for customer experience management[J]. Journal of Retailing, 2012, 88(3): 83-367.

[187] PARASURAMAN A, BERRY L L, ZEITHAML V A. Understanding customer expectations of service [J]. Sloan Management Review, 1991, 32(3): 39.

[188] PARASURAMAN A, ZEITHAML V A, BERRY L L. A conceptual model of service quality and its implications for future research[J]. Journal of Marketing, 1985, 49(4): 41-51.

[189] PARASURAMAN A, ZEITHAML V A, BERRY L L. SERVQUAL: a multiple-item scale for measuring consumer perceptions of service quality[J]. Journal of Retailing, 1988, 64(1): 12-41.

[190] PARASURAMAN A, ZEITHAML V A, MALHOTRA A. E-S-QUAL[J]. Journal of Service Research, 2005, 7(3): 33-213.

[191] PATTERSON P G, CICIC M. A typology of service firms in international markets: an empirical investigation[J]. Journal of International Marketing, 1995, 3(4): 57-83.

[192] PINE II B J, GILMORE J H. The experience economy[M]. Boston, Mass.: Harvard Business Review Press, 2011.

[193] PINE II B J, GILMORE J H. Welcome to the experience economy[J]. Harvard Business Review, 1998, 76(4): 97-105.

[194] READ D, FREDERICK S, ORSEL B, et al. Four score and seven years from now: the date/delay effect in temporal discounting[J]. Management Science, 2005, 51(9): 1326-1355.

[195] RIESKAMP J, HOFFRAGE U. Inferences under time pressure: how opportunity costs affect strategy selection[J]. Acta Psychologica, 2008, 127(2): 76-258.

[196] ROSE S, CLARK M, SAMOUEL P, et al. Online customer experience in e-retailing: an empirical model of antecedents and outcomes[J]. Journal of Retailing, 2012, 88(2): 22-308.

［197］ SAY J B, PRINSEP C R. Treatise on Political Economy［M］. New York: Liberty Fund Inc, 2011.

［198］ SCHEMBRI S. Reframing brand experience: the experiential meaning of Harley-Davidson［J］. Journal of Business Research, 2009, 62(12): 310-1229.

［199］ SCHMENNER R W. How can service businesses survive and prosper? ［J］. Sloan Management Review, 1986, 27(3): 21.

［200］ SCHMITT B. Experiential marketing［J］. Journal of Marketing Management, 1999, 15(1-3): 53-67.

［201］ SHAW A W. Some problems in market distribution［J］. Quarterly Journal of Economics, 1912, 26(4): 65-703.

［202］ SHETH J N, PARVATLYAR A. Relationship marketing in consumer markets: antecedents and consequences［J］. Journal of the Academy of Marketing Science, 1995, 23(4): 71-255.

［203］ SHU-PEI T. Strategic relationship management and service brand marketing［J］. European Journal of Marketing, 2011, 45(7/8): 213-1194.

［204］ SMITH A J B. An Inquiry into the Nature and Causes of the Wealth of Nations［M］. New York: EP Dutton, 1913.

［205］ SMITH A K, BOLTON R N, WAGNER J. A model of customer satisfaction with service encounters involving failure and recovery［J］. Journal of Marketing Research (JMR), 1999, 36(3): 72-356.

［206］ SMITH E R. Mental representation and memory. In D. T. Gilbert & G. Lindzey (Eds.), The Handbook of Social Psychology(Vol. 1 and 2 pp. 391-445)［M］. New York, NY, US: McGraw-Hill, 1998.

［207］ SURI R, MONROE K B. The effects of time constraints on consumers' judgments of prices and products ［J］. Journal of Consumer Research, 2003, 30(1): 92-104.

［208］ TANSUHAJ P, RANDALL D, MCCULLOUGH J. A services marketing management model: integrating internal and external marketing functions［J］. Journal of Services Marketing, 1988, 2(1): 31.

［209］ TEECE D, PISANO G. The dynamic capabilities of firms: an introduction［J］. Industrial and Corporate Change, 1994, 3(3): 56-537.

［210］ TING-TOOMEY S, LEEVA C CHUNG. Understanding Intercultural Communication［M］. New York: Oxford University Press, 2012.

［211］ VAN NOORT G, VOORVELD H A M, VAN REIJMERSDAL E A. Interactivity in brand web sites: cognitive, affective, and behavioral responses explained by consumers' online flow experience［J］. Journal of Interactive Marketing (Mergent, Inc), 2012, 26(4): 34-223.

［212］ VARGO S L, LUSCH R F. Evolving to a new dominant logic for marketing［J］. Journal of Marketing, 2004, 68(1): 1-17.

［213］ VERHOEF P C, LEMON K N, PARASURAMAN A, et al. Customer experience creation: determinants, dynamics and management strategies［J］. Journal of Retailing, 2009, 85(1): 31-41.

［214］ WEBSTER J, TREVINO L K, RYAN L. The dimensionality and correlates of flow in human-computer interactions［J］. Computers in Human Behavior, 1993, 9(4): 26-411.

［215］ WELD L D H. Marketing functions and mercantile organization［J］. American Economic Review, 1917, 7(2): 18-306.

［216］ WELD L D H. The Marketing of Farm Products［M］. New York: The Macmillan Company, 1919.

[217] WILLIAMS P, DROLET A. Age-related differences in responses to emotional advertisements[J]. Journal of Consumer Research, 2005, 32(3): 54-343.

[218] XIN DING D, HU P J-H, VERMA R, et al. The impact of service system design and flow experience on customer satisfaction in online financial services[J]. Journal of Service Research, 2009, 13(1): 96-110.

[219] YOO B, NAVEEN D. Developing a scale to measure the perceived quality of an internet shopping[J]. Quarterly Journal of Electronic Commerce, 2001, 2(1): 31-46.

[220] ZEITHAML V A, BERRY L L, PARASURAMAN A. The nature and determinants of customer expectations of service[J]. Journal of the Academy of Marketing Science, 1993, 21(1): 1.

[221] ZEITHAML V A, GREMLER D D, BITNER M J. Services marketing: integrating customer focus across the firm[M]. New York: Mcgraw-Hill College, 2006.

[222] ZEITHAML V A, PARASURAMAN A, BERRY L L. Problems and strategies in services marketing[J]. Journal of Marketing, 1985, 49(2): 33-46.

[223] ZEITHAML V A. Consumer perceptions of price, quality, and value: a means-end model and synthesis of evidence[J]. Journal of Marketing, 1988, 52(3): 2-22.

[224] ZHOU R, SOMAN D. Looking back: exploring the psychology of queuing and the effect of the number of people behind[J]. Journal of Consumer Research, 2003, 29(4): 30-517.

北京大学出版社教师反馈及教辅申请表

　　北京大学出版社本着"教材优先、学术为本"的出版宗旨,竭诚为广大高等院校师生服务。为更有针对性地提供服务,请您按照以下步骤在微信后台提交教辅申请,我们会在1～2个工作日内将配套教辅资料,发送到您的邮箱。

◎手机扫描下方二维码,或直接微信搜索公众号"北京大学经管书苑",进行关注;

◎ 点击菜单栏"在线申请"—"教辅申请",出现如右下界面:

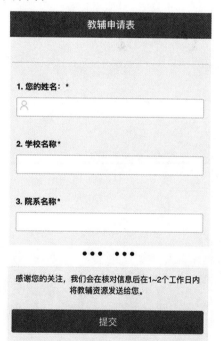

◎ 将表格上的信息填写准确、完整后,点击提交;

◎ 信息核对无误后,教辅资源会及时发送给您;
　　如果填写有问题,工作人员会同您联系。

温馨提示:如果您不使用微信,您可以通过下方的联系方式(任选其一),将您的姓名、院校、邮箱及教材使用信息反馈给我们,工作人员会同您进一步联系。

我们的联系方式:

通信地址:北京大学出版社经济与管理图书事业部北京市海淀区成府路 205 号,100871
联 系 人:周莹
电　　话:010-62767312 / 62757146
电子邮件:em@ pup. cn
Q　　Q:5520 63295(推荐使用)
微　　信:北京大学经管书苑(pupembook)
网　　址:www. pup. cn